Riemann
One Earth Spirit

FRANCES MOORE LAPPÉ
UND ANNA LAPPÉ

Hoffnungsträger

Ein internationaler Reiseführer zu grünen Initiativen

Aus dem Amerikanischen von Erika Ifang

Riemann
One Earth Spirit

Die amerikanische Originalausgabe erscheint 2002
unter dem Titel »Hope's Edge« bei Tarcher/Putnam

Umwelthinweis:
**Dieses Buch wurde auf 100 % Recyclingpapier gedruckt,
das mit dem blauen Engel ausgezeichnet ist.**
Die Einschrumpffolie (zum Schutz vor Verschmutzung)
ist aus umweltfreundlicher und recyclingfähiger PE-Folie.

Der Riemann Verlag
ist ein Unternehmen der Verlagsgruppe Random House

1. Auflage
© 2001 Frances Moore Lappé, Anna Lappé
© 2001 der deutschsprachigen Ausgabe
Riemann Verlag, München
Redaktion: Gerhard Juckoff
Satz: Barbara Rabus, Sonthofen
Druck und Bindung: GGP Media, Pößneck
Printed in Germany
ISBN 3-570-50021-7
www.riemann-verlag.de

Für (Großpapa) John und Marjorie Moore
sowie (Großpapa) Paul und Helen Lappé
und zum Gedenken an Annas Großmütter,
die wir uns gern vorstellen, wie sie irgendwo
gemeinsam ihre Freude an diesem Buch haben.

Man kann nicht sagen: »Es gibt Hoffnung«,
und ebenso wenig kann man sagen: »Es gibt keine
  Hoffnung.«
Die Hoffnung ist wie die Wege auf der Erde.
Denn eigentlich waren anfangs gar keine Wege da,
aber wenn viele Menschen den gleichen Weg gehen,
entsteht allmählich ein Weg.

LU HSUN, 1921

Inhalt

Der Aufbruch

Die Reise

Die Rückkehr

Anhang

Der Aufbruch

Der Hoffnung entgegen

Anna und ich saßen im Flugzeug und flogen vom übervölkerten Dhaka in Bangladesh nach Neu-Delhi in Indien. Wir wollten uns noch schnell ein wenig informieren, deshalb holte Anna ein Buch aus ihrem Rucksack zum gemeinsamen Lesen. Sie schlug ein Kapitel über die indische Küche auf und begann, mir vorzulesen. Aber sie kam nur bis zum zweiten Satz, dann hielt sie inne.

Verwundert schaute ich ihr über die Schulter und sah, was sie gerade gelesen hatte: das Sanskrit-Wort für Nahrung – es lautet »Anna«.

Wir blickten uns verblüfft an. Vor etwa dreißig Jahren hatte ich die *Die Öko-Diät* geschrieben, und ich war lebenslang auf der Suche geblieben, die mit dem Buch begonnen hatte und die – wie mir in jenem Augenblick bewusst wurde – in dem Namen wurzelte, den ich meiner Tochter gegeben hatte. Da flog ich nun mit Anna an meiner Seite hoch oben über Indien und kam wieder auf die Fragen zurück, die sich für mich erhoben hatten, als ich genau in ihrem Alter war, und gemeinsam wollten wir nun auf dieser Reise den Fragen tiefer auf den Grund gehen, viel tiefer.

Wir schwiegen, während die Turbinen brummten, und ließen den Augenblick auf uns wirken. Als wir umblätterten und weiterlasen, erfuhren wir, dass die indische Göttin der Nahrung »Annapurna« heißt. Da wusste ich, dass unsere Reise viele Überraschungen und Lektionen für uns bereithalten würde und dass wir, wenn wir unseren Erlebnissen einen Sinn abgewinnen wollten, bestimmt Annapurnas Beistand brauchten. Wir wussten noch nicht, was uns begegnen würde, nur dass wir andere Menschen sein würden, wenn die Reise zu Ende war.

Eine dunkle Bar und ein Volltreffer

Meine Ahnung hatte mich nicht getrogen, denn wenn ich heute an den Tag zurückdenke, an dem ich mich entschloss, dieses Buch zu schreiben, erkenne ich die Frau von damals kaum wieder.

Es war im Winter 1999, und ich war aus Vermont nach New York City gekommen, um bei meinen Kindern Anthony und Anna ein wenig Trost zu finden. Draußen war es nass und stürmisch, und wir wollten ins Tenement-Museum in Manhattan. Als wir feststellten, dass es geschlossen war, flüchteten wir uns in eine Bar in der Nähe, um trocken zu werden, bevor wir wieder nach Hause fuhren. Ich weiß noch, dass die Holztäfelung darin dunkel und das Licht schummerig war.

Ich sprach absichtlich nicht von dem, was in mir vorging; das wussten die Kinder ohnehin. Mein größter Traum – auf einem herrlichen Stück Land in Vermont Familienleben und die Arbeit für einen neu gegründeten nationalen Nachrichtendienst zu vereinen – war gescheitert. Wie wir nun feucht und klamm eng aneinander gekuschelt dort in der Bar saßen, brachten meine Kinder die Rede auf das, was ich als Nächstes zu unternehmen gedachte, und plötzlich bewegte sich etwas in mir. Eine Idee nahm Gestalt an.

Zunächst einmal verblüffte mich die Klarheit meiner Kinder. Sie wussten ganz genau, was anstand: Ich musste die Grundgedanken der *Öko-Diät* noch einmal weiterverfolgen.

Vor etwa dreißig Jahren hätte das Buch den Mythos entlarvt, dass Hunger durch Mangel verursacht wird, erinnerten sie mich, und deutlich gemacht, dass die kritische Situation nicht durch Nahrungsknappheit, sondern durch einen Mangel an Demokratie entstanden ist, weil immer mehr Menschen die Möglichkeit versagt wird, an ihrer eigenen Zukunft mitzuwirken. Trotzdem hatte sich der Mythos hartnäckig gehalten, wie wir uns jetzt, Jahrzehnte später, eingestehen mussten.

»Vor dreißig Jahren«, sagte Anthony, »hast du den Leuten wirklich weitergeholfen, weil du ihnen die Augen für die Folgen ihres Handelns geöffnet hast, die selbst so private Entscheidungen wie die Nahrungswahl nach sich ziehen.«

Während ich zuhörte, musste ich an die vielen Menschen denken, die mir im Lauf der Jahre mitgeteilt hatten, wie mein Buch sie verändert hatte, sodass sie endlich den Irrsinn eines Wirtschaftssystems erkennen konnten, in dem Getreide tonnenweise an Tiere verfüttert wird, während Menschen hungern; und wie gern sie sich in dem Bewusstsein, damit auch der Erde Gutes zu tun, gesund ernähren würden.

Ich wusste zwar, dass in den vergangenen dreißig Jahren Millionen zu einer vorwiegend pflanzlichen, vollwertigen Ernährung übergegangen sind, aber ich wusste auch, dass Abermillionen in aller Welt inzwischen noch größere Fleischmengen verschlingen als je zuvor. Und ich wusste, dass die fettreichen Schnell- und Fertiggerichte, durch deren Verzehr in den USA Übergewicht und Diabetes sprunghaft gestiegen sind, auch in der übrigen Welt immer mehr Anklang finden. Zum erstenmal in der Menschheitsgeschichte sind etwa gleich viele Erdenbürger, nämlich jeweils gut eine Milliarde, überernährt und unterernährt – überernährt in der Hauptsache durch den Genuss von Nahrungsmitteln, die Krankheiten begünstigen. So betrachtet, ist die Ernährung inzwischen für die *Hälfte* der Weltbevölkerung ein Problem, ein großes Problem.[1]

Anna erinnerte mich auch daran, dass diese traurige Wahrheit nur eine Weltwirtschaft widerspiegelt, die nie dagewesenen Reichtum und gleichzeitig immer tieferes Elend schafft. Die wenigen, die heute die Hälfte des Reichtums dieser Welt auf sich konzentrieren, sagte sie, würden gut in die Aula ihrer High-School passen.[2]

»Und alles wird so dargestellt, als sei es unvermeidlich«, fügte sie noch hinzu.

Uns wird ziemlich unmissverständlich gesagt – da waren wir drei uns einig –, dass die Welt, die wir auseinander brechen sehen, unmittelbar unserem egoistischen Wesen entspringt. Sie stellt also das Beste dar, was wir uns, wenn wir realistisch sind, erhoffen können, und was heißt das? Seid dankbar für den Kapitalismus, der sich jetzt global ausbreitet. Er funktioniert, ohne dass wir etwas dazu tun.

»Uns wird weisgemacht«, sagte Anthony, »es sei kaum daran zu denken, Luft, Wasser und Böden zu schonen, statt sie zu ruinieren.

Zu viele Leute müssten dann auf zu viele moderne Annehmlichkeiten verzichten – also vergiss es.«

Ich empfand zum erstenmal, wie frustriert die beiden waren, wie groß die Qual einer Generation sein muss, die vor beispiellosen Herausforderungen steht, ohne Möglichkeiten zu sehen, wie ihnen zu begegnen wäre. Und ich merkte, wie auch meine Frustration wuchs, als mir klar wurde, dass ich in den vergangenen dreißig Jahren trotz der Umweltzerstörung und des zunehmenden Ungleichgewichts eine ganz andere, hoffnungsvollere Entwicklung Gestalt annehmen gesehen hatte, die offenbar weitgehend unbeachtet geblieben war. Darum sagte ich meinen Kindern, wie fest ich davon überzeugt bin, dass wir in diesen drei Jahrzehnten zumindest Einblick in das gewonnen haben, was *machbar* ist.

Wir einigten uns schnell darauf, dass ein Buch nottat, in dem von diesen Entwicklungen berichtet wurde und das da begann, wo die *Öko-Diät* endete.

An jenem trüben Tag wurde ich wieder zur Suchenden, nur konnte ich jetzt auf dreißig Jahre Erfahrung zurückgreifen. Ich wusste, dass es keinen Zweck hatte, das alte Buch einfach noch einmal neu aufzulegen. Die darin vertretenen Positionen galten nach wie vor, und die Enthüllungen hatten ebenfalls weiterhin Gültigkeit. Aber ich musste neue Fragen stellen und herausfinden, was die Welt und ich in den dreißig Jahren dazugelernt hatten.

Mein Entschluss schickte mich auf eine Reise zu Orten und Menschen, die mir die wichtigsten Lehren meines Lebens erteilen sollten. Im Jahr nach diesem Treffen mit meinen Kindern habe ich auf vier Kontinenten Entwicklungen beobachtet, die den Augen der meisten von uns zwar immer noch verborgen sind, die jedoch, wie ich jetzt überzeugt bin, der Schlüssel für einen persönlichen Lebenssinn sein können, für eine Neuorientierung im Leben und für die Heilung unserer bedrohten, empfindlichen, immer kleiner werdenden Erde.

Manchmal liege ich nachts wach und frage mich, was ich heute wohl tun würde, wenn das Tenement-Museum an jenem Februarnachmittag nicht geschlossen gewesen wäre.

Krise als Chance

Zum ersten Mal in der Menschheitsgeschichte haben menschliche Entscheidungen irreversible Auswirkungen nicht nur für Tausende von Arten, die wir alljährlich vernichten, sondern auch für uns selbst, die dominante Spezies. Was für ein schrecklicher Gedanke! Und was für eine außergewöhnliche Chance! Um die Krise als Chance zu erkennen, müssen wir allerdings einen klaren Blick haben, sie als solche verstehen und wissen, was jeder von uns tun kann.

Das ist auf jeden Fall hart, aber besonders schwer fällt es, die Chancen zu sehen, wenn wir uns mitten in einer neuen ideologischen Schlacht befinden, die unseren Planeten und unseren Geist prägt. Statt des offenen Krieges zwischen Kapitalismus und Kommunismus herrscht jetzt ein eher unauffälliger Kampf vor, der sich Tag für Tag und Augenblick für Augenblick im Kleinen abspielt. Dabei ist er jedoch ebenso tiefgründig – es ist ein Kampf um das, was uns Menschen eigentlich zu Menschen macht, und um die Grenzen unserer Möglichkeiten.

Die neue Schlacht wird nicht mit Panzern ausgetragen oder nach nuklearer Schlagkraft bewertet; vielmehr wird sie mit Ideen ausgefochten, mit Ideen, die unsere Welt erklären sollen und bestimmen wollen, was darin möglich ist, Ideen, die so oft wiederholt werden, dass sie manchmal schon wie unsere eigene innere Stimme klingen.

Im Angesicht der beispiellosen Krise scheint die Hauptfunktion der Medien die zu sein, uns zu versichern, dass der globale Kapitalismus die einzige Möglichkeit zur Überwindung der Krise darstellt. Dass nur landwirtschaftliche Großbetriebe unter massivem Einsatz von Pestiziden und Chemiedüngern uns und den Rest der Welt ernähren können, Betriebe mit gigantischen Viehfütterungsanlagen, in denen Rinder mit Millionen Tonnen Getreide, Hormonen und Antibiotika vollgepumpt werden. Wir hören selten davon, wie unaufhaltsam dieses industrielle Agrarsystem die Natur zerstört, die wir doch für unsere langfristige Sicherheit brauchen, ganz zu schweigen davon, dass es als Ursache für die globale Erwärmung an dritter Stelle steht. Dieses System ist die Grundursache zahlreicher neuer Bedrohungen für unsere Gesundheit, ob Herzkrankheit, Rinderwahnsinn oder die Unwirksamkeit von Antibiotika infolge von Resistenzen.

Wir werden mit Schlagzeilen von scheinbar unzusammenhängenden Ereignissen bombardiert – von gentechnisch veränderten Nahrungsmitteln, von Entscheidungen der Welthandelsorganisation oder internationalen Handelskriegen –, hören aber so gut wie nichts darüber, was das alles *wirklich* bedeutet. Die Globalisierung, ja selbst der anhaltende Hunger in der Welt, bleiben für die meisten von uns abstrakte Begriffe. Und welchen Einfluss das alles auf unsere Lebensqualität hat und was wir dagegen *tun* können, ist uns noch schleierhafter.

Leute, die den Weg, auf dem wir uns befinden, in Zweifel ziehen, werden oft als hoffnungslose Technikfeinde abgetan oder als solche, »die sich die Erde immer noch als flache Scheibe vorstellen«, wie der Journalist und Pulitzer-Preisträger Thomas Friedman die Demonstranten in Seattle nannte. Der renommierte *Economist* schmähte Demonstranten, die gegen internationale Finanz- und Entwicklungsinstitute protestieren, gar als »geistlosen Pöbel«.

Da anzufangen, wo ich bei der *Öko-Diät* aufgehört hatte, hieß folglich, nicht nur die viel versprechenden Ansätze zu überprüfen, die sich damals überall abzeichneten, sondern auch die Ideen kritisch zu beleuchten, von denen die heutige Welt geprägt wird. Denn diese vorherrschenden Ideen, die sich in den letzten dreißig Jahren verfestigt haben und tagtäglich von den Mediengiganten fester zementiert werden, sind lebensfeindlich. Ich betrachte sie inzwischen als »Denkfallen«, die uns in unserer Entscheidungsfreiheit einschränken, uns das Gefühl vermitteln, als gäbe es nur einen einzigen »Weg«, und uns blind machen für Lösungen, die in Reichweite eines jeden von uns liegen.

Unsere Reiseroute

Mir war gleich klar, dass ich ein solches Buch nicht allein schreiben konnte; es musste aus dem Blickwinkel zweier Generationen entstehen. So gingen Anna und ich gemeinsam auf diese Reise, um von denen zu lernen und denjenigen Gehör zu verschaffen, die sich aus den Denkfallen befreit haben. Um der Klarheit willen und wegen meiner größeren Lebenserfahrung beschlossen wir, dass ich den Hauptteil der Kapitel schreiben würde, während Anna zwischendurch eigene Beiträge einfügen sollte. Wie sich jedoch herausstellte, war es letztlich doch eine echte Gemeinschaftsleistung, denn wir haben jede Erfahrung miteinander geteilt und jeden Text miteinander besprochen.

In *Kapitel 1* werden die fünf destruktiven Denkfallen entlarvt. Wir zeigen, wie sie unsere Fantasie lähmen, sodass wir genau die Polarisierung und Zerstörung fördern, die wir fürchten. So gesehen ist die Krise, in der wir uns befinden, auch eine ganz persönliche Sinnkrise – eine tiefe Kluft zwischen der Richtung, in die sich die Welt entwickelt, und unseren tiefinnersten Empfindungen.

Mit *Kapitel 2* beginnt unsere Reise, die uns wie ein Wirbelwind in sieben Monaten ins Herz unseres eigenen Landes und auf vier fremde Kontinente entführt hat und so etwas wie eine Momentaufnahme unseres Planeten ist. Sie, lieber Leser und liebe Leserin, werden uns von den Zaubergärten Kaliforniens in den brasilianischen Winter begleiten, in dem wir vor Kälte zittern, weil uns nichts als schwarze Plastikfolie vor dem Wind schützt. Wir nehmen Sie mit zu üppig grünen, abgelegenen Dörfern in Bangladesch und über Felspfade in die Vorberge des Himalaja. Sie werden sich mit uns in der sengenden Hitze des Punjab mit Sikhs in farbenprächtigen Turbanen unterhalten und in einem Dorf in Kenia während einer der schlimmsten Dürreperioden in der Geschichte des Landes mit uns tanzen. Sie werden aufsässige Farmer aus Wisconsin kennen lernen und mit uns die gewundenen Landstraßen der Bretagne entlangfahren.

An all diesen Orten, so unterschiedlich sie auch sein mögen, haben wir Menschen entdeckt, die den globalen Kapitalismus nicht einfach hinnehmen, sondern ihn so modifizieren und *weiterentwickeln*, dass der Anbau und der Genuss gesunder Nahrung, ja das Wirtschaftsleben selbst wieder in ein lebensbejahendes Wertesystem und kooperative Lebensformen eingebettet wird. Quer durch alle Kulturen, Klimazonen und Küchen kommen sie – und mit ihnen Millionen andere – zu einem gemeinsamen Verständnis dessen, was der Mensch zu seinem Gedeihen braucht. Sie zeigen einen Weg, der befreit, statt zu lähmen.

Wenn ich diese Entwicklungen damals vorausgesehen und in meiner *Öko-Diät* schon ausgemalt hätte, wäre ich bestimmt als Fantastin angesehen worden!

Im *Abschlusskapitel* des Buches vergegenwärtigen wir uns noch einmal alles, was wir unterwegs gelernt haben, und nennen die fünf befreienden Ideen, von denen sich die Menschen, die wir kennen gelernt haben, in ihrem Leben und bei ihrer Arbeit leiten ließen. Es sind Orientierungshilfen, die nach unserer Überzeugung im täglichen Kampf um ein sinnvolles Leben ebenso nützlich sind wie dabei, die großen globalen Probleme unserer Zeit zu meistern.

Im *Anhang* stellen wir Ansatzpunkte (Absprungs- oder Einstiegsmöglichkeiten) für alle vor, die an der Schaffung einer besseren Welt mitwirken wollen – Möglichkeiten, die unmittelbar dem entspringen, was wir auf unserer Reise gelernt haben.

Jeweils an den Kapitelenden finden Sie Rezepte, die Ihnen den »Geschmack« des besuchten Landes vorstellen und den Mund wässrig machen sollen. Denn wenn wir uns neuen Möglichkeiten öffnen und uns den irreführenden Verzweiflungsbotschaften zum Trotz erhalten wollen, müssen wir von *all* unseren Sinnen Gebrauch machen.

Die Beine der Hoffnung

Mit 26 Jahren hatte ich das unbestimmte Gefühl, dass die Nahrung ein guter Startpunkt ist, um sich aus den Denkfallen zu befreien und die schmerzhafte Kluft zwischen Innen- und Außenwelt zu überbrücken. Da die Ernährung ein Grundbedürfnis ist, das uns Menschen untereinander und mit der Erde verbindet, verhilft sie uns zu der nötigen Erdhaftigkeit, die wir brauchen, um die vielen Fäden zu entwirren und ein sinnvolles Muster daraus zu weben.

Ich glaube noch immer, dass Nahrung diese einzigartige Macht besitzt. Mit der Nahrung als Ausgangspunkt können wir Menschen begegnen und Erfahrungen machen, die so stark sind, dass sie uns aus unserer gewohnten Sicht der Welt herausreißen und neue, beflügelnde, Kraft spendende Hoffnungsträger für uns werden.

Unter Hoffnungsträgern verstehen wir vielerlei.

Durch die globale Erwärmung, die die Polkappen zum Schmelzen bringt, durch die alljährliche Vernichtung Tausender von Arten und den Verlust eines Drittels unserer Ackerflächen seit Erscheinen meines ersten Buches nähert sich unser kleiner Planet dem Punkt, an dem keine Hoffnung mehr zu bestehen scheint.

Aber im Lauf der vergangenen dreißig Jahre hat sich doch auch manches bewegt. Die Menschen, die wir auf unserer Reise kennen gelernt haben, sind der lebendige Beweis dafür. Unbeachtet von den meisten von uns, geben sie und Millionen andere der Hoffnung neue Nahrung, indem sie zeigen, was alles möglich ist. Sie schaffen einen neuen Raum, in dem jeder von uns wieder hoffen kann.

Ich muss Sie jedoch warnen. Diese Art von Hoffnung ist nichts Leichtes, Bequemes. Sie will, dass wir ihr unsere Beine leihen. Sie verlangt von uns, alle vorgefertigten Antworten, alle fest gefügten Formeln und die Überzeugung, dass unsere Fahrt glatt verlaufen wird, über Bord zu werfen. Sie ist kein Ruhekissen. Wahre Hoffnung ist Bewegung.

Zwei Reisen

Dieses Buch schildert eigentlich zwei Reisen. Zum einen ist es der konkrete Reisebericht einer Mutter und ihrer Tochter, mit dem sie Veränderungen dokumentieren, die den meisten von uns noch verborgen sind. Zum anderen zeigt es eine ganz andere Art von

Reise. Denn um die Erde heilen und in dieser Zeit der Prüfungen Freude finden zu können, muss jeder von uns auch auf eine innere Reise gehen, auf der wir uns mit unseren tiefsten Überzeugungen vom Wesen des Menschen auseinander setzen und bereit sein müssen, uns unseren geheimsten Ängsten zu stellen.

Nach unserer Auffassung sind persönliche und soziale Transformation nicht voneinander zu trennen, denn wenn wir fest daran glauben, dass sich »die Welt verändern lässt«, findet auch auf einer höchst persönlichen Ebene Wachstum statt. Und umgekehrt nehmen wir, wenn wir genügend innere Kraft gewonnen haben, um uns ins Unbekannte vorzuwagen, eher die tiefgreifenden sozialen Veränderungen wahr, die uns vorher entgangen waren.

Aber Veränderungen machen uns Angst, und wir schrecken davor zurück; was sollen wir also tun?

Wir können uns zum Beispiel an die halten, die uns durch ihr Leben zeigen, dass es möglich ist, sich mit der Angst anzufreunden, die Angst dazu zu benutzen, mehr aus sich zu machen, als wir uns je erträumt hätten. Wir können uns mit den in diesem Buch vorgestellten Leuten solidarisch erklären.

Äußere und innere Reise erfordern, dass wir einen Schritt zurücktreten, weit zurück, damit wir uns in einem neuen Licht sehen können; und sie erfordern einen Schritt nach vorn, weit nach vorn, um ganz von Nahem echte Menschen kennen zu lernen, die sich aus ihren Zwängen befreien, indem sie Risiken auf sich nehmen. Ich bin davon überzeugt, dass beides notwendig ist, wenn wir unsere Chancen erkennen wollen – sowohl der weite Abstand als auch die ganz persönliche Begegnung.

Als sich unser Buch seiner Vollendung näherte, kamen Anna und ich einmütig zu einer letzten Erkenntnis: dass es im Grunde um Glück geht. Wir meinen, dass Glück kein hohles, eigennütziges Ziel ist, sondern eine Tugend, die wir kultivieren, wenn wir den Sprung wagen – wenn wir uns weigern, weiterhin Zuschauer oder Opfer der Geschichte zu sein, und uns stattdessen ganz der Herausforderung stellen, unseren eigenen Platz im langen Marsch der Hoffnungsträger zu finden.

Kapitel 1

Denkmuster

Fünf Denkfallen, die uns den Weg versperren

Befreie deinen Geist von alten Ansichten,
und neue Wahrnehmungen strömen hinein.
Doch es gibt nichts, was wir mehr fürchten.
DEE HOCK: *Birth of the Chaordic Age*

Stellen Sie sich dies einmal vor: Es ist spätnachmittags. Anna und ich haben während unserer vollgepackten Recherchetour in die Bay Area von San Francisco mit Mühe etwas Zeit gefunden, um die Bibliothek zu suchen, in der ich vor dreißig Jahren viele Abendstunden damit verbrachte, Fakten und Zahlen zu sammeln, die damals mein Leben verändert haben. Seit einer Stunde etwa wandern wir durch die Universität von Berkeley und versuchen, die Bibliothek der Giannini-Stiftung zu finden.

»Ich vermute mal, sie ist verlegt worden«, sage ich schließlich, enttäuscht, dass ich meiner Tochter nicht genau zeigen kann, wo die Bibliothek war. Als wir dem Ausgang zustreben, springt Anna die Überschrift eines Zeitungsartikels ins Auge, der einsam an einem Schwarzen Brett hängt.

»Sieh mal, Mom, da steht: ›Weltbedarf an Nahrungsmitteln kann nicht mehr gedeckt werden‹.« Eine Sekunde lang denke ich, sie hätte zum Scherz selbst eine Überschrift aus den 70er Jahren erfunden. Dann fällt mein Blick auf das Datum: *San Francisco Chronicle*, 7. November 1999.

Anna und ich müssen lachen, obwohl wir entsetzt sind, dass sich nach allem, was wir inzwischen wissen, immer noch dieser Mythos hält: Die Menschen sollen immer noch glauben, dass Hunger einfach nur die Folge eines zu geringen Nahrungsangebots ist.

Aber die Überschrift erfüllte einen guten Zweck, denn es traf mich wie ein Blitz aus heiterem Himmel: Du musst endlich dieses Buch schreiben!

In dem Augenblick stand ich wieder mit beiden Füßen fest auf dem Boden – auf dem Boden der Erkenntnis, von der mein ganzes Leben als Erwachsene geprägt war: dass Essen ein guter Lehrer ist, ein unvergleichlich starker Motivator. Denn was ist angsterregender als die Ungewissheit, ob das, was man seiner Familie vorsetzt, ihr vielleicht schadet. Und was ist schlimmer als die Unsicherheit, ob man seiner Familie überhaupt etwas zu Essen vorsetzen kann!

Nichts ist persönlicher als das Essen. Und doch ist es in dieser globalen Welt gerade das Essen, das erschreckenderweise immer unpersönlicher wird und sich immer weiter von allem entfernt, was wir noch kontrollieren können.

Vor dreißig Jahren ahnte ich, dass Nahrung sehr gut dazu geeignet sein kann, uns wachzurütteln und auf das hinzuweisen, was falsch läuft. Sie hat wie nichts sonst die Macht, uns die Augen für das zu öffnen, was an der gegenwärtigen Weltordnung nicht stimmt. Ich glaube aber auch, dass die Ernährung uns einen Weg wie keinen anderen aufzeigt und uns neue Möglichkeiten eröffnet. Diese Erkenntnis hat mich letztlich auf die Reise geschickt.

Wie aus Überfluss Mangel wird

Die *Öko-Diät* habe ich geschrieben, weil ich gar keine andere Wahl hatte. Was ich in Erfahrung gebracht hatte, war so schockierend, dass ich es mitteilen musste.

1969 hatte ich mein Studium abgebrochen, um das Buch zu schreiben und weil ich Angst hatte, mein Leben könnte einmal zu Ende gehen, ohne dass ich etwas Sinnvolles auf diesem Planeten zustande gebracht hätte. Also beschloss ich mit jugendlichem Überschwang, nach den Wurzeln des überall sichtbaren Leidens zu graben.

Zu Anfang, als ich mich in die Bücher der landwirtschaftlichen Fakultätsbibliothek an der Berkeley-Universität vertiefte, hatte ich nur eine Frage im Kopf: »Warum Hunger?« Da die eigene und die Ernährung der Familie die erste Sorge aller Lebewesen ist – und die Schlagzeilen von Hunger und Unterernährung deutlich zeigten, dass wir Menschen dieses Urbedürfnis nicht zu befriedigen vermögen –, dachte ich, dass eigentlich nur diese Frage von Bedeutung ist. Die Leute fragten mich: »Woher kommt Ihr Interesse am Hunger?«, was ich gar nicht verstand, weil für mich alles andere vor dieser einen zentralen Frage zurücktrat.

Ich war 26, und mir war zum erstenmal bewusst, dass Angst ihr Gutes hat. Die Angst, vielleicht nie zu erfahren, ob mein Weg einen Sinn ergab, zwang mich, meinen vorgezeichneten akademischen Werdegang aufzugeben. Sie zwang mich dahin, wo die Luft zum Atmen dünn ist.

Mit gesammelter Kraft und der geistigen Frische der Anfängerin folgte ich meinem Instinkt und stieß bei meinen Recherchen schließlich auf eine Tatsache, die mein Leben für immer veränderte: Es wird mehr als genug Nahrung auf der Erde produziert, um uns alle zu ernähren, und trotzdem fehlt Millionen Menschen die Nahrung, die sie zum Überleben brauchen. Diese schockierende Tatsache öffnete mir die Augen für viele weitere Aspekte einer unsichtbaren Verschwendung.[3] In den meisten Fällen ist es seitdem nur noch weiter bergab gegangen:

- Für jeden Menschen wird pro Tag weltweit etwa 1 kg Getreide erzeugt – das sind ungefähr 3000 Kalorien; dabei sind die Hülsenfrüchte, Kartoffeln, Nüsse, Früchte und Gemüse, die wir außerdem noch essen, nicht einmal mitgerechnet. Das ist eindeutig genug für alle, und doch leidet jeder sechste Mensch Hunger.[4]
- Weltweit wird immer mehr von diesem Getreide, inzwischen nahezu die *Hälfte*, an Vieh verfüttert, dessen Fleisch jedoch nur zu einem Bruchteil das Futter aufwiegt.[5]
- In den USA werden zur Erzeugung von 1 kg Rindfleisch zwischen etwa 16 000 und 100 000 l Wasser verbraucht. 100 000 l Wasser (oder 100 Kubikmeter) benötigt ein Amerikaner im Durchschnitt in 8 Monaten im Haushalt! (Beim Anbau von Kartoffeln verbraucht man nur 2 Prozent der Wassermenge pro erzeugter Nahrungskalorie.)[6]

- Um nur eine Kalorie Nahrungsenergie aus einem Steak zu gewinnen, verbrennen wir 54 unersetzliche Kalorien aus fossilen Brennstoffen, sodass die Erzeugung von einem Pfund Steakfleisch (mit weniger als 1000 Kalorien) 45 000 Kalorien aus fossilen Brennstoffen verschlingt.[7]

Dieses Maß an Verschwendung im Angesicht des Hungers in der Welt erschütterte mich bis ins Mark. Und meine Frage änderte sich. Ich fragte nicht länger:»Warum Hunger?«, sondern:»Warum Hunger in einer Welt des Überflusses?«

Wie ich bei meinen Recherchen feststellte, waren offenbar alle Fachleute um mich herum besorgt über eine drohende Nahrungsmittelverknappung, einen erschreckenden Mangel. Eine völlige Fehleinschätzung, wie ich in Erfahrung brachte! Für mich, eine junge Frau, die immer noch etwas auf das Urteil von Experten gab, war das eine schockierende Enthüllung. Je mehr ich las, umso mehr ging mir auf, dass wir alle teilhaben an dem Prozess, durch den überhaupt erst der Mangel erzeugt und die Grundlagen einer gesicherten Ernährung zerstört werden.

Weltweit erodiert fruchtbarer Erdboden dreißigmal schneller, als er sich wieder aufbaut. Es ist mittlerweile so weit gekommen, dass durch Bodenerosion in Kenia abgetragene Erdpartikel bis nach Brasilien und Florida geweht werden. Allein in den letzten vierzig Jahren hat die Erosion fast ein Drittel unseres Ackerlandes für den Nahrungsanbau unbrauchbar gemacht.[8] Ebenso schnell werden unsere Wasservorräte zerstört, nicht nur durch die Verschmutzung von Oberflächenwasser, sondern auch durch die zunehmende Erschöpfung des Grundwassers, das zur künstlichen Bewässerung verwendet wird.

Seit Erscheinen meines ersten Buches habe ich mit ansehen müssen, wie die Verschwendung, die ich bei Produktion und Konsum in unserem Nahrungskreislauf entdeckt habe, in jeder Hinsicht zugenommen hat. In den USA werden nur sechs Prozent all dessen, was in die Produktion von Dingen einfließt, zu etwas verarbeitet, was wir auch wirklich brauchen – mit anderen Worten: über 90 Prozent sind vollkommen überflüssig![9] Der Natur können wir keine Schuld daran geben. Nein, wir Menschen sind es, die Mangel schaffen – das, was wir am meisten fürchten. Das war und ist unvorstellbar und kaum zu glauben.

An diese Erkenntnis schloss sich eine weitere an, die mich vor kurzem wie ein Schlag traf.

Bei einem Forum der Universität von Montana zum Thema »Ernährung der Hungernden« höre ich still zu, wie ein Politologieprofessor und Harvardabsolvent einem hingerissenen Publikum etwas über genetisch veränderte Pflanzen erzählt. Drei Viertel alles gentechnisch veränderten Saatguts der Welt wird hier in den USA ausgebracht, und zwar mit Unterstützung des Staates, obwohl praktisch keine öffentliche Debatte darüber stattgefunden hat. Die Anbauflächen für Genfood in den USA sind von knapp zwei Millionen Hektar vor fünf Jahren auf gut 35 Millionen Hektar heute gewachsen. Die Hälfte der Produkte in unseren Lebensmittelläden enthält bereits genmanipulierte Inhaltsstoffe. Ich hoffe also, auf diesem Forum etwas dazuzulernen.

Offenbar, um kritischen Äußerungen vorzubeugen, sagt der Redner mit seinen hohen akademischen Würden, dass wir in den reichen Ländern es uns natürlich leisten könnten, uns über die möglichen Risiken von gentechnisch verändertem Saatgut Gedanken zu machen; wir hätten ja schließlich reichlich zu essen. Unsere Zweifel würden jedoch die Zukunft der Armen in anderen Teilen der Welt gefährden.

Alarmiert setze ich mich kerzengerade hin, als ich merke, worauf er hinauswill: dass die Armen genmanipuliertes Saatgut brauchen, um den Hunger zu bekämpfen. Eine halbe Stunde widmet er dann den Gegenargumenten – gegen die möglichen Risiken beim Gebrauch gentechnisch veränderten Saatguts.

Mir wird klar, dass nach all den Jahren immer noch niemand die Behauptung in Frage stellt, Nahrungsmittelknappheit würde den Hunger verursachen. Ich will aufstehen und schreien: Wir stellen immer noch die falschen Fragen!

Es gibt längst genug Nahrung auf der Welt, aber solange wir nur über Nahrungsmittel und die besten Anbaumethoden reden, werden wir weder den Hunger besiegen noch gesicherte Ernährungsgrundlagen oder die Art von Gesellschaft schaffen, die wir uns wünschen. Wir müssen andere Fragen stellen.

Wir müssen fragen: Wie bauen wir die Barrieren ab, die viele von dem Überfluss trennen, den wir bereits haben? Und wie können wir Gesellschaften aufbauen, die im Einklang mit der Weisheit der Natur sind und in denen sich nirgendwo jemand Sorgen machen muss, wie er Essen – gesundes, sicheres Essen – auf den Tisch bringen kann?

Mit solchen Fragen gehen wir weit über die reine Nahrungsdiskussion hinaus, um am Ende jedoch wieder dahin zurückzukehren, wie uns das Leben der Menschen, denen wir auf unserer Reise begegnen werden, zeigt. Solche Fragen bringen uns zum Kern der Demokratie: Wer bestimmt eigentlich über Land, Saatgut, Kredit, Handel und Lebensmittelsicherheit – über all die Dinge, die so trocken und abstrakt klingen, bis sie durch echte Menschen, die ihr Leben riskieren und ihre Stimme erheben, zum Leben erwachen?

Wie ich so inmitten der heiteren Schönheit der Berge von Montana saß, wurde mir wieder einmal klar, wie viel auf dem Spiel steht. Es sind nicht nur die möglichen Gefahren genetisch veränderter Pflanzen und Tiere, die unter Umständen störend in Ökosysteme eingreifen, neue superresistente Krankheitserreger und Schädlinge hervorrufen, für neue Allergene sorgen oder noch Schlimmeres mit unserer Nahrung anrichten. Nein. Viel, viel schlimmer. Der Gentechnikwahn, der Abermillionen Dollar verschlingt und Befürworter wie Gegner unendlich viel Zeit und Energie kostet, ist eine weitere katastrophale Abkehr von der wirklichen Frage, warum es überhaupt Hunger gibt.

Oder auch nicht. Vielleicht schockiert und alarmiert uns die Gentechnik ja so, dass wir *endlich* aufwachen und die Frage stellen, die wir stellen müssen, wenn unser Planet wieder heil werden soll.

Das Wiedererwachen der Demokratie

Wenn ein größeres Nahrungsangebot den Hunger beenden und uns alle glücklicher machen könnte, müssten die letzten dreißig Jahre genau das bewiesen haben, denn die Nahrungsmittelproduktion hat mit dem Bevölkerungswachstum Schritt gehalten und reicht eindeutig aus, um unsere Bedürfnisse zu befriedigen. Der Gegenbeweis ist erbracht. Die Produktion allein genügt nicht. Warum sehen wir dann nicht, was direkt vor unserer Nase liegt?

Nach wie vor schlucken wir die allseits propagierte Behauptung, das Problem sei die Nahrungsknappheit, buckeln weiterhin vor Experten wie dem wohlmeinenden Professor, selbst wenn das, was sie sagen, nachweislich widerlegt ist, und wir tun das, wie ich glaube, zum Teil deshalb, weil uns ein Grundvertrauen verloren gegangen ist: das Vertrauen auf unseren gesunden Menschenverstand. Unsere grundsätzliche Fähigkeit, Probleme zu lösen, indem wir zwei und zwei zusammenzählen und bei vier ankommen.

Wir lassen uns entmachten, indem wir allen möglichen Behauptungen auf den Leim gehen wie: »Die wissen das doch besser«, »Das wird der Markt entscheiden«, »Ich weiß nicht genug darüber« oder »Diese schwer wiegenden Fragen muss jemand anders beantworten«. Selbst wenn wir nichts dergleichen äußern, empfinden wir es oft so. Allem Jubel über unsere unvergleichliche Demokratie zum Trotz lehrt uns unsere Kultur etwas ganz anderes: Mit der Demokratie ist es nicht weit her, außer vielleicht am Wahltag. Und bei der Präsidentenwahl 2000 wurden wir Amerikaner daran erinnert, dass nicht einmal in unserem Land die Bürger den Wahlausgang bestimmen, sondern letztlich das Wahlmännergremium oder gar das Oberste Bundesgericht.

Als mir in den 80er Jahren bewusst wurde, wie sehr die meisten Menschen das Gefühl haben, nichts ändern zu können, wurde mir ganz flau im Magen. Ja, ich hatte schön laut die Alarmglocke geschwungen. Ich konnte mich damit brüsten, große Zuhörermengen durch meine Vorträge mit drastischen Beispielen und präzisen Zahlen aufzurütteln. »Die Zahl der Todesopfer durch Hunger ist so hoch, als würde alle drei Tage eine Hiroshimabombe gezündet«, pflegte ich zu sagen. Aber es dämmerte mir, dass ich im Grunde – bis auf die Befriedigung meines eigenen Gelüstes nach einem Egotrip – *nichts* bewirkte, wie gut ich auch reden mochte, solange diejenigen, denen meine Worte unter die Haut gingen, nichts tun zu können meinten.

Dann waren also meine Bücher, Artikel, Vorträge und Interviews vollkommen zwecklos.

Alles Mist.

Da wusste ich, dass ich tiefer bohren musste, dass ich über den Hunger und andere Probleme hinaus zur Demokratie selbst vordringen musste: Wie können wir unsere Stimme wiedergewinnen, uns Gehör verschaffen und die Welt um uns herum verändern?

Diese Aufgabe, Leuten genau dabei zu helfen, betrachtete ich fortan als meine Mission.

Mir wurde klar, dass wir Menschen nichts tun, was wir uns nicht vorstellen können, und wir können uns nicht vorstellen, eine echte, befriedigende Rolle bei der Schaffung lebensfreundlicher Gemeinschaften zu spielen – das, was ich »lebendige Demokratie« zu nennen pflege –, wenn wir kein Vorbild von Menschen wie du und ich haben, die uns vormachen, wie man die Macht und Fähigkeit entwickelt, um etwas zu verändern und etwas Neues zu schaffen.

Darum habe ich 1990 das »Zentrum für lebendige Demokratie« mitbegründet, mit dem wir den Scheinwerfer auf all die Ansätze des – vorhandenen, aber noch weitgehend unsichtbaren – Wandels richten, der sich von Kommune zu Kommune in Richtung einer gelebten Demokratie vollzieht. Rückhalt gab mir in dieser Zeit meine Wohnung in einer herrlichen alten Scheune in Vermont gleich neben dem Zentrum, das in einem ehemaligen Gasthaus aus dem 17. Jahrhundert untergebracht war. Diese Geschichtsträchtigkeit bestärkte mich in dem Glauben, dass wir auch weiterhin Geschichte schaffen können.

Dort in Brattleboro kamen wir auf die kühne Idee, den ersten unabhängigen Nachrichtendienst seit Jahrzehnten ins Leben zu rufen. Der *American News Service* (ANS) sollte so etwas wie ein Multiplikator sein und den Bürgern vor Augen führen, was den Medien entgeht – dass sich ganz gewöhnliche Leute in ihren Gemeinden, am Arbeitsplatz und in den Schulen, ja überall, ein Herz fassen und Probleme öffentlich selbst zu lösen versuchen.

Aber ANS prallte genau gegen die Wand, die meine Kinder so ängstigt und die mich dazu brachte, dieses Buch zu schreiben: ANS-Storys wurden zwar in fünfzig der führenden hundert Zeitungen des Landes veröffentlicht, wenn wir sie gratis verteilten, aber die Printmedien weigerten sich, für Geschichten von normalen Bürgern, mochten sie auch unsere größten Probleme ansprechen, etwas zu *bezahlen*. Solche Nachrichten waren in ihren Augen nicht viel wert.

Die meisten unserer Mitbürger hatten also nie die Möglichkeit, Neues aus dieser sich entfaltenden, wenn auch immer noch unsichtbaren Welt von Menschen, die selbst Problemlösungen fanden, zu erfahren. Meinen Traum von einem solchen Nachrichtendienst habe ich nicht aufgegeben, aber dieses Buch, so meinen Anna, Anthony und ich, erfüllt womöglich den gleichen Zweck. Denn die Leser können hier gewöhnliche und trotzdem außergewöhnliche Menschen kennen lernen, Menschen, die den Absprung geschafft haben, weil sie nicht länger bereit waren, sich die entmutigenden Botschaften anzuhören, mit denen wir bombardiert werden.

Eine weitere Häutung

Die 90er Jahre und meine Zeit in Vermont waren für mich sowohl aufbauend als auch niederziehend. Es lag eine gewisse Ironie darin, dass ich mich dazu berufen fühlte, anderen beizustehen, ihre Stimme zu erheben, während ich gleichzeitig das Empfinden hatte, selbst verstummt zu sein. Deshalb fiel Anthonys und Annas Idee zu diesem Buch bei mir auf fruchtbaren Boden. Es gab eine Menge neue Fragen, auf die ich eine Antwort finden musste.

Durch die Arbeit am Zentrum und durch mein Leben hatte ich besonders feine Antennen für das Gefühl der Machtlosigkeit, das sich überall breit machte, und aus der Frage, warum es in einer Welt des Überflusses Hunger gab, war inzwischen die noch quälendere Frage geworden: Warum haben wir als Mitglieder der Gesellschaft etwas geschaffen, was jeder einzelne als Individuum verabscheut?

- Niemand von uns würde, wenn er die Wahl hätte, ein Kind an Hunger oder an einer vermeidbaren Krankheit sterben lassen, und schon gar nicht 32 000 Kinder pro Tag.[10]
- Niemand würde vorsätzlich ein Loch von der Größe eines Kontinents in die Ozonschicht bohren und damit eine steigende Zahl von Krebstodesfällen verursachen.
- Niemand würde vorsätzlich so viele Arten vernichten – wie in den letzten hundert Jahren geschehen –, dass die Erde zehn Millionen Jahre braucht, um sich davon wieder zu erholen.
- Niemand würde absichtlich einen Treibhauseffekt erzeugen, der sich auf vielerlei Weisen, die wir erst allmählich zu erahnen beginnen, lebensfeindlich auswirkt. Niemand würde die Nahrungsmittelproduktion – diese fossile Brennstoffe verschlingende Industrie – zu einem der obersten drei auslösenden Faktoren für die globale Erwärmung machen.
- Niemand würde bewusst eine Weltgemeinschaft entwerfen, in der ein paar hundert Menschen über ebenso viel Reichtum verfügen wie die Hälfte der gesamten Weltbevölkerung; in den USA besitzt das obere eine Prozent der Bevölkerung mehr als die unteren 95 Prozent.

Mit anderen Worten: Wie kann es sein, dass wir Menschen, die dominante Spezies, eine Welt schaffen, die wir im tiefsten Innern als unmenschlich erkennen? Eine Welt, vor der wir lieber die Augen verschließen, weil ihr Anblick uns zu viel Schmerz bereitet?

Zum Teil liegt es sicher daran, dass wir uns selbst gar nicht als Schöpfer dieser Welt betrachten; wir glauben, überhaupt keine Wahl zu haben. Unser Planet ist eben dem Niedergang geweiht. Und davon sind unserem Empfinden nach sowohl wir selbst inmitten unseres Überflusses betroffen als auch die Ärmsten der Armen in der Dritten Welt.

Wir haben das Gefühl, dass es einfach so ist und dass wir nichts daran ändern können. Dabei übersehen wir allerdings, dass wir, indem wir mitspielen, im Stillen an dieser Zerstörung des Lebens teilhaben. Weil wir glauben, dass es keinen anderen Weg gibt, sehen wir auch die anderen Wege nicht. Und wenn keine anderen Wege zu sehen sind, hat auch keiner eine Wahl. So einfach ist das.

Wovor wir unsere Augen verschließen

Wie kommt es bloß, dass keine anderen Wege zu sehen sind?

Während ich eine Antwort auf diese Frage suchte, wurde mir klar, wie sehr wir Menschen unser Leben entsprechend einem tieferen Sinn strukturieren, und ich erinnerte mich an die Einsichten des Sozialphilosophen Erich Fromm. In meiner Collegezeit habe ich gern Fromm gelesen – meiner Generation wird seine *Kunst des Liebens* unvergesslich bleiben. In seiner später erschienenen *Anatomie der menschlichen Destruktivität* – meine Ausgabe hatte bald Eselsohren – bestätigte er mir, was ich lange schon selbst als wahr empfunden hatte: dass wir einen Orientierungsrahmen brauchen, irgendeine Möglichkeit, der Welt einen Sinn abzugewinnen. Im sinnleeren Raum kann der Mensch nicht überleben.

Von diesen weitgehend unbewussten Vorgaben ist unsere Sicht der Realität geprägt; sie bestimmen, was wir sehen. Das meinte vielleicht auch Albert Einstein, als er sagte: »Die Theorie entscheidet darüber, was wir beobachten.«

Als Menschen vom Volk der Me'en in Äthiopien zum ersten Mal ein Foto von sich selbst sahen, starrten sie es an, zerknitterten es und knabberten daran. Sie konnten einfach keinen Menschen auf dieser glänzenden, zweidimensionalen Fläche *sehen*. Jedem fällt es schwer, etwas zu sehen, was er nicht zu sehen erwartet, was seine geistigen Vorgaben nicht zulassen.

All das ist gut und schön … aber nur *dann*, wenn unsere Vorgaben, unsere tief eingeprägten Vorstellungen von der Welt, uns beim Problemlösen behilflich sind und wenn sie mit unseren innersten Empfindungen und Bedürfnissen übereinstimmen.

Aber was ist, wenn sie das nicht tun?

Fromm argumentiert, dass es durchaus möglich ist, dass eins

nicht zum anderen passt, dass unsere Ideen uns in die Irre führen. In der *Anatomie der menschlichen Destruktivität* hatte ich einen Satz doppelt unterstrichen und jahrelang darüber nachgegrübelt: »Es ist die Menschlichkeit des Menschen, die ihn so inhuman macht.«[11] Aber inhuman heißt »nicht menschlich«. Wie können wir denn etwas tun, was nicht menschlich ist? Die Antwort liegt, so Fromm, in der Kraft unseres Geistes begründet, Ideen zu erfinden, die unsere tiefinnersten Empfindungen, ja selbst unseren gesunden Menschenverstand überdecken. Sie können unseren angeborenen Sinn für die Verbundenheit untereinander verdrängen und uns dazu bringen, unser Bedürfnis nach einem öffentlichen Ausdruck dieser Verbundenheit zu unterdrücken.

Daher kommt es mir paradox vor, dass wir uns für Denker halten. Wir denken, und das unterscheidet uns Menschen angeblich von den Tieren, richtig? Wir sehen uns gern in Rodins Denkerpose. Ich bin jedoch inzwischen zu der Einsicht gekommen, dass wir nicht nur denken, sondern auch absorbieren. Wir passen unser Bild von der Wirklichkeit und von uns selbst so an, dass es mit den Vorstellungen und Ideen übereinstimmt, die wir oft in uns aufnehmen, ohne überhaupt zu denken.

Und wir passen uns an und bemühen uns verzweifelt, unseren Vorstellungen davon, wer wir sind und was andere angeblich von uns erwarten, zu entsprechen.

Wir können nur das sehen, was mit unseren Vorgaben übereinstimmt – mit dem, was wir zu sehen erwarten, aber die Vorgaben selbst können wir meist gar nicht sehen. Ein echtes Problem! Über diese Ideen sprach ich bei einem üppigen Lunch mit Biokost auf einer Versammlung der Universität von Montana mit Studenten. Einer sagte: »Ja, es ist, als ob man durch ein Fliegengitter schaut; wenn man lange genug guckt, sieht man das Fliegengitter gar nicht mehr.« Wir haben so lange durch das Gitter geschaut, während wir unsere Welt schaffen, dass wir es einfach nicht mehr sehen.

Das Raster

Damit wir uns endlich von lebensfeindlichen Mustern befreien und eine Welt schaffen können, die besser mit unserem wahren Ich übereinstimmt, müssen wir, wie ich glaube, mit neuen Augen schauen. Dann können wir endlich das Raster, von dem unser Blick geprägt und eingeengt wird, erkennen.

Welches sind denn nun die Hauptideen in den heute vorherrschenden Mustern und Rastern?

Wir haben sie auf die fünf verdichtet, die uns am mächtigsten erschienen und die uns nicht nur dazu verdammen, Mangel in einer Welt des Überflusses zu sehen, sondern darüber hinaus unser Verständnis dessen prägen, was es bedeutet, Mensch zu sein. Sie zeigen uns, wo wir nach Lösungen für die sich zuspitzenden globalen Krisen suchen müssen, und beeinflussen unsere persönlichste Entscheidung: wie wir unserem Leben einen Sinn geben.

Fünf Denkfallen, die uns den Weg versperren

Das einengende geistige Raster, das uns lähmt und den Hunger, die Armut und die Umweltzerstörung um uns herum erzeugt.

1. Mangel ist der Feind, Produktion die Rettung

Für eine Weltbevölkerung, die sich möglicherweise innerhalb der nächsten fünfzig Jahre verdoppelt, gibt es weder genug Nahrung noch Arbeit oder Land, es gibt im Grunde nichts in ausreichendem Maße. Wir müssen immer mehr produzieren, um zu überleben.

In meinem ersten Buch *Die Öko-Diät* war es mir ein Anliegen, die Denkfalle vom »Mangel« durch eine Vielzahl von Beweisen für Überfluss und Verschwendung, die ich in unserem Nahrungssystem gefunden habe, ad absurdum zu führen.

Für mich war die Entdeckung, dass in den USA 8 kg Getreide, Soja etc. an Rinder verfüttert werden, um 500 g Fleisch zu erzeugen, das erste wirkliche Alarmzeichen. So viel von unserem Ernteertrag zur Viehfütterung zu verwenden ist eine Verschwendung, die einem die Sprache verschlägt. Ich habe ausgerechnet, dass die Getreidemenge, die wir an Fleischvieh verfüttern, ohne dafür die gleiche Menge Fleisch zurückzugewinnen, einer Schale Nahrung täglich für jeden Erdenbürger entspricht. *Jeder*, dachte ich, der einmal die Fakten betrachtet, würde dazu angespornt, tiefgreifende Veränderungen vorzunehmen.

Ich befürchte jedoch, dass ich nicht einkalkuliert habe, wie fest wir in dieser Denkfalle sitzen. Das amerikanische Landwirtschaftsministerium meint sogar jetzt noch, dreißig Jahre später, dass es keinerlei Probleme gibt. Seine Wirtschaftsexperten erzählen mir nach wie vor, das Verhältnis sei nicht 8 kg Getreide auf 1 Pfund Rindfleisch, sondern »nur« 7 Pfund auf 1 Pfund – als ob die Verfütterung von 7 Pfund Getreide zur Erzeugung von 1 Pfund Fleisch der Beweis für eine gewisse Effizienz sei! (Um auf das Verhältnis 7 zu 1 zu kommen, müssen die Regierungsanalytiker nur das für die gesamte Fleischproduktion verfütterte Getreide und Soja gerechnet haben, obwohl sie genau wissen, dass über die Hälfte dessen, was die Rinder fressen, Gras, Heu und andere Futtermittel sind.) Gefangen in ihrem eigenen Denken, können sie diese Verschwendung gar nicht sehen.

Wenn wir uns immer nur fragen, wie wir mehr produzieren können, verschließen wir unsere Augen vor der Tatsache, dass wir den Erdboden, das Wasser und die Lebensvielfalt zerstören, die wir als unsere Lebensgrundlage eigentlich schützen müssten. Ebenso wenig registrieren wir die Verschwendung, die wir damit auf Kosten der Umwelt fördern. Die Ausscheidungen des amerikanischen Viehbestandes – inzwischen *130-mal* mehr als menschliche Hinterlassenschaften –, verschmutzen unsere Gewässer, führen zum Fischsterben und tragen durch die Methanbildung zur globalen Erwärmung bei.[12]

Sobald wir die Welt durch die Brille der angeblichen »Verknappung« betrachten, lassen wir uns durch das verheißungsvolle Wort »Mehrproduktion« blenden und sehen dann weder die Risiken noch die Art und Weise, in der wir selber den Mangel erzeugen.

2. Dank sei den Selbsterhaltungsgenen

Um als Spezies zu überleben, mussten wir egoistisch sein und immer konkurrieren. Wer könnte dem »Überleben des Stärksten« etwas entgegensetzen? Diese Charakterzüge sind zwar nicht unbedingt schön, aber sie sind die Triebkräfte des Unternehmungsgeistes und der Kreativität, die uns so weit gebracht haben.

Dadurch, dass wir uns auf kleinliche Egoisten und miteinander konkurrierende Materialisten reduziert haben, sind wir nur noch eine Karikatur unserer selbst. Das Traurige daran ist, dass wir diese Karikatur auch noch für wahr halten! Überzeugt davon, dass wir ohne diese Charaktermerkmale keine unternehmerische Energie entwickelt hätten, die uns ja schließlich aus der Steinzeit an den Computer katapultiert hat, haben wir sogar die neue Weltreligion, den globalen Kapitalismus, auf diese Karikatur gegründet und bauen daran auf mannigfaltige Weise von Minute zu Minute weiter.

Vor einigen Monaten war in der *New York Times* von einem Multimillionär zu lesen. Einem tief besorgten Multimillionär. Er hatte von den frisch gebackenen Internet-Milliardären gehört und fragte sich nun: »Was habe ich falsch gemacht?« Dieser Typ wurde aber nicht etwa als bemitleidenswert oder reif für die Klapsmühle dargestellt. O nein, die Story erweckte vielmehr den Anschein, als handle es sich um einen ganz normalen Menschen mit ganz normalen Reaktionen. So sind wir nun mal, wir wollen *immer* mehr.

Das Traurige ist, dass wir mittlerweile an diese Karikatur unserer selbst glauben in der Überzeugung, wir hätten ohne diese Charakterzüge nicht die Unternehmungslust entwickeln können, die uns schließlich aus der Höhle an den Computer gebracht hat.

Sicher, dieses Selbstbild wird heute durch die Massenmedien verbreitet, aber wir haben es schon über einen sehr langen Zeitraum verinnerlicht. Thomas Hobbes, ein Philosoph aus dem 17. Jahrhundert, hat es ziemlich ungeschminkt so ausgedrückt: »Homo homini lupus« – der Mensch ist dem Menschen ein Wolf. Leider wusste Hobbes nichts vom Sozialverhalten der Wölfe, denn er meinte mit seinem Ausspruch, dass wir uns von Natur aus gegenseitig bei der Gurgel packen. Diese Auffassung ist tief in der amerikanischen Kultur eingewurzelt. 1835 schrieb Alexis de Toqueville, hoch geschätzt wegen seiner brillanten Einsichten in den amerikanischen Charakter:»Das Privatinteresse … ist das einzig Unveränderliche im menschlichen Herzen.«[13]

3. Lasst den Markt und die Experten entscheiden

Da wir Menschen so egoistisch sind, ist es eine feine Sache, dass wir uns an das unpersönliche Gesetz des Marktes halten können. Was der Markt nicht entscheiden kann, überlassen wir am besten den Experten – den Leuten, die wissen, was sie tun –, denn nur durch deren technisches Geschick sind wir dem Mangel immer einen Schritt voraus.

Das heißt: Da wir Menschen vollkommen selbstbezogen sind, ist die ehrliche öffentliche Entscheidungsbildung – der Grundpfeiler der Demokratie – suspekt. Die größten Egoisten unter uns werden diese Entscheidungen letztlich immer in ihrem Sinne wenden. Überlassen wir Entscheidungen also lieber den unpersönlichen, neutralen Kräften des Marktes – von uns wird dann nichts weiter verlangt, als dass wir selbstsüchtige kleine Egoisten bleiben.

In dieser Falle sitzen wir zwar schon Hunderte von Jahren fest, aber sie hat in den letzten dreißig Jahren mächtig an Wirksamkeit gewonnen, nämlich seit der Markt in den Stand einer Weltreligion erhoben worden ist. »Marktfundamentalismus« nennt der große Finanzfachmann George Soros das.

Wenn wir uns für absolute Egoisten halten und uns selbst die Fähigkeit zu eigenen demokratischen Entscheidungen absprechen, misstrauen wir natürlich auch der Regierung. Im besten Fall halten wir sie für ungeeignet, im schlimmsten für korrupt. Seit der Marktfundamentalismus mit der Reagan-Ära zu boomen begann, haben wir miterleben müssen, wie immer mehr Leistungen, die bisher in die Verantwortung der öffentlichen Hand gehörten, an Privatfirmen abgetreten wurden – vom Gefängnis- bis zum Schulwesen. Wir haben die Rolle der Regierung als regulierende Kraft zum Schutz öffentlicher Interessen immer mehr eingeschränkt.

Im Banne dessen, was Reagan die »Magie des Marktes« nannte, schwächen wir auf verhängnisvolle Weise das einzige Instrument – eine verantwortliche, demokratisch gewählte Regierung –, das uns als Bürger auf lokaler und nationaler Ebene zusammenbringen könnte, um die immer gravierenderen sozialen und umweltpolitischen Krisen zu meistern.

Im Würgegriff dieser Denkfalle betreiben wir mit immer mehr Werten des täglichen Lebens einen Ausverkauf. Die Mittel für öffentliche Schulen zum Beispiel sind in den USA bisher immer nach öffentlicher Beratung durch die öffentliche Hand aufgebracht worden. Jetzt zucken wir nicht einmal mehr mit der Wimper, wenn Firmen wie Coca-Cola große Summen an Tausende von Schulen zahlen, um im Gegenzug das Alleinvertriebsrecht für Getränke an den Schulen zu erhalten, sodass unsere Kinder dort nur noch Cola bekommen. Und das trotz des drastischen Anstiegs von Kinderfettleibigkeit und -diabetes. Mittlerweile ist sogar das Leben selbst – Samen und Genmaterial – zur Ware auf dem Markt geworden, mit Folgen, die wir erst allmählich zu erfassen beginnen.

Da wir uns selbst und damit unserer Fähigkeit misstrauen, Weisheit und Erfahrung zur Problemlösung einzusetzen, fügen wir uns Experten, von denen wir glauben, dass sie ebenso neutrale und unparteiische Richter sind wie der Markt. Und da wir unserem gesunden Menschenverstand nicht mehr trauen, lassen wir uns von Autoritäten wie dem Politologieprofessor in Montana beeinflussen, die uns sagen, der eingeschlagene Weg sei der einzig Richtige, obwohl sich die Beweise häufen, dass wir auf eine Katastrophe zusteuern.

4. Lösen durch Zerlegen

Nur wenn wir die gigantischen globalen Probleme zerlegen und sie uns eins nach dem anderen vornehmen, haben wir eine Chance im Kampf ums globale Überleben.

Denkfalle 4 entspringt der Sicht unserer Welt als einer Maschine, die wir auseinander nehmen, reparieren und wieder zusammensetzen können. Diese mechanistische Weltsicht ist uralt – 2500 Jahre, um genau zu sein – und eine der vielen Früchte der Philosophie des antiken Griechenland, eine bittere Frucht, steht zu befürchten. Nach Auffassung der alten Griechen war die Welt aus winzigen, unsichtbaren Materieteilchen zusammengesetzt, den Atomen (*atom* bedeutet »unteilbar«), wobei alles bis hin zum Atom als leicht zerteilbar galt. Vor vierhundert Jahren wurde der Atomismus wiederentdeckt und ein Hauptpunkt der naturwissenschaftlichen Revolution.

Der Atomismus nährte auch unsere Vorstellung von uns selbst als selbstsüchtige Einzelwesen. Er ermutigte uns dazu, Mensch und Atom gleichzusetzen. Wir machen es, so die Philosophen, in deren Augen unsereins nichts anderes ist als ein soziales Atom, ebenso wie die Atome der Naturwissenschaft, die sich aufgrund ihrer Trägheit im physischen Raum auf einer eigenen festen Bahn bewegen. Wir folgen im sozialen Raum nur unseren eigenen Interessen, und das in »splendid isolation« voneinander.

Leider handelt es sich hierbei nicht um etwas rein Philosophisches oder Akademisches. Die Welt als Maschine zu begreifen hat gewaltige Konsequenzen für unseren Planeten gehabt. In dem Glauben, durch Zerlegung in Einzelteile Lösungen herbeiführen zu können, haben wir Saatgut gezüchtet, das höhere Erträge bringt – natürlich nur, wenn auch entsprechend mehr Chemikalien und Wasser zum Einsatz kommen –, und dabei die unsäglichen Auswirkungen auf Mensch und Ökologie übersehen. Infolgedessen bedecken wir die Erde nach wie vor mit einem Teppich aus Pestiziden (allein in den USA sind es alljährlich 500 000 Tonnen), der Krankheit und Tod bringt. Neben allen ökologischen Schäden verursachen diese Pestizide 3 Millionen Vergiftungen und 200 000 Todesfälle jährlich.[14]

Indem wir nur die Teile, nicht die Zusammenhänge betrachten, übersehen wir die einfachen biologischen Fakten: Schädlinge werden resistent gegen jede neue Generation von Pestiziden. So verlieren wir immer noch einen genauso großen oder noch größeren Anteil unserer Erträge an Schädlingen – etwa die *Hälfte* aller Ernteerträge weltweit.

Wo liegt nun der wirkliche Haken dieser Denkfalle? Lösen durch

Zerlegen versagt nicht nur bei einem bestimmten Problem – in diesem Fall der Eindämmung von Ernteverlusten durch Schädlingsfraß –, sondern hält uns außerdem davon ab, die tiefgreifendere Frage zu stellen: Wie können wir die Ernährung aller gewährleisten und gleichzeitig die Erde gesund erhalten?

5. Willkommen am Ende der Geschichte

Faschismus, Kommunismus und Sozialismus sind gescheitert. Die menschliche Entwicklung feiert ihre endgültige Krönung mit dem besten System, das je geschaffen wurde – dem globalen Kapitalismus, in dem jeder von der Kreativität und dem Reichtum profitiert, die dabei entstehen.

Die fünfte Denkfalle entsteht durch alle vorgenannten zusammen: dass unser gegenwärtiges System des globalen Kapitalismus, welche Schattenseiten es auch haben mag, das Beste ist, was wir fehlerhaften Menschen je zustande bringen können. Dann hatte Francis Fukiyama also doch Recht, als er in den 80er Jahren *The End of History* schrieb, und die Geschichte der Menschheit gipfelt heute in einem System, das zwangsläufig aus unserer Wesensart entspringt. Wir haben gelernt, dass jedes andere System totalitären Zwang erfordert, um Leute dazu zu bewegen, wider ihre Natur zu handeln. Wenn wir einen höheren Lebensstandard wünschen, sagt der Experte für auswärtige Angelegenheiten der *New York Times,* Thomas Friedman, haben wir keine andere Wahl. Nur die Globalisierung kann helfen, die weltweite Verbreitung des kapitalistischen Systems – sonst nichts. Alle anderen Ideologien haben in der Praxis versagt: »Es gibt keine Wahl mehr zwischen Schoko-Minze, Erdbeer, Zitrone oder Limone. Heute gibt es nur noch die Vanille des freien Marktes – oder Nordkorea.«[15] (Und natürlich wählt kein Mensch freiwillig Nordkorea!)

Wir sind also angekommen. Juchu! Jetzt können wir endlich aufhören, uns etwas anderes auch nur vorzustellen. Sicher, wir können den Kapitalismus am Rand etwas aufweichen – freiwillige Leistungen des Big Business, ehrenamtlicher Einsatz von Anwälten –, aber es ist riskant, ja gefährlich, ihn grundlegend zu verändern.

Zusammengenommen üben diese Denkfallen eine ganz gewaltige Macht aus – sie sind die unausgesprochenen Annahmen, die unsere Erde bewegen. Und innerhalb ihrer Grenzen stimmt es auch, dass wir keine andere Wahl haben, als weiterhin eine Welt zu schaffen, die so wenig im Einklang ist mit dem, was uns der gesunde Menschenverstand sagt und was wir uns von Herzen wünschen, dass wir uns vor ihr schützen müssen. Es wird uns schwer, wenn nicht gar unmöglich gemacht, unser wahres Wesen zum Ausdruck zu bringen, in der Außenwelt unserem Bedürfnis nach Effektivität entsprechend zu handeln und uns mit all denen, die nicht zu unserer leiblichen Familie gehören, verbunden zu fühlen.

Auch wenn uns die Möglichkeit versagt wird, etwas zu leisten, kreativ zu sein und Gemeinsinn zu beweisen, verkümmern die meisten von uns trotzdem nicht. Nein, der Mensch ist erfinderisch! Wir suchen uns einen Ersatz. Ersatz ist leicht zu finden, denn es werden Milliarden dafür ausgegeben, uns damit zu versorgen. Die Werbung betäubt unsere tiefinnersten Bedürfnisse und hält unsere Konsumgier wach. Die Werbung redet uns ein, dass wir zwar nicht zu echten menschlichen Beziehungen fähig sein mögen, aber doch durch unseren Besitz Status erlangen und zu Ansehen innerhalb der Gesellschaft kommen können.

Die Welt, wie sie sich heute unseren Augen darstellt, spiegelt zwar nicht unser wahres Wesen, aber in vieler Hinsicht unsere Selbstverleugnung wider. Und diese Verleugnung schafft eine Welt voller Angst – der Angst davor, zu zeigen, wer wir wirklich sind. Für Anna und mich war deshalb nichts dringender geboten, als die Denkfallen genau zu untersuchen und einen Weg zu finden, um uns aus ihnen zu befreien.

Jetzt wird manch einer fragen: Warum werfen wir nicht einfach unsere veralteten Vorgaben und Denkmuster über Bord?

Leider können wir das nicht, wie gerne wir es auch täten.

Der Mensch muss die Welt irgendwie verstehen können. Wir können nicht einfach in einen »sinnleeren Raum« eintreten. Deshalb ist es schwierig, die vorherrschenden Raster fallen zu lassen, wie zerstörerisch sie auch sein mögen, bis wir zumindest ansatzweise neue Vorgaben geschaffen haben.

Aber wenn wir nur das sehen, was wir zu sehen erwarten, wenn wir das, was nicht in unser mentales Raster passt, nicht einmal wahrnehmen, wie kann sich da *jemals* etwas ändern? Sind wir nicht im Selbstzerstörungsmodus erstarrt?

Nein, das glaube ich nicht. Aus meinen eigenen Lebenserfahrungen und durch die Begegnung mit den außergewöhnlichen Menschen, die wir auf unserer Reise trafen, habe ich gewisse Einsichten gewonnen, wie man sich freimachen und das scheinbar Unmögliche tun kann – wie man endlich das »Fliegengitter« wahrnimmt, das derzeit den Blick verschleiert, um mit neuen Augen in die Welt zu blicken und einer neuen, besseren Vision zu folgen.

Ein schwerer Schock kann hilfreich sein, das war die erste wertvolle Lektion. Irgendetwas muss uns aufrütteln, uns aus unserer Resignation und Niedergedrücktheit herausholen und das Gefühl in uns wecken, dass mehr am Leben dran sein muss. Irgendetwas muss uns innerlich aus der Fassung bringen.

Im Leben der Leute, die Sie in diesem Buch kennen lernen werden, finden sich genau solche Augenblicke, Augenblicke, in denen ihre Erfahrungen einfach nicht mehr mit dem übereinstimmten, was sie gelernt hatten und glaubten. (Mein inneres Gleichgewicht geriet aus den Fugen, als ich in der landwirtschaftlichen Fachbibliothek saß und die Diskrepanz zwischen den schlichten Tatsachen des Überflusses und den Zeitungsschlagzeilen entdeckte.)

Wir alle kommen immer einmal mit Menschen, Ideen und Ereignissen in Berührung, die uns innerlich aus der Fassung bringen und uns das Gefühl geben, dass irgendetwas nicht stimmt. Wollen wir dieses Unbehagen verdrängen? Oder wollen wir ihm auf den Grund gehen, den Fehler suchen und den nötigen Sprung tun, um die Welt auf neue Art wieder zusammenzufügen?

Wenn man den Sprung wagen will, hilft es, einen Absprungs- oder Einstiegspunkt zu haben, eine Ahnung von dem unmittelbaren Nutzen, den das Andersdenken mit sich bringt, einen Ansporn, wenn Sie so wollen.

Jeder erlebt andere kostbare Momente, in denen er aus dem Gleichgewicht geworfen wird, und andere Absprungspunkte – was mich bewegt, lässt Sie vielleicht völlig kalt. Als ich das »Zentrum für lebendige Demokratie« gründete, dachte ich, Demokratie würde jeden motivieren – für mich hat sie jedenfalls etwas absolut Verlockendes! Für meine Begriffe ist Demokratie eine spannende, lebendige Sache, etwas, an dem wir jeden Tag aktiv beteiligt sind. Aber für die meisten ist Demokratie immer noch etwas, das uns angetan oder für uns erledigt wird, das keinen Bezug zu unserem Lebensalltag hat und schon gar nicht Spaß macht. Ich weiß heute, dass wir unbedingt etwas Greifbares brauchen, das uns zum Handeln bewegt, ehe wir uns für die Demokratie engagieren und sie praktisch leben können.

Auf unserer Reise haben Anna und ich genau das erlebt – Menschen, die auf eine völlig andere Art des praktischen Handelns gestoßen sind: arme Dorfbewohner in Kenia, die die vordringende Wüste wieder urbar gemacht haben; landlose Bauern in Brasilien, die reichen Großgrundbesitzern die Stirn geboten und hoch motivierte Dorfgemeinschaften geschaffen haben; Landfrauen in Bangladesh, die große Risiken eingegangen sind, um die Armut ihrer Familie zu überwinden; und aufsässige Farmer in Wisconsin, die trotz der zunehmenden Zahl von Konkursen und Selbstmorden in ihren Reihen nicht aufgaben, sondern sich zu behaupten lernten in der Sorge für ihr Ackerland.

Obwohl sie sich in Zielsetzung, Möglichkeiten, Klima und Kultur, eigentlich in fast allem unterscheiden, fällt etwas ins Auge, das sie gemeinsam haben: Sie tun das, was nach allgemeiner Auffassung nicht geht. Sie befreien sich aus allen fünf Denkfallen. Und sie machen den von ihnen eingeschlagenen Weg für andere gangbar.

Die Angst nutzen

Wenn wir unsere innere Unzufriedenheit nicht verdrängen und zum ersten Mal eine Absprungs- oder Einstiegsmöglichkeit (siehe »Ansatzpunkte« im Anhang des Buches) sehen, geschieht etwas. Wir bekommen Angst. Und Angst ist natürlich unangenehm. Häufig ist es die Angst vor dieser Angst, die uns gefangen hält, sodass wir weiter an einer Gesellschaft mitwirken, die uns im tiefsten Innern missfällt.

Vorstellungen in Frage zu stellen, die lange Zeit unserem Leben Zusammenhalt und Sinn gegeben haben, ist sicher zutiefst beängstigend für uns Menschen. Wir verlieren dabei leicht die Orientierung. Unter Umständen beginnen wir sogar an unserer Lebensweise zu zweifeln. Das Bestehende in Frage zu stellen bedeutet auch fast immer, sich von anderen zu trennen, manchmal sogar von Menschen, die uns nahestehen, aber keine Fragen stellen.

Nie werden wir den Farmer aus Wisconsin vergessen, der uns erzählte, wie lächerlich er gemacht wurde, als er anfing, seine Farm auf ökologischen Landbau umzustellen. Sein Nachbar sagte voller Häme: »He, was wächst denn da auf deinem Feld? Ananas? Ich habe noch nie so jämmerlichen Mais gesehen!« Oder die Angst, die eine Frau aus Bangladesh empfand, als ihre Nachbarn ihr sagten, wenn sie sich Geld bei der Grameen-Bank leihe, würde sie ihren Mann verlieren. Und dann käme sie nach ihrem Tod auch nicht ins Paradies.

Noch schlimmer wird die Sache dadurch, dass es schwer ist, über Ängste überhaupt zu reden.

Es ist zwar gesellschaftlich erlaubt, sich über Stress, Ärger oder Ausgebranntsein zu unterhalten – derartige Gefühle zu äußern gilt in manchen Kreisen inzwischen sogar als »in« –, aber Angst zuzugeben ist tabu, denn Angst ist ein Zeichen von Schwäche. Ich bin überzeugt, dass wir uns mit der Angst anfreunden müssen, um an die Wurzel der globalen Krise zu kommen, dass wir die Angst aus ihrem Versteck holen müssen. Diese Gewissheit war die zweite Lektion und wieder ein Anstoß für mich, auf diese Reise zu gehen, denn ich war sicher, dass mich die Leute, denen wir begegnen würden, eine Menge über Angst lehren konnten.

Man braucht eine starke Motivation, um der Angst ins Gesicht zu sehen, ich weiß. Und um sie zu finden, müssen wir beim eigenen Herzen anfangen. Wir müssen nach innen lauschen. Wenn wir das tun, werden wir unsere eigenen unerfüllten Sehnsüchte, unser unbefriedigtes Bedürfnis nach echter Gemeinschaft und effektivem Handeln und unsere Fähigkeiten zur Problemlösung entdecken.

Ich glaube, wir müssen zuerst den Schmerz unserer unerfüllten Sehnsüchte erfahren, um uns ein Herz zu fassen. Wenn wir zulassen, dass wir unser Herzensverlangen deutlich spüren, so schmerzhaft das auch sein mag, wird der Mut wachsen und uns Ansporn sein. Das ist die dritte Lektion, die ich darüber gelernt habe, wie wir das scheinbar Unmögliche tatsächlich vollbringen können.

Dann sind wir dafür gerüstet, unsere tiefste Verletzlichkeit zu unserem größten Vorteil zu machen.

Uns von anderen definieren zu lassen ist ein Teil unserer Bestimmung als soziale Wesen. Aber zugleich ist es genau diese Fremdbestimmtheit, die uns in eine so schreckliche Zwangslage gebracht hat. Unser Bedürfnis nach Anerkennung und unser Bemühen, bloß nicht den Anschein zu erwecken, als gingen wir nicht mehr konform mit unserem Stamm, bedeutet, dass wir jetzt mitmachen bei dem, was uns innerlich vollkommen gegen den Strich geht, weil es unsere Erde zerstört. Andererseits kann aber unser Verlangen nach Zustimmung und gegenseitiger Anerkennung auch sein Gutes haben, wenn wir es auf die richtige Weise gebrauchen – wenn wir den richtigen Vorbildern nacheifern und Wegweisern folgen.

Wenn wir bewusst diejenigen, die schon auf dem Weg sind, in unser Leben einlassen, verändern wir uns und wirken an der Entstehung von Gemeinschaften mit, die unsere innersten Bedürfnisse befriedigen, statt sie zu verleugnen. Wir können die Gesellschaft derer suchen, die uns durch ihr Sosein daran erinnern, dass nicht etwa diese Außenseiter, sondern die Welt vor unseren Augen unnormal ist. Diese Menschen können wir uns als Gefährten suchen und sie freudig ins Herz schließen.

Das ist mit ein Grund dafür, warum wir auf diese Reise gegangen sind: um Sie und uns mit solchen Leuten bekannt zu machen. Anna und ich haben gelernt, dass wir uns nicht darauf verlassen können, von den Medien etwas über die unsichtbare Revolution zu erfahren, die sich bereits vollzieht – über die Millionen Menschen in allen Teilen der Welt, die die Denkfallen gesprengt haben. In den Zaubergärten Kaliforniens ebenso wie in den winzigsten Dörfern Kenias, überall haben wir Menschen getroffen, die sich für das entschieden haben, was sie sich immer für ihre Familie, ihre Gemeinde und ihr Land gewünscht haben und die der Angst vor Veränderungen ins Gesicht sehen.

Diese Menschen zeigen uns, dass die Denkfallen eigentlich Märchen sind. Sie zeigen uns die Umrisse eines neuen Denkmusters, das befreit, statt zu fesseln, wie ich es mir vor dreißig Jahren nicht hätte träumen lassen. Und sie zeigen uns Möglichkeiten, durch die wir nicht unbedingt bessere Menschen werden, aber mehr wir selbst sein können.

Die fünf Denkfallen

... Schreckgespenst Mangel
... Dank sei den Selbsterhaltungsgenen
... Lasst den Markt und die Experten entscheiden
... Lösen durch Zerlegen
... Willkommen am Ende der Geschichte

Die
Reise

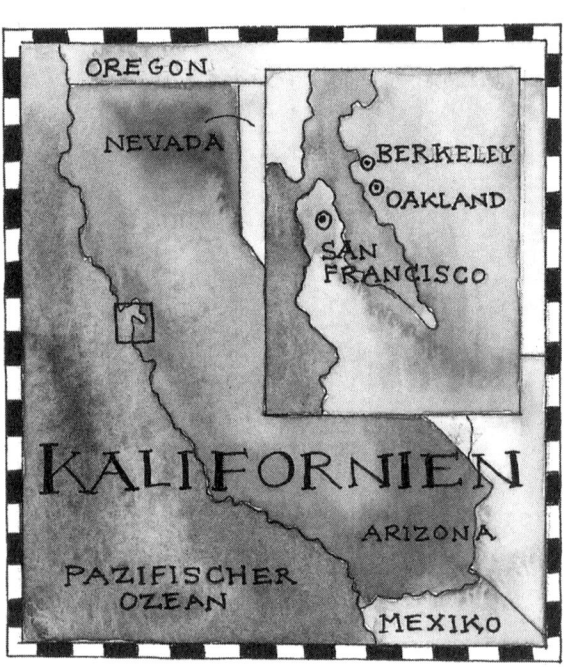

Kapitel 2

Die Revolution der Sinne
Kalifornien, USA – San Francisco

Nahrung hat eine zentrale Bedeutung für die menschliche Erfahrung, da sie sowohl unsere Sinne als auch unser Bewusstsein für unseren Platz in der Welt schärft. ALICE WATERS

Als ich 1971 in der Unibibliothek saß, dachte ich, wenn ich der einen Frage:»Warum gibt es Hunger in der Welt?« lange genug nachginge, würde ich mir schon einen Weg durch den wirtschaftlichen und politischen Wirrwarr bahnen. Ich wusste, was ich zu tun hatte. Was ich *nicht* wusste, war, dass nur wenige Häuserblocks entfernt im selben Hexenkessel von Berkeley, in dem die Energie der Weltveränderer brodelte, eine Frau namens Alice, genau mein Jahrgang, *ebenfalls* eine Eingebung zum Thema Nahrung hatte. Ich hatte mich dafür entschieden, Leute durch ein Buch auf den Weg zu bringen. Alice Waters hatte Ähnliches mit anderen Mitteln im Sinn und gründete ein Restaurant. Das »Chez Panisse« öffnete genau im selben Monat– im August 1971 – seine Pforten, als das amerikanische Original der *Öko-Diät* unter dem Titel *Diet for a Small Planet* an die Buchläden ausgeliefert wurde.

In den drei Jahrzehnten, die seit jener summenden und brummenden Zeit vergangen sind, hat Alice mit ihrem »Chez Panisse« bewiesen, dass es möglich ist, mit natürlichen, vor Ort produzierten Nahrungsmitteln eine Haute Cuisine zu kreieren, die sich seitdem immer größerer Beliebtheit erfreut. Alice hat uns eine Welt nahegebracht, in der es heimische Portobello-Pilze durchaus mit Filet Mignon aufnehmen können und Müsli keine abfällige Bezeichnung für das Essen der »Körnerfresser« ist, sondern ein Feinschmeckergericht. Aber sie hat nicht allein den Inhalt der amerikanischen Vorratsschränke verändert, sie hat auch im Kopf der Leute etwas verändert und die Verbindung zwischen dem, was gegessen wird, und der Gesundheit sowohl des Einzelnen als auch seiner Umwelt aufgezeigt.

»Allein schon zu sagen, dass man eine Wahl trifft, was das Essen anbelangt, ist ein Riesenschritt vorwärts«, sagt Alice an einem kühlen Frühlingsmorgen im »Chez Panisse« zu Anna und mir. »Diese Entscheidung kann einen auf einen wunderbaren Weg bringen – zur Revolution der Sinne.«

Alices Begeisterung wirkt ansteckend, aber ich bin ein bisschen im Zweifel ... eine Revolution der Sinne?

Wie wir da im stillen, eleganten »Chez Panisse« sitzen, wo das Sonnenlicht auf weiß gedeckte Tische fällt, und die Karte studieren, auf der ein Menü zum Festpreis von 75 Dollar angeboten wird, sind wir meinem Empfinden nach weiter entfernt von irgendetwas Revolutionärem, als überhaupt vorstellbar ist, und noch weiter weg von den großen Fragen des Hungers und der Fairness.

Der Schein trügt aber bekanntlich manchmal.

»Meine Strategie war von Anfang an die Verführung«, erzählt uns Alice, die ihr Markenzeichen, eine grüne Samtmütze, trägt, mit listigem Lächeln. »Ich wollte nicht, dass die Leute herkommen, weil sie meinen, es sei gesund«, sagt sie über das Speisenangebot ihres Restaurants. »Ich wollte, dass sie kommen, weil es ein Genuss ist.«

»Wir kaufen frisches Obst und Gemüse der Saison bei Farmern in der näheren Umgebung, die die Erde lieben und darum keine Chemie einsetzen«, versichert Alice uns, »und beginnen so die Welt und uns selbst auf neue Art und Weise zu erfahren. Dieser eine Schritt kann einen Schneeballeffekt von neuen politischen und ökonomischen Entscheidungen auslösen, durch die unsere Beziehung zur Erde und zu unseren Mitmenschen gesunden kann.«

»Schneeballeffekte« finde ich seit langem spannend. Ich habe es immer mit Vergnügen zur Kenntnis genommen, wenn sich im Leben von einigen meiner Leser ein solcher Schneeballeffekt ergab. Ein Leser schrieb einmal: »Etwas über Nahrung zu erfahren hat nicht nur meine Weltsicht verändert, sondern mich auch dazu angespornt, meiner neuen Vision gemäß zu handeln.«

Alice ist durch diesen Schneeballeffekt weit über die Bistroebene hinausgetragen worden zum schicken, renommierten »Chez Panisse« (Anna und ich haben gehört, dass sogar die Clintons gerne dorthin gehen und dass man Alice tatsächlich vorgeschlagen hat, ein Restaurant am Louvre zu eröffnen!). Sie ist dadurch maßgeblich an der Umwandlung eines Schulgeländes in der Nachbarschaft beteiligt und sogar für den Arbeitseinsatz von Strafgefangenen, die auf der anderen Bayseite in San Francisco Gärten anlegen und Bäume pflanzen, zu Rate gezogen worden. Wahrhaftig ein Schneeballeffekt!

Betörte Sinne

Wir betreten das »Chez Panisse« durch den Kücheneingang. Die Düfte der frühmorgendlichen Zubereitungen betören uns, und der Anblick goldener Zwiebeln, krauser Endivien und violetter Spargelstangen ist einfach überwältigend. Wirklich verlockend!

Ich werde an meine erste »Verführung« zum Essen erinnert, an das Erwachen meiner Geschmackssinne. Das war Ende der 60er Jahre, und da sah die Welt noch anders aus. Damals war für eine Hausfrau eine Mahlzeit ohne Fleisch kein richtiges Essen – schon gar nicht für *meine* Mutter. In unserer Familie waren alle fleischlichen Gerichte vom Hacksteak bis zum Schmorbraten die absoluten Renner.

Als ich erstmals wahrnahm, welche Fülle an Nahrungsmitteln es außer Fleisch noch gibt, war ich wie geblendet von der Vielfalt der pflanzlichen Genüsse und Vollkornprodukte – Nahrungsmittel, von deren Existenz ich bis dahin kaum etwas geahnt hatte, geschweige denn, dass ich gewusst hätte, wie man sie zubereitet. Ich war sofort hingerissen. Ich schwelgte in den erstaunlichen Aromen. Ich entdeckte rote und braune Linsen, Azukibohnen, Hirse und Gerste, Bulgur und Buchweizen. Und Ölsaaten wie Sesam, Kürbiskerne oder Leinsamen. Die waren mir vorher nur als Vogelfutter bekannt gewesen. Seitdem krönen sie, geröstet, all meine Lieblingsgerichte.

Ich las Kochbücher wie Romane und malte mir dabei die überraschendsten Geschmackskombinationen aus: Gerste, Champignons und Dill? Dagegen wirkten Fleisch und Kartoffeln langweilig und wie tot, sie verloren über Nacht ihren Reiz. Und dann die Entdeckung, dass all das, was so gut schmeckte, auch noch das Beste für die Erde und für meine Gesundheit ist – welch eine glückliche Fügung!

Über die Jahrzehnte habe ich meine Ernährung weiterhin aus der Pflanzenwelt zusammengestellt, nur habe ich im Lauf der Zeit das genussvolle Staunen darüber etwas verlernt. Ich bin zu kopflastig geworden. Ich war so damit beschäftigt, Organisationen aufzubauen, dass ich keine Zeit mehr hatte, meine eigenen Verbindungen zur Nahrung zu pflegen.

Im Gegensatz zu mir ist Alice immer in der Nahrung verwurzelt geblieben. Sie glaubt jetzt noch ebenso wie vor dreißig Jahren an deren Macht nicht nur auf diejenigen, die sich das »Chez Panisse« leisten können, sondern auf alle Menschen. Das Erstaunlichste ist, dass eine zufällige Bemerkung, die sie einmal einem örtlichen Zeitungsreporter gegenüber machte, ihr tatsächlich die Möglichkeit eröffnete, viele, viele Menschen zu erreichen!

Der Garten unserer Imagination

Neil Smith, Direktor der Martin-Luther-King-Schule, die nur ein paar Häuserblocks vom »Chez Panisse« entfernt ist, war nicht gerade erfreut, als Alice 1993 eine abfällige Bemerkung über die äußere Erscheinung des Schulgeländes machte, die in der Lokalzeitung abgedruckt wurde. »Ich schrieb ihr einen kurzen Brief, woraufhin sie mich anrief und zum Mittagessen einlud«, erinnert er sich. »Dabei rückte sie dann mit der Idee eines Nutzgartens auf dem Schulgelände heraus.«

Eine großartige Idee: »Die Kinder sollten einen Garten anlegen, Nahrungspflanzen anbauen, zubereiten und einander damit bewirten«, erklärt Alice uns. »Alles, was sie im Garten taten, sollte in die anderen Unterrichtsstunden einfließen, ob Mathematik, naturwissenschaftliche Fächer oder Englisch.«

»Alice war uns meilenweit voraus«, erzählt Neil uns von seinen damaligen Gesprächen mit ihr. »Sie war schon bei Schritt zehn; alles sollte auf einmal passieren.« Neil schüttelt den Kopf. »Ich musste ihr dann sagen, dass wir zunächst den ersten Schritt tun und aus dem zugewachsenen, unfruchtbaren, verwahrlosten Gelände einen Garten machen müssten.«

Wir treffen an diesem kühlen Vorfrühlingstag an der King-Schule ein, als die Kinder gerade herausströmen. »Was habt ihr denn heute gekocht?«, fragt die für den Nutzgarten zuständige Rektorin Mildred Howard mit einem Lächeln, das ihre Begeisterung über die staunenswerte Arbeit mit den Kindern in Garten und Küche zeigt.

»Empanadas«, erwidert ein Junge. »Ich habe den Teig gemacht. Gefüllt waren sie mit Möhren, Kartoffeln und Zwiebeln.« Als wir ihn fragen, ob sie geschmeckt haben, grinst er und nickt kurz, aber nachdrücklich.

Wir gehen mit Mildred über einen großen, asphaltierten Platz zum Garten hinüber. Mildred ist eine afroamerikanische Künstlerin, die, wie wir gehört haben, die Welt so nachbildet, wie sie sie sieht. Während wir mit ihr durch den Schulgarten gehen, wird uns deutlich, dass sie in der Gartenarbeit ebenso wie in ihrer Kunst die Möglichkeit sieht, eine Welt ins Leben zu rufen, die ihren Wünschen entspricht.

Da gibt es keine schnurgeraden Reihen. Mais- und Amaranth-, Lilien-, Möhren- und Salatbeete winden sich umeinander. Mit Rankpflanzen bewachsene Laubengänge und Flechtzäune aus Ästen und Zweigen verleihen dem Ganzen etwas Zauberisches. Die Luft ist von Düften erfüllt. Mit jedem Schritt fällt es mir schwerer zu glauben, dass hier noch vor wenigen Jahren eine öde Freifläche gewesen sein sollte.

Handbemalte Holzschilder geben an, was wo wächst. »Mashua«, steht auf einem Schild, und auf meinen ratlosen Blick hin wird uns erklärt, dass es sich um eine uralte, fast ausgestorbene Inka-Knollenfrucht handelt. Als wir vor einer Artischockenpflanze stehen bleiben, die uns bis zum Kinn reicht, schneidet Mildred drei Früchte fürs Abendessen ab. »Die bereite ich heute abend mit Parmesankäse und Butter zu«, sagt sie einladend und führt uns damit schwer in Versuchung, denn ich kann mich tatsächlich kaum noch erinnern, wann ich das letzte Mal eine frisch geerntete Artischocke gegessen habe.

Eine solche Fülle bereits im Vorfrühling lässt auf fruchtbaren Boden schließen, deshalb sind wir nicht überrascht, als Mildred uns erzählt, dass die Kinder regelmäßig Biokompost im Garten ausbringen. In den fünf Jahren seit seiner Entstehung waren es bereits 200 Tonnen.

Alice und die King-Schule sind im Lauf der Jahre eindeutig weit über den ersten Schritt hinaus gelangt.

Unsichtbare Auswirkungen

Wir zögern, einen Mann zu stören, der gebeugt in ein Gespräch vertieft ist und mit seiner Bräune und Sonnenbrille eher wie ein Bademeister aussieht und nicht wie der für die Gartenverwaltung zuständige Lehrer.

»Ich gebe kaum Anweisungen«, erzählt uns David Hawkins mit entwaffnendem britischen Akzent, als wir nach seinen Aufgaben fragen. »Ich lasse die Kinder spielen. Experimentieren. Sie lernen durch Beobachtung. Ich erkläre ihnen nicht, wie man mit einer Hacke umgeht. Ich mache es ihnen vor, und dann probieren sie es selbst, bis es klappt.«

»Wir machen aus jeder Arbeit eine Aufgabe, die ein Kind bewältigen kann«, fügt er hinzu. »Zum Beispiel benutzen wir kein Bauholz, sondern nur Zweige und Schlingpflanzen, sodass die Arbeit immer auch den Kindern gelingt.« Wie wir den Blick über das Flechtwerk aus Zweigen schweifen lassen, das Torbögen und Zäune bildet, erscheint es uns unmöglich, dass aus Naturmaterialien je etwas Unschönes entstehen könnte.

David und Mildred stellen beide klar, die Arbeit hätte nicht un-

Ein »Klassenzimmer« im Schulgarten von Berkeley, Kalifornien

bedingt unmittelbare Auswirkungen, jedenfalls seien diese kaum messbar, aber trotzdem nicht weniger real.

»Man weiß ja nie«, sagt David, der jahrelang in London mit Kindern gearbeitet hat, die von der Schule geflogen sind. »Letztes Jahr war ich vollkommen frustriert über einen Jungen. Ihn dazu zu bewegen, bloß eine Schubkarre durch den Garten zu schieben, lohnte den Aufwand eigentlich gar nicht. Aber diese Woche kam seine Mutter zu mir. Seit der Gartenarbeit sei ihr Sohn wie umgewandelt, sagte sie.«

»Natürlich habe ich den Mund gehalten«, lacht David. »Sie erzählte weiter, er wäre früher immer nach Hause gekommen und hätte sich gleich auf seine Videospiele gestürzt. Neuerdings würde er zu Hause vom Garten erzählen, was darin gepflanzt würde usw.«

»Das hätte ich nie gedacht«, hebt David hervor. »Es kann also auch Wirkung zeigen, wenn die Kinder sich einfach nur im Garten aufhalten, ohne einen Schlag zu tun. Einmal kam jemand hierher, um vor und nach der Gartenarbeit Tests durchzuführen, mit denen die Wirkung der Arbeit ermittelt werden sollte, aber er hat das Wesentliche gar nicht verstanden. Diese Arbeit wirkt *in* den Kindern *nach*; das kann man nicht testen. Sie verändert die Art und

Weise, wie sie in dieser Welt leben. Die Kinder wissen, dass sie diesen Ort geschaffen haben. Wo sonst können sie solche Erfahrungen machen?«

Während wir herumschlendern, denke ich, ja, das ist ein Garten, aber auch mehr als das. Es ist auch die Vorstellungswelt von Kindern. Hinter uns ist ein Klassenzimmer aus Jasminzweigen, die sich um Äste winden, und Heuballen liegen darunter als Sitzgelegenheiten. Vor uns erhebt sich ein Hügel aus getrocknetem Lehm, aus dem unten Zweige herausragen. Wieder bin ich ratlos, bis mir später erklärt wird: Es ist ein Vogelnest, das die Kinder groß genug gebaut haben, um selbst hineinklettern zu können.

»Viele dieser Kinder sind emotional völlig verarmt«, sagt David. »Hier draußen kann sich ihre Fantasie frei entfalten. Hier können sie sie selbst sein. Sie dürfen laut sein. Sie sollten mal eins von den Mädchen hören – sie hat es gerade fertiggebracht, das sehnsüchtige Gurren einer Taube perfekt nachzuahmen.«

Die Vorurteile Erwachsener

Ein paar Tage später kommen wir wieder, um bei einer Kochstunde zuzuschauen, und werden von Ene Osterraas-Constable begrüßt. Gebleichtes, kurz geschnittenes Haar umrahmt ein fröhliches Gesicht. In der Küche, wo Kinder große Schüsseln mit Tomatillos, kleinen, grünen, tomatenähnlichen Früchten füllen, aus denen eine *Salsa*, eine pikante Sauce, zubereitet werden soll, fesselt Ene uns mit ihren Schilderungen, welche Überraschungen die Arbeit hier birgt.

»Das erste Essen aus Gartengemüse, das die Kinder zubereitet haben, war geschmorter Grünkohl«, erzählt Ene uns lachend. »Die Lehrer nahmen uns daraufhin auf die Seite und flüsterten: ›Wir finden ja, dass dieser Garten eine tolle Idee ist, aber können wir nicht den Grünkohl weglassen?‹« Anna und ich müssen auch lachen und finden, dass Grünkohl bestimmt nicht dazu angetan ist, Kinder zum Genuss von gartenfrischem Gemüse zu verführen.

»Wir waren alle ziemlich unsicher, aber sie mochten den Grünkohl gern«, sagt Ene. »Er war gerade geerntet worden und deshalb kein bisschen bitter. Ich habe einen kleinen Jungen dabei beobachtet, wie er fünf Blätter unter seiner Serviette hortete für später.«

»Unsere wichtigste Leistung besteht darin, tagtäglich mit verschiedenen Kindern zu demonstrieren, dass so etwas machbar und mit Schönheit und Freude verbunden ist. Wir sprechen über Essen, und es kann wirklich ein Fest sein«, erläutert Ene strahlend.

»Dieses Projekt hat mir bewiesen, dass uns die Kinder voraus sind«, fährt sie fort. »Das Einzige, was sie bremst, sind die Vorurteile Erwachsener, was Kinder machen können und was nicht.«

Für Alice wie für Ene gehört das Ritual, Speisen zuzubereiten, zu servieren und an einem gedeckten Tisch zu sich zu nehmen – in diesem Fall sind es rot karierte Tischtücher und Steingutgeschirr – ebenso zum Lernprozess wie das Pflanzen, Unkrautjäten und Ernten. Alice meint dazu: »Kultur wird am Tisch von Generation zu Generation weitergegeben. Wenn da nichts passiert, passiert es wahrscheinlich überhaupt nicht. Die meisten Kinder in unserem Land haben selten Gelegenheit, auch nur eine Mahlzeit gemeinsam mit ihrer Familie einzunehmen.«

»Natürlich hoffen wir, dass die Kinder die Zeit hier dazu nutzen, über Dinge zu sprechen, die in der Tageshektik nie zur Sprache kommen«, sagt Ene. »Einmal bin ich an einem Mittagstisch vorbeigegangen und habe aufgeschnappt, wie sich ein paar Jungen darüber unterhielten, dass jemandem der Kopf abgeschnitten worden war und das Blut in Strömen floss. Ich war tief enttäuscht. Ich dachte, sie redeten von einem Horrorfilm. Später, als ich noch einmal vorbeikam, ging mir auf, dass sie von einem Unterrichtsfach sprachen, in dem sie gerade griechische Sagen durchnahmen.«

Was mit einem Anruf und einem einzigen Schulgarten begonnen hatte, löste eine Vielzahl positiver Reaktionen in der Kommune aus. 1999 entschied die örtliche Schulbehörde, dass alle städtischen Schulen von ihren Schülern Gärten anlegen lassen, bei Farmern der Umgebung einkaufen und nur noch Naturkost servieren sollten. Inzwischen ist ein Lehrplan aufgestellt worden, nach dem die Lehrer mit Schülern aller Altersstufen die gesamte Ökologie der Nahrung von der Tüte bis zum Teller behandeln müssen.

Anna staunt. Sie selbst hatte vor knapp 15 Jahren eine öffentliche Schule in der Nähe besucht, wo kaum etwas anderes als Schnellgerichte angeboten wurde. Sie erinnert sich noch daran, dass es ein guter Tag war, wenn die Fritten nicht zu fettig waren.

Wer ernährt die Kinder?

Als ich zur Schule ging, aß ich für gewöhnlich das, was es an dem betreffenden Tag eben gab: die erwähnten fetttriefenden Fritten, Donuts mit klebriger Geleefüllung oder fettige Quesadillas. Meine Lieblingsspeise, muss ich gestehen, waren handtellergroße Chocolate-Chip-Cookies, die so weich wie nasses Küchenpapier wurden, wenn wir sie in der Mikrowelle erwärmten. (Ich bekam ja zu Hause gesunde Kost, warum also nicht?) Als wir erfahren, dass sich das Ernährungsprogramm von Berkeley erfolgreich für Salatbars mit lokal angebauten Produkten in jeder öffentlichen Schule des Bezirks einsetzt, versuche ich mir das bildlich vorzustellen: frisches Gemüse in einer Schulcafeteria? Man darf nicht vergessen, dass meine Generation zur Schule ging, als Ronald Reagan Ketchup in den Rang eines Gemüses erhob, sodass ein warmes Essen mit dieser Zutat eine ausgewogene Mahlzeit genannt werden konnte!

Obwohl Projekte wie das Ernährungsprogramm gute Fortschritte machen, isst die überwiegende Mehrzahl der Kinder noch immer staatlich geförderte Schulmahlzeiten, die im Durchschnitt 25 Prozent mehr Fett und 100 Prozent mehr Natrium enthalten, als nach den vom Staat selbst aufgestellten Ernährungsrichtlinien empfehlenswert ist.[16] Gleichzeitig wird ein neuer Angriff auf die Mägen von Schulkindern verübt, diesmal von anderer Seite: durch Firmen, die schneller Vereinbarungen mit den Schulen treffen, als hierzulande eine Pizza ausgeliefert wird. Zahllose Schulen und Universitäten landesweit haben inzwischen exklusive Verkaufsrechte an große Fastfood- und Getränkefirmen vergeben.

Aber der Widerstand wächst: In Berkeley wollte »Kentucky Fried Chicken« in der Highschool eine Filiale einrichten, wurde jedoch durch Druck von Seiten der Lehrer, Eltern und Kinder daran gehindert. Vorerst gibt es also kein Fastfood an dieser Schule. In Madison werden wir noch von Bürgern hören, die mit Erfolg verhindert haben, dass Coca-Cola dort Exklusivrechte erhält.

In der heutigen Zeitung steht, dass Coca-Cola von seiner aggressiven Strategie, Alleinvertriebsrechte an den Schulen zu erwerben, allmählich wieder abgeht. Die Amerikaner trinken im Schnitt ohnehin schon anderthalb Dosen Cola pro Tag, und ich frage mich, wie Coca-Cola es anstellen will, dass es zwei werden. *Anna*

Veränderungen willkommen heißen

Die Entstehung von Schulgärten übertrifft alles, was wir uns ursprünglich ausgemalt hatten. Wir erfahren, dass es eine Wiederbelebung der alten Schulgartenidee ist, die vor hundert Jahren aufkam und damals Standard wurde. Inzwischen nutzt bereits ein Fünftel der Schulen in Kalifornien Schulgärten für den Unterricht. Landaus, landein wurden Tausende weitere Gärten eingerichtet.

Je mehr Anna und ich über Schulgärten in Erfahrung bringen, umso bohrender stellt sich wieder die eine Frage: Was hält uns von Veränderungen ab? Schließlich liegen die Vorteile solcher Nutzgärten auf der Hand. Kaliforniens Leiterin des Amtes für Erziehung und Bildung Delaine Eastin erklärte: »Jede Schule sollte einen Garten haben« und tat ihr Bestes, um diesen Gedanken auch durchzusetzen. Es ist immer noch schwer, alle die zu überzeugen, die an den Hebeln der Macht sitzen.

Warum wird ein Schulgarten nicht als ebenso wichtig wie beispielsweise der Sportunterricht betrachtet? Früher einmal sah man auch im Sport keinen unmittelbaren erzieherischen Wert.

»Was hält uns davon ab?«, frage ich, und Anna zögert keine Sekunde mit ihrer Antwort.

»Die Angst vor Veränderungen«, sagt sie. »Wir sind zu dem Denken erzogen worden, dass es etwas Beständiges, Permanentes in der Welt und im Leben geben muss. Wir leugnen sogar ab, dass wir sterben müssen.«

»In anderen Kulturen lernen die Kinder von klein auf, Veränderungen als Teil des Lebens zu akzeptieren«, fährt Alice fort. »Sie wissen, dass sie als Jugendliche große Veränderungen durchmachen. Sie verändern sich zu verschiedenen Zeiten ihres Lebens. So ist das Leben eben. Es ist nie konstant. Wenn du etwas festhalten willst, wirst du frustriert und enttäuscht. Du musst loslassen.«

Während Alice redet, sinne ich über das merkwürdige Paradox nach, dass unsere Kultur eigentlich von Veränderungen geradezu besessen ist, wie unsere Begeisterung für die neuesten technischen Entwicklungen beweist, und gleichzeitig vor Veränderungen in zwischenmenschlichen Beziehungen, im Erziehungswesen und in der Ökologie zurückschreckt. Ich frage mich, ob die Faszination, die technische Neuheiten auf uns ausüben, vielleicht nur kaschiert, dass wir uns lieber ablenken lassen und den tiefgreifenderen Veränderungen, die Alice angesprochen hat, ausweichen.

»Es ist alles eine Sache der Erziehung«, sagt Alice. »Wir vermitteln den Kindern kein Selbstvertrauen, aus dem heraus sie mit Veränderungen umgehen könnten. Wir geben Kindern das Gefühl, immer für sie zu sorgen. Wir sollten sie lieber zu einem Denken anregen, das ihnen die Angst nimmt.«

Ich stelle mir die Kinder im Schulgarten vor, wie sie täglich Zeugen des jahreszeitlich bedingten Entstehens und Vergehens werden, von Leben und Tod im eigenen Garten, und dabei fällt mir wieder David ein, der uns seine Unterrichtsmethode erklärt hat – dass er die Kinder durch eigenes Tun lernen lässt, bei dem sie selbst merken, was geht und was nicht.

Ich weiß jetzt, dass meine eigenen Ängste – die ich trotz der vielen Veränderungen, zu denen ich mich immer wieder durchgerungen habe, hege – zum Teil durch dieses Märchen von der Beständigkeit entstanden sind, das ich tief in mich aufgenommen habe. Es hat mich irgendwie zu der Annahme verleitet, dass das Leben, wenn ich es *wirklich* ergründen könnte, beständig sein würde, und das hieße *un*veränderlich. Aber der Punkt ist nicht, wie Alice uns versichert hat, über Veränderungen hinauszukommen. Vielmehr müssen wir das Vertrauen gewinnen, Veränderungen voll und ganz meistern, ja sogar willkommen heißen zu können.

Strukturelles Problemlösen

Das klingt alles ganz gut, aber Veränderungen bereitwillig anzunehmen ist eine ganz schöne Herausforderung, denke ich angesichts der gewaltigen Probleme wie die globale Erwärmung oder der Welthunger, die auf unseren Planeten zukommen. Das kann einen überwältigen. Es ist einfach zu viel! Wo soll da die Motivation herkommen, überhaupt irgendwo anzufangen?

Verständlicherweise sind wir versucht, durch Zerlegen in Einzelteile Lösungen zu finden, unsere Probleme in kleine, handliche Häppchen aufzuteilen und dann eins nach dem anderen zu lösen. Aber diese Zerlegungsstrategie versagt, weil wir dabei nur Einzelteile sehen und all die Verbindungen einfach ignorieren, die das betreffende Problem überhaupt erst geschaffen haben.

Lange Zeit beflügelte das Modell von der Welt als Maschine die Einbildungskraft unserer Kultur. Im Grunde tut es das immer noch, aber allmählich weicht es doch neuen Vorstellungen vom Wirken der Welt. Als ich die *Öko-Diät* schrieb, war »Ökologie« noch ein verschwommenes wissenschaftliches Fremdwort. Heute hört man es überall, es nagt an unserem mechanistischen Weltbild und lehrt uns, in Beziehungen zu denken und die innere Verbundenheit allen Lebens zu erkennen. Neue Kommunikationstechnologien – vor allem das Internet – ermutigen uns, nicht länger isoliert zu denken, sondern in Netzwerken, im Verbund miteinander.

Um diese Wende in Richtung einer ökologischen Weltsicht zu beschleunigen, hat der Physiker und Autor Fritjof Capra das »Center for Ecoliteracy« mitbegründet. Es sponsert Schulgärten und wirkt bei der Erstellung neuer Lehrpläne mit. Durch die Lehrpläne werden diese Gärten in Unterrichtsstunden integriert, deren Gegenstand der gesamte Nahrungskreislauf vom Anbau über die Lagerung bis hin zum Verzehr ist.

Zenobia Barlow, Mitbegründerin des Zentrums, erklärt uns, wie wir umdenken können.

»Nehmen wir einmal die Krise der hiesigen Apfelindustrie in Sebastopol«, beginnt sie und bemüht sich, den abstrakten Gedanken anschaulich zu machen. »Billige Importe aus Neuseeland und jetzt auch aus China haben die Apfelpreise in den Keller sinken lassen; der Apfelanbau ist einfach kein gutes Geschäft mehr, sodass die Farmer die Plantagen umpflügen und Wein anpflanzen. Wir wissen, wie verheerend dieser Verlust für die Familienbetriebe ist.

Wir hier in Berkeley stellten also die Frage: ›Warum sollen wir eigentlich Äpfel und andere Produkte aus Ländern auf der anderen Seite der Erdkugel importieren?‹ Und beschlossen daraufhin, für die im Rahmen unseres Programms stattfindenden Aktivitäten nach der Schule Äpfel aus Sebastopol zu kaufen. So haben wenige Entscheidungen bewirkt, dass wir mittlerweile für 10 000 Dollar monatlich Obst aus heimischer Bioproduktion einkaufen.«

»Wir benutzen gern den Begriff ›strukturelles Problemlösen‹ (»*solving for pattern*«) des Autors und Dichters Wendell Berry, um unseren Lösungsansatz für Probleme zu beschreiben«, fährt Zenobia fort. Sie findet ebenso wie wir, dass es ein großer Gewinn ist, die Strukturen zu erfassen, aus denen sich ein gemeinsames Muster bei Problemen ergibt, die scheinbar gar nichts miteinander zu tun haben, und dann ganzheitliche statt bruchstückhafte Lösungen zu finden.

Um diesen Punkt zu verdeutlichen, zählt Zenobia eine ganze Reihe von scheinbar unzusammenhängenden Problemen auf: »Da wäre beispielsweise das Verschwinden von stadtnahen landwirtschaftlichen Familienbetrieben wie denen in Sebastopol; die Ausdehnung der Städte; die sprunghafte Zunahme von Diabetes und Kinderfettleibigkeit; der Verlust der natürlichen Freiräume und der Ehrfurcht unserer Kinder vor der Natur. Strukturelle Lösungen suchen heißt, diese Probleme miteinander zu verknüpfen, um die Lösung zu erhalten. Indem wir Nahrung zu einem niedrigeren Preis vor Ort einkaufen und uns dazu der institutionellen Kaufkraft der Schulen bedienen, tragen wir zur Gesamtproblemlösung bei.«

Anna und ich sehen jetzt, dass das »strukturelle Problemlösen« Wellen geschlagen hat, die nicht nur die Apfelfarmer und Schulen erfasst haben, sondern darüber hinaus sogar das Müllproblem!

»Einer der einflussreichsten Sponsoren von Schulgärten ist die Müllabfuhr«, sagt Zenobia, eine Verbindung, die Anna und ich nicht gleich erkennen.

»Schulen erzeugen einen Riesenberg an Müll«, erklärt Zenobia, »eine Menge davon in Form von Nahrungsmitteln, die die Kinder nicht mögen und einfach wegwerfen. Jeden Tag wandern Tonnen von ungegessenen Butterbroten und anderen Esswaren auf die Müllhalden. Deshalb ist die Abfallentsorgungsindustrie interessiert daran, dass an den Schulen das Recycling eingeführt wird. Und sie will, dass die Kinder etwas zu essen bekommen, das sie auch *mögen*, damit nichts auf der Deponie landet.«

»Die Leute halten es im Allgemeinen für aussichtslos, gegen Entscheidungen anzukämpfen, die anonyme Konzerne gefällt haben«, fährt Zenobia fort, »aber wir können schließlich bestimmen, wo unsere Kinder zur Schule gehen und was sie dort essen. Das liegt in der Macht jedes Einzelnen.«

Alice hatte damals zum Abschluss unseres Gesprächs gesagt: »Stellt euch nur die Wirkung vor, die eintreten würde, wenn alle Schulen von Berkeley heimische Bioprodukte vor Ort einkaufen würden!« Und sie selbst und andere Restaurants hinzugerechnet, die ihrem Beispiel folgen und von Bauern der Umgebung kaufen, von denen schon sechzig das »Chez Panisse« beliefern, hatte ich den Gedanken weitergesponnen. »Rechnet das mal zusammen«, hatte Alice mit strahlendem Gesicht gesagt. Jetzt bekommen auch Anna und ich eine Ahnung von den Möglichkeiten, die Zenobia und Alice sehen.

Strafgefangene als Gärtner

Nach dem vergnüglichen, entspannten Herumspazieren im Schulgarten wenden wir uns der anderen Bayseite zu. Wir umfahren die Ladedocks und die Touristenfallen im dichten Verkehr von San Francisco und halten schließlich in der Nähe von Pier 28, um die Hafenarbeiter dort zu fragen: »Wissen Sie, wo das Büro des Gartenprojekts ist? Cathrine Sneed?«

Alice hat uns bei unserem ersten Gespräch gesagt, wir müssten unbedingt Cathrine kennen lernen. Alice hat mit ihrer »Chez-Panisse-Stiftung« als eine der ersten ihre Arbeit unterstützt. Ich brauchte nicht dazu überredet zu werden, denn ich hatte Cathrine ein Jahr zuvor auf einer Konferenz reden hören und seitdem immer wieder an sie gedacht. Ich wusste, dass auch sie ein Teilchen des Puzzles besaß, das ich seit dreißig Jahren zusammenzufügen versuchte.

Cathrine hatte das Publikum in ihren Bann geschlagen mit ihrer Erzählung, wie sie in einem Problemviertel aufgewachsen war, in einem Haushalt mit 14 Kindern, dann Jura studierte, mit inhaftierten Frauen arbeitete und schließlich die Gärten ins Leben rief. Anfang der 80er Jahre wurde Cathrine, selbst noch in den Zwanzigern, mit einem Nierenleiden ins Krankenhaus eingeliefert. Zwei Jahre lang kämpfte sie bei diversen Krankenhausaufenthalten und zu Hause um ihr Leben.

Kurz nachdem ihr Arzt ihr schonend eröffnet hatte, dass ihr Leben nicht zu retten sei, kam ihr Chef und Mentor, Sheriff Michael Hennessey, zu einem Krankenbesuch und brachte einen ihrer ehemaligen Lehrer mit.

»Mein Lehrer sagte: ›In der Highschool warst du ein faules Stück und hast fast nichts gelesen. Jetzt hör auf, dich selbst zu bemitleiden, und lies endlich mal was. Hier!‹«

Mit diesen Worten reichte er ihr Steinbecks *Früchte des Zorns*.

Das war genau das Richtige für sie. »Ich spürte, was er damit sagen wollte. Wenn sich die Leute wieder mit dem Land verbinden, schöpfen sie neue Hoffnung«, erzählte sie uns.

Gegen den Rat ihrer Ärzte verließ sie das Krankenhaus, erlernte den Landbau und nötigte Hennessey die Erlaubnis ab, einen Teil des etwa 60 Hektar großen Geländes rings um das städtische Gefängnis mit arbeitsfähigen Strafgefangenen zusammen in einen Garten umzuwandeln. 1985 waren auf ihre Initiative hin bereits eine Biofarm und ein Treibhaus beim Kreisgefängnis entstanden, und heute machen sich dort über 10 000 Gefängnisinsassen »die Hände schmutzig«.

Ein paar Jahre nach der Entstehung der Farm gab Hennessey eine Studie über den Einfluss von Gartenarbeit auf Straftäter in Auftrag. Von 1991 an wurden 300 Inhaftierte drei Jahre lang beobachtet. Wurden diejenigen, die Gartenarbeit verrichteten, ebenso schnell wieder straffällig wie die anderen? Nach drei Jahren war der Beweis erbracht: Bei den Gefangenen, die im Garten arbeiteten, lag die Wahrscheinlichkeit, wieder straffällig zu werden, um 75 Prozent niedriger als bei den anderen Inhaftierten.

Heute haben Haftentlassene, die vorher im Garten tätig waren, Gelegenheit, eine anständig bezahlte Arbeit in einem großen Gartengelände zu bekommen, das Cathrine im Bayview-Hunter's-Point-Bezirk eingerichtet hat – gleich neben einer brandneuen Polizeiwache.

Wir wollen Cathrines Zauberkunststück live erleben, und so kommen wir, nachdem wir Pier 28 hinter uns gelassen haben, am Nachmittag beim Garten der ehemaligen Straftäter an, einem langen, üppig grünen Streifen Land, der auf der einen Seite von einem ausgewaschenen Holzzaun und auf der anderen von einem weiß getünchten Gebäude mit buntem Fassadenbild eingefasst ist.

»Sie wollen mit *euch* reden, nicht mit mir«, sagt Cathrine, während sie uns zur Begrüßung frischen grünen Knoblauch schenkt, zum Gartenprojektarbeiter Anthony Travis, der trotz seines früheren Herumlungerns auf den Straßen und seiner Zeit im Gefängnis viel jünger als 35 aussieht.

Beim Plaudern mit Anthony, der uns an einem Picknicktisch gegenübersitzt, wird deutlich, dass ihn das Ergebnis der vom Sheriff in Auftrag gegebenen Studie über die positive Wirkung der Gartenerfahrungen nicht wundert. »Es ist schwer, aus dem Gefängnis zu kommen und draußen zu bleiben«, sagt er. »Niemand hilft einem auf die Beine. Es wird behauptet, durch eine Haftstrafe käme alles wieder ins Lot, dabei geht man dabei völlig vor die Hunde und muss das weitermachen, was man vorher gemacht hat.«

»Haftanstalten werden eigentlich für gewalttätige Kriminelle gebaut«, erklärt Anthony ernst. »Aber viele der Leute dort sind keine Gewalttäter, sie versuchen bloß, Tag für Tag irgendwie klarzukommen.« Er hat Recht: Zwei Drittel der heute in unseren Gefängnissen Inhaftierten sitzen dort wegen Delikten ohne Gewaltanwendung, ein Anteil, der in den letzten dreißig Jahren ständig gewachsen und in den 80er Jahren, als Milliarden Dollar in den »Kampf gegen Drogen« gepumpt wurden, sprunghaft angestiegen ist.

Anthony ist sich mit Cathrine einig, dass die meisten Inhaftierten durch Entzug und Hunger in die Kriminalität getrieben werden – in dieser Gegend überwiegend Drogenhandel und -konsum sowie Diebstahl und Beschaffungskriminalität. Während Anna und ich das, was Cathrine und Anthony gesagt haben, in uns nachwirken lassen, fällt mir wieder ein, dass sich Millionen Amerikaner dauernd fragen müssen, wo sie ihre nächste Mahlzeit herkriegen.

Geben, um zu leben

Wie kommt es, dass Gartenarbeit das Selbstgefühl von Strafgefangenen und Haftentlassenen verändert und sie geistig und materiell so stärkt, dass sie zu einer gesunden Lebensführung finden? Die Heilkraft der Natur ist wohl eher eine Domäne der Dichter, aber Anthony hat eine Erklärung anzubieten, die zeigt, welche Möglichkeiten dieser Ort birgt.

»Bei uns heißt es immer: ›Wir lassen nicht nur Blumen und Gemüse wachsen, sondern auch Menschen‹«, sagt er im Brustton der Überzeugung. »Dieses Programm ist zur gegenseitigen Hilfe gedacht. Wenn wir uns untereinander helfen, sinkt die Kriminalitätsrate.«

Manch einer übersieht vielleicht, welche Rolle diese gegenseitige Hilfeleistung für den Erfolg des Gartens spielt, aber Cathrine nicht. »Die Leute müssen das Gefühl haben, sich nützlich machen zu können«, erklärt sie uns später am Küchentisch einer in der Nähe des Gartens wohnenden Freundin. »Sie müssen spüren, dass ihr Leben einen Sinn hat.«

Wenn wir miterleben, wie aus einem Samenkorn, das wir selbst ausgesät haben, eine wunderbare, nahrhafte Nutzpflanze wächst, kommen wir normalen Sterblichen uns mitunter wie Zauberer vor, aber in der heutigen Gesellschaft wird das Wort *Nutzen* meist rein wirtschaftlich verstanden.

Bevor wir herkamen, hatten Anna und ich den Garten eher als ein rentables Hilfe-zur-Selbsthilfe-Projekt betrachtet. Wir hatten gehört, dass ein guter Prozentsatz der vor den Toren des Gefängnisses gezogenen Produkte an Lokale vor Ort, darunter auch das »Chez Panisse«, verkauft wurden. Aber wir werden eines Besseren belehrt. Hier haben Arbeitseinsatz und Miteinanderteilen keine primäre wirtschaftliche Bedeutung.

»Wir verkaufen nichts mehr an die Restaurants«, erzählt uns Cathrine. »Vielmehr verschenken wir alles, was wir anbauen, an Leute hier im Bezirk, weil die Not so groß ist – selbst in San Francisco. Wenn wir keine Spezialitäten für die Restaurants anbauen müssen, können wir uns auf nahrhaftere, deftigere Sorten konzentrieren. Im Grunde genommen ist das, was wir hier machen, der Versuch, Familienleben zu ersetzen.«

Sie selbst hatte zahllose Geschwister – »wie in der Fernsehserie *Drei Mädchen und drei Jungen*, nur ohne die finanziellen Mittel«, wie sie sagt. Später hat sie selbst elf Kinder großgezogen, wovon neun aus der engeren Verwandtschaft kamen.

»In einer Familie wird natürlich alles, was man hat, gleichmäßig unter alle aufgeteilt, wie wenig es auch sein mag. Es wird verteilt, und jeder bekommt etwas.« Auf ihre eigene Familiensituation Bezug nehmend, sagt sie: »Wenn eine Scheibe Brot da ist, wird sie in 14 Stücke zerteilt.«

Die Ernte – Brokkoli, Grünkohl, Kopfsalat, Knoblauch und Tomaten (sowie auf dem örtlichen Bauernmarkt erstandenen Früchte und Kürbisse) – zu verschenken und mit anderen zu teilen ist der Schlüssel zur verwandelnden Kraft des Projekts. Cathrine fasst es so zusammen: »Wir müssen geben, um zu leben.«

Ein brutaler Cop

Zu vorgerückter Nachmittagsstunde sind wir mit Cathrine in der Polizeiwache bei Captain Ron Roth verabredet. Cathrine bittet ihn zum Spaß: »Zeig ihnen doch mal das Foto, Ron!« Er ziert sich erst etwas, dann zieht er ein Schwarzweißfoto im Format 18 mal 24 vor – ein massiger Polizist in voller Montur zerrt mit finsterer Miene einen jungen Demonstranten an den langen Haaren. »Dies ist ein Bild von mir. Es ist Anfang der 80er Jahre auf Seite 2 im *San*

Francisco Chronicle erschienen«, erklärt Ron mit merklich ungläubiger Stimme.

Anna und ich sind erschüttert. In dem freundlichen, sportlichen Mann in diesem luftigen Büro, das mit frechen Postern und farbenfrohen Schwertlilien geschmückt ist, ist der Bulle auf dem Foto nicht mehr wiederzuerkennen.

»Nach 23 Jahren im Polizeidienst wurde ich hierher versetzt. Anfangs wollte ich gar nicht nach Bayview-Hunter's Point«, sagt Ron. Ich nehme an, damit meint er, dass er eine Gegend mit so notorisch hoher Kriminalitätsrate lieber vermieden hätte. »Von Cathrins Projekt hatte ich noch nie etwas gehört.«

Als dann wenige Monate nach seinem Dienstantritt ein Dutzend Schwarze – Cathrine mitten unter ihnen – zu einer von der Polizei organisierten Gemeindeversammlung anmarschieren, erzählt uns Ron, wurde ihm mulmig.

»Ich wusste ja nicht, ob sie vielleicht Ärger machen würden«, sagt er. »Sie sahen aus wie aus dem Knast, sie hatten etwas Bedrohliches an sich.«

Trotz seiner Nervosität, so Ron, sei er irgendwie gerührt gewesen, als die Leute das Gartenprojekt beschrieben und erzählten, welche Hoffnungen sie damit verknüpften, dass sie nicht mehr straffällig geworden wären, keine Drogen mehr nähmen und ein produktives Leben führten.

»Am nächsten Tag schickte Cathrine die Typen mit Süßigkeiten für alle zu uns in die Wache«, erzählt Ron weiter. »Sie wollte uns für sich einnehmen, und das hat sie auch geschafft«, gesteht er. Eine von Cathrines »Liebe geht durch den Magen«-Geheimwaffen ist die langjährige Beziehung zu einer bei allen Leckermäulern der Bay Area beliebten Konditorei, die die ersten 2000 Quadratmeter Land für den Garten stiftete und über die Jahre immer wieder Projektteilnehmer einstellte.

»Sie hat uns verändert«, sagt Ron.

Wie pfiffig diese Frau doch ist, denke ich im Stillen. Mit einer zu Herzen gehenden Aussprache und ein paar Leckereien hat sie Schritt eins geschafft und die Klischeebarriere niedergerissen. Schritt zwei ergab sich kurz danach.

»Ich sah die Jungs im Garten schuften«, erzählt Ron, »und sagte zum Scherz: ›Wär ja schön, wenn ihr euer Projekt auf das Gelände rings um die Wache ausdehnen würdet.‹ Wir lachten alle, und ich ging wieder.« Aber kurz danach begannen Haftentlassene, das Polizeiwachengelände *gratis* zu gestalten. Sie brachten ihr ganzes Können auf, machten sich selbst zum Geschenk und begründeten so ein völlig neues Verhältnis zur Polizei in dieser Gegend.

Vergangenes Jahr hat Cathrine Polizeibeamte dafür gewonnen, an Halloween 10 000 Kürbisse zu verteilen. »Der Anblick der Berge von Kürbissen hat die Kinder so begeistert, dass sie vor Freude kreischten und sich an die Beine der Polizisten klammerten«, erzählt Cathrine. »Die Kinder hingen sich tatsächlich an Uniformierte, die sie ihr Leben lang nur fürchten gelernt hatten. Und ich glaube, den Polizeibeamten fällt es seit dieser Kontaktaufnahme mit den Kindern schwer, die Schwarzen in diesem Viertel weiterhin als Feinde zu betrachten.«

Wenn Alice den richtigen Riecher hatte, dass Nahrung in jeder Hinsicht der Weg zu unseren Sinnen ist, dann hat Cathrine das richtige Gespür dafür gehabt, dass Nahrung mit all unseren Vorurteilen aufräumt: Über die Nahrung – das Geben und Miteinanderteilen – erkennen wir einander als Menschen an.

Wenn die Bayview-Polizei heute Bürgerversammlungen abhält, um sich über Besorgnisse zu informieren, erhält jeder Teilnehmer eine Tüte frisches Gemüse aus dem Gartenprojekt. Projektteilnehmer und Polizei arbeiten mittlerweile auch auf andere Weise zusammen, zum Beispiel bei Reinigungsaktionen in ihrem Bezirk, bei denen die Exstraftäter ihre Arbeitskraft zur Verfügung stellen, oder indem sie Ausflüge mit den Kindern der Nachbarschaft machen. Da die Sorge für das Viertel und das Austeilen der Nahrungsmittel Barrieren zwischen der Polizei und den Ortsansässigen abgebaut haben, ist Rons Arbeit leichter geworden.

»Die Leute melden mir jetzt öfter Straftaten«, erzählt er uns. »Wenn es eine Schießerei gibt, wird manchmal sofort im Amt angerufen und gesagt, wer der Schütze war. Die Kriminalität hier hat in den letzten fünf Jahren doppelt so schnell abgenommen wie in den anderen Stadtteilen.«

Als wir später noch einmal mit Ron sprechen wollten, erfuhren wir, dass er wieder versetzt worden ist, aber er ist immer noch mit Cathrine in Verbindung. Sie hat ihm vor kurzem erst geholfen, eine Kürbisverschenkaktion in seinem neuen Amtsbereich zu organisieren.

»Den Reichtum verteilen«, nannte Ron das.

Das Gefängnis-Paradox

Während der Gespräche mit Cathrine, Anthony und Ron wurde mir die kalte, widersprüchliche Art des Umgangs unserer Gesellschaft mit der Verbrechensbekämpfung immer deutlicher bewusst.

Wir stecken immer mehr Leute hinter Gitter und lamentieren gleichzeitig, dass wir kein Geld mehr haben für Erziehung und Schule, Berufsausbildung und andere Möglichkeiten, durch die junge Menschen häufig erst vor Drogenkonsum und Kriminalität bewahrt werden. Vom Aufenthalt in der Haftanstalt brutalisiert und nach der Entlassung ohne Arbeitsstelle, werden Straffällige leicht rückfällig: Die Rückfallquote in Kalifornien ist von nur 21 Prozent im Jahr 1980 sprunghaft auf fast 70 Prozent gestiegen. Das Bemühen, Geld zu sparen, bezahlen wir mit immer höheren Ausgaben und letztlich sogar mit immer mehr Menschenleben.

Anthony grinst, als er uns erzählt, dass sein Einkommen doppelt so hoch wie der gesetzliche Mindestlohn ist, seit er als Führungskraft beim gemeinnützigen »Tree Corps« arbeitet. Das »Tree Corps« ist ein Ableger des Gartenprojekts, wo seit 1994 Haftentlassene eingestellt werden, um Bäume zu pflanzen und die schon gepflanzten 10 000 Exemplare in San Francisco zu pflegen. »All die Bäume sind durch meine Hände gegangen«, strahlt Anthony.

Nachdem ich den Garten und Anthonys Stolz gesehen habe, weiß ich, wie wenig man eigentlich braucht, um eine solche Möglichkeit zu eröffnen, und mir wird wieder einmal klar, dass wir als Gesellschaft bisher immer genau das geschaffen haben, was wir verabscheuen, in diesem Fall eine hohe Belastung der Staatskasse und einen Anstieg der Kriminalität.

Ron, der Polizeihauptmann, zählte für uns einmal zusammen, wie viel es das System kostet, jemanden wie Anthony nach Verbüßung seiner Strafe ohne jede Unterstützung wieder auf die Straße zu schicken. »Rein statistisch ist die Chance ziemlich hoch, dass er erneut straffällig wird«, sagte er. »Stellt euch einen Drogenabhängigen vor, der aus dem Gefängnis entlassen wird und Autos stiehlt, um seinen Dope bezahlen zu können. Das kann sich im Laufe eines Jahres auf Schäden, Kosten für die Allgemeinheit und Versicherungsansprüche von einer *halben Million Dollar* summieren. Hingegen entstehen durch einen beim Gartenprojekt beschäftigten Exhäftling nur Lohnkosten von nicht einmal 30 000 Dollar jährlich. Das ist gar kein Vergleich.«

Diese Logik ist zwar bestechend, aber Cathrine muss trotzdem um jeden Groschen betteln, während die US-Regierung statt Bildungs- und Rehabilitationseinrichtungen weiterhin vorrangig Gefängnisse finanziert und etwa 40 Milliarden Dollar für alte und neue Haftanstalten ausgibt. Wir geben sechsmal mehr für das Einsperren von Gesetzesbrechern aus, die keine Gewalttäter sind und von denen es über eine Million gibt, als wir in die staatliche Fürsorge für die über eine Million armen Kinder hierzulande stecken. (Die realen Kosten für die Inhaftierung von Gesetzesbrechern, die keine Gewalttäter sind, belaufen sich natürlich auf viel, viel mehr, als der angeführte Vergleich vermuten lässt, wenn man die Gesamtkosten der Polizei, der Rechtsbeistände und Gerichte und möglicherweise des Unterhalts der durch die Maßnahmen auseinander gerissenen Familien hinzurechnet.)

Aber *warum* das?

»Gefängnisse sind *das* Geschäft«, erwidert Cathrine. »Wir haben einen Wirtschaftsfaktor geschaffen, der zwangsläufig den Status quo erhält – private Gefängnisunternehmen boomen.«

Natürlich locken die Gewinne und blüht das Gewerbe, das immer mehr auf Privatfirmen übergeht, aber warum zweifeln nicht mehr Menschen an der Notwendigkeit dieses Wirtschaftsfaktors? Die Antwort darauf lautet, wie ich inzwischen eingesehen habe, dass wir nicht bereit sind, unserer Fantasie, unserer Wahrnehmung auf die Sprünge zu helfen.

»Viele junge Männer und junge Frauen sind nur im Gefängnis, weil sie süchtig und arm sind und *nicht* etwa, weil sie Gewaltverbrecher wären«, sagt Cathrine. Die Medien verstärken den falschen Eindruck jedoch noch, dass es Gewalttäter sind, deren Inhaftierung uns so viel Geld kostet. Uns wird das Gefühl suggeriert, dass diese »Knasties« und »Ex-Knasties« kaum ähnliche Motive und Bedürfnisse haben könnten wie wir selbst. Gleichzeitig fällt es vielen schwer, von dem Klischee abzugehen, das auch Ron Roth früher anhaftete: dass Cops immer massige, brutale Typen waren, sind und bleiben werden.

Wir können in dieser Art der Wahrnehmung gefangen sein, aber Cathrine zeigt, dass es möglich ist, auszubrechen. Über das Medium Nahrung – den Anbau und das Teilen mit anderen – können die Klischees durch die Erkenntnis unseres gemeinsamen Menschseins abgebaut werden.

Anna und ich werden nie vergessen, welch ein Gegensatz zwischen Ron, dem Cop auf dem Zeitungsfoto, und Ron, dem netten Kerl, bestand, der uns grinsend gesteht: »Wenn Cathrine und ihre Bande nicht bis Montagnachmittag bei mir angerufen haben, dann ruf ich sie an. Ich bin das ganze Wochenende weg, und sie fehlen mir. Das ist das Beste.«

Das radikale Ernährungsexperiment

»Ich schäme mich, wenn ich daran denke, wie ich noch vor wenigen Jahren war«, gesteht uns Ron. »Seit meiner Ankunft in Bayview-Hunter's Point bin ich so gesund wie noch nie. Ich versuche, keinen Fertigfraß mehr zu essen. Wenn im Garten alles auf Hochtouren läuft, bekommen wir jede Woche Gemüselieferungen. Die Produkte gehören zum Besten, was ich je gegessen habe. Früher holte ich etwas aus dem Tiefkühlschrank und wärmte es in der Mikrowelle. Jetzt nehme ich frisches Gartengrünzeug aus meinem Wagen und mache mir einen Salat.«

Ron erzählt uns, wie ihm das Herz weh tut, wenn er als Polizist irgendwohin gerufen wird und im Kühlschrank nichts Gesundes zu essen findet, oft sogar überhaupt nichts Essbares. (Zur Erinnerung: In den USA lebt schätzungsweise eins von fünf Kindern in einem Haushalt, wo nicht gesichert ist, dass Essen auf den Tisch kommt.)

»Ich weiß, dass es einen Zusammenhang zwischen einem gesunden Körper und Geist gibt«, sagt Ron.

Ich glaube, Ron hat Recht, aber in Wahrheit gehen immer mehr Menschen, Reiche wie Arme, den fetten Schnell- und Fertiggerichten der Konzerne auf den Leim.

»Über die Jahre habe ich Tausende von Gefangenen zu ihrer Ernährung befragt, und sie haben alle das Gleiche gesagt«, erzählt uns Cathrine. »In ihrer Kindheit gab es wenig zu essen zu Hause, keine richtigen Mahlzeiten, und sie nahmen, was sie kriegen konnten. Und so gehen die Typen, sobald sie was verdient haben, zu McDonald's. Dann fühlen sie sich erwachsen.«

Bei einem Viertel aller Amerikaner besteht heute mindestens eine Tagesmahlzeit aus einem Fertiggericht vom Schnellimbiss, und wenn es ein Doppeldecker mit Käse ist, nehmen wir mit einer einzigen Mahlzeit 130 Prozent der gerade noch vertretbaren Tageshöchstmenge an gesättigten Fetten zu uns.

Cathrine versucht den Bann zu brechen, den die Werbung durch die Verbindung von Fertiggerichten und gutem Leben ausübt. Keine leichte Aufgabe, wenn McDonald's und andere Imbissketten immer aggressiver in die Innenstädte vordringen und Absatzmärkte wie Cathrines kaputt machen. Jeder vierte Hamburger, den McDonald's in den USA verkauft, wird mittlerweile in Innenstädten verzehrt, und zwar unverhältnismäßig oft von jungen Schwarzen. Der Werbeetat von McDonald's beträgt 800 Millionen Dollar im Jahr – und wann sind Sie zum letzten Mal von einer Brokkoli-Werbung im Fernsehen verführt worden?

Ron und Cathrines Erfahrungen in Bayview-Hunter's Point spiegeln im Kleinen das globale Paradox wider. Einerseits hat sich Alices Vision einer Ernährung mit vollwertigen, vor Ort angebauten Nahrungsmitteln in unserem Land wie der Wind verbreitet und auch im Ausland Anklang gefunden. Immer mehr Leute halten nichts mehr vom Fleisch getreidegefütterter Rinder aus der Massentierhaltung, seit sie wissen, welche ungeheure Verschwendung, Umweltzerstörung, Tierquälerei und Gesundheitsrisiken damit verbunden sind. Andere lehnen den Fleischverzehr ganz ab.

Andererseits isst der Amerikaner heute im Durchschnitt mehr Fleisch als je zuvor – alljährlich fast das Doppelte des eigenen Körpergewichts. Und da die Lebensmittelkonzerne die größten Werbeausgaben bestreiten – in der Hauptsache, um uns ungesundes Zeug zu verkaufen –, ist es kaum verwunderlich, dass die Hälfte unserer Nahrungskalorien inzwischen aus Fett und Zucker stammen. Diese fett- und zuckerreiche Kost, in deren Mittelpunkt durch Getreideverfütterung erzeugtes Fleisch steht, hat einen Siegeszug um die Welt angetreten, der sich immer mehr beschleunigt.[17]

Seit dem Erscheinen der *Öko-Diät* ist der US-Export von Fleisch getreidegefütterter Tiere auf das Sechzigfache gestiegen, hat sich der Fleischkonsum in den Entwicklungsländern verdoppelt. In Ländern wie China oder Thailand erzeugen die Besserverdienenden eine Nachfrage nach Fleisch, sodass in diesen Ländern, in denen vor dreißig Jahren fast kein Getreide verfüttert wurde, die Fleischproduktion heute schon ein Viertel der Getreideernte verschlingt. McDonald's eröffnet alle fünf Stunden irgendwo auf der Erde eine neue Filiale. Mexiko hat die USA im Wettrennen um den höchsten Coca-Cola-Konsum pro Person gerade geschlagen.[18]

Diese Art der Ernährung ist das größte Experiment, das je an Menschen durchgeführt wurde. Fast Food hat keinerlei Ähnlichkeit mehr mit der unverarbeiteten, weitgehend pflanzlichen Kost, die wir einst zu uns genommen haben und in der Fleisch, Fett und leere Kohlenhydrate, zum Beispiel in Form von Zucker, nur eine untergeordnete Rolle spielten.

Uns Versuchskaninchen geht es dabei nicht besonders gut!

Nach Angaben des amerikanischen Ernährungsverbandes erhöht unsere auf Fleisch gegründete Ernährung das Risiko von Herzkrankheit, Bluthochdruck, Diabetes und anderen Erkrankungen. Männliche Fleischesser tragen ein *doppelt* so hohes Herzkrankheitsrisiko wie Männer, die kein Fleisch essen. Unsere radikal neue Ernährung wird auch mit etwa einem Drittel aller Krebserkrankungen in Zusammenhang gebracht.[19]

Bei dieser Experimentalkost legen wir in unvorhergesehenem Maße Gewicht zu. Inzwischen haben die Hälfte der amerikanischen Erwachsenen und ein Fünftel der Kinder Übergewicht – etwa 50 Prozent mehr wie in den 60er Jahren und überhaupt mehr als je zuvor, seit es Daten darüber gibt.

Übergewicht erhöht ebenfalls wieder das Risiko für diverse Erkrankungen. Eine davon ist Diabetes, deren Auftreten sprunghaft angestiegen ist. Vor 15 Jahren waren weltweit 30 Millionen Menschen davon betroffen; heute leiden 151 Millionen Menschen unter dieser Krankheit. In den Vereinigten Staaten wird etwa jeder zwölfte Dollar der Gesundheitsfürsorge für die Behandlung der um sich greifenden Zuckerkrankheit ausgegeben.[20] Das Riesenexperiment mit der menschlichen Ernährung hat außerdem neue Krankheiten hervorgebracht – zum Beispiel Essstörungen, von denen ich in meiner Jugend nie etwas gehört habe, die aber so zugenommen haben, dass sie mittlerweile das Leben von fünf Millionen Amerikanern zerstören.

Den eigenen Sinnen trauen

»Du weißt nicht, wie Blätterkohl zubereitet wird, Mädchen?« Cathrine macht vor, wie sie mit jungen schwarzen Frauen in der Nachbarschaft redet, die mit Schnellgerichten aufgewachsen sind und nichts von den traditionellen, gesunden Seiten ihrer afroamerikanischen Kultur wissen.

Während Cathrine von Leuten erzählt, die allmählich die Freuden echten Genusses kennen lernen, oft, indem sie die alten Nahrungsmittel ihrer eigenen Kultur wiederentdecken wie zum Beispiel grünes Blattgemüse, muss ich daran denken, wie begeistert ich war, als ich vor dreißig Jahren in der nüchternen Kellerbibliothek auf der anderen Seite der Bay entdeckte, dass historisch die Nahrung aller Völker der Welt aus vollwertigen Zutaten bestand, die sich in ihrem Ernährungswert ergänzen.

Wenn die Proteine aus Getreide mit anderen pflanzlichen Nahrungsmitteln wie Bohnen, Erbsen, Linsen oder Erdnüssen kombiniert werden, können sie vom Körper besser verwertet werden, als wenn diese Nahrungsmittel einzeln gegessen würden. Mais und Bohnen in Lateinamerika, Reis und Linsen in Indien, Nudeln und Bohnen in Südeuropa, Erdnüsse und Hirse in Afrika: All diese traditionellen Kombinationen sind geniale Möglichkeiten, ein Höchstmaß an Pflanzeneiweiß zu gewinnen. Wie einfach ist es doch, in der Küche den Chemiker zu spielen und wirksam den Proteingehalt zu steigern, indem wir den intuitiven Eingebungen unserer Vorfahren folgen. Toll. Und außerdem auch noch billig.

Die auf Fleisch basierende Ernährung in Frage zu stellen war Ketzerei, als ich mein erstes Buch schrieb. Damals fühlte sich der nationale Verband der Rinderzüchter so von meiner *Öko-Diät* bedroht, dass er ein Gremium von Testköchen zusammenstellte, die beweisen sollten, dass meine fleischlosen Gerichte ungenießbar seien! Es misslang ihnen gründlich, und wie die vielen inzwischen erschienenen vegetarischen Kochbücher überzeugend zeigen, hat sich seitdem eine völlig eigene Küche entwickelt, in deren Mittelpunkt pflanzliche, vollwertige Produkte stehen.

Bevor mir angesichts der Vielfalt essbarer Pflanzen ganz schwindlig wurde, hatte ich selbst eine Essstörung und aß Unmengen in mich hinein. (Als ich das vor kurzem Anna erzählte, blieb ihr der Mund offen stehen!) Niemand ahnte etwas davon. Ich war nicht dick. Ich sprach nicht davon, aber ich zählte insgeheim wie besessen Kalorien und malte mir, sobald ich mit Essen fertig war, schon die nächste Mahlzeit aus. Es war alles andere als ein Vergnügen, und ich litt darunter. Doch als ich anfing, Vollkorngetreide und Hülsenfrüchte, Nüsse und Ölsaaten, frisches Obst und Gemüse zu essen, fiel meine zwanghafte Gier von mir ab. Mein Gewicht pendelte sich genau so ein, wie es mir bei meinem Körperbau angenehm war, und ist seither unverändert so geblieben. Essen war keine Bedrohung mehr, gegen die ich ankämpfen musste.

Jetzt, dreißig Jahre später, hat die Wissenschaft eine Erklärung dafür. Ernährungsexperten können die Geschwindigkeit messen, mit der wir Nährstoffe umsetzen. Verarbeitete Nahrungsmittel – raffinierter Zucker und leere Kohlenhydrate – werden schnell umgesetzt; darum werden wir nach kürzerer Zeit wieder hungrig und wollen erneut essen. Eine Studie jüngeren Datums an Teenagern mit Übergewicht kam zu dem Ergebnis, dass diejenigen, die eine vollwertige Mahlzeit essen, diese im Gegensatz zu denen, die sich die üblichen Schnellgerichte einverleiben, langsamer verwerten als Industriekost und infolgedessen bei der nächsten Mahlzeit freiwillig etwas Kalorienärmeres zu sich nehmen.[21]

Als ich mich auf eine vollwertige Ernährung umstellte, verlangte mein Körper nur noch nach dem, was er wirklich brauchte, und das zügelte meinen Appetit. Ich lernte bald, meinem Gespür zu vertrauen, was für mich gesund war. Die Freude, dann noch zu entdecken, dass das, was für mich am besten ist – eine vollwertige, pflanzliche Ernährung – auch für die Erde das Beste ist, hat mich seitdem immer beflügelt. Es war eine Riesenerleichterung, meine Essgier loszuwerden, sodass Essen für mich endlich ein sinnlicher Genuss und Gelegenheit zu einem reuelosen Umgang mit Angehörigen und Freunden werden konnte, wie es gemeinsame Mahlzeiten eigentlich immer für den Menschen waren – bis wir in die heutige Sackgasse gerieten.

Ich ertappe mich dabei, dass ich immer wieder über die Frage nachgrüble, warum wir als Gesellschaft das machen, was wir als Einzelne verabscheuen ... bis hin zur heutigen Ernährung der Bevölkerung, die ihr offenkundig nicht gut bekommt.

Man muss die Sache meines Erachtens aus zwei Blickwinkeln betrachten. Einmal sehe ich, dass eine clevere Lebensmittelindustrie einen Fehler in unserer Biologie entdeckt und sich bestens zunutze gemacht hat: dass bei uns Menschen beim Fett- und Zuckerverzehr kein klarer »Sättigungsmechanismus« einsetzt, wie Ernährungswissenschaftler es nennen, das heißt, sobald wir einmal zu essen anfangen, können wir nur schwer wieder aufhören. Vor grauen Zeiten, als wir noch Jäger und Sammler waren und fett- und zuckerreiche Nahrung knapp war, hatte dieser »Fehler« sein Gutes. Sobald wir Beute gemacht oder einen Bienenstock gefunden hatten, verlangte die Anpassung von uns, diese Chance zu nutzen und uns vollzuschlagen. Aber wenn kein Mangel an fetter, zuckerreicher Nahrung besteht, ist dieses Verhalten höchst gefährlich. Zum Glück habe ich durch kleine Selbstversuche gelernt, dass wir unsere evolutionäre Programmierung nicht länger fürchten müssen, wenn wir uns in unserer Ernährung ein Beispiel an unseren Vorfahren nehmen.

Zum anderen sehe ich Folgendes: Wir konsumieren immer mehr, ohne uns jedoch die Zeit zum Genießen zu nehmen, und das bringt uns letztlich um, denn vieles an unserer Kultur verleugnet unsere Sinne. Wir werden dazu erzogen, den Sinnen zu misstrauen. Wir geben uns mit Fertigfraß zufrieden, weil wir den Kontakt zu unserem natürlichen Geschmackssinn mit all seinen Feinheiten verloren haben und nicht, weil wir »keinen Geschmack« hätten. Wir haben den Kontakt zu unserem Körper verloren und hören nicht, was er uns sagen würde, wenn wir uns nur die Zeit nähmen, hinzuhören.

Wenn ich Recht habe, dann ist unsere »Revolution der Sinne« womöglich wirklich der Schlüssel, um das Vertrauen wiederzugewinnen, das wir zur Veränderung der größeren Strukturen brauchen, die trotz des Überflusses Hunger und Krankheit Vorschub leisten: das Vertrauen, das Cathrine durch ihre Gärten täglich neu begründet. Das Vertrauen, das die Kinder der King-Schule gewonnen haben, seit sie sich mit der Erde, den Vögeln, den Würmern und den Pflanzen in ihrem Garten auskennen, ist vielleicht das Vertrauen, das wir alle zurückgewinnen können, wenn wir uns wieder mit der Erde verbinden.

Abstrakte Begriffe erwachen zum Leben

Obgleich ich lauter positive Entdeckungen machte, war ich 1971 wirklich frustriert. Natürlich war ich erfreut, dass mein Buch gelesen wurde und dass viele Leute kein Fleisch von getreidegefütterten Tieren mehr aßen oder Vegetarier wurden. Ich hoffte, sie würden den »Schneeballeffekt« ihrer neuen Wahl erfahren, von dem Alice und ich so überzeugt sind. Aber zugleich suchte ich nach einer Möglichkeit, den Weg noch besser und verständlicher weisen zu können. Dazu musste ich einfach mehr Lebenserfahrungen sammeln und mehr lernen.

Durch Alices Vision, Zenobias und Capras praktische Umsetzung einer ökologischen Weltsicht, Cathrines Erfolg und Anthonys und Rons Verwandlung habe ich inzwischen eine klarere Vorstellung von dem Netz, mit dem unsere Entscheidungen verwoben sind, und davon, wie sich erst aus der Kenntnis der übergeordneten Strukturen Lösungen ergeben, statt durch Zerlegen dieser Strukturen in Einzelteile. Kalte, abstrakte Begriffe erwachen zum Leben.

Während wir durch die Stadtgärten wandern und mit den Menschen dort plaudern, sehen Anna und ich die vielen Wellen, die unsere Entscheidungen auslösen:

- was wir essen,
- wo wir einkaufen,
- was wir unter einem guten Schulunterricht und gesunden Schulmahlzeiten verstehen,
- wo staatliche Einrichtungen wie Schulen Nahrungsmittel einkaufen,
- ob wir Gesetzesbrecher weiterhin in Gefängnisse stecken oder ihnen lieber wieder zur Gemeinschaft mit ihren Mitmenschen und der Erde verhelfen sollen.

Aber wie machen wir solche Entscheidungen zu unseren *eigenen*? Wie werden sie zur lebendigen Bestätigung unserer eigenen Vorstellungen, statt uns von außen als das einzig »Richtige« aufgedrängt zu werden? Die Antwort ergibt sich von selbst, wenn wir Entscheidungen treffen, die unserem Gefühl nach *sofort* eine Bereicherung für unser Leben sind.

Ich weiß, dass ich kein »Opfer« bringe, wenn ich am klotzigen, überfüllten Supermarkt vorbeigehe und lieber in der ruhigen Atmosphäre meiner schönen, kleinen Harvest-Coop in Cambridge einkaufe. (Auch wenn das komisch klingen mag, tut es gut, sich ab und zu daran zu erinnern, dass wir uns manchmal nur dann wirklich treu bleiben können, wenn wir Dinge tun, die wir zu Anfang unnatürlich finden.)

Besonders gern mag ich die Geschichte, die Alice oft zum Besten gibt, um zu unterstreichen, dass diese Entscheidungen eigentlich ein Fest und kein Opfer sind.

»Eine der Lehrerinnen in Berkeley«, sagt sie, »erzählt immer davon, wie ihre Schüler einmal die Zutaten für eine große Schüssel Salat putzten, wuschen und zerschnitten. ›Nun wartet mal noch mit dem Essen‹, sagte sie, ›und lasst uns erst an diejenigen denken, die den Erdboden bereitet, die Saat ausgebracht und das Gemüse geerntet haben.‹ Da standen die Kinder von ihren Pulten auf und bereiteten dem Salat stehend eine Ovation.«

Mit diesen Entscheidungen wird tatsächlich das Leben gefeiert, aber nicht das reale Elend in der Welt abgeleugnet. Von Kalifornien aus werden wir in Länder reisen, wo die Leute ums nackte Überleben kämpfen, und wir werden uns dann an das halten, was Cathrine als Herausforderung formuliert hat: stark genug zu sein, um sowohl das Freudenfest als auch den Schmerz unserer Zeit zu ertragen. Begleiten wird uns auch Alices Hinweis, dass jede Ernährungsentscheidung, die wir treffen, etwas verändert. Sie sagt: »Die richtige Entscheidung rettet die Welt« und untermauert ihre Feststellung mit einem Zitat des Künstlers Paul Cezanne: »Der Tag wird kommen, an dem eine einzige Karotte, mit neuen Augen betrachtet, eine Revolution auslöst.«

Anna und ich lesen diesen Satz mehrmals. Auf den ersten Blick erscheint Cezannes Ausspruch albern – was für einen Unterschied könnte schon eine Karotte bewirken, wie lange man sie auch anstarren mag? Aber wenn man wirklich einmal innehält und sich Zeit zur Betrachtung der Karotte nimmt, muss man auch an die Erde denken, in der sie gewachsen ist, an das Wasser, mit dem sie genährt wurde, an die Menschen, die sie in mühevoller Arbeit gepflegt haben, und an diejenigen, die ihre Nährstoffe genießen können – oder nicht.

Ob Cezanne es so gemeint hat oder anders, jedenfalls kann uns eine einzige Karotte zu den schwierigsten Fragen unserer Zeit führen – letztlich sogar zu den Herausforderungen auf Leben und Tod, denen die Landlosen in Brasilien ausgesetzt sind, die Brachflächen in lebendigen Acker umwandeln und dabei wieder hoffen lernen.

Pikante Knoblauchauberginen

Zu Beginn unserer Reise besuchten wir die Food-First-Niederlassung in Oakland, Kalifornien, wo uns die Mitarbeiter ein köstliches, hausgemachtes Mittagessen vorsetzten, wie sie es sich jeden Tag der Woche auch selber gönnen. Das folgende Food-First-Gericht ist schnell und einfach zubereitet, und sein vielfältiger Geschmack bleibt noch lange auf der Zunge. Probieren Sie zum Nachtisch frische Früchte – besonders zu empfehlen sind frisch gepflückte Himbeeren auf Joghurt mit einem Klecks Honig.

Für 4 Personen:

2 Tassen Naturreis, vorzugsweise Langkorn

450 g fester Tofu

3 kleine Auberginen (etwa 350 g)

2 EL Sesamöl

2 EL Sojasauce

3 EL Schwarze Bohnensauce mit Knoblauch (aus dem Chinaladen)

3 EL Maisstärke

1 Tasse Wasser

½ Tasse locker eingefüllte frische Basilikumblätter

1½ EL Knoblauch-Chili-Paste (aus dem Chinaladen)

– Den Reis aufsetzen und ausquellen lassen.

– Inzwischen die Sauce zubereiten. Dazu den Tofu in gut 1 cm dicke Würfel schneiden und in 1 Esslöffel Sesamöl von allen Seiten goldbraun rösten. Die Auberginen in 2 cm große Würfel schneiden und in einer größeren Pfanne im restlichen Sesamöl erst ein paar Minuten auf großer Hitze anbräunen, dann zugedeckt etwa 10 Minuten auf kleiner Flamme dünsten, bis sie weich sind. Mit den Tofuwürfeln mischen.

– Sojasauce, Schwarze-Bohnen-Sauce, Stärke und Wasser verrühren. Die Mischung zur Auberginenmasse geben und unter Rühren aufkochen lassen. Falls die Masse zu dick wird, nach und nach noch etwas Wasser zufügen.

- Das Basilikum waschen, trocknen und klein schneiden. Kurz vor dem Servieren mit der Chilipaste zusammen unter die Sauce rühren und zwei Minuten unter Rühren auf mittlerer Hitze erwärmen.
- Den Reis mit dem Püree anrichten und servieren. Sojasauce dazu reichen. (Möglichst gleich nach der Zubereitung essen, da der Salzgeschmack des Gerichts mit der Zeit zunimmt.) Werden Reste aufgewärmt, bis zu ½ Tasse Wasser zugeben, um das Gemüsepüree zu verdünnen.

Schulgarten-Empanada

Über dieses Rezept sagt die *Schulgarten*-Köchin Ester Cook, von der es stammt: »Das Empanada-Rezept haben zuerst Schüler der siebten Klasse ausprobiert, als sie sich im Spanischunterricht mit Südamerika befassten. Es eignet sich besonders gut für Kinder und Jugendliche, da viel zu schneiden ist und der Teig bereitet werden muss, sodass jeder etwas zu tun hat. Das Rezept wurde bei allen ein absoluter Renner.«

Teig:

2 Tassen Vollweizenmehl plus Streumehl
½ TL Salz
½ Tasse Wasser

- In einer Schüssel Mehl und Salz miteinander mischen. In die Mitte eine Vertiefung drücken, das Wasser hineingießen und immer mehr Mehl hinzurühren, bis ein Teig entstanden ist.
- Den Teig auf einer dünn bemehlten Fläche etwa 5 Minuten kneten, bis er glatt ist. In 8 gleiche Stücke teilen und jedes Stück zu einer kleinen Kugel kneten. Die Kugeln etwa 10 Minuten ruhen lassen.

Füllung:

2 große fest kochende Kartoffeln (etwa 350 g), in 5 mm dicke Würfel
   geschnitten
6 Frühlingszwiebeln (nur die weißen und hellgrünen Teile), in feine Ringe
   geschnitten

2 scharfe grüne Pfefferschoten, fein gehackt (etwa 2 EL)
1 Tasse (110 g) geriebener Käse
½ TL Paprikapulver
½ TL Salz
¼ TL frisch gemahlener schwarzer Pfeffer

- Die Kartoffelwürfel in siedendes Wasser geben und 3 bis 4 Minuten kochen. Abtropfen und abkühlen lassen.
- Die übrigen Zutaten mischen, mit den Kartoffeln vermengen und mit Salz und Pfeffer würzen.

Die Empanadaherstellung:
- Jede Teigkugel zu einer Kreisfläche von etwa 12 cm Durchmesser ausrollen. In die Mitte eine kleine Menge Füllung geben, die Teigflächen am Rand leicht mit Wasser bestreichen, den Teig über die Füllung schlagen und am Rand fest mit einer Gabel zusammendrücken.
- Die Empanadas in Butter und/oder Öl von beiden Seiten knusprig goldbraun backen. Sie können auch mit Öl oder zerlassener Butter bepinselt und 12 bis 15 Minuten im heißen Ofen bei 190 Grad gebacken werden. Heiß auftragen.

Vorschlag:
- Sollte Füllung übrig bleiben, kann sie zum Frühstück gebraten und mit Eiern serviert werden.

Kapitel 3

Der Kampf für mehr Menschlichkeit

Brasilien – São Paulo, Curitiba und besetztes Land

Was für ein Brasilien wünschen wir uns?

Schild im Seminarraum der besitzlosen Landarbeiter

Es ist vier Uhr morgens. Gerade hat uns der Bus in Pitanga abgesetzt, mitten im Zentrum der südbrasilianischen Provinz Paraná. Während wir auf unsere Gastgeber warten, beobachten Anna und ich, wie Männer in Ponchos, mit Cowboyhüten auf dem Kopf, zum Bus kommen und erschöpfte Reisende mit Autos, Lastwagen und Pferden abholen. Eine Frau mit einem in Decken gewickelten Baby sitzt uns gegenüber auf einer Bank.

Wir sind zur kältesten Zeit des Jahres im kältesten Winter der Geschichte im kältesten Teil des Landes, und es ist kalt, auch wenn der Wind gerade nicht durch die offenen Türen hereinpfeift. Wir lachen, als uns die Badesachen einfallen, die wir in die sorgfältig gepackten Koffer gestopft haben. (Wir hatten offensichtlich zu viele Plakate von den Stränden Rios gesehen, um es zu glauben, als man uns sagte, hier sei Winter.)

Nach einigen Minuten aneinander gekuschelten Wartens treffen unsere Führer mit roten Nasen ein. Mit eiskalten Händen begrüßen sie uns lächelnd und strahlen eine Energie aus, bei der wir vorübergehend die Temperaturen vergessen. Diese beiden Frühaufsteher gehören zur »Bewegung besitzloser Landarbeiter«, auf Portugiesisch MST, einer der größten sozialen Bewegungen Lateinamerikas.

Ich ertappe mich dabei, dass ich mich beim Austausch der Begrüßungen frage, ob sie wohl auch schon Familienangehörige verloren haben oder mit Morddrohungen eingeschüchtert wurden. Während die Bewegung Land für eine Viertelmillion Familien organisierte, sind nämlich Tausende von MST-Mitgliedern verletzt und über Tausend getötet worden.

Jetzt ist jedoch nicht die Zeit, um ein Gespräch darüber zu beginnen – es ist schließlich erst halb fünf in der Frühe –, und so behalte ich meine Gedanken für mich, als ich mit Anna und unserem Dolmetscher Leo still zu dem kleinen Hotel auf der gegenüberliegenden Straßenseite stolpere. Wir fallen in die brettharten Betten und hoffen, noch etwas Schlaf zu finden, bevor unser erster Tag auf dem brasilianischen Land richtig anbricht. (Es ist so kalt, dass ich Anna bitte, unsere engen Betten zusammenzuschieben, damit wir die vier Decken gemeinsam benutzen können!)

Ein Land der Kontraste

Als ich die *Öko-Diät* schrieb, wusste ich nicht viel über Brasilien, aber ich hatte einen starken emotionalen Bezug dazu, weil ich zu begreifen versuchte, warum einige zu essen haben und andere nicht. Brasilien bestand für mich aus Kontrasten: modernen Wolkenkratzern und *Favelas*, den Schrecken erregenden Elendsvierteln, riesigen Plantagen, so genannten *Latifúndios*, und hungernden Bauern, natürlichem Reichtum in Hülle und Fülle und der Plünderung des Amazonasgebietes.

Mauern der Angst, über Jahrhunderte aufgebaut, das war Brasilien für mich. Ich wusste, dass inzwischen ein Prozent der Landbesitzenden fast die Hälfte der landwirtschaftlich nutzbaren Fläche des Landes kontrollieren, während fast fünf Millionen Landbewohner keinerlei Ackerland besitzen.[22] Als fünftgrößtes Land der Erde mit dem achtgrößten Bruttosozialprodukt ist Brasilien zu einem der weltführenden Exportländer von landwirtschaftlichen Produkten geworden – und das, obgleich Zehntausende von Kindern alljährlich an Hunger sterben.

Meines Erachtens ist Brasilien ein Paradebeispiel dafür, dass Hunger nicht durch Nahrungsknappheit verursacht wird.

Brasilien ist auf dieser Welt *das* Land, in dem Einkommen und Reichtum extrem ungleichmäßig verteilt sind. (Nur in Sierra Leone ist es noch schlimmer.) Durch diese krasse Schieflage in der Verteilung ist in Brasilien die Säuglingssterblichkeit doppelt so hoch wie in Ländern, die erheblich ärmer sind, zum Beispiel Armenien und Uruguay.

Ich wusste auch, dass die Besitzer der riesigen Latifúndios ihr Land nicht nur durch die Kontrolle des politischen Systems erworben und behalten haben, sondern wirksamer durch Waffengebrauch. Jeder Versuch der Armen auf dem Land, Ackerflächen in Besitz zu nehmen, ist bisher niedergeschlagen und mit Bauernblut bezahlt worden.

Letztlich war die Landreform, die ein demokratisch gewählter sozialistischer Präsident durchzuführen drohte, sogar mitverantwortlich für den 1964 mit Unterstützung der USA geführten Militärputsch, der der Demokratie für 21 Jahre den Garaus machte.[23] Damals trat die Agroexportindustrie einen Rachefeldzug an, und bei der Militärregierung hatte die Verteilung von Land an die Besitzlosen ohnehin keine Priorität.

Die Probleme Brasiliens, das größer als die Vereinigten Staaten ist, und seine schier unüberwindlichen Hindernisse auf dem Weg zum demokratischen Wandel waren mir immer gewaltig erschienen. Darum war ich erstaunt, bei den Recherchen zu diesem Buch zu entdecken, dass in der Zwischenzeit in diesem Land der Gegensätze etwas Gestalt angenommen hatte, mit dem ich überhaupt nicht gerechnet hatte.

Eine wachsende Bewegung nahm buchstäblich alles aufs Korn, was ich immer für »brasilianisch« gehalten hatte: Sie rang den Großgrundbesitzern Land für die Besitzlosen ab, begegnete dem landwirtschaftlichen Modell der Agrarindustrie mit der Schaffung kleiner und mittelgroßer Betriebe (viele davon ökologisch wirtschaftende Kooperativen) und stellte die Demokratie der relativ neuen konstitutionellen Regierung Brasiliens in Frage.

Diese Bewegung ist die MST, und sie kann es sich als Verdienst anrechnen, in nur 16 Jahren eine Viertelmillion besitzloser Familien auf Land angesiedelt zu haben, das eine Fläche von etwa 6 Millionen Hektar mit 2600 Siedlungen in fast allen brasilianischen Provinzen umfasst.[24]

Die Bewegung der besitzlosen Landarbeiter ist mit ihrer halben Million Mitglieder eine der größten gemeinnützigen Organisationen der Welt und die größte soziale Organisation Lateinamerikas, die dem Hunger den Kampf angesagt hat. So ist es nur natürlich, dass sie unser Interesse geweckt hat. Warum hat sie offensichtlichen Erfolg, wo doch jahrhundertelang alle Bemühungen um eine gerechtere Verteilung des Landes nichts gefruchtet haben? Wir fragen uns auch, ob die MST wohl Lehren für uns bereithält, wie wir alle uns aus der Umklammerung der Denkfallen befreien, der Stimme unseres Herzens folgen und entsprechend handeln können.

»Es geht nicht nur um Landbesitz«

»Landreform in einem Brasilien ohne Latifúndios!«, steht auf einem Spruchband, das auf der Stirnseite des Versammlungsraums der MST hängt. (So viel Portugiesisch kann ich auch ohne Übersetzer, wie ich mit Genugtuung feststelle.)

Als Anna und ich nach vorn gehen, um uns vorzustellen, hinterlassen wir eine Spur im Sägemehl auf dem Fußboden, und ich spüre, dass alle siebzig Augenpaare auf uns gerichtet sind. Wir sprechen nicht lange, denn wir wollen die Versammlung nicht stören. Es ist der letzte Tag eines dreitägigen Seminars für MST-Repräsentanten aus allen Gegenden des Landes, das nur zweimal im Jahr stattfindet, und die Leute haben eine Menge zu besprechen.

Ich fühle mich dort sofort zu Hause, bin angenehm berührt von dem Sägemehl, das den Geruch eines kleinstädtischen Eisenwarenladens heraufbeschwört, und von den freundlichen, hellblauen Wänden, von denen sich die knallroten MST-Fahnen, Mützen und T-Shirts abheben.

Auf dem Boden vor uns ist ein Haufen Erde in der Form Brasiliens ausgebreitet, die Südgrenze etwas ausgetreten von den Füßen der Leute in der ersten Reihe. In diesem Minibrasilien stecken kleine Schachteln in der Form von Monopoly-Hotels, alle sorgfältig in schwarze Plastikfolie eingewickelt. Ich flüstere Anna etwas über diese in meinen Augen merkwürdige Zusammenstellung ins Ohr.

Erst nach dem Besuch unseres ersten MST-Lagers werden wir die schwarzen Folienwürfel in dieser Lehrveranstaltung verstehen.

Zwischen den schwarzen Schachteln liegen Zettelchen verstreut, auf denen in Druckbuchstaben Worte wie *Glück, Transport, Wohnmöglichkeit, Freizeit, Produktion, Paulo-Freire-Schulen* stehen. In einem halb mit Erde gefüllten Glas steckt eine MST-Fahne, und auf einem Schild dahinter steht in großen Lettern die Frage: *»Welche Art von Siedlung wollt ihr?«*

Wir lassen uns, den Dolmetscher in der Mitte, auf unseren roten Eisenklappstühlen nieder, und ich schaue mir die in allen Schattierungen glänzenden Gesichter der überwiegend männlichen Anwesenden an, die alle hingerissen dem Vortrag Izabel Greins lauschen.

Izabel, mit Tweedhosen, lila Jacke und weißem Halstuch, hat eine starke, klare Ausstrahlung, und sie spricht über den bevorstehenden fünften nationalen Kongress der MST. Es werden über 10 000 Mitglieder in Brasilia erwartet, die alle möglichen Themen, von der Zukunft der Bewegung bis hin zu bäuerlichen Wirtschaftsfragen, diskutieren wollen. Irgendetwas an der zuversichtlichen, freundlichen Art Izabels lässt mich vermuten, dass sie Nonne ist.

Nach ungefähr einer Stunde beendet Izabel die Diskussion, wischt die Tafel sauber und schreibt ein Wort darauf: »Geschlecht«. Die nächste halbe Stunde diskutiert sie mit der Gruppe darüber, was »Geschlecht« bedeutet und warum die Gleichstellung der Frauen wichtig für die Bewegung ist. Als unmittelbares Ziel nennt sie »fünfzig Prozent Frauen auf unserer nationalen Konferenz in Brasilia«.

Zum Abschluss der Diskussionsrunde bittet sie die Leute, Kommentare abzugeben oder Fragen zu stellen. Ein Mann mit einer MST-Mütze, die sein Gesicht beschattet, steht auf. »Ich glaube auch, die Bewegung wäre stärker, wenn mehr Frauen beteiligt wären«, sagt er. »Frauen lernen schneller, weil sie sich im Gegensatz zu Männern nicht scheuen, Fragen zu stellen oder zuzugeben, dass sie etwas nicht verstehen.« Bevor er sich wieder setzt, fügt er lächelnd hinzu: »Ladys, wenn die Männer mich nachher verprügeln wollen, dann helft mir bitte!« Alles lacht mit ihm.

Nachdem Izabel fertig ist, hören wir noch zu, wie andere Teilnehmer verschiedene Diskussionen leiten, etwa über die Preisgestaltung der traditionellen Erva-Mate-Produktlinie oder über spezielle Veranstaltungen für Kinder in MST-Siedlungen. Aber dies ist keine normale Versammlung. Anna und ich bemerken kein unruhiges Füßescharren, das auf Langeweile hindeuten würde, und niemanden, der eingenickt wäre. Von allen Anwesenden scheine ich die Einzige zu sein, die Schwierigkeiten hat, wach zu bleiben – das allerdings, wie ich zu meiner Entschuldigung anführen darf, nach dreitägiger Reise kreuz und quer über den Kontinent.

Daher bin ich dankbar, dass wir zwischendurch immer wieder von der Musikerin wachgerüttelt werden, die neben Anna sitzt, einer jungen Gitarristin mit dicken, rosigen Wangen und einer lauten, klaren Stimme. Alle fallen in den Gesang ein. »Landreformen für ein besseres Brasilien!« ist eine der bewegenden Weisen, die erklingen.

Gegen Ende der Morgensitzung humpelt ein Bauer mit hellgrauem Haar, den rechten Fuß mit einem dicken Verband umwickelt, an einer Krücke zu Izabel. Er überreicht ihr zwei Pakete Erva-Mate, von einer MST-Kooperative produziert, und dankt ihr für die Liebe und Hingabe, mit der sie für die Bewegung tätig ist. Alle im Raum erheben sich und spenden donnernd Beifall.

Unser Dolmetscher beugt sich zu uns: »Der Bauer hat ein Massaker überlebt.« Wir nicken beide, aber erst nach ein paar Tagen erfahren wir, was Leo damit meint.

Zum Mittagessen servieren Frauen, die in der Küche gleich neben dem Versammlungsraum gekocht haben, aus riesigen Metalltöpfen Reis, Bohnen und Kohl. Wir stellen uns in der Schlange an, die bis vor die Tür in die helle Sonne hinaus reicht, und haben dabei Gelegenheit, mit Izabel zu sprechen. Ich finde heraus, dass ich teilweise Recht hatte: Sie war viele Jahre lang Nonne. Und sie gehört zu den Begründern der MST.

Izabel verliert keine Zeit. »Als Sie vorgestellt wurden«, sagt sie ernst, »hieß es, Sie hätten über die Wurzeln des Hungers geschrieben. Bitte machen Sie bei allem, was Sie schreiben, deutlich, dass es unmöglich ist, losgelöst nur über den Hunger zu sprechen. Wir haben mit der Feldarbeit angefangen, aber bald gemerkt, dass jeder Aspekt des Lebens einbezogen werden muss – Gesundheit, Geschlecht, Erziehung und Bildung, die Führung, Philosophie usw.« »Und ich meine damit nicht nur Diskussionsthemen«, fügt sie hinzu. »Ich meine Menschen, die selbst die Stimme erheben und all diese Veränderungen in ihrem eigenen Leben vornehmen.«

Ich denke im Stillen: Wenn doch nur der Harvard-Professor, den ich in Montana gehört habe, hier wäre und hören könnte, was die Menschen der Dritten Welt nach eigenen Angaben wirklich brauchen: nicht immer mehr Technologie, sondern mehr Demokratie.

Während wir uns unterhalten, versuche ich das, was wir hier erleben – Diskussionen über die Demokratie in Brasilien, Kinder, die einem zwischen die Beine rennen, Gesang und Gelächter im Nebenraum, Männer und Frauen, die sich gegenseitig Teller mit dampfendem Essen bringen – mit dem, was ich gerade über die MST gelesen und gehört habe, in Einklang zu bringen.

Ein brasilianisches Manifest

Als wir wieder zu Hause sind, verfolge ich weiter, was aus der nationalen Versammlung geworden ist, die Izabel und die anderen bei unserem MST-Meeting geplant haben. Mit großem Interesse lese ich das »Manifest für die Bevölkerung von Brasilien«, das ich mir in Brasilia kopiert habe. Ich erwarte radikale Texte, mit denen die Gewalttätigkeit gegen MST-Mitglieder angeprangert wird, die in jüngster Zeit zugenommen hat; oder Klagen über die Langsamkeit, mit der die staatliche Landreform umgesetzt wird. Stattdessen lese ich von den brasilianischen Schulden.

Zuerst wundere ich mich, doch dann denke ich an den eiskalten Seminarraum und die Gespräche mit MST-Mitgliedern, wo überall das Gleiche anklang: die Vision von einem besseren Brasilien für alle Brasilianer, nicht nur für die Besitzlosen. So überrascht es mich eigentlich nicht, dass es in dem Manifest um Schulden geht – schließlich hat Brasilien übergenug davon, und jeder ist betroffen.

Das Manifest erinnert die Brasilianer daran, dass die Auslandsschulden des Landes im vergangenen Jahr einem Drittel des gesamten Bruttosozialprodukts Brasiliens entsprachen – sie lagen bei 232 Milliarden Dollar, das ist ungefähr soviel wie das Bruttosozialprodukt Schwedens. Während ich das Manifest lese, in dem internationale politische Führer dazu aufgerufen werden, Brasilien die Schulden zu erlassen, denke ich an die Rolle der MST als Mahnerin, die das Land daran erinnert, was auf dem Spiel steht, wenn jedes Jahr so viel Geld abfließt. Man überlege nur mal, wie viele Schulen, Krankenhäuser und neue Farmen auf ungenutzten Flächen von 232 Milliarden Dollar gebaut werden könnten!

Anna

Das Auge des Betrachters

Im Flugzeug nach São Paulo hat Anna mich wachgerüttelt, um mir in unserem Reiseführer einen fettgedruckten Abschnitt über die MST zu zeigen. Die Bewegung hat Tausende von besitzlosen Landleuten in Siedlungen untergebracht, heißt es dort, aber sie sei auch verantwortlich für einen Großteil der Zerstörungen im Amazonasgebiet in den letzten Jahren.

Als wir dann am ersten Morgen in São Paulo aufwachen und begierig eine Zeitung kaufen, um zu lesen, was darin über eine Gruppe steht, die der brasilianischen Geschichte Paroli zu bieten scheint, springt uns eine Schlagzeile ins Auge. »MST wird aufgelöst«, lautet die Titelüberschrift der ersten örtlichen Zeitung, die wir uns holen. Es geht um einen Rechtsstreit, bei dem ein Ladenbesitzer behauptet, Mitglieder der MST wären in sein Geschäft eingedrungen, weil er sich geweigert hätte, ihnen Schnaps für ein Fest zu geben. An anderer Stelle lesen wir, dass der MST-Führer João Pedro Stédile ein gefährlicher revolutionärer Marxist sei, der Kinder für eine paramilitärische Organisation ausbilde. Wieder in einem anderen Artikel wird berichtet, die MST würde ihre Mitglieder, auch die ärmsten, regelmäßig unter Gewaltandrohung nötigen, Beiträge an die Organisation zu zahlen. Wir lesen ferner, dass die MST ihre politischen und revolutionären Aktionen nur weiterführen kann, weil sie angeblich Unsummen aus dem Ausland erhält.

Obendrein erfahren wir noch, dass es die MST in Wirklichkeit gar nicht gibt! Sie hätte keine Rechtsgrundlage und ihre offiziellen

Vertreter würden strafrechtlich verfolgt, unter anderem, weil sie Regierungsgelder selbst vereinnahmt hätten, statt sie an die Armen weiterzuleiten.

Wir bitten unseren Dolmetscher, uns zu sagen, was das zu bedeuten hat. Er ist ein gebildeter Brasilianer aus dem Mittelstand und war zufälligerweise bis vor kurzem für die Konzernführung des Agromultis Monsanto tätig, der hier eine neue Niederlassung baut. Er erzählt uns, dass die MST noch bis Mitte der 90er Jahre enthusiastisch unterstützt wurde. Selbst eine beliebte neue Fernsehserie mit dem Titel *Rei do Gado* hätte die Brasilianer zur Unterstützung der MST aufgerufen. *Rei do Gado*, eine Sendung, die acht Monate lang allabendlich ausgestrahlt wurde und eine der erfolgreichsten Serien der Geschichte war, prangerte unter anderem die ungerechte Landverteilung in Brasilien an.

Das öffentliche Interesse nahm noch weiter zu, so unser Dolmetscher, durch die landesweite Diskussion über das brutale Vorgehen der Polizei gegen Tausende von unbewaffneten Landlosen bei einer Demonstration im April 1996. 19 Demonstranten wurden damals getötet und 40 verletzt. Ein örtlicher Journalist filmte die Szene, und seine Reportage wurde in ganz Brasilien gesendet. Seitdem sind noch weitere zwei Opfer gestorben, aber trotz des Aufschreis der Öffentlichkeit ist kein Polizist des Mordes überführt worden.[25]

Wie wir sehen, wird die MST jetzt in der Presse als radikal und gefährlich dargestellt. Großer Gott, denken wir, wie kommt es bloß zu diesem plötzlichen Sympathieverlust? Wohinein geraten wir da? Handelt es sich vielleicht um eine Organisation von Machos, die Personenkult betreibt und der es nicht so sehr um die Befreiung der Menschen geht als um die Vereinnahmung verzweifelter Bauern?

Während uns diese Fragen im Kopf herumgehen, rufen wir uns ins Gedächtnis zurück, was uns unser Übersetzer dringend geraten hat: auf der Hut zu sein vor den brasilianischen Medien. Er erzählte uns, dass die meisten Brasilianer kein Wort von dem glauben, was die Zeitungen schreiben, weil sie wissen, dass die Medien den Interessen der Reichsten im Lande dienen, nicht der Demokratie. Der Begründer des nahezu monopolistischen brasilianischen Me-

•

diengiganten Globo hat sogar vor nicht allzu langer Zeit gesagt: »Ich hatte, ob zu Recht oder Unrecht, immer schon ein gewisses Faible für Militärregierungen.«[26]

Die neuen Storys sind dennoch ein Zeichen dafür, dass eine gesunde Skepsis am Platz ist. An diesem ersten Tag bekräftigen wir noch einmal ein Versprechen, das wir uns auf anderen Reisen auch gegeben haben. Wir kosten alles und verpflichten uns, es zu prüfen – was es auch sein mag.

Es reicht

Eins steht trotz aller Kontroversen unzweifelhaft fest: Ihre Größe und ihren Einfluss verdankt die MST einer langen Geschichte, an der nicht nur die besitzlosen Landarbeiter teilhaben, sondern auch Millionen anderer Brasilianer.

Jahrhundertelang hat eine kleine Gruppe von Brasilianern den meisten Landbesitz auf sich vereinigt – ursprünglich war das Land von der portugiesischen Krone auf nur 14 portugiesische Familien aufgeteilt worden. Im Lauf der Zeit wurde das Land ohne gesetzliche Grundlage immer mehr zerstückelt – das Wort dafür lautete *Grilagem*, was von *Grilo*, »Heuschrecke«, abgeleitet ist. Es wurde gängige Praxis, Besitzurkunden zu fälschen, die ihr zerfleddertes, altes, authentisch wirkendes Aussehen dadurch erhielten, dass sie mit Heuschrecken zusammen in Schubladen gelegt wurden, sodass die Tiere darauf herumtrampelten und daran knabberten, bis die Papiere den Eindruck machten, als wären sie wirklich uralt und echt.

Als wir erfahren, dass zwei Drittel der riesigen landwirtschaftlichen Flächen Brasiliens brach liegen und nicht bearbeitet werden, können wir leichter verstehen, warum sogar brasilianische Städter schließlich genug hatten und sagten: Jetzt reicht's. Warum sollen wir immer mehr Arme in die ohnehin schon überfüllten *Favelas* treiben, in die Slums von Städten wie Rio und São Paulo, wenn die Großgrundbesitzer ihre Flächen gar nicht nutzen?

Von einem ihrer Führer – erinnern Sie sich noch an den Angst einflößenden »revolutionären Marxisten« aus der Zeitung? – erfahren wir mehr darüber, wie die MST diese um sich greifende Frustration für sich genutzt hat.

Als João Pedro Stédile im Hauptsitz der MST in São Paulo – ehemals ein Wohnhaus der Oberschicht – zur Tür hereinkommt, begrüßt uns ein Mann mit der Statur eines Bauern und der Ausstrahlung eines Philosophen. João Pedro setzt sich, verschränkt die Arme und wartet, ohne sich erst mit belanglosem Geplauder aufzuhalten, auf Fragen. Mir ist schnell klar, warum seine Gefährten ihn als Hauptsprachrohr der Bewegung gewählt haben.

João Pedro stammt, wie Millionen Brasilianer, aus einer eingewanderten Bauernfamilie. Sein persönlicher Hintergrund ist also die perfekte Voraussetzung, um die landesweite Frustration über die Konzentration des Landbesitzes besser zu verstehen.

»Meine Großeltern sind aus Österreich eingewandert. Sie und meine Eltern haben mehr als ein Jahrhundert lang Land im Süden Brasiliens bearbeitet, ohne es zu etwas zu bringen. Ich war einer der wenigen, die die Chance erhielten, zu studieren, und ich war vom Katholizismus beeinflusst. Die Kirche lehrte uns, dass wir keine Ungerechtigkeit dulden dürfen.«

Ich mag seine Direktheit und Klarheit und sehe erneut, warum er eine Leitfigur der Bewegung geworden ist.

»Während ich noch auf der Universität war«, erzählt João Pedro weiter, »begann ich mit den Trauben- und Apfelanbauverbänden zusammenzuarbeiten. Ich versuchte ihnen etwas über ›Preisgestaltung‹ beizubringen, und als ich mein Wirtschaftsdiplom hatte, nahm ich die Arbeit mit den Armen in den Anbauverbänden wieder auf. Bedenken Sie, dass das zu Zeiten der Militärregierung war, wo absolutes Versammlungsverbot galt. Aber wir brachten zehntausend Leute zusammen und erreichten eine Steigerung des Traubenpreises.«

»Der amerikanische Führer der Landarbeiter Cesar Chavez hat mich beeinflusst«, fügt João Pedro hinzu und bestätigt damit meine These, dass wir uns durch unsere Vorbildfunktion gegenseitig Türen öffnen. Hier ist der Beweis dafür, dass dies auch grenzüberschreitend, ja sogar auf verschiedenen Kontinenten möglich ist –

die Erfahrungen eines anderen Menschen können für uns eine solche Kraft haben, dass wir endlich an unsere eigenen Fähigkeiten glauben.

»Gott hilft denen, die sich organisieren«

Zur gleichen Zeit, als Graswurzel-Organisatoren wie João Pedro im Verein mit katholischen und anderen religiösen Gruppen den Grundstein für eine starke nationale Bewegung der Landlosen legten, erlebten alle Brasilianer das Ende der über zwei Jahrzehnte andauernden Militärdiktatur. 1984 begann Brasilien den schwierigen Prozess, eine neue Demokratie aufzubauen, und vier Jahre später trat eine neue Verfassung in Kraft.

Stellen Sie sich vor, Sie dürften an der Verfassung Ihres Landes mitwirken. Wenn wir Amerikaner von Grund auf neu beginnen könnten, was würden wir dann wohl in unsere Verfassung schreiben?

1988 schufen die Brasilianer eine Verfassung, die viel detaillierter ist als die amerikanische und in die unter anderem spezifische Landreformvorgaben aufgenommen wurden – weitgehend aufgrund des fortgesetzten Drucks von Seiten kirchlicher Verbände, der Gewerkschaften und der gerade im Entstehen begriffenen MST. Die Verfassung enthielt einige Artikel, die alle Amerikaner, denen wir davon erzählten, schockierten: dass die Regierung veranlasst werden kann, ungenutztes Land zu enteignen und an Leute zu verteilen, die keins besitzen. Unter anderem steht da:

Es ist die Pflicht der Republik, im Interesse der Gesellschaft und zum Zweck der Agrarreform Landbesitz, der seine gesellschaftliche Aufgabe nicht erfüllt, zu enteignen.

Doch trotz der demokratischen Regierungsform und einer Verfassung, die klare Vorgaben zur Landreform machte, fanden viele, dass die Landverteilung zu langsam vonstatten ging, so João Pedro. Aus diesem Grund beschloss die MST, gemeinsam mit anderen Gruppen, die sich ebenfalls für die Landlosen einsetzten, den Prozess zu beschleunigen. Dazu wählten sie das Mittel des zivilen Ungehorsams, das heißt, sie sprachen der MST das moralische Recht zu, die Regierung zur Erfüllung ihres verfassungsmäßigen Auftrags zu zwingen, durch den sie sich verpflichtet hat, den Armen Land zuzuteilen.

Und die Strategie? Zuerst wird festgestellt, welches Brachland die besten Ernten verheißt, dann kommen die besitzlosen Landarbeiter zusammen und besetzen die betreffenden Flächen im Schutz der Nacht. Nach dem alten Prinzip, dass die Inbesitznahme Gewohnheitsrecht schafft, das schon 90 Prozent Legalität verleiht, bauen sie Notunterkünfte und beginnen mit der Bearbeitung des Bodens. Gleichzeitig setzen sie die Regierung unter Druck, das vormals brachliegende Land den besitzlosen Besetzern rechtskräftig zu überschreiben.

Das scheint zu funktionieren. João Pedro erzählt uns, dass die Regierung von 1995 bis 1999 auf diese Weise etwa 400 000 Familien neu angesiedelt hat, das sind fast doppelt so viele wie in den ganzen *dreißig Jahren* seit der ersten gesetzlich verankerten Landreform, dem Landstatut von 1964.

Viele rechnen es der MST als Verdienst an, die Ansiedlung der Landlosen stark beschleunigt zu haben. Schließlich hat sie der Regierung diese Arbeit gewissermaßen abgenommen. (Kurz nach unserer Heimkehr hörte ich den Chef des brasilianischen Regierungsamtes für die Durchsetzung der Landreform und seinen Vertreter sprechen. Sie gaben zu, dass es ohne den entsprechenden sozialen Druck wohl keine Landreform gegeben hätte.)

Als ich João Pedro nach der MST-Strategie befrage, erklärt er uns, dass die Übertretung eines Gesetzes, in diesem Fall die widerrechtliche Besetzung von Land, durch Anwendung eines höheren Gesetzes gerechtfertigt sei, nämlich des Verfassungsauftrags zur Landreform. Im Hinblick auf die schlechte Presse, die die Bewegung in letzter Zeit hat, und die aggressiven Gegenmaßnahmen fühle ich mich genötigt, eine Grundsatzfrage zu stellen: Ob er eigentlich hoffe, angesichts so enormer Hindernisse überhaupt je Erfolg zu haben?

Ohne zu zögern, antwortet er kurz und bündig: »Erfolg zu haben war nie unser Anspruch. Wir hatten einfach keine andere Wahl. Als Einzelne waren wir verloren.«

Die MST täte alles als Gruppe, unterstreicht er. »Wir haben gesehen, was mit einer Bewegung geschehen kann, die nur einen einzigen starken Führer hat. Wenn wir um ein Gespräch mit dem brasilianischen Präsidenten bitten, erwartet er dazu den Präsidenten der MST. Eine Person. Stattdessen muss er es mit allen 21 von uns im Führungsgremium aufnehmen.«

Im Lauf unserer Unterhaltung kommen wir noch einmal auf den Einfluss zu sprechen, den die Lehren der Kirche schon früh in seinem Leben auf ihn ausübten, sodass ihm bewusst wurde, dass er keine Ungerechtigkeit tolerieren dürfe, wenn er seinem Glauben treu bleiben wollte.

»Die konservative Kirche pflegte zu predigen: ›Findet euch damit ab, arm zu sein. Gott wird euch im Himmel eure Wünsche erfüllen.‹ Aber meine franziskanischen Mentoren legten das Evangelium anders aus und sagten: ›Gott hilft denen, die sich organisieren‹.«

Ich bemerke lachend: »Hm, eine interessante Variation des Spruchs ›Hilf dir selbst, dann hilft dir Gott‹.«

João Pedro schüttelt unwillig den Kopf, weil ich es anscheinend nicht begreife.

»Nein«, erklärt er, »das eine besagt, dass der Einzelne morgens aufstehen und sich allein abmühen soll, während das andere besagt, dass wir *allein* nichts von wirklicher Bedeutung vollbringen werden.«

Kaltesser

Ein paar Tage später können wir uns mit eigenen Augen davon überzeugen, welche Früchte die Arbeit der MST gebracht hat. Wegen der Kälte in fünf Schichten Kleidung gehüllt, machen wir uns zu unserem ersten Lager auf, wie die MST ihre Gemeinschaften auf besetztem Land nennt. In über 500 solchen Lagern überall in Brasilien warten derzeit 70 000 Familien auf die offizielle Überschreibung der Flächen und planen inzwischen ihr neues Leben.

Mit unserem kleinen weißen Toyota, der einen Schweif von rotem Staub hinter sich aufwirbelt, verlassen wir in der Morgensonne, die den glitzernden Raureif zum Schmelzen bringt, die Stadt Pitanga und fahren durch eine Landschaft, die in intensiven Grüntönen zu leuchten scheint. Die Umrisse der seltsamsten Kiefern, die ich je gesehen habe, zeichnen sich vor dem Himmel ab. Da ihre längsten Äste die Wipfel bilden, sehen sie aus wie grüne Regenschirme.

»Die meisten Leute, die Sie kennen lernen werden, wurden ›Kaltesser‹ genannt, bevor sie zur Bewegung stießen«, erklärt uns unser Fahrer Adelir, ein junger Mann mit scharf geschnittenem Gesicht und krausen braunen Haaren, die unter seiner roten MST-Mütze hervorquellen. (Später hören wir, dass er zur MST gehört, seit er neun Jahre alt war.)

»Kaltesser?«, wiederhole ich etwas verwirrt vom Rücksitz aus.

»Ja, denn wer kein Land besitzt, muss auf der Plantage von jemand anders arbeiten und sich selbst etwas zu essen mitbringen, und wenn man so hart arbeitet, hat man keine Zeit, ein Feuer zu machen und sich etwas Warmes zu kochen. Kommt man schließlich nach Hause, ist man so müde, dass man etwas Kaltes isst. Deshalb werden die besitzlosen Landarbeiter ›Kaltesser‹ genannt.«

Als wir später mit Adelirs Mutter Irene reden und sie fragen, warum sie sich der Bewegung angeschlossen hat, beschreibt sie uns ihr früheres Leben und fasst es so zusammen. »Wir waren nicht bloß ohne Land, wir waren ohne alles.«

Vom Kaltesser zum Bürger

Bei der Einfahrt in das Lager kommen wir an einem Holzschuppen vorbei, in dessen Nähe drei Männer im Gras liegen. Einer stützt sich auf die Ellbogen hoch, winkt und lächelt. Ein anderer, der an der zusammengeflickten Hütte lehnt, salutiert fröhlich. Die MST-Fahne flattert lustig im Wind.

»Das ist das Wachhaus«, erklärt Adelir, als wir vorbeifahren. »Sowas haben die meisten Lager.«

Er erzählt uns, dass vor vier Jahren, als neunzig Familien hier ankamen, der Landeigentümer Revolvermänner gedungen hätte, um sie von seinem Land zu vertreiben. Überall in Brasilien haben Großgrundbesitzer in aller Öffentlichkeit geäußert, dass sie »widerrechtlich in ihr Eigentum eindringende Arbeiter umbringen würden«, aber nur wenige sind bisher wegen Gewalttaten gegen die MST strafverfolgt worden. Wie wir hören, ist sogar bekannt geworden, dass örtliche Polizisten gemeinsame Sache mit den Plantagenbesitzern gemacht haben und ebenfalls gegen die MST vorgegangen sind.

»Was machen die Wächter denn, wenn Heckenschützen oder Polizisten kommen?«, fragt Anna.

»Wir warnen die Leute im Lager, indem wir Raketen abfeuern. Dann kommen alle angerannt.« Als ich mir vorstelle, wie die Leute zum Wachhaus gelaufen kommen, um der Gefahr ins Gesicht zu sehen, fällt mir eine Äußerung von João Pedro wieder ein: »Die Stärke der MST sind nicht Waffen, sondern Menschen.«

Nach einem Jahr, in dem immer wieder Überfälle stattfanden, gab der Landeigentümer, so Adelir, schließlich auf. Das Warten darauf, dass die Regierung endlich den Wert des Landes taxiert und die Übereignung vornimmt, ist auch jetzt, drei Jahre später, noch eine große nervliche Anspannung für die Familien.

Minuten später sitzen wir vor dem, was bei der MST Standard ist. Jede Familie hier lebt in einer kleinen Unterkunft aus schwarzer Plastikfolie. Aus der Ferne nehme ich an, dass die Folie nur irgendein Wandmaterial wasserdicht macht. Doch bei näherer Betrachtung sehe ich, dass die Wände einzig aus dieser Folie bestehen, die um Bambuspfosten herum gespannt ist. Während ich mein Notizbuch zücke, dämmert es mir, dass die schwarzen, mit Plastikfolie bezogenen Würfel im Seminarraum der MST das richtige Bild lieferten – so sehen die meisten »Häuser« der MST-Mitglieder tatsächlich aus.

Kleine Küken laufen piepsend um unsere Füße, als wir mit einer Familie sprechen, die hier von Anfang an dabei war – mit Luis und

Die Barchs in einem Lager der Landlosenbewegung nahe Pitanga in der brasilianischen Provinz Paraná

Selga Barch, ihren fünf Kindern und einem Enkelchen. Ihre blauen Augen und blonden Haare, die an Porträts von Dorothea Lange aus dem Mittleren Westen der USA erinnern, strafen alle Klischeevorstellungen Lügen, die wir von »Lateinamerikanern« haben. Die Familie ist polnischer und deutscher Abstammung, wie auch Adelir, unser Führer, deutsche Wurzeln hat.

Obwohl die Sonne bereits im Mittag steht, ist es immer noch kalt, und mir werden die Finger steif, als ich mir Notizen mache. (Wie können sie bloß alle Hawaiisandalen tragen, frage ich mich!) Angenehm berührt von der ländlichen Atmosphäre und dem Knistern der Plastikfolie im Wind, fühle ich mich sofort wohl bei der Familie. Ich bemerke, wie liebevoll die Familienmitglieder miteinander umgehen, wie bei unserem Gespräch ein erstaunlich zufriedenes, vor sich hin brabbelndes Baby von einem zum andern weitergereicht wird, wie sie sich gegenseitig die Hände aufs Knie oder den Arm um die Schulter legen und sich aneinander schmiegen.

»Wir hatten durch einen lokalen Radiosender von der MST gehört«, erzählt uns Luis, als ich frage, wie sie auf die Bewegung gestoßen sind. »Einen Aufruf an Leute, die Interesse hätten, sich an einer Besetzung zu beteiligen.«

Wir erfahren, dass die MST über dreißig lokale Rundfunkstationen unterhält – alles Teil des Kampfes »David gegen Goliath«, mit dem der Übermacht der Medienriesen in diesem Land entgegengewirkt wird.

»Ja, wir haben Angst«, fügt Luis hinzu, »aber wir hatten keine andere Wahl; wir hatten zu wenig Land, und es war zu steinig.«

Während ich zuhöre, versuche ich mir vorzusellen, wie man hier vier Jahre mit Warten auf die amtliche Eigentumsbestätigung verbringt, vor den Unbilden der Elemente durch nichts weiter geschützt als schwarze Plastikfolie. Als ich nach den Angriffen des früheren Landbesitzers frage, werfen sie sich Blicke zu.

»Das waren schwere Zeiten«, sagt Selga dann. »Wir eilten immer gleich zum Wachhaus, wenn wir die Raketen sahen. Da wir die Kinder nicht gern allein lassen, mussten wir sie mitnehmen.«

Wir reden über das Warten darauf, dass die Amtsmühlen endlich mahlen und ihnen bestätigt wird, dass sie die rechtlichen Eigentümer des Grund und Bodens sind, wie es ihnen verfassungsmäßig zugesagt ist. Bis ihnen das Land übertragen wird, leben sie im Ungewissen.

»Wir können nicht bauen, wir können nichts investieren«, sagt Luis, der ein rotes Hemd und verschossene rote Hosen trägt und dessen Lederschuhe an den Seiten aufgeplatzt sind.

Wir müssen daran denken, was für produktive Kräfte hier brachliegen, nur weil die Regierung die amtliche Übereignung verzögert. Wir fragen nach, wie sie sich den schleppenden Gang der Dinge erklären.

Adelir, unser junger Fahrer, kommt den anderen zuvor: »Weil die Vorstellungen, die unsere Regierung von ›Entwicklung‹ hat, Welten von dem entfernt sind, was der MST vorschwebt. Die Regierung will alle in die Städte pferchen. Damit das Land für riesige Exportplantagen zur Verfügung steht.«

Ich würde vermuten, dass er übertreibt, wenn ich nicht in der Geschichte Brasiliens bewandert wäre: Seit Mitte der 60er, Anfang der 70er Jahre hat in Folge der Regierungspolitik zu Gunsten großer Plantagen, die weniger Arbeitsplätze bieten als kleine bäuerliche Betriebe und die den kleinen Landeigentümern Flächen wegnehmen, die Abwanderung in die Städte zugenommen, in denen inzwischen drei Viertel aller Brasilianer wohnen. Überfüllte *Favelas* – Elendsviertel –, denen die Mittel fehlen, sich zu gesunden Gemeinschaften zu entwickeln, haben zu einem sprunghaften Anstieg der Kriminalität in Brasilien geführt, der jeden entsetzt. Achtzig Morde an einem normalen Wochenende in São Paulo sind nichts Ungewöhnliches.

»Die brasilianische Regierung will alles privatisieren – das Gesundheitswesen, die Universitäten«, fährt Adelir fort. »Dieses System hat zu der jetzigen Ungerechtigkeit geführt – dass reiche Landbarone auf unbewirtschaftetem Ackerland sitzen und nichts abgeben wollen.«

Ich will wissen, ob die Barchs und Adelir glauben, mit ihrer Botschaft an die Reichen appellieren und die Großgrundbesitzer bewegen zu können, umzudenken und bereitwillig Land abzutreten, das sie nicht nutzen.

»Wir wissen es nicht«, sagt Selga. »Die Reichen sind eigentlich mehr am Geld interessiert, das die Regierung ihnen zahlt, aber wir hoffen, dass sie sich fair verhalten. Das würde uns das Leben leichter machen, aber darauf können wir nicht warten.«

Es ist kein Hass und keine Verteufelung aus dem herauszuhören, was sie sagt, nur ein klarer, pragmatischer Wille.

Ehe Anna und ich uns verabschieden, fragen wir noch einmal nach, wie sie es schaffen, trotz aller Widrigkeiten zu überleben.

»Die Armen haben nichts außer ihrer Familie«, sagt Selga. »Wir haben keine Besitztümer. Uns gehört gar nichts. Die Familie ist alles, was uns etwas bedeutet, und die Familie macht uns stark.«

Wie nahe?

Monate später in meinem engen Büro in Cambridge meldet mein Computer, dass eine E-Mail eingegangen ist, und sofort bin ich abgelenkt. Unfähig, dem Drang zu widerstehen, logge ich mich ein, um zu sehen, was angekommen ist.

Diesmal ist es eine Nachricht aus Brasilien, die meine Aufmerksamkeit erregt: »Landlose bei Konfrontation mit Großgrundbesitzern getötet«, berichtet ein brasilianischer Nachrichtendienst. »Sechs bewaffnete Männer überfielen 30 landlose Familien im Lager *Lagoa do Serrote Fazenda*, wo der Prozess der amtlichen Neuzuweisung bereits im Gange war. Ein Mann im Alter von 28 Jahren wurde erschossen, weitere acht Landlose, darunter ein siebenjähriges Mädchen und eine schwangere Frau, wurden ebenfalls tödlich getroffen.«

Ich kehre in Gedanken sofort meinem zentralbeheizten Apartment mit der angenehmen Musik den Rücken und bin wieder in Barchs Hütte. Alles ist mir wieder gegenwärtig: der unbequeme Holzsitz, die Kälte im Gesicht, die Teekanne aus Blech, die an einem Nagel an der Wand der Hütte hing. Mir fällt ein Bericht ein, demzufolge mehr Menschen im Kampf um Land ihr Leben ließen, als während der 21-jährigen Militärdiktatur in Brasilien »verschwanden«. Und ich höre wieder, wie die Barchs uns erzählen, dass der Grundeigentümer Heckenschützen angeheuert hatte, die sie überfielen, obwohl auch da bereits die offizielle Umwidmung begonnen hatte – nachdem das Amt für die Durchsetzung der Landreform das verfassungsmäßige Recht der Leute auf Inbesitznahme des Landes anerkannt hatte, aber bevor die Übertragung der Besitzrechte abgeschlossen war.

Wie nahe, frage ich mich jetzt, waren sie damals wohl dem Tod?

Anna

»Dem Kapitalismus ist der Mensch egal«

Nach unserem Besuch im Lager verbringen wir ein paar Tage in Curitiba, der Provinzhauptstadt von Paraná, bevor wir wieder aufs Land fahren. Vor unserer Abreise aus den USA hatte ich im MIT eine Dokumentation über die bahnbrechenden Umweltveränderungen in dieser Stadt gesehen. Heute habe ich Anna genötigt, vor allem die Stadtbus-Haltestellen zu fotografieren: Plattformen mit Sperren, die nur passieren kann, wer bereits bezahlt hat, eine Idee, die Treibstoff und Zeit spart.

Ich muss wieder an die Familie denken, als Anna und ich mit zwei jungen Männern, den Brüdern Dirceu und Vilmar Boufleuer,

28 und 22 Jahre alt, und unserem Dolmetscher in einer Pizzeria sitzen, wie ich sie noch nie gesehen habe. Man kann nur Pizza essen, und alle paar Minuten bringt der Kellner neue dünne Pizzen, jedesmal mit einem anderen Belag.

Dirceu und Vilmar – beide mit hellem, kurz geschnittenem Haar und kantigen Gesichtszügen – haben wir erst heute Nachmittag in der Hauptniederlassung der MST in Curitiba kennen gelernt. Wir haben sie zum Essen eingeladen, um mehr darüber zu erfahren, wie sie zur MST gekommen sind. Die Pizzeria war ihre Idee.

»Ich war Seminarist«, sagt Dirceu, »aber ich hatte das Empfinden, nicht genug zu tun. Durch meinen Glauben fühlte ich mich dazu berufen, lieber etwas Praktisches zu machen.« Dieses Etwas war schließlich die MST.

»Das Christentum und die MST gleichen sich«, fügt Vilmar hinzu. »Beide würdigen den Menschen und widersetzen sich der sozialen Diskriminierung. Sie sind gegen die Konzentration von Kapital in den Händen weniger.«

Bei diesen Worten würden die Christen, die ich kenne, wohl alle zusammenzucken. Die meisten Amerikaner zu Hause meinen, dass Widerstand gegen den Kapitalismus einer Einladung an den Kommunismus gleich kommt – und der Kommunismus, na ja... hat Marx nicht gesagt, Religion sei Opium für das Volk? Doch hier sagt Vilmar, dass es ihm unmöglich wäre, seinem Glauben treu zu bleiben, wenn er das Leid akzeptieren würde, das der Kapitalismus über sein Land bringt.

Während Vilmar in ein saftiges Stück Knoblauchpizza beißt, führt Dirceu seine Ausführungen zu Ende: »Dem Kapitalismus ist der Mensch egal; ihm liegt nur etwas an der Produktion.«

Es verblüfft mich, von diesen zwei ernsten Männern hier, Tausende von Kilometern von meiner kapitalistischen Heimat Amerika entfernt, etwas zu hören, das allem widerspricht, was wir über den Wert des Kapitalismus gelernt haben: Uns wurde beigebracht, er sei der Sieg des Einzelnen über den Staat. Dirceu und Vilmar behaupten hingegen, der Kapitalismus sei die Unterordnung des Einzelnen unter die Mächtigen, die im Besitz der Kontrolle über die Produktion sind, und unter den Staat, der diesen Mächtigen

Rückendeckung gibt. Seit wir hier angekommen sind, hören wir, dass die MST Unternehmen ins Leben ruft, die einen Platz innerhalb der Marktwirtschaft einnehmen, woran deutlich wird, dass es nicht der Markt *selbst* sein kann, der nicht mit dem Glauben der beiden jungen Männer vereinbar ist; offenbar ist es der Vorrang, den der Markt vor anderen Werten genießt.

Der Angst begegnen

Früher an diesem Tag hatten wir erfahren, dass Dirceu, dieser freundliche Exseminarist, wegen seiner MST-Aktivitäten unter Anklage steht. Beim Essen erzählt er uns, dass dreißig Verfahren gegen ihn laufen, und mir wird ganz schwindelig bei dieser Zahl. Als wir fragen, welche Folgen ein Schuldspruch für ihn hätte, antwortet unser Übersetzer: »Lange Haftstrafen.«

Dirceu fügt schnell hinzu: »Ich hatte aber auch schon verschiedene Morddrohungen.«

Als Pizza und Bier serviert werden, erfahre ich, dass Dirceu nicht der Einzige ist. Ein Sperrfeuer von Prozessen gehört zu den Strategien, die Landbesitzer und Regierung verfolgen, um der MST Knüppel zwischen die Beine zu werfen. Was Dirceu zur Last gelegt wird, ist typisch und gilt auch für andere wie zum Beispiel Izabel, die ehemalige Nonne vom Seminar. Dazu gehört unter anderem der Vorwurf der »formação de quadrilha«, wörtlich «Gangbildung«, womit der Zusammenschluss von fünf und mehr Menschen in der klaren Absicht, das Gesetz zu brechen, gemeint ist. Widerrechtliches Betreten von Privatgelände ist natürlich gesetzeswidrig, und mir wird bewusst, dass jede Versammlung von Landlosen anlässlich der Besetzung brachliegender Flächen »Gangbildung« genannt werden könnte. Ein weiterer Anklagepunkt ist »porte illegal de armas«, unerlaubter Waffenbesitz, was auch auf Sicheln, Messer und Macheten ausgedehnt werden kann, mit anderen Worten: auf alle bäuerlichen Geräte, die Landlose normalerweise bei Demonstrationen bei sich tragen.

Wir erfahren auch von einer anderen Strategie – einer Strategie der Gewalt –, als Dirceu uns über das Massaker aufklärt, das Leo beim Seminar erwähnt hatte.

Anfang Mai 2000 wurden fünfzig Busse mit MST-Mitgliedern auf der Fahrt nach Curitiba, wo sie für eine schnellere Landübereignung demonstrieren wollten, von Militärpolizisten (deren Zahl in den Berichten zwischen einigen Dutzend und eintausend schwankt) angehalten. Die Polizei eröffnete mit Hartgummikugeln, Tränengas und scharfer Munition das Feuer auf die Busse. Schätzungsweise 200 MST-Mitglieder wurden zum Teil schwer verletzt, unter anderem von echten Kugeln, und zwei wurden getötet.

Die Polizei behauptet, die MST hätte die Autobahn versperrt und sei, als man die Bauern von der Straße holen wollte, zum Angriff übergegangen. Bis heute bleibt die Polizei dabei, dass sie aus Notwehr gehandelt hätte.

Es handelt sich um die Militärpolizei des Gouverneurs Jaime Lerner – des gleichen Lerner, von dem ich im MIT durch die Dokumentation über Curitiba viel gehört und von dem ich später in Bill McKibbens Buch *Hope, Human and Wild* gelesen hatte, dass er ein visionäres Genie der Stadt- und Transportplanung sei.[27]

Aber jetzt hören wir nichts von Lerners umweltfreundlichen Maßnahmen, sondern nur, dass die Gewalt gegen die MST in seiner Provinz am schlimmsten ist – und dass sich von hier aus die Gewalt überall im Lande ausgebreitet hat.

Von meinem Platz an der Stirnseite des Tisches in der Pizzeria aus kann ich mein Spiegelbild sehen, das von quadratischen, teilweise gesprungenen und verdreckten Spiegeln verzerrt wird, mit denen die gegenüberliegende Wand verkleidet ist. Ich möchte nicht in den Schuhen der beiden Brüder stecken und frage mich, wie sie es schaffen, mit ihrer Angst zurechtzukommen. Bei Pizzastücken, die unglaublich dick mit Mais und Ananas belegt sind, nimmt das Gespräch allmählich eine andere Wendung, und statt weiter von der Gewalt zu reden, kommt nun etwas von den Antworten, nach denen ich suche.

Von »Ja und Amen« zu »Ich glaube, dass ...«

Wie bei vielen Gesprächen, die wir mit Leuten aller MST-Ebenen geführt haben, kommt auch diesmal die Rede bald auf Erziehung und Bildung. Die MST hat in ihren Siedlungen über tausend Schulen eingerichtet, mit denen sie ungefähr 50 000 Kinder erreicht. Wir sind beeindruckt von dieser Größenordnung. Wir sind beeindruckt, dass überhaupt an die Erziehung gedacht wird angesichts einer Situation, in der es ums nackte Überleben geht.

Um uns ein charakteristisches Bild vom Lehrplan der MST zu vermitteln, sagt Vilmar: »Die MST unterrichtet bereits Erstklässler in Philosophie.«

Das finde ich erstaunlich. Wie unterrichtet man denn kleine Kinder in Philosophie?, frage ich mich. Dann wappne ich mich: Wahrscheinlich hören wir jetzt endlich von der marxistischen Indoktrinierung, die laut Zeitungsberichten im Mittelpunkt der Bewegung steht.

»Wir lehren die Kinder, sich umzuschauen und das, was sie sehen, nicht als gegeben hinzunehmen«, erklärt Vilmar. »Wir ermutigen sie dazu, Fragen zu stellen, nachzuforschen, wie es eigentlich sein müsste, und zu sagen, wie sie es sich wünschen.«

Mir fällt sofort das Bilderbuch ein, das João Pedro uns am ersten Tag gezeigt hatte: ein Buch mit Zeichnungen der Siedlungskinder, das die MST alljährlich herausgibt. In der diesjährigen Ausgabe waren Bilder zu der Frage zusammengestellt: »*Was für ein Brasilien wünschst du dir?*«

Während Vilmar weiterredet, habe ich ein Bild ganz deutlich vor Augen: ein Brasilien in brauner Wachskreide mit grünen Schattierungen, darüber eine Sonne, von der Strahlen mit den Worten *Justiça, Igualdade, Paz, Amor, Fraternidade, Dignidade* ausgehen. Gerechtigkeit, Gleichheit, Frieden, Liebe, Brüderlichkeit, Würde.

Und ich denke an das Siedlungsmodell im Seminarraum in Pitanga, wo die Eltern dieser Kinder gefragt wurden: »*Welche Art von Siedlung wünscht ihr euch?*«

Die Brüder erinnern Anna und mich daran, dass der Lehrplan der MST auf den Einsichten von Paulo Freire beruht, einem weithin geachteten brasilianischen Bildungsreformer, bekannt geworden durch sein Buch *Pädagogik der Unterdrückten*. Freires Erziehungsmethode stärkt das Selbstvertrauen der Armen durch die Auseinandersetzung mit stillschweigenden Annahmen beispielsweise der Art, dass sich nichts ändern werde oder dass eine »gebildete« Ausdrucksweise besser sei.

Ich beginne zu verstehen, wie diese Brüder die Kraft finden, den sehr realen Bedrohungen zu begegnen. Zuerst muss man daran glauben, dass das, was jetzt existiert und ringsum zu sehen ist, keineswegs unabänderlich sei.

Unser Gespräch erinnert mich an etwas, das João Pedro uns erzählt hatte, als wir mit ihm über die Anfänge der MST sprachen. Er erklärte uns, wie die Armen den Mut fassten, sich zu erheben – »in einer Zeit, in der einem jede Bemerkung über die Landreform Gefängnis eintragen konnte, obwohl die Reform in der Verfassung verankert ist!«

»Der erste Schritt ist der, sich von der naiven Duldervorstellung zu verabschieden, das, was man sieht, könne nicht verändert werden«, hatte er betont. (Es amüsiert mich, dass es bei uns in den USA genau andersherum ist: Dort gilt jemand als naiv, der glaubt, *dass* sich etwas ändern könne.) »Der zweite ist die Entwicklung des Bewusstseins, dass man ohne Kooperation nichts erreicht.

Hat man diese Bewusstseinsveränderung einmal vollzogen, ist sie wie ein Fahrrad, auf dem man sitzt: Niemand kann sie einem wegnehmen. Man vergisst also, dass man immer Ja und Amen gesagt hat, und lernt stattdessen zu sagen: ›Ich glaube daran, dass ...‹ Das ist der Moment, in dem der Bürger geboren wird.«

»Statistisch ist diese Bewusstseinsveränderung nur schwer zu erfassen«, sagte uns João Pedro. »Sie kann nicht so kalkuliert werden wie die Anzahl der Familien, die wir in Siedlungen unterbringen, oder die Hektar Land, die durch die MST urbar gemacht werden. Aber sie ist ebenso wichtig, wenn nicht wichtiger.«

João Pedro wollte uns begreiflich machen, dass die größte Leistung der MST nicht so sehr in der Landreform oder in der Verfünffachung des Einkommens der ehemals Landlosen, auch nicht in der drastischen Senkung der Kindersterblichkeitsrate in den Siedlungen oder der Unterstützung der Leute beim Bau menschenwürdiger Behausungen zu sehen ist, sondern eher in der Erziehung zu Bürgern, zu Menschen, die glauben, etwas schaffen zu können, was noch nicht existiert.

Wer trifft die Entscheidungen?

Die Ideen, mit denen die beiden Brüder beim Essen herausrücken, wirken in mir nach – wie die zahllosen Stücke Pizza. Aber der Zweifel nagt weiter an mir.

Wenn alles gemeinsam angepackt wird und wenn kritisches Bewusstsein zugleich bedeutet, seine Entscheidungsmacht zu erkennen, statt sich einfach der vorherrschenden Meinung anzuschließen, hat man dann innerhalb der MST wirklich die Möglichkeit, für das einzutreten, was man *persönlich* für richtig hält, auch wenn es nicht in die kooperativen Denkmuster der Organisation passt?

Die MST behauptet, sie helfe den Leuten dabei, die innere Wandlung vom »Ja und Amen« zum »Ich glaube daran, dass…« zu vollziehen und sich von der Angst freizumachen, aus dem Tritt zu fallen. Aber tut sie das auch wirklich? Oder trommelt die MST einfach nur in einem anderen Rhythmus, dem man seinen Gang anpassen muss?

Stellen Sie sich einmal vor, Sie wären ein besitzloser Landarbeiter, der immer nur ausführt, was andere von ihm verlangen, ein »Kaltesser«, der von einer Arbeitsstelle zur anderen zieht und sein Leben lang zu hören bekommt, jemand anders würde die Entscheidungen treffen, er solle bloß seine Arbeit verrichten. In höchster Verzweiflung melden Sie sich schließlich zu einer Landbesetzung, und plötzlich, sozusagen über Nacht, vollführen Sie den Sprung vom »Kaltesser« zum Mitschöpfer einer Gemeinschaft. Sie tragen Mitverantwortung.

Oder nicht? Ist es tatsächlich möglich, dass Sie zum Entscheidungsträger werden, obwohl Sie nur schlechte Erfahrungen gemacht und sich irgendwie durchgeschlagen haben im Leben? Sind

Sie und die anderen Nutznießer des Landtransfers nicht unweigerlich der Gnade des MST-Führungsgremiums ausgeliefert, im Guten wie im Schlechten?

Wir suchen nach den Anzeichen echter Entscheidungsmacht.

Während der Zeit im Lager, nachdem das ungenutzte Land besetzt ist, aber noch keine Rechtsgrundlage besteht, beschließen Sie und die anderen Familien, wie Sie Ihre Gemeinschaft organisieren wollen, erklärte uns der MST-Mitarbeiter Geraldo Fontes an unserem ersten Besuchstag im MST-Hauptquartier.

In meinem Notizbuch habe ich die Skizzen, mit denen Geraldo seine Ausführungen veranschaulicht hat, sauber nachgezeichnet. Geraldo ist Mexikaner und hat einmal beim Rundfunk in Denver, Colorado, gearbeitet. Er ist hierher gekommen, weil er an die Sache der MST glaubt. Ich erinnere mich noch daran, wie zart seine Finger waren, mit denen er jede der Dutzende von Zigaretten hielt, die er ebenso konzentriert rauchte, wie er sprach. Viele Stunden lang füllte er im Laufe unserer Unterhaltung leere Blätter mit seinen Skizzen.

Er zeichnete zum Beispiel drei Rechtecke, die darstellen sollten, wie sich Siedlungen organisieren. Weniger als ein Drittel, so erfahren wir, wählen die Rechtsform der Kooperative, bei der Arbeit und Gewinne ausnahmslos geteilt werden. 40 Prozent entscheiden sich für eine Aufteilung in vollkommen private Parzellen. Die übrigen befürworten sowohl Privateigentum als auch einen großen Gemeinschaftsbereich. Angesichts des Engagements der MST für kooperative Lösungen frage ich mich, wie frei die Wahl wirklich ist.

Es dauert nicht lange, bis wir uns mit eigenen Augen von diesen Entscheidungsmöglichkeiten überzeugen können.

Bereits zwei Tage später stehen wir in der MST-Siedlung *Perpetual Seguro* (»Beständige Sicherheit«) in der Nähe von Pitanga – da, wo wir an dem frostigen Morgen aus dem Bus stiegen, wie Sie sich erinnern werden. Die Siedlung liegt auf einem steilen Felsen inmitten sanft gewellter Hügel, die ab und zu ein Schuppen krönt. Im Tal kann ich einen kleinen See erkennen. Ein Dutzend Kinder kichern und zeigen mit dem Finger auf uns, während sie auf den Bus der Gemeinschaft warten, der sie zur Schule in die Stadt bringen soll.

Wir stören Nivaldo Fernando, 38, bei Bauarbeiten. Sein breites Lächeln vertieft die Furchen, die tagelanges Arbeiten in der Sonne in sein scharf geschnittenes Gesicht gegraben hat. Wir erfahren, dass er vier Jahre unter schwarzer Plastikfolie in einem Lager gelebt und gewartet hat. Immer nur gewartet.

Jetzt steht er da mit dem Hammer in der Hand und baut sich zum ersten Mal ein eigenes Haus. Als wir ihn fragen, wann er einziehen kann, erwidert er: »Wenn wir uns gegenseitig helfen, können wir ein Haus in 25 Tagen fertig haben.«

Wir hatten gehört, dass von den vierzig Familien hier nur wenige zum ursprünglichen Lager gehören, und sind neugierig: »Warum gibt's so viele Neuankömmlinge?«

»Sie sind wegen unserer Kooperative hergekommen«, sagt Nivaldo. »Mit einer Kooperative kann man mehr Geld verdienen.«

»Wieso?«, wollen wir wissen.

»Jeder kann sich auf etwas spezialisieren«, erklärt uns Nivaldo. »Ich bin für das Bauen und den Verkauf der hier hergestellten Steppdecken zuständig. Zu Anfang hat jeder alles gemacht. Aber so ist es besser.«

»Wer entscheidet darüber, wer sich worauf spezialisiert?«

»Die Gruppe entscheidet je nach den jeweiligen Fähigkeiten der Leute und nach Bedarf.«

»Und wenn es Konflikte gibt?«

»Dann diskutieren wir sie aus. Aber sehen Sie mal, es war meine Entscheidung, hierher zu kommen. Es war meine Entscheidung, in der Kooperative mitzuarbeiten, deshalb bin ich natürlich gern bereit, zu tun, was die Gruppe beschließt.«

»Und wenn jemand seine Arbeit nicht tut?«, fragt Anna. »Könnte er nicht faulenzen und bekäme trotzdem seinen Anteil vom Gewinn?« Sie meint wahrscheinlich das »Schmarotzertum«, das Wirtschaftsexperten stets mit Sorge erfüllt – dass die Arbeiter ohne einen Inhaber, der die Aufsicht führt, faul und träge werden und pflichtbewusste Kollegen ausnutzen.

»Man wird danach bezahlt, wie viel man arbeitet.« (Später sehen

Haus in einer Siedlung der brasilianischen Landlosenbewegung

wir eine Arbeitsstundenliste, gewissenhaft ausgefüllt von allen Frauen, die Steppdecken nähen.) »Aber in einer Kooperative geht es so: Gesetzt den Fall, ich arbeite beim Hausbau und Sie beim Maisanbau und das Wetter ist schlecht, dann tragen wir den Verlust alle gemeinsam. Es wäre doch unfair, dem Bauern die Schuld zu geben, wenn es nicht regnet, oder?«

Von den vierzig Familien dieser Siedlung arbeiten 14 vollständig kooperativ. 26 bearbeiten das Land zwar privat, teilen sich jedoch mit allen anderen Trecker, Erntemaschinen, Busse usw.

»Die Kooperative scheint doch gut zu funktionieren, warum machen da nicht mehr Familien mit?«, fragen wir ein wenig später im Nähraum weiter unten am Berg Nivaldos Frau Doraci.

»Die meisten haben immer noch Angst«, sagt Doraci. »Kleinbauern hängen nicht gern von anderen ab. Sie wollen sich nicht zusammenschließen; sie fürchten, dass sie dann nicht mehr so frei sind. Aber wir stellen ja selber die Regeln auf, aus praktischen Erwägungen. Ein Großteil der ursprünglichen Landbesetzer hier wollte sich keiner Kooperative anschließen und hat sich auf andere Lager zerstreut. Jetzt wollen viele zurückkehren, weil es mit der Kooperative so gut läuft.«

Es wird viel ausgesiebt und neu sortiert, das spüren wir hier und anderswo. Die Leute probieren neue Rollen aus und schauen, ob sie damit klarkommen. Sie experimentieren.

Sie experimentieren nicht nur mit der Arbeitsorganisation, sondern auch mit verschiedenen Gewerbearten. In nur wenigen Jahren haben die 14 Familien der Kooperative fünf »Produktionseinheiten« geschaffen, wie Doraci erklärt – mit Getreide, Tee, Milch, Fisch und den Steppdecken.

»An andere verkaufen wir mit zehn Prozent Aufschlag. Die Steppdecken verkaufen wir innerhalb der Bewegung zum Selbstkostenpreis«, fügt sie hinzu, um deutlich zu machen, wie die MST-Familien von diesen neuen Produktionsaktivitäten profitieren.

Vom Nähraum steigen wir weiter den Berg hinab zu einem großen Schuppen, um die Spender der weichen Füllung zu betrachten, mit der Doraci und ihre Kolleginnen die Steppdecken stopfen: Dutzende gesund aussehender Schafe und Lämmer in einem stabilen, offenen Backsteinbau.

In unserem Eifer, uns von allem, was wir sehen, Notizen zu machen, wären wir fast über die eigentliche Bedeutung all dessen hinweggegangen: dass sich besitzlose, ungebildete Menschen, die immer noch in größter Unsicherheit und Unterdrückung leben, zusammentun, das nötige Wissen aneignen – von der Fischzucht bis zur Verarbeitung von Wolle – und brandneue Gewerbezweige eröffnen, um endlich in Würde ein sinnvolles Leben zu führen. Und ich hatte meine kleine gemeinnützige Einrichtung in den USA schon für eine echte Leistung gehalten!

In meinen Augen ist diese Kreativität der überzeugendste Beweis dafür, dass es in der MST kaum Zwang gibt, denn nach meiner Erfahrung sind Zwang und Kreativität unvereinbar.

Neue Hoffnung

Es ist später Nachmittag, als wir in *Nova Esperança* ankommen, aber wir dürfen trotzdem noch die volle Besichtigungstour machen. Wir besuchen die Schule, schauen uns die Kühe und Schweine an und bestaunen den kollektiv gekauften gewaltigen Traktor, der aussieht wie

Kinder von Landlosen in der Siedlung Nova Esperança *spielen mit Stoff, aus dem ihre Mütter Kleider, Fahnen und Betttücher für Mitglieder der Bewegung nähen.*

von einem anderen Stern. Als wir sechs nette Frauen kennen lernen, die die Nähkooperative der Siedlung betreiben, versuche ich herauszubekommen, wie die Familien, die doch bei Null angefangen haben, das alles in nur 15 Jahren schaffen konnten.

Auf die Idee, diese Kooperative zu gründen, kamen die Frauen, als sie mitbekamen, dass die MST-Mitglieder ihre Kleidung bei großen Herstellern kauften. Die Gemeinschaft bezahlte ihnen die praktische Ausbildung, und dann eröffneten sie diesen kleinen Laden und verkauften ihre Erzeugnisse an benachbarte Siedlungen und Lager.

Seidenbahnen hängen an einer Wand hinter uns, und überall sind Sachen aufgestapelt, die auf dem Weg nach draußen sind. Ein in Tücher gehülltes neugeborenes Baby wird herumgereicht.

Als ich frage, wie das Geschäft läuft, lachen die Frauen. »Es läuft gut, aber wir haben gerade erst wieder geöffnet.« Ihre Kinder kommen in den Raum gestürmt, sie kichern und necken sich gegenseitig. Eine Frau klärt uns auf: »Wir hatten zwei Monate geschlossen. Eine von uns war krank, und da wollten wir sie im Krankenhaus besuchen und uns um ihre Familie kümmern.«

Das ist wahre Kooperation. Ich muss an meinen eigenen Versuch denken, in einer Wohngemeinschaft zu leben. Das war bestenfalls ein mäßiger Erfolg, und dabei hatten wir keine der Herausforderungen zu bestehen, mit denen diese Frauen fertig werden müssen; wir waren nur Collegestudenten, die dem Mensaessen und dem Leben im Studentenheim entfliehen wollten.

Ich habe mir immer *gewünscht*, daran glauben zu können, dass wir Menschen so zusammen leben, arbeiten und alles teilen könnten wie diese Frauen. Aber da ich so etwas nie mit eigenen Augen gesehen habe, konnte ich, um ehrlich zu sein, auch nicht recht daran glauben. Diese Frauen, das brabbelnde Neugeborene und die fröhlichen Kinder zwingen mich, es noch einmal neu zu überdenken. Vielleicht sind wir doch dazu fähig. Vielleicht ist diese Art von Kooperation längst überall im Gange, und wir glauben bloß deshalb nicht, dass sie möglich ist, weil wir sie so gut wie nie sehen.   *Anna*

Wer stellt die Regeln auf?

Aus dem kalten Pitanga kehren wir nach Curitiba zurück, wo es so sonnig ist, dass wir uns ein paar von unseren Kleiderhüllen abzulegen getrauen. Von dort fahren wir siebzig Kilometer südlich zu einem Lager, das einen ganz anderen Eindruck macht. Hier stehen die überall verstreuten schwarzen Plastikhütten in starkem Kontrast zu den Resten einer ehemals glanzvollen Hazienda, einer Ansammlung von Stuckgebäuden mit roten Ziegeldächern, die eine Bergkuppe mit Aussicht über die hügelige Landschaft krönen.

Wir sind in einem Lager angekommen, das kurz vor seiner rechtmäßigen Umwandlung in eine Siedlung steht. Das große Herrenhaus ist, wie wir bald feststellen, bereits zum Ausbildungszentrum der MST umfunktioniert worden. Moderne Punktstrahler beleuchten einen Raum, der zweifellos einmal das fürstliche Esszimmer einer der reichsten Familien der Gegend war. Unsere Gastgeber deuten vom Fenster aus auf ehemalige Sklavenunterkünfte.

Wir freuen uns, dass es bald Mittagszeit ist, nicht nur, weil uns der Magen knurrt, sondern auch, weil wir in einer der Hütten zum

Essen eingeladen sind, wo wir wenigstens vor dem scharfen Wind geschützt sind.

Schon bald sitzen wir auf einer Holzbank vor einem großen, eisernen Kochherd. Hinter uns steht eine blau-weiße Anrichte mit Geschirr und Töpfen. Bei einem heißen, herzhaften Mahl aus schwarzen Bohnen, Kohl, dicken Nudeln und Reis fragen wir unsere Gastgeber Antonio und Antonia Capitani und andere MST-Mitglieder, die sich zu uns gesellt haben, wie das Leben in dieser demnächst offiziell anerkannten Siedlung mit 110 Familien organisiert ist.

Etwa die Hälfte der »Familiengruppen« – der kleinsten Zelle der Bewegung, die normalerweise aus zehn Familien besteht – hat sich für eine kooperative Landbearbeitung entschieden, die andere für die Privatwirtschaft.

»Die Familiengruppen kommen alle drei Tage oder auch zweimal pro Tag zusammen, je nachdem, was anliegt«, erklärt uns Antonio. »Sie kümmern sich um absolut alles – Arbeit, Gesundheit, Erziehung und Bildung, Marketing und Finanzen.«

Alle Familiengruppen wählen einen Leiter, hier ist es Antonio. »Aber ich bin keineswegs der Boss«, beeilt er sich zu sagen. »Ich darf nicht für die Familiengruppen entscheiden. Meine Aufgabe besteht lediglich darin, alles zu organisieren.«

Während Antonio redet, denke ich an die Größenordnung dieser Bewegung – eine Viertelmillion Familien in mehreren Tausend Siedlungen –, und mir wird klar, dass sie wie jede Gemeinschaft Regeln braucht. In der MST machen die Mitglieder selbst ihre Regeln.

»Alkoholgenuss ist nur im eigenen Haus gestattet«, lautet das erste Beispiel, das Antonio anführt. »Oder Diebstahl – hier bei uns gilt die Regel, dass jeder Diebstahl, mag er auch nur eine Bagatelle sein, mit dem Ausschluss aus der Gemeinschaft geahndet wird. Auch bei illegalem Jagen wird so verfahren. Die Jagd ist in ganz Brasilien verboten, also erst recht hier. Jeder muss die Vorschriften durch seine Unterschrift anerkennen, um sein Engagement zu zeigen«, fährt Antonio fort. »Hier in unserem Lager haben alle unterschrieben.«

Die schwarze Folie rundum knattert im Wind, während wir uns unterhalten, ein Geräusch, das uns bereits vertraut ist und uns ständig an die Entbehrungen erinnert, die diese Familien ertragen müssen. »Als wir geheiratet haben, waren wir kleine Pachtbauern«, erzählt uns Antonio. »Wir durften nur 30 Prozent des Ernteertrags behalten, und davon konnten wir nicht leben.

Beim Bauernverband und in der Kirche haben wir dann von der MST gehört, aber zu Anfang konnten wir gar nicht glauben, dass wir ein Stück Land bekommen sollten. Das war einfach zu schön, um wahr zu sein. Es war auch schwer zu glauben, denn wir wussten ja, dass die Regierung dagegen ist. Aber wir hatten keine andere Wahl.

Das war Anfang 1984, und überall herrschte noch Unterdrückung. Zu Beginn war es schwer, über die Probleme der Landlosen zu reden. Man konnte keine MST-Mützen oder T-Shirts tragen. Es galt Versammlungsverbot für größere Menschenmengen.«

»Damals war es jedoch nicht so beängstigend wie jetzt«, sagt er, ohne das ernste, ruhige Gesicht zu verziehen.

Ich bin überrascht. »Es ist heute beängstigender als damals unter der Militärregierung?«

»Wir wissen inzwischen viel mehr«, erklärt Antonio. Sein Freund, der neben uns sitzt, spinnt den Gedanken zu Ende: »Uns war gar nicht bewusst, wie viele Arme es gibt. Die Armut fällt jetzt viel mehr ins Auge, und bei jeder Demonstration schreitet die Polizei ein. Seit wir stärker sind, haben sich auch die Repressalien verstärkt.«

»Meint ihr denn, dass die MST diese Angriffe aushält?«, fragt Anna.

Jacir Pagnussatti, ein junger Mann mit rötlichem Haar, antwortet im Brustton der Überzeugung: »Die einzige Möglichkeit, die MST zu stoppen, ist die Beendigung der Landlosigkeit.« Alle nicken.

Unterschiedliche Werte

Unser Gespräch wendet sich, wie die Unterhaltung mit Vilmar und seinem Bruder in der Pizzeria, von den Ängsten ab und dem Thema Bauen zu. Jacir betont, dass die mangelnde Bildung eins der beiden Haupthindernisse ist, die es zu überwinden gilt. (Das andere sind – nach allem, was wir in der Zeitung lesen, wenig verwunderlich – die Medien.)

Die meisten Leute in den Siedlungen haben kaum eine Schulbildung genossen. »Im Allgemeinen kommt das Kind eines Kleinbauern nicht über das fünfte Schuljahr hinaus«, erklärt uns Antonio, Vater von vier Kindern, damit wir besser verstehen, warum MST-Schulen so wichtig sind.

»Hier in unserer Schule lernt man mehr als in acht Jahren normaler Schule«, sagt Jacir.

»Wie unterscheidet sich denn der Lehrplan vom Standardangebot?«, frage ich.

»Vor allem durch Effektivität. Alles, was wir lehren, gründet sich auf das, was die Kinder in ihrer Umgebung sehen, auf die Landwirtschaft. Wir unterrichten Mathematik, Naturwissenschaften und Biologie mit Hilfe dessen, was sie Tag für Tag erleben – Maisanbau zum Beispiel.«

Dieser Ansatz von Paulo Freire, mit etwas Bekanntem zu beginnen und dann auf der unmittelbaren Erfahrung des Lernenden aufzubauen, hat noch andere Vorteile, wie uns MST-Mitglieder immer wieder sagen. Unausgesprochen wird dabei zugleich vermittelt, dass die ländliche Lebensweise einen inneren Wert hat. Das trifft im Kern genau das, was MSTler als das Wesen ihrer Bewegung bezeichnen – Werte.

Darin, so wird uns berichtet, unterscheidet sich die MST vom »neoliberalen Modell«, das sich ausschließlich auf die Produktion konzentriert, ohne einen Bezug zum Wohlergehen der ganzen Gemeinschaft herzustellen. An diesem Modell, sagen die Leute hier, liege es, dass ihr Land inzwischen zu den drei größten Exporteuren von landwirtschaftlichen Produkten gehöre, obwohl Millionen von Brasilianern hungern. (Später erfahren wir, dass Brasilien nicht nur der weltgrößte Exporteur von Kaffee ist, sondern auch von Zucker und Orangensaft. Bei Sojabohnen liegt es an zweiter, bei Rindfleisch und Geflügel an dritter Stelle. Trotz des Hungers überall im Lande wird ein Drittel des brasilianischen Getreides zur Viehfütterung verwendet.

Es klingt komisch in unseren Ohren, ungebildete Bauern vom neoliberalen Modell reden zu hören, aber für sie hat dieser Begriff eine tiefgreifende Bedeutung – für dieses Modell tritt die Regierung ein, und es ist das Gegenteil von dem, wofür sie selbst arbeiten. Aus ihrer Sicht missachtet das »neoliberale Modell« das auf Gemeinschaft und gegenseitiger Hilfe aufbauende Landleben.

»Dabei werden die Leute als Mittel zum Zweck benutzt – als Produzenten für diejenigen, die sich die Erzeugnisse leisten können. Unser Ziel in der MST ist es, jeden als vollwertigen Menschen zu behandeln und nicht als Mittel zum Zweck«, erläutert uns Vilmar.

Als wir uns im Zelt auf Bänken zusammenkuscheln, gesellt sich Jacirs hochschwangere Frau zu uns, um zu unterstreichen, wie wichtig das Thema »Erziehung und Bildung der nächsten Generation« ist. Jacir fährt fort zu beschreiben, was an MST-Schulen anders ist. »Wir lehren die Kinder, an die Gemeinschaft zu denken, nicht bloß ans Wohl des Einzelnen. Das müssen wir in den Schulen tun, weil im Fernsehen das Gegenteil davon verbreitet wird – der pure Individualismus.«

»Wie lehrt ihr die Kinder, an andere zu denken?«, wollen wir wissen.

»Zum Beispiel helfen die Schüler bei der Zubereitung ihres Essens mit«, erwidert Antonio. Anna und ich lächeln und erzählen unseren Gastgebern von den Schulgärten in Kalifornien, wo es ebenfalls so gehandhabt wird. Später hören wir, dass die älteren Kinder in den Krippen und Kindergärten aushelfen, damit ihre Mütter arbeiten können. »Sie lernen allmählich, wie geteilt wird.«

Während wir uns unterhalten, kommen Nachbarn und freuen sich über das reichhaltige Mittagessen, das die Familien nicht nur für uns, sondern auch für sie gekocht haben. Ich bin dankbar, dass Antonio noch ein paar Scheite Holz in den Ofen schiebt.

»Die größeren Kinder klären wir darüber auf, was in den Städten mit Jugendlichen geschehen kann – über die Gewalt und die hohe Arbeitslosigkeit –, sodass sie sich nicht vom Glanz und Glamour dessen blenden lassen, was sie im Fernsehen sehen«, sagt Antonio. »Wir organisieren Austauschprogramme mit anderen Siedlungen, damit unsere Kinder einen Überblick über das bekommen, was die MST bewirkt. Außerdem laden wir Collegestudenten aus den Städten ein, mit uns zusammenzuarbeiten. Eine Gruppe Studenten hat die Karte gemacht, die im Büro hängt und all unsere Siedlungen in Brasilien zeigt.«

Jacir kehrt zu dem Thema zurück, mit dem wir seit Beginn unseres Besuches immer wieder konfrontiert werden: zur Entwicklung der Fähigkeit, das *Bestehende* in Frage zu stellen, indem man es mit den eigenen inneren Werten und Wünschen vergleicht.

»Die Kinder lernen auch, sich ihren Eltern gegenüber kritisch zu äußern«, sagt er. »Das wäre noch vor zehn Jahren unmöglich gewesen. Aber die Kinder lernen aus eigener Erfahrung, dass wir alle die gleichen Rechte haben. In manchen Familien sehen es die Eltern nicht gern, dass ihre Kinder den Mund aufmachen. Sie sagen dann: ›Schön und gut, aber hast du hier das Sagen?‹«

Alles lacht so laut, dass ich vermute, dass viele der anwesenden Väter auch nicht unbedingt ihre helle Freude daran haben, wie selbstbewusst ihre Kinder auftreten.

»Als ich jung war, hat mein Vater uns häufig mit einer Gerte geschlagen«, erzählt Antonio in dem Bemühen, uns zu einem besseren Verständnis seiner Motive zu verhelfen. »Meine Eltern haben Tag für Tag schwer gearbeitet und trotzdem am Jahresende nichts gehabt, gar nichts. Mein Vater war voller Wut.«

Antonio drückt die Hand seiner Frau und fährt fort: »Als unser erstes Kind geboren wurde, haben wir darüber gesprochen, was für Eltern wir sein wollen. Ich will nicht, dass meine Kinder ein ebensolches Leben haben wie ich früher.«

Sie erzählen weiter, wie durch den Nachdruck, den sie auf Werte legen, in der Gemeinschaft der Entschluss gereift ist, Ökolandbau zu betreiben. Wir hatten schon bei unserem ersten Gespräch mit João Pedro erfahren, dass die MST die erste Ökoproduktlinie Brasiliens namens BioNatur geschaffen hat.

»Es hat einige Zeit gedauert«, gibt Antonio zu, »bis die Leute verstanden haben, warum sie keine Schädlingsbekämpfungsmittel einsetzen sollten.« Dann wiederholt er, worüber auch João Pedro geklagt hatte: dass es schwierig sei, Leute vom Ökolandbau zu überzeugen, wenn die Chemie sofort Wirkung zeigt.

Während Antonio redet, kommt seine achtjährige Tochter Franciele, mit glänzendem, glattem blondem Haar und ganz in Rot gekleidet, ins Zelt und drückt sich an ihren Vater, was sie ab und zu gern tut.

»Ich weiß, was Pestizide anrichten können«, sagt Antonio. »Ich habe vier Tage im Krankenhaus gelegen mit Lungen- und Nierenproblemen, die durch Pestizide bedingt waren. Die Ärzte, die für die Großgrundbesitzer arbeiten, wollen nicht zugeben, dass die Pestizide schuld sind.«

»Ist die Gefahr dann für euch Bauern der Hauptgrund dafür, die Mitglieder der MST zum Ökolandbau zu bekehren?«, frage ich.

Jetzt mischt sich ein junger Mann Ende zwanzig, mit einer blauen Jeansjacke bekleidet, ins Gespräch. »Der Punkt ist nicht nur, dass der Landbau ohne den Einsatz von Pestiziden weniger gefährlich und zudem kostengünstiger ist. Warum sollten wir all die Mühe auf uns nehmen und dann etwas anbauen, was den Leuten letztlich schadet? Uns liegen auch die Städter am Herzen.«

Das letzte Erinnerungsbild, das ich vom Lager mitnehme, ist der Anblick von Franciele und ihren Gefährten in der Spätnachmittagssonne, alle gesund, mit ihren blanken Augen und glücklichen Gesichtern. Eine fröhliche Schar, die viel lacht, einander neckt und Rad schlägt im hohen goldenen Gras neben den Familienunterkünften.

Trugbild Markt

So kommt es, dass ich an Franciele und ihre Freunde denke, als wir an unserem letzten Tag nach São Paulo zurückkehren und von Geraldo hören, dass die MST alarmiert ist, weil ein in Washington geplantes Projekt sie in ihrer Entwicklung blockieren wird.

Mit der Behauptung, die gegenwärtige Umsetzung der Landreform funktioniere nicht – was durch fortgesetzte Gewaltakte auf dem Land und dadurch bewiesen sei, dass immer noch Millionen auf Ackerland warten würden –, hat die Weltbank mit Unterstützung der brasilianischen Regierung eine Alternative angeregt. Sie wird derzeit in mehreren brasilianischen Provinzen getestet und hat eine heftige Kontroverse entfacht. Die Bank nennt ihren Ansatz »marktorientierte Landreform«, weil die Regierung dabei ausgeschaltet wird. Man solle einfach nur »willige Verkäufer« und »willige Käufer« an einen Tisch bringen, sagt die Bank, und schon sei die Sache effizienter und effektiver.

Wie wir von der MST erfahren haben, ist in der brasilianischen Verfassung klipp und klar niedergelegt, dass der Staat den Auftrag hat, alles ungenutzte Land neu zu verteilen; allerdings werden über die Ausführung kaum Angaben gemacht. (Ähnlich ist es in den USA, wo uns die Verfassung zwar die Redefreiheit garantiert, aber was das eigentlich bedeutet, wird seit 200 Jahren diskutiert.) Die Einschätzung der Weltbank ist also gewissermaßen nur eine andere mögliche Auslegung der Verfassung.

Ja, aber eine mit gewaltigen negativen Folgen, sagt die MST. Mit dieser Auffassung steht sie nicht allein. Viele Gruppen, die in Brasilien an der Landreform mitwirken, protestieren ebenfalls gegen das Vorhaben der Weltbank. Das Thema ist zwar sehr kompliziert – während ich durch Berge von Notizen pflüge, wird mir schnell klar, dass es Monate dauern würde, in all dem Wirrwarr den roten Faden zu erkennen –, aber ich denke, dass ich zumindest ansatzweise verstehe, warum die MST so besorgt ist.

Um es kurz zu machen: Die Strategie der Bank besteht darin, kleine Gruppen von Landlosen, die keiner organisierten Bewegung angehören, dazu zu ermutigen, sich ein Stück Land auszusuchen und dann mit den Grundeigentümern »einen fairen Marktpreis« auszuhandeln. Daraufhin stellt der Staat den Landlosen Kredite zum Kauf der Flächen und für Investitionen, die zur Urbarmachung nötig sind, zur Verfügung. Das klingt gut, aber es hat einen großen Haken. Auf dem Land in Brasilien gibt es keinen fairen Marktpreis. Die meisten Großgrundbesitzer haben selber nie einen

Pfennig für ihr Land bezahlt. Sie haben es entweder geerbt, für politische Gefälligkeiten erhalten oder ... durch Urkundenfälschung mittels Heuschrecken (erinnern Sie sich?). Und in den 60er und 70er Jahren des 20. Jahrhunderts wurden riesige Gebiete quasi aufgegeben, weil die Militärregierung die Umsiedlung der Bevölkerung in den Nordwesten Zentralbrasiliens forcierte. Außerdem: Wie kann eine verzweifelte besitzlose Landarbeiterfamilie ohne gesellschaftlichen Einfluss mit einem fairen Angebot von reichen Leuten rechnen, die gar keine zwingende Veranlassung sehen, Land zu verkaufen? Und warum würden die reichen Landbesitzer nicht versuchen, immer nur das allerschlechteste Land zu verkaufen?

Darum hält die MST an ihrer Position fest: Der *Staat* muss auch weiterhin dafür verantwortlich zeichnen, er muss bestimmen, welche Flächen ungenutzt sind, deren Wert festlegen und sie gerecht an Landlose verteilen. Und um den nötigen Druck zu erzeugen, sind die Landbesetzungen der MST unverzichtbar.

Die Weltbank ist der Ansicht, dass der »Markt« funktioniert, während die MST und andere Kritiker sagen, dass der Markt nur gut und schön ist, wenn Fairness herrscht und die Startbedingungen stimmen. Lässt man hingegen in einem Klima extremer Ungerechtigkeit wie in Brasilien den Markt regieren, wie er will, verstärkt man nur das historisch begründete anhaltende Ungleichgewicht.

Es gibt noch eine Kluft in der Betrachtungsweise. Die MST sieht im Ansatz der Weltbank ein weiteres Anzeichen dafür, dass sie einfach nicht tiefer blickt. Um der Armut zu entrinnen, bedarf es des ganzen Menschen, nicht nur einer Landzuweisung, und das heißt, wie die MST inzwischen gelernt hat, neue Gemeinschaften aufzubauen – neue Fähigkeiten und Einstellungen zu entwickeln und neue Unternehmen und Schulen zu gründen. Eine Reform, die sich in erster Linie auf die Landumwidmung konzentriert, so die Argumentation der MST, kann diesen tiefer gehenden Prozess in der menschlichen Entwicklung nicht auslösen.

Der Kampf für mehr Menschlichkeit

Die meisten Leute, die ich kenne, betrachten Bewegungen mit großem moralischem Anspruch mit Argwohn. Sie reagieren nervös. Da wir überwiegend Egoisten sind, erleben solche Bewegungen so viele Enttäuschungen mit ihrem »Rohmaterial« – uns gewöhnlichen Sterblichen –, dass sie am Ende unweigerlich zu drastischen Mitteln greifen und uns zu bestimmten, unserer Natur zuwider laufenden Verhaltensweisen zu zwingen versuchen, letztlich also ihre Macht zu eigenen Zwecken missbrauchen. So jedenfalls denken viele aus Angst.

Deshalb fragen wir bei der ersten Gelegenheit, die sich uns bietet, wie die MST ihre Mitglieder zu kooperativem Denken motiviert. Eine Möglichkeit dazu haben wir bei Paulo, der beim Seminar seine Sache recht gut machte, als er einen Kurzvortrag über die Ökonomie der Teeverarbeitung hielt. Trotz der späten Stunde fesselte er alle Teilnehmer. »Ein kluger Kopf«, hatte uns unser Dolmetscher zugeflüstert, während Paulo Tabellen an die Tafel zeichnete, um seine Argumente zu veranschaulichen.

Jetzt sind wir mit ihm zusammen in einer MST-Teeverarbeitungsanlage, die mit Hilfe von Spenden aus Belgien gebaut wurde und deren Manager er ist. Da der Tee hier sowohl verarbeitet als auch vertrieben wird, erzielen die MST-Mitglieder einen höheren Gewinn mit ihrer Arbeit. Die Kritik der MST am Kapitalismus richtet sich offensichtlich nicht gegen den Markt.

Paulo, ein ernster, aber herzlicher Mann mit roter MST-Mütze und Sweatshirt, beantwortet uns am Nachmittag geduldig unsere Fragen. Er ist fast schon seit den Gründungstagen bei der MST und gibt zu, dass »erst neuerdings« so viel Nachdruck auf Werte gelegt wird. Das ist erst seit vier oder fünf Jahren der Fall.

»Sehen Sie, die Gesellschaft als solche kultiviert Individualismus und Wettbewerb«, sagt er. »Sie belohnt diejenigen, die die größte Macht haben. Die Leute in der MST sind mit diesem System aufgewachsen. Das schafft Probleme in einigen älteren Siedlungen, wo wir noch keine Diskussion über andere Werte entfacht haben.«

Viele Leute haben gedacht, es würde alles besser, wenn sie Land bekämen. Doch sie merkten bald, dass sie noch immer vor vielen Problemen stehen; sie sind Analphabeten, und sie haben nicht die Mittel, das Land urbar zu machen.

Nicht sofort, sondern ganz allmählich wird ihnen bei Diskussionen und Seminaren klar, dass Land allein nicht ausreicht. Sie beginnen zu begreifen, dass sie sich zusammentun müssen, um zu entscheiden, was sie säen wollen und wie sie das Geld für Saatgut auftreiben können. Ihre Kinder müssen zur Schule gehen, also müssen sie eine bauen. Wenn sie krank werden und niemand da ist, der ihnen hilft, merken sie, dass das Land nicht alles ist. Sie sehen ein, dass sie sich engagieren müssen, wenn sie ein besseres Leben erstreben. Vielleicht müssen sie an einer Demonstration teilnehmen oder sogar ein Rathaus besetzen, um eine Schule für ihre Kinder zu bekommen. Ihnen wird nach und nach bewusst, dass sie das alles allein nicht schaffen können.

In den ersten zehn Jahren haben wir uns ausschließlich auf die Landübernahme konzentriert, dabei sind die grundlegenden Prinzipien entstanden. Die Einrichtung eigener Schulen hat uns dazu gebracht, uns den Werten zuzuwenden – dem, was unsere Kinder und Jugendlichen lernen sollen.«

Während wir Paulo in seinem freundlichem Büro zuhören, dessen Wände und Bücherregale aus hellem Kiefernholz das durch die großen Fenster hereinströmende Sonnenlicht zurückwerfen, habe ich den Eindruck, dass dieser Mann sich seiner Werte sicher ist. Aber er ist kein Fanatiker. »Unser hervorstechendstes Merkmal ist Praxisnähe«, sagt er und meint damit ständiges Dazulernen.

Der Skeptiker in mir gibt keine Ruhe: Wollen diese Leute den Menschen völlig umkrempeln? Oder könnte es sein, dass Annas und mein Gefühl, der Mensch brauche die Verbindung zu Seinesgleichen und ein Ziel, das größer ist als er selbst, durch dieses außergewöhnliche soziale Experiment bestätigt wird?

Hier sind wir an einem der wenigen Orte der Welt, wo Menschen versuchen, *innerhalb* einer gegenläufigen dominanten Kultur, im globalen Kapitalismus, eine neue Gesellschaft zu schaffen. Vielleicht ist es der einzige Ort auf der Erde, wo man sich dieser Herausforderung in einer Größenordnung stellt, von der mittlerweile Millionen unmittelbar betroffen sind.

Viele in der MST behaupten, nicht sie seien es, die das Wesen des Menschen in ein unnatürliches Korsett zwängten. Das tue vielmehr Tag für Tag die herrschende Kultur. »Die Medien, wie überhaupt die ganze Kultur, führen einen dauernden Feldzug zur Durchsetzung ihrer Werte«, hatte uns João Pedro in São Paulo bei süßem schwarzem Kaffee gesagt, den wir aus winzigen Plastiktassen tranken, »als ob die Leute glücklich wären und Bedeutung erlangten, wenn sie konsumieren und ihren Egoismus und Individualismus auf alles übertragen. Sie machen uns weis, Konsum sei alles, was wir uns wünschen. Dabei sind das im Grunde antisoziale Werte.«

Ich erzählte João Pedro daraufhin von einem Artikel, den Anna mir auf dem Weg zu ihm gezeigt hatte und in dem »der Triumph des Konsumdenkens« als »Triumph des Volkswillens« gepriesen wurde. Das wollten uns die Medien glauben machen, sagte er, er und die MST dächten jedoch anders. »Menschen brauchen mehr, um glücklich zu sein.«

Beim Aufbruch zum Logan Airport, wo unser Flug von Boston nach São Paulo losging, hatte ich noch ein Buch von Barry Schwartz, *The Battle for Human Nature*, in meinen Rucksack geworfen. Ich hatte gedacht, ich würde mich vielleicht gern einmal von der harten Realität in philosophische Gedanken flüchten wollen. Da hatte ich noch keine Ahnung, dass das, was ich in Brasilien sehen sollte, nichts anderes ist als genau dieser Kampf für mehr Menschlichkeit.

❧ BRASILIEN SCHMECKEN (1) ❧

Pikanter Reis mit Salsas und Gemüse

Dieses Gericht kann mit *Feijoada* (siehe nächstes Kapitel) zusammen als brasilianisches Menü aufgetragen werden. Das Rezept stammt aus der Öko-Diät.

Für 4 Personen:

> *2 Tassen gekochter brauner Reis*
> *1 Zwiebel, gehackt*
> *3 Knoblauchzehen, fein gehackt*
> *2 EL Olivenöl*
> *2 EL Butter*
> *2 Tomaten, geschält, entkernt und grob gehackt*

– Zwiebeln und Knoblauch in Öl und Butter goldgelb anrösten. Die Tomaten zufügen und ein paar Minuten schmelzen lassen. Den Reis unterheben und auf milder Hitze warm halten.

Salsa 1:

> *1 Tasse Zitronensaft*
> *1 kleine Zwiebel*
> *2 Knoblauchzehen*
> *1 Tomate, geschält und entkernt*
> *1 TL grüne Salsa jalapeña oder fein gehackte grüne Pfefferschoten*

– Alle Zutaten im Mixer zu einer glatten Paste pürieren.

Salsa 2:

> *1 Tomate, geschält und entkernt*
> *grüne Pfefferschoten nach Geschmack, fein gehackt*
> *1 TL Salz*
> *2 Knoblauchzehen*

Saft von 1 Zitrone
1 Zwiebel, gehackt
Frühlingszwiebeln und Petersilie nach Geschmack
¼ Tasse Essig

– Die ersten vier Zutaten im Mixer pürieren, dann die übrigen Zutaten zufügen und alles zu einer glatten Sauce verschlagen.

Gemüse:
750 g geputztes grünes Blattgemüse
1 Knoblauchzehe, fein gehackt
1 Apfelsine, geschält und in Scheiben geschnitten
Zum Garnieren:
4 gehäufte TL geröstete Sesamkörner
Apfelsinenspalten

– Das Gemüse mit dem Knoblauch und den Apfelsinenscheiben zusammen dämpfen, bis die Blätter eben zusammengefallen sind. Pro Portion mit 1 Teelöffel Sesam bestreuen und mit Apfelsinenspalten garnieren. Mit dem Reis und einer der pikanten Salsas zu Tisch bringen.

Kapitel 4

Schöner Horizont

Brasilien – Belo Horizonte

Lösungen für das Hungerproblem zu suchen heißt, nach dem Prinzip zu handeln, dass der Bürger mehr ist als ein bloßer Konsument.

Die Stadt »Belo Horizonte«

Von São Paulo aus fahren wir mit dem Nachtbus Richtung Norden nach Belo Horizonte, Brasiliens viertgrößter Stadt. Belo Horizonte, was »Schöner Horizont« heißt, haben wir aus einem bestimmten Grund ausgesucht. Es ist unseres Wissens die einzige Stadt der Welt, in der das Grundrecht auf Nahrung als Bürgerrecht verankert wurde.

Eigentlich gibt es zwei Belos, wie wir gleich merken, denn wir befinden uns an diesem Morgen auf der Grenze zwischen beiden.

Auf der einen Seite erhebt sich ein hoher Berg mit verstreut liegenden palastartigen Villen, deren große Fenster in der Sonne blinken. Den Steilhang auf der anderen Seite überzieht eine *Favela*, einer der schlimmsten Slums. In der Senke dazwischen liegen ein Teich und eine Polizeistation mit einem Schild, auf dem in großen, von beiden Seiten aus gut lesbaren Lettern »Polícia« steht. Mehr als das überrascht uns, dass es hier einen Markt für erschwingliche, vor Ort angebaute Produkte gibt.

Wir gehen in einen Laden, der den Eindruck einer geräumigen Kaufhalle macht, und ich bin vollkommen verblüfft über das unglaublich vielfältige Angebot: Berge von frischen Möhren, Paprikaschoten, Auberginen, Steckrüben, Kürbissen, roten und weißen Beten, Wassermelonen, Zwiebeln und vielem mehr türmen sich von Wand zu Wand auf. Darüber steht auf handgeschriebenen Schildchen »35 Cent pro Kilo«. Das ist, wie ich bald erfahre, etwa

Von der Stadt Belo Horizonte subventionierter Gemüsestand mit Möhren, Roten Beten und Radieschen

die Hälfte weniger als bei den umliegenden Geschäften und ein von der Stadtverwaltung festgesetzter Preis. Im Gegenzug dafür, dass die Preise niedrig gehalten werden, überlässt die Stadt Bauern und Händlern wie diesen Verkaufsflächen in erstklassiger Lage. Kunden aus beiden Stadtvierteln füllen sich eifrig die Plastiktüten mit den guten Sachen, die samt und sonders den gleichen niedrigen Preis haben.

Auf dem Weg dorthin, als wir die schmalen, steilen Treppen der angrenzenden *Favela* hinuntergingen, winkten uns fröhliche Drei- und Vierjährige vom Fenster ihres Kindergartens zum Abschied zu. Wir hatten gerade zugeschaut, wie sie sich in einem makellos sauberen Essraum eine ihrer vier Tagesmahlzeiten schmecken ließen, die von der Stadt zur Verfügung gestellt werden.

Noch früher am Tag hatten wir mit einer örtlichen Bäuerin gesprochen, die an einem leuchtend grünen Stand auf stadteigenem Gelände frisches Obst und Gemüse verkaufte. Sie trug einen Kittel in freundlichem Grün, auf dem »Frisch vom Land« zu lesen war, und erzählte uns mit breitem Lächeln: »Von meinen zwei Hektar kann ich jetzt drei Kinder ernähren. Nachdem ich diesen Vertrag mit der Stadt abgeschlossen hatte, konnte ich mir sogar einen kleinen Lieferwagen leisten.«

Noch weitere vierzig Bauern in der Umgebung von Belo können hier Dank der Unterstützung durch die Stadt ihre Ökoprodukte absetzen.

Der Erfolg dieser Bauern erscheint uns umso bedeutender, als wir inzwischen wissen, dass das Einkommen der brasilianischen Bauern Mitte der 90er Jahre auf die Hälfte gesunken ist.

Jetzt sind wir zu einem »Restaurante Popular« unterwegs, einer »Volksgaststätte«, die ebenfalls von der Stadt betrieben wird und etwa 4000 herzhafte Mahlzeiten täglich zur Hälfte des üblichen Preises ausgibt.

Das Recht auf Essen

Wir Amerikaner halten das Recht auf Bildung in unserem Land für eine Selbstverständlichkeit. Und obwohl wir keine staatliche Gesundheitsfürsorge haben, erwarten wir doch von der Regierung, gegebenenfalls für die medizinische Versorgung Mittelloser aufzukommen. Bei näherer Betrachtung finde ich, dass gesundes Essen eigentlich eine Grundvoraussetzung sowohl für das Lernen als auch für die Gesundheit ist, dabei sind »Ernährung« und «Bürgerrechte« für die meisten von uns zwei Paar Schuhe.

Nicht so in Belo Horizonte.

Der florierende Lebensmittelmarkt, die gut genährten Kinder, Marktstände für einheimische Bauern, Essen zu niedrigen Preisen – das alles gehört zu Dutzenden von erstaunlichen Neuerungen, die seit 1993 in dieser Stadt eingeführt wurden.

Damals begann die Stadt, sich anders mit dem Problem des Hungers auseinander zu setzen, zum Teil als Reaktion auf die grausame Tatsache, dass ein Fünftel der Kleinkinder am Ort unterernährt waren und viele Bewohner am Rande der Armut dahinvegetierten.

»Wir glauben, dass der Bürger mehr ist als ein bloßer Konsument«, erklärt uns Adriana Aranha, die für die vielfältigen Aktivitäten verantwortliche Frau, die gewährleistet, dass jeder in Belo nicht nur genügend Kalorien zu sich nimmt, sondern dass es sich dabei auch um qualitätvolle Nahrung handelt.

Adriana, eine kleine, energische Frau mit langem, glänzendem schwarzem Haar und einem gütigen Lächeln, ist unsere Gastgeberin hier – die Fremdenführerin zu allen städtischen Innovationen. Wir sind in ihrem hellen Büro mit großem Gummibaum und einem Poster, das wir gleich als MST-Plakat erkennen, und sie bemüht sich geduldig mit unserem Dolmetscher zusammen, uns verständlich zu machen, was hinter diesem »neuen Gemeinsinn« steckt, wie sie es nennt: was Bürgerrecht bedeutet, wenn es um die Ernährung geht.

Nach ihrer Auffassung sind Nahrungsmittel erst in zweiter Linie ein Konsumgut; das »Recht auf Nahrung« – dass man genug zu essen hat für sich und seine Familie – hingegen ist ein Menschenrecht, ein Recht, das man durch seinen Bürgerstatus erwirbt. Auch wenn der Markt Leute ausschließt, die zu arm sind, um *Konsumenten* zu sein, sind sie trotzdem *Bürger*. Darum ist es die Pflicht der Regierung, sich für eine Korrektur dieses »Marktdefekts« einzusetzen, wie Wirtschaftsfachleute es vielleicht nennen würden.

»Wir fanden, dass man die Ernährung der Menschen nicht durch Marktmechanismen gefährden darf.« Diese Einstellung, so Adriana, bedeute, dass man auch den Wohltätigkeitsgedanken fallen lassen müsse: »Dass die Leute gute Nahrungsmittel essen, auch wenn sie arm sind, hat nichts mit Wohltätigkeit zu tun. Es hat nichts mit Notprogrammen zur Ernährung Hungernder zu tun.«

»Jeder in unserer Stadt profitiert davon, wenn allen ohne Ausnahme gute Nahrungsmittel zur Verfügung stehen, folglich ist qualitätvolles Essen für alle ebenso eine Sache des Gemeinwohls wie das Gesundheits- oder Erziehungswesen«, fährt Adriana fort. »Das Konzept der Nahrungssicherheit ist das Ergebnis eines größeren Blickwinkels, der in erster Linie den Bürger und nicht den Verbraucher in den Mittelpunkt rückt.«

Kaum hatten die Leute sich in diesem Sinne aus der »Wohltätigkeitsfalle« befreit, wurden die verschiedensten klugen Aktionen in Adrianas städtischer Dienststelle ersonnen, viele davon zur Verbesserung statt zum Aushebeln der Marktmechanismen.

Adriana Aranha (links) mit einer Kollegin; beide sorgen im Dienst der Stadt Belo Horizonte dafür, dass jeder Bürger eine Vielfalt von gesunden und frischen Nahrungsmitteln bekommen kann.

Ein Beispiel dafür ist der Laden mit den 35-Centavo-Kilopreisen, den wir besucht hatten. Er ist einer von 25 ähnlichen Verkaufsstätten in und um Belo. Während wir mit dem Geschäftsinhaber in der gleißenden Morgensonne stehen, erklärt uns Adriana, wie der Laden hierher kam:

»Das Bürgermeisteramt organisiert öffentliche Versteigerungen für Unternehmer, die Verbrauchermärkte auf stadteigenen Grundstücken eröffnen wollen. Im Gegenzug für diesen Vorteil müssen die Händler ihr Obst und Gemüse zu einem Preis verkaufen, den die Stadt diktiert. Die heutigen 35 Centavos sind die Hälfte des Marktpreises.«

»Händler an den besten Plätzen gehen noch eine weitere Verpflichtung ein, wenn sie städtisches Gelände nutzen wollen. Sie müssen jedes Wochenende mit einem Lastwagen voller Obst und Gemüse in die armen Stadtviertel abseits des Stadtzentrums fahren, damit jeder Einwohner gute Produkte kaufen kann.«

»Wie machen die Händler denn noch einen Gewinn, wenn sie alles zum halben Preis verkaufen?«, fragt Anna.

Adriana beschreibt drei Möglichkeiten: Zum einen nimmt die Stadt einen verschwindend geringen Pachtpreis für ihr Gelände. Das allein ist schon ein Vorteil, aber vor allem wirkt sich die große Absatzmenge günstig aus. Außerdem wird die Bilanz der Händler noch auf andere Weise von der Stadt verbessert: Der Zwischenhandel ist ausgeschaltet, sodass der Einzelhändler direkt beim Produzenten einkauft.

Gegen den Strom

Auf einer Tour durch die Stadt, die wir mit Adriana und ihren Mitarbeitern unternehmen, gestehe ich ihr meine Verblüffung darüber, dass sich eine brasilianische Großstadt gegen die globale Ideologie stellt, der Markt würde alles von selber regeln und Regierungen sollten sich lieber heraushalten.

Adriana beugt sich von hinten über meine Sitzlehne und nickt, ohne sich über mein Erstaunen zu wundern: »Wir kämpfen gegen die Vorstellung an, dass der Staat ein schrecklicher, inkompetenter Verwaltungsapparat ist. Für Brasilien stimmt es, dass es keine staatliche Effizienz gibt. Aber wir sind dabei, das zu ändern. Wir zeigen, dass der Staat nicht alles zur Verfügung stellen, aber gewisse Dinge erleichtern kann. Er kann die Möglichkeiten schaffen, durch die die Leute selbst Lösungen finden können. Wir tragen unter anderem mit dazu bei, dass der Markt wettbewerbsfähig bleibt.«

Während wir in dem Kombi dahinrumpeln, gibt sie uns ein Beispiel:

»Über Lautsprecher an den Bushaltestellen und in den Zeitungen geben wir zweimal am Tag den Preis von 45 Grundnahrungsmitteln und Haushaltsgegenständen in vierzig verschiedenen Supermärkten bekannt. Dann wissen die Leute, wo was am billigsten ist. Dadurch funktioniert der Markt besser.«

Später hören wir, dass die Stadt mit Wissenschaftlern der örtlichen Universität zusammenarbeitet, um die Informationen jede Woche auf dem neuesten Stand zu halten. Adriana fügt noch hinzu: »Wir versuchen, einen ehrlichen Markt zu schaffen.«

Wie einfach! Komisch, dass ich noch nie von einer anderen Stadtverwaltung gehört habe, die so etwas macht. Doch Anna erinnert mich daran, dass einem schon bei der Einführung in das Studium der Volkswirtschaft gesagt wird, genaue und vollständige Informationen der Marktteilnehmer seien unerlässlich, wenn ein Markt funktionieren soll.

Ich erfahre, dass das, was wir sehen, nur ein kleiner Teil des städtischen Programms ist, das darauf abzielt, in Belo gute Nahrung als Bürgerrecht durchzusetzen. Durch ein Programm mit Namen »Grüner Korb« werden Krankenhäuser, Restaurants und andere Großverbraucher direkt mit 36 kleinen Biobauern vor Ort vernetzt. Adrianas Amt ist außerdem dabei, in Partnerschaft mit der städtischen Umweltbehörde und einem gemeinnützigen Verein vier »Ökozentren« einzurichten, die nicht nur Saatgut und Setzlinge für andere städtische Projekte stellen, sondern darüber hinaus die Öffentlichkeit über umweltfreundliche Anbaumethoden informieren sollen. Ferner unterhält die Stadt Dutzende von öffentlichen Gartenanlagen und vierzig Schulgärten so wie die in Berkeley, so genannte »lebendige Laboratorien«, wie man hier sagt, die dem naturwissenschaftlichen und umweltpolitischen Unterricht dienen.

»Viele Leute in Belo stammen vom Land«, erzählt uns Adriana. »Sie haben sich hier angesiedelt und sich auch weiterhin von ihren traditionellen Nahrungsmitteln wie grünem Blattgemüse, frischem Obst und anderem Gemüse ernährt, wie sie es gewohnt waren. Doch dann haben sie die viele Werbung gesehen und gedacht, dass Fertiggerichte und Ähnliches eine feine Sache sein müssen und dass Softdrinks ihnen gut tun. Ein Teil unserer Arbeit besteht also einfach im Aufklären – wir machen diesen Menschen klar, dass das, was sie ihr Leben lang gegessen haben, das wirklich Gesunde ist.«

Wir fahren gerade durch ein übervölkertes Stadtviertel, und als sollte uns die Realität dessen, was sie sagt, drastisch vor Augen geführt werden, sehen wir überall an den Gebäuden und auf den Bürgersteigen die Plakate und Werbeslogans von Softdrinks, Fertiggerichten und Schnellrestaurants.

Von La Lanne inspiriert

Später am Abend, in unserem Hotelzimmer, zappe ich durchs Fernseh-programm und stoße auf eine Nachrichtensendung. Stephen Sanger, Vorsitzender und Hauptgeschäftsführer der Firma General Mills, ver-kündet den Erwerb von Pillsbury, wodurch General Mills seine Größe verdoppelt und zum viertgrößten Lebensmittelkonzern der Welt wird. Sanger berichtet stolz, dass die Wünsche der amerikanischen Öffent-lichkeit jetzt noch besser erfüllt werden können: »80 Prozent Fertigpro-dukte oder Gerichte, die in weniger als 15 Minuten zubereitet sind.«

Ich denke an die Läden voller preiswerter Gemüse, die wir gerade ge-sehen haben, und dann an mein New Yorker Viertel und das Angebot des Supermarkts an meiner Straßenecke. Wir haben keine Wahl. Ent-weder Fertiggerichte oder welker Salat. Da gibt's keine Stände wie in Belo mit frischem, vor Ort angebautem Obst und Gemüse.

Mir schwirrt noch immer der Kopf davon, dass ich in einem der schlimmsten Slums von Brasilien haufenweise frische Möhren kaufen kann, aber nicht zu Hause, da erscheint Larry King auf dem Bildschirm. Er interviewt den 86 Jahre alten Fitness-Star der 50er Jahre Jack La Lan-ne und fragt ihn, wie er sich seine Fitness bis ins hohe Alter bewahrt hat.

Jack La Lanne blickt mit funkelnden Augen in die Kamera und er-widert: »Gut essen. Und alles vorgefertigte Zeug stehen lassen.« Ich spende ihm Beifall.

King fragt: »Und woran liegt es, dass so viele amerikanische Kinder fettleibig sind?« La Lanne antwortet ohne Zögern: »Werbung«, und er fährt fort: »Ihr habt eure großen Sportler. Ihr habt all diese Typen, die für Millionen Dollar ihre Seele verkaufen. Trinkt dies. Esst das. Nehmt diesen Schokoriegel. Lasst euch diesen Hamburger schmecken. Was glaubt ihr denn, was die Kids machen? Sie beten diese Sportler doch an! Sie machen genau das, was die Sportler ihnen einreden.

Mein Körper arbeitet für mich. Darum behandle ich ihn auch so gut. Ihr wisst ja, Bewegung ist der König und Ernährung die Königin. Tut beides zusammen, und ihr habt ein Königreich.«

Schon bin ich am Boden – von Jack La Lanne inspiriert – und zähle meine Liegestütze.   *Anna*

Durchsetzen

Selbst bei eher traditionellen Formen der Hungerbekämpfung ist Belo eigene Wege gegangen.

In dem fröhlichen Kindergarten mit seinen makellos sauberen Innenräumen und dem buntgemalten Pflaster davor, den wir in einem der schlimmsten Elendsviertel Belos besucht haben, stellt die Stadt vier Mahlzeiten täglich zur Verfügung. Diese sind mit einem besonderen Mehl angereichert, das mit gemahlenen Eierschalen, pulverisierten Maniokblättern und anderem mehr versetzt ist, was sonst weggeworfen wird. Der größte Teil des angereicherten Mehls – sie bringen uns einen Sack zur Probe – wird über die städtischen Gesundheitszentren an 20 000 Kleinkinder ausgegeben. Den meisten der schwer unterernährten Kinder, die dieses Mehl erhalten, geht es seitdem besser.[28]

Auch um das Schulessen – etwas, das ich nicht gerade mit guter Ernährung in Verbindung bringe – ist es offenbar besser bestellt, seit gute Nahrung ein Bürgerrecht ist. Trotz der gleichen mageren 13 Cent pro Schüler, die von der brasilianischen Regierung für Schulmahlzeiten beigesteuert werden, hat Belo die Kalorienzufuhr pro Kind nahezu verdoppelt.

Und wie? Es werden weniger Fertiggerichte verwendet, dafür aber mehr frisches Obst und Gemüse sowie das mit gemahlenen Eierschalen angereicherte Mehl, alles aus heimischer Produktion und von ortsansässigen Händlern, sodass die Transportkosten gering sind. Am meisten fällt wohl ins Gewicht, dass die Stadt die Zahl der Anbieter erhöht hat und dass durch den gesteigerten Wettbewerb die Preise gesunken sind.

Als wir von diesen vernünftigen Strategien hören, muss ich an unseren Besuch in Berkeley denken, wo der Stadtrat gerade dafür gestimmt hatte, den Schulen nur vor Ort angebaute Ökoprodukte anzubieten. Hier bin ich am anderen Ende der Welt und frage mich, warum inzwischen nicht mehr Gemeinden auf so vernünftige Ideen gekommen sind.

Keine Suppenküche

Da mir nach dem langen, anregenden Morgen der Magen knurrt, bin ich etwas enttäuscht – ich schäme mich, es zuzugeben! –, dass uns Adriana keinen bevorzugten Platz in der langen Schlange verschafft hat, die sich vor der Tür des Volksrestaurants gebildet hat. Ich hätte mir jedoch keine Sorgen machen sollen, denn die Schlange wird rasch kürzer, schließlich werden hier fast 4000 Mahlzeiten täglich ausgegeben. Nach ein paar Minuten bekommen wir eine große, dampfende Portion Bohnen, Reis, Salat, gemischtes Gemüse und eine Banane. Manche erhalten auch Huhn – und das alles für etwa 70 Cent. Trotz der gestiegenen Lebensmittelkosten hält die Stadt an diesen Niedrigpreisen fest.

Das riesige Gebäude, im Stadtzentrum in der Nähe des Busbahnhofs gelegen, wirkt mit seinen hohen Decken luftig, offen und angenehm. Wir tragen unsere Tabletts zu einem langen Tisch, an dem schon viele andere sitzen – Männer und Frauen, Mütter mit ihren Kindern, Paare und ältere Leute. Bei einem Blick auf die Hunderte von Tischgenossen sehe ich, dass einige Straßenkleidung tragen, andere Uniform und wieder andere im Geschäftsanzug hier sind.

Niemand muss nachweisen, dass er arm ist, um hier essen zu können.

»Ich komme schon seit sechs Jahren täglich her und habe sechs Kilo zugenommen«, strahlt uns ein vitaler älterer Mann in einem beigefarbenen Hemd und alten Khakihosen an. Er erzählt uns, dass er für dieses Vergnügen jeden Tag 40 Kilometer fährt.

»Es ist Quatsch, irgendwo anders mehr zu bezahlen für Essen von minderer Qualität«, sagt ein sportlich aussehender junger Mann in einer Uniform der Militärpolizei. »Ich esse seit zwei Jahren jeden Mittag hier. Eine gute Möglichkeit für mich, Geld zu sparen, damit ich mir ein Haus kaufen und heiraten kann«, fügt er lächelnd hinzu.

»Außerdem habe ich hier eine Menge Leute kennen gelernt, einige habe ich sogar dazu gebracht, ein Fußballteam zu bilden und am Wochenende immer zu spielen«, fährt er fort. »Und ich bin auch schon zu Grillpartys eingeladen worden – wenn man hier isst, gewinnt man viele Freunde.«

Wir stehen mit ihm in der Nähe des Ausgangs, und dabei fällt mir auf, dass alle Leute auf dem Weg hinaus stehen bleiben und lesen. An den Wänden des Vorraums hängen die Tageszeitungen aus. »Viele Leute hier können sich keine Zeitung leisten«, erklärt uns Adriana.

Ehe wir gehen, sprechen wir noch mit dem Mann, der das Restaurant leitet. Er kennt Adriana seit Studententagen. »Bevor ich diese Tätigkeit aufgenommen habe, hatte ich einen eigenen Schnellimbiss. Da war ich finanziell viel besser gestellt.«

»Und warum sind Sie dann nicht Schnellimbissbesitzer geblieben?«, frage ich.

»Mir gefällt es hier viel besser. Ich habe ein gutes Gefühl dabei, mit meiner Arbeit anderen zu gutem Essen zu verhelfen. Die meisten Leute arbeiten erst für ein bestimmtes Ziel, zum Beispiel ein Haus, und wenn sie das haben, können sie ihrem Herzen folgen und etwas Befriedigenderes tun.«

Beim Abschied bekomme ich noch mit, wie eine ältere Frau zu ihm tritt, ihm den Rücken tätschelt und leise sagt: »Es war köstlich. Weiter so!«

Ein Prozent

Als wir draußen sind und mit wohlgefülltem Bauch in den Kombi steigen, sinniere ich laut darüber, wie man auch andere Städte davon überzeugen könnte, derartige Initiativen zu fördern, selbst wenn es ihr Budget belastet.

»Was die Stadt ausgibt, belastet das Budget mit weniger als einem Prozent«, sagt Adriana.

Das kann ich zuerst nicht glauben, bis mir einfällt, dass die Stadt ja nur die Möglichkeiten eröffnet und etwas anstößt, die Ausführung jedoch anderen überlässt. Der Anstoß kostet nicht viel.

»Die Leute haben die Nase voll von der Regierung und wollen alles gemeinnützigen Organisationen übertragen. Aber die Regierung muss ihre Verpflichtungen wahrnehmen und *partnerschaftlich* mit den städtischen Gruppierungen zusammenarbeiten«, meint Adriana.

Um diese Partnerschaft Wirklichkeit werden zu lassen, hat ihre Dienststelle mit Bürgern, Arbeitnehmervertretern und Angehörigen kirchlicher Gruppen einen zwanzigköpfigen Beirat ins Leben gerufen. Wie wir hören, beteiligt Belo zudem, wie andere brasilianische Städte auch, die Bürger an der Erstellung des Haushaltsplans. Die gemeinschaftliche Haushaltsplanung geht auf die 70er Jahre zurück und hat sich in den 80er Jahren vielerorts durchgesetzt. Heute experimentieren die meisten brasilianischen Großstädte damit, die Bürger an der Verteilung der städtischen Einkünfte mitwirken zu lassen. Hier in Belo haben sich 600 Leute aus allen Teilen der Gesellschaft zusammengefunden, um darüber abzustimmen, wohin die städtischen Gelder fließen sollen, wobei die städtischen Ernährungsinitiativen, besonders die Einrichtungen für Kinder, einen guten Anteil erhielten.

Es ist so leicht

Zum Abschluss unseres Besuches sitzen Anna und ich wieder in Adrianas freundlichem Büro. Wir erzählen ihr, wie tief es uns berührt, dass sich in der kurzen Zeit seit 1993 so viel entwickelt hat. Wir wissen auch, dass Belo in ein paar Monaten, wenn wir schon fort sind, einen neuen Bürgermeister wählen wird. Ob das alles von Dauer ist? Belo hat bereits einen Amtswechsel überstanden, bei dem eine andere Partei an die Macht kam. Aber wird es so weitergehen?

Adriana scheint sich keine Sorgen zu machen.

»Ich denke, wir haben gezeigt, dass es funktioniert«, sagt sie. »Wir haben die Unterstützung des Volkes. Die Leute wissen, dass wir zu einer Zeit, in der trotz der Rekordernten überall im Lande die Nahrungsmittelpreise stiegen, einen fairen Markt geschaffen haben.«

Ich frage mich, ob sie Genugtuung über ihre außergewöhnlichen

Leistungen empfindet. Ist ihr bewusst, dass keine andere Stadt auf dieser Erde ihren Ansatz aufgreift – Nahrung als Bürgerrecht, als Menschenrecht?

Also stelle ich ihr die Frage: »War Ihnen zu Anfang klar, wie wichtig Ihre Arbeit ist? Was sie bewirken würde? Wie rar solches Denken auf der Welt sonst ist?«

Während ich, ohne ein Wort zu verstehen, zuhöre, wie sie des Langen und Breiten auf Portugiesisch antwortet, sehe ich, wie ihre Augen feucht werden, und frage mich, warum wohl. Durch unseren Dolmetscher erfahre ich es gleich.

»Ich wusste vom Hunger überall auf der Welt«, sagt sie. »Aber was ich nicht wusste, als ich hiermit anfing, und was mich so schockiert, ist, dass es so leicht ist. Es ist so leicht, dem Hunger ein Ende zu bereiten.«

Wer hätte das gedacht.

Feijoada (scharfe schwarze Bohnen)

Hierbei handelt es sich um eins meiner Lieblingsrezepte aus der *Öko-Diät*. Eine brasilianische Freundin hat es für den zwanzigsten Geburtstag des Buches überarbeitet, und diese noch raffiniertere Version haben wir dann in das vorliegende Buch aufgenommen – angeregt durch die herrlichen Mahlzeiten, die wir in Paraná genossen haben!

Öl zum Braten

1 große Zwiebel, gehackt

2 Knoblauchzehen, fein gehackt

2 Frühlingszwiebeln, gehackt

1 grüne Paprikaschote, gehackt

2 Tomaten, klein geschnitten

1 TL gehacktes Koriandergrün (Cilantro – nach Belieben)

1 Tasse schwarze Bohnen

3 Tassen würzige Gemüsebrühe (oder halb Wein, halb Brühe)

1 Lorbeerblatt

¼ TL Pfeffer

1 TL Essig (entfällt bei Weinverwendung)

1 unbehandelte Orange mit Schale, gewaschen, ganz oder halbiert

½ TL Salz

2 Selleriestangen, fein geschnitten

1 Möhre, fein geschnitten (nach Belieben)

½ Süßkartoffel (Batate), gewürfelt

– Das Öl in einem großen, schweren Topf erhitzen und beide Sorten Zwiebeln, den Knoblauch, Paprika, die Hälfte der gehackten Tomaten und das Koriandergrün darin dünsten, bis die Zwiebeln glasig sind. Dann Bohnen, Brühe (oder Wein und Brühe), Lorbeerblatt, Pfeffer und gegebenenfalls Essig zufügen. Rasch zum Sieden bringen und 2 Minuten wallen lassen. Vom Feuer ziehen und 1 Stunde zugedeckt stehen lassen.

- Danach die übrigen Zutaten beifügen. Alles zusammen zugedeckt 2 bis 3 Stunden köcheln lassen, bis die Bohnen gar sind. Eine Schöpfkelle voll Bohnen herausheben, pürieren und zum Andicken des Eintopfs wieder unterrühren.
- Ich habe für diese Zubereitung meinen Drucktopf benutzt, nach dem Anrösten von Zwiebeln und Knoblauch alle Zutaten eingefüllt und im Druck gegart. Das geht viel schneller, ist aber trotzdem sehr gut.

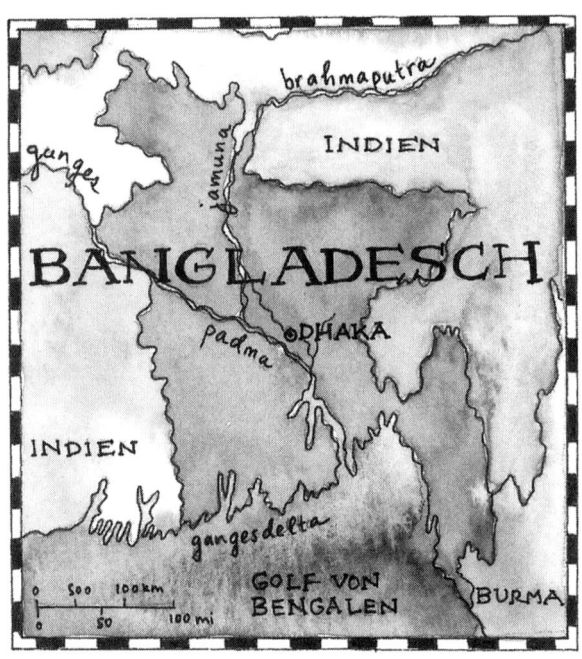

Kapitel 5

Das Hyazinthenprinzip
Bangladesch – Dhaka und Dörfer

Ich bin überzeugt, dass Banken gefährlicher sind als Heere.

THOMAS JEFFERSON, 1799

Mir ist schon um halb neun morgens siedendheiß; ich sitze auf einer Strohmatte neben Anna in einer kleinen Hütte mit Blechdach im Dorf Shauratoli, eine Wegstunde nördlich von Dhaka, Bangladesch. Dreißig Frauen schauen mich an, alle in leuchtend gelbe, purpurrote und türkise Saris gehüllt, und ich komme mir blass und unscheinbar vor in meinem schlichten schwarzen Rock.

Diesen Augenblick, dieses Land und diese Gesichter habe ich mir im Geiste viele Male vorgestellt. Ich habe eigentlich schon Jahrzehnte mit Bangladesch gelebt, obwohl ich dieses Land vorher noch nie besucht habe. Bei Entwicklungsdebatten wird Bangladesch immer wieder als Paradebeispiel herangezogen. Auch ich habe Bangladesch über die Jahre häufig angeführt.

Henry Kissinger hat am Beispiel Bangladeschs 1970 definiert, was ein »hoffnungsloser Fall« ist: ein Land, das in Armut und Hunger versinkt und so von Konflikten und Naturkatastrophen heimgesucht ist, dass man nur Mitleid empfinden kann. Und tatsächlich: Mitleid empfanden viele, wie die Hunderte von Wohltätigkeitsorganisationen zeigen, die in Bangladesch tätig geworden sind.

Etwa im gleichen Zeitraum haben Anhänger der »Rettungsboot-Ethik« des amerikanischen Ökologen Garrett Hardin in Bangladesch den schlagenden Beweis dafür gesehen, dass manche Länder einfach zu arm und überbevölkert sind, um eine Überlebenschance zu haben. In Anbetracht der begrenzten Lebensmittelvorräte müssten wir solche Nationen wohl, so traurig das sei, ihrem Untergang überlassen – zugunsten der übrigen Menschheit.[29] Wieder andere haben Bangladesch als einschlägigen Fall für die Dringlichkeit einer intensiven Familienplanung angeführt. So lässt sich die Liste beliebig fortsetzen.

Auch ich habe dabei mitgemacht – allerdings meist im Gegensinne. In meinen späteren Büchern argumentieren meine Kollegen und ich, dass der Schein trügt. Trotz einer Bevölkerungsdichte, die so groß ist, als würde man die gesamte Weltbevölkerung in die USA quetschen, verfügt Bangladesch über konkrete Möglichkeiten, all seine Menschen und mehr zu ernähren. Durch seine Schwemmböden, die sich stets erneuern, und die unvergleichlich vielen Seen, Flüsse und Kanäle vermittelt Bangladesch das Gefühl, ein Garten Eden zu sein.

Als wir an jenem Morgen in unserem verrosteten weißen Minibus aus der Hauptstadt zu unserem ersten Grameen-Bank-Treffen in einem Dorf fahren, fühle ich mich in meiner Argumentation, die sich auf Forschungsberichte anderer stützt – dass genug für alle da ist – noch mehr bestärkt. Überall sind Reisfelder, einige schon abgeerntet, andere kurz vor der Reife, wieder andere noch leuchtend grün. Mango-, Papaya- und Jack- oder Brotfruchtbäume, deren heranreifende Früchte wie überdimensionale Birnen aussehen, säumen die Straßenränder. Hier dürfte es eher schwierig sein, leibliche Genüsse am Wachstum zu *hindern*, denke ich später, als Anna beinahe von einer Mango getroffen wird, die von einem überreichlich tragenden Baum herabfällt.

Ich habe auch früher schon auf Bangladesch verwiesen, wenn es in Diskussionen um die Ursachen des Hungers ging. »An Nahrungsmittelknappheit kann es nicht liegen«, pflegte ich zu argumentieren. »Seht euch Bangladesch an.«

Und da bin ich nun endlich in dem Land angekommen, um selbst noch etwas dazuzulernen und andere davon zu überzeugen. Für viele ist nämlich Bangladesch das mythische Land einer Tragödie; ich will jedoch, dass Bangladesch zum mythischen Land der Hoffnung wird.

Das Schauspiel

Ich war hingerissen von dem glänzenden Beispiel, das die Grameen-Bank, die »Dorfbank«, wie es auf Bengali heißt, der Welt bot. In nicht einmal zwanzig Jahren hat Grameen erreicht, was viele für unmöglich hielten: Sie hat Kreditmöglichkeiten für die Armen geschaffen, indem sie über zwei Millionen Kreditnehmern, fast alles arme Frauen, Darlehen gab, und das System funktioniert. Nach westlichen Begriffen sind diese Darlehen winzig – im Schnitt nur etwa 150 Dollar –, aber hier machen sie den Unterschied aus zwischen Leben und Tod. Hier entscheiden sie, ob man ein Dach über dem Kopf hat oder keins, ob man seine Kinder ernähren kann oder nicht.

Der Erfolg der Grameen-Bank hat sogar ein ganz neues Schlagwort in Umlauf gebracht – »Mikrokredit«, und ihr charismatischer Gründer, Professor Muhammad Yunus, hat internationales Ansehen erlangt. Die Weltbank hat sich von Yunus beraten lassen, wie das Mikrokreditwesen weltweit verbreitet werden könnte, und inzwischen sind in 58 Ländern ähnliche Institute entstanden. Der ehemalige US-Präsident Clinton hat seinerzeit sogar empfohlen, Yunus den Friedensnobelpreis zu verleihen. Yunus selbst behauptet, der Mikrokredit sei nichts anderes als ein Weg, »Armut ins Museum zu verbannen«.

Wir wollten nach Bangladesch, um herauszufinden, was hinter den Schlagworten steht: Was kann Grameen uns über Banken lehren, diese Grundinstitutionen der modernen Gesellschaft, und deren Möglichkeiten, sich auf neue Art und Weise zu engagieren? Was lehren uns die Erfahrungen der Grameen-Bank über die Möglichkeiten auch der in schlimmster Not lebenden Menschen?

Schließlich ist Grameen in einem extremen Problemland entstanden: einem Land, das unter dem Erbe des Kolonialismus leidet, unter der Last eines kostspieligen Unabhängigkeitskrieges, einem Land, das regelmäßig von katastrophalen Überschwemmungen heimgesucht wird und so abgrundtief verarmt ist, dass vier Fünftel der Bevölkerung von weniger als zwei Dollar am Tag leben und die Hälfte aller Kleinkinder unterernährt ist. Hinzu kam noch ein Coup kurz nach der Unabhängigkeit, aus dem 15 turbulente Jahre Militärherrschaft und fortgesetzte, immer mehr um sich greifende Korruption resultierten.

Die Grameen-Bank übt einerseits deshalb einen solchen Reiz auf mich aus, weil sie so große Hindernisse überwinden musste, andererseits jedoch, um der Wahrheit die Ehre zu geben, weil ich immer eine Skeptikerin war. Bei einer öffentlichen Debatte mit Mikrokredit-Anhängern in den 80er Jahren hatte ich darauf beharrt, dass Mikrodarlehen allein sicher nicht an die Wurzeln des Hungers gelangen würden. Dadurch würden die Armen zwar Fuß im Kapitalismus fassen, aber nicht davor bewahrt, die Ungerechtigkeit weiterzutragen, unter der sie selbst zu leiden hatten.

Trotz meiner Skepsis war ich doch zutiefst bewegt vom Triumph der Grameen-Bank. So bin ich innerlich hin und her gerissen, aber weil ich weiß, dass wir diese Bewegung nur verstehen können, wenn wir ihre Anfänge kennen, bin ich entschlossen, offen zu sein für alles, was wir hier lernen können.

»Ich weiß gar nichts«

Von unseren Erlebnissen in Shauratoli noch einmal zurück in die Hauptstadt. An unserem zweiten Tag in Bangladesch bahnen wir uns einen Weg durch die lauten Straßen Dhakas zur Hauptniederlassung der Bank. In unserem Reiseführer steht, dass 300 000 Rikschas, offene Fahrradkutschen, täglich diese tosenden Straßen füllen, und ich bin froh, lieber ein Taxi genommen zu haben, da hier jeder fährt, wie er will, ohne die Ampeln zu beachten. Das Verkehrsgewühl wird Anna und mir verständlich, als wir lesen, dass die Stadt in den letzten dreißig Jahren von einer Million auf über acht Millionen Menschen angeschwollen ist.

Nach einer haarsträubenden Fahrt biegen wir auf die hotelähnliche runde Schlaufe vor der Grameen-Bank ein, und ich staune. Ich hatte etwas Bescheideneres erwartet, das gleich auf Gemeinnützigkeit schließen lässt. Stattdessen überragt das gut 20-stöckige Grameen-Gebäude seine viergeschossigen Nachbarn turmhoch. Mit ihren über 10 000 Angestellten und 2,4 Millionen Kreditnehmern ist die Grameen-Bank ein Großunternehmen, und so sieht sie auch aus.

Ein Unternehmen, aus einem so extremen Leid geboren, dass es kaum vorstellbar ist.

Als ich die *Öko-Diät* schrieb und von meinem Fenster in San Francisco aus friedlich über die Bay schaute, kämpfte Bangladesch, damals noch ein Teil Pakistans, gerade einen blutigen Befreiungskrieg. Ein Jahr später war der Krieg beendet, mehr als eine Million Bangladeschis waren tot und zehn Millionen geflüchtet. Ein Drittel aller Behausungen im Lande war zerstört. Zu den dokumentierten Gräueln des Kampfes gehören Napalm, Massenvergewaltigungen und vorsätzliche Morde an den Intellektuellen.

Damals lehrte Muhammad Yunus an einer Universität in den Vereinigten Staaten. Jetzt sitzt er mit uns zusammen an einem zierlichen Holztisch in seinem luftigen Büro und erinnert sich an diese tragische Zeit.

»Bangladesch war in einem schrecklichen Zustand, es war ein Massensterben und Massenmorden. Ich kam zurück, weil ich dachte, ich könnte mich beim Wiederaufbau des Landes nützlich machen«, erzählt uns Yunus. »Ich begann, das zu lehren, was ich auch an der Universität in Tennessee, USA, gelehrt hatte – Wirtschaft.«

»Statt besser zu werden, wurde die Lage immer schlimmer. 1974 gab es schließlich eine furchtbare Hungersnot. Die Leute starben auf den Straßen. Das erschütterte mich bis ins Mark«, sagt er, als hätte er das Grauen noch immer vor Augen.

»Ich wohnte in einem schmucken Bungalow auf einem Hügel in der Nähe der Universität und musste ständig an Sterbenden vorbeigehen. Dann kam ich in den Hörsaal und hielt meine tolle Vorlesung ab, und da dachte ich: ›Was soll das?‹ Ich fühlte mich vollkommen leer.«

»Am Ende kam ich zu dem Schluss, dass all die Theorien für diese Sterbenden unerheblich sind«, fährt Yunus fort. »Mir wurde klar, dass ich den Leuten nur als Mensch und nicht als Ökonom helfen konnte. Also beschloss ich, ein normaler Mensch zu werden. Ich glaube, das war die richtige Entscheidung, denn so konnte ich meine Vorurteile ablegen.«

Yunus' Erfahrungen mit der Wirklichkeit erinnern mich an meine eigenen inneren Zweifel, als ich im gleichen Alter war und mit der schmerzhaften Wahrheit konfrontiert wurde, dass meine Arbeit als Sozialarbeiterin kaum an die Wurzeln der Armut rührte. Nach dieser Einsicht – und nachdem ich alles Vorherige weggewischt hatte –, konnte ich mit neuen Augen in die Welt blicken.

Alles, was ich in der *Öko-Diät* geschrieben hatte, hätte vor mir jeder Ernährungs- oder Wirtschaftswissenschaftler schon erkennen können. Ich hatte jedoch keine derartige Ausbildung und trug folglich auch keine Scheuklappen, wie sie entstehen, wenn man nur innerhalb bestimmter Schablonen denken gelernt hat. Dank meiner Unwissenheit konnte ich sehen, dass es genug Nahrung für alle gibt und dass wir selbst den Mangel erzeugen, den wir fürchten.

Für Yunus wie für mich war das Eingeständnis des Nichtwissens der Beginn einer neuen Lernphase. Nur war es für Yunus erheblich kniffliger: Er musste erst noch verlernen, was er wusste, damit er die Armut mit neuen Augen sehen konnte.

Yunus ließ seine Vorurteile und Theorien im Hörsaal zurück und machte sich auf den Weg zu den Dörfern in der Nähe der Chittagong-Universität. Er wollte Armut und Hunger verstehen lernen, indem er die Armen selbst zu Wort kommen ließ, und sich eine neue Wirtschaftslehre aneignen.

Was er in diesen Dörfern beobachtete, ist wenig verwunderlich: Der Hunger ist am schlimmsten bei denjenigen, die kein Land besitzen. Damals war das mindestens die Hälfte der Landbevölkerung. Aber statt nun das, was er sah, als gegeben hinzunehmen, fragte Yunus sich: *Warum ist das so? Warum ist daran nichts zu ändern?*

Er fand heraus, dass viele der Landlosen ihren Lebensunterhalt notdürftig durch die Anfertigung und den Verkauf von Gütern bestreiten. Aber sie müssen die Rohstoffe kaufen, und dazu müssen sie sich etwas von einem Geldverleiher borgen. Wenn sie dann das geliehene Geld samt Zinsen (die in Yunus' Anfangszeit bis zu 10

Prozent *pro Tag* betragen konnten) zurückzahlen, bleibt nie genug zum Leben übrig.

Sein erstes Aha-Erlebnis hatte Yunus, als er Sufiya Begum kennen lernte, eine 21-jährige Mutter, die ihre Familie durch das Flechten von Bambushockern ernährte. Das Rohr, ihren Rohstoff, kaufte sie mit Hilfe von Krediten der Geldverleiher, denen sie es am Tagesende zurückerstatten musste. Ihr Gewinn? *Umgerechnet fünf Pfennig am Tag.*

Yunus und seine Studenten hatten schnell eine Liste von 42 Leuten in Sufiyas Straße beisammen, denen Yunus einen Kredit aus seiner eigenen Tasche gab. »Ein Darlehen von nur 27 Dollar, auf 42 Leute verteilt, reichte aus«, erzählt er uns. Es genügte, um alle 42 aus den Klauen der Geldverleiher zu erlösen.

»Von einem Brotfruchtbaum kann man keine Mango ernten«

Wo andere nur bemitleidenswerte, ausgehungerte Gestalten sahen, die Nahrung brauchten, sah Yunus mit scharfem Blick fähige Menschen, die in ihren Möglichkeiten beschnitten wurden. Ihm war klar, dass sie statt milder Nahrungsgaben vor allem Geld brauchten, um in Produktionsmittel investieren zu können. Sie mussten die Möglichkeit erhalten, sich aus der Abhängigkeit von den Geldverleihern, von der Anfälligkeit für den Hunger, zu befreien. In seinen Augen war ein Kredit das richtige Befreiungsmittel.

»Aber mein Darlehen war nur eine Einzelleistung«, sagt Yunus. »Mir ging dauernd im Kopf herum: *Was macht eigentlich die Bank?* Die sollte das doch tun! Also ging ich zur Bank und sprach mit dem Direktor. Er war entsetzt und sagte: ›Nein, das geht nicht, Banken können Kredite nur bei entsprechenden Sicherheiten geben.‹ Ich sagte zu ihm: ›Ich habe Ihnen doch gezeigt, dass auf die Armen Verlass ist, die Leute haben alles wie versprochen zurückgezahlt. Werden Sie ihnen Kredit geben?‹

›Wir glauben Ihnen nicht, es sei denn, Sie probieren es auch noch in anderen Dörfern aus‹, sagte der Banker.«

»Kein Problem«, hatte Yunus erwidert und seine inoffizielle Kreditvergabe mit Erfolg weiter ausgedehnt. Danach ging er wieder zur Bank. »Werden Sie nun den Armen Kredit geben?«

Jedesmal verlangte der Bankdirektor weitere Wirksamkeitsbeweise, und jedesmal gab Yunus wieder anderen Armen mit Erfolg Kredite.

Am Ende gab Yunus es auf, den Bankleiter zu überzeugen, und beschloss, selbst eine neue Art von Bank ins Leben zu rufen.

»Der Bankdirektor hat Ihnen eigentlich einen Gefallen getan, stimmt's?«, witzeln wir. »Wenn er nachgegeben hätte, gäbe es heute keine Grameen-Bank.«

Yunus pflichtet uns lachend bei: »Ja, ich sage immer gern, dass die Lösung schon im Schoß des Problems schlummert.«

Und das Problem?

Banken haben Vorschriften, Regeln, durch die das Gros der Menschheit vom Bankverkehr ausgeschlossen wird. Man denke einmal: Nur etwa zwei Prozent der Weltbevölkerung können überhaupt einen Kredit bekommen. Trotzdem halten wir uns an diese Regeln, *einfach weil es so ist.*

»Aber sollte uns nicht die Tatsache, dass es Hunger und Armut gibt, an *all* unseren Regeln zweifeln lassen?«, fragt Yunus. Der Hunger und die Armut, deren Zeuge er Tag für Tag wurde, haben jedenfalls genau das bewirkt, sie haben ihn gezwungen, die Bankvorschriften neu zu überdenken – jede einzelne.

»Die Leute fragen mich immer: ›Wie sind Sie bloß auf die Idee mit der Kreditvergabe an die Armen gekommen?‹ Ich antworte dann: ›Mir war klar, dass ich die Institutionen ändern musste, und wenn ich einmal nicht mehr weiter wusste, sah ich mir an, wie es die Banken machen, und tat genau das Gegenteil davon.‹ Jedesmal, wenn ich vor einer Schwierigkeit stand, ging ich einfach genau den umgekehrten Weg wie die Banken, und so entstand schließlich die Grameen-Bank.

Ein bengalisches Sprichwort lautet: ›Von einem Brotfruchtbaum kann man keine Mango ernten.‹ Wer eine Mango haben will, muss einen Mangobaum pflanzen.«

Die Brotfrucht

Yunus ist überzeugt, dass er und seine Kollegen durch Versuch und Irrtum eine neue Art von Bank aufgezogen haben, die eine neue Art von Früchten trägt. Er bringt uns zum Nachdenken: Von welchen Voraussetzungen gehen unsere Banken eigentlich aus? Anna und ich haben fünf solche Vorbedingungen herausgeschält, die überall beherrschend sind, aber überhaupt nicht auffallen.

1. *Die Entscheidungsträger.* Die Banker entscheiden, wem Kredit gewährt wird und wofür; nur sie verfügen über das Insiderwissen, gute und schlechte Geldanlagen zu unterscheiden.
2. *Sicherheit.* Als Sicherheit hat die Bank im Fall der Säumigkeit eines Kreditnehmers das Recht, dessen Eigentum zu verpfänden. Arme Leute können deshalb nie ein Darlehen bekommen, weil sie kein Eigentum besitzen; bei ihnen besteht keine Deckung.
3. *Die Inhaber.* Die Anteilseigner einer Bank sind nie zugleich deren Kreditnehmer. (Sonst gäbe es einen Konflikt gegensätzlicher Interessen.)
4. *Das Bankgeheimnis.* Banken können ihre Geschäfte nicht in aller Öffentlichkeit abwickeln oder ihre Unterlagen veröffentlichen. Es handelt sich um Privatangelegenheiten.
5. *Die Motive.* Banken sind nicht im Geschäft, weil sie die Gesellschaft verbessern wollen, sondern um den Anteilseignern Geld einzubringen und Leuten mit Geld ihre Dienste anzubieten.

Wir alle gehen davon aus, dass irgendjemand irgendwo ausgeknobelt hat, dass es so und nicht anders laufen muss. Immerhin funktioniert es doch, nicht wahr? Für Yunus ist allein die Tatsache, dass es Armut gibt, Beweis genug, dass es bei einer solchen Vorgehensweise *nicht* funktioniert. Deshalb nahm er sich diese Bankbedingungen vor und stellte sie samt und sonders auf den Kopf.

Einen Mangobaum ziehen

Während ich mir die Gesichter der Frauen an jenem heißen Morgen beim ersten Grameen-Kreditnehmertreffen im Dorf Shauratoli anschaue, stelle ich mir vor, dass allwöchentlich Tausende ähnlicher Versammlungen in fast zwei Dritteln der etwa 70 000 Dörfer des Landes stattfinden. Diese Frauen erfüllen nicht eine einzige Vorbedingung des traditionellen Bankgeschäfts, denn sie sind selbst ...

... *die Entscheidungsträger.* Sie und nicht die Banker entscheiden, wer einen Kredit bekommt und für welchen Zeitraum.

... *die Sicherheit.* Da die Grameen-Bank kein Eigentum pfänden kann, besteht ihre Sicherheit in dem Vertrauensband unter den Kreditnehmern. Ein solches Band des Vertrauens entsteht dadurch, dass sich eine Gruppe von fünf Frauen, alle arm und aus unterschiedlichen Familien, darauf einigt, einander in guten wie in schlechten Zeiten zu unterstützen.

... *die Inhaber.* Die Bank gehört fast ganz ihren Mitgliedern, und die Kreditnehmer wählen aus den eigenen Reihen Direktoren, die sich viermal im Jahr in Dhaka treffen und dann 13 Aufsichtsratsmitglieder bestimmen. Durch all dies ergibt sich ein weiterer wesentlicher Unterschied: Bei Grameen geht die Bank zu den Leuten und nicht umgekehrt.

Mit dem Bankgeheimnis und den herkömmlichen Motiven hat Grameen ebenfalls gebrochen:

- *Das Bankgeheimnis:* Diskussionen sind öffentlich, und Entscheidungen werden in aller Öffentlichkeit getroffen (davon können wir uns bei jeder Versammlung in einer der kleinen Grameen-Hütten, an der wir teilnehmen, mit eigenen Augen überzeugen).
- *Die Motive:* Sie sind sehr vielfältig, und das ist laut Yunus gut so. Hauptmotiv ist die Bekämpfung der Armut. Aber auch das Bestreben, einen Gewinn zu machen, dient diesem Zweck seiner Meinung nach.

Ich weiß nun, wie Yunus »das Bankgeschäft auf den Kopf gestellt hat«, und dabei wird mir bewusst, dass die meisten Außenstehenden die Grameen-Bank nur als eine Institution betrachten, die den Armen das Bankwesen nahebringt. (So ähnlich lautet auch der Titel von Yunus' Autobiografie: *Grameen – Eine Bank für die Armen der Welt.*) Ich ziehe Yunus ein wenig auf – er hat eine so entspannte, fröhliche Wesensart, dass man leicht mit ihm ins Scherzen kommt: »Ist nicht die landläufige Ansicht von Ihrer Arbeit, dass Sie ›kleine Kredite an kleine Leute‹ vergeben? Dass Grameen lediglich Kapitalismus im Miniformat ist, damit er auch für die Armen taugt?«

Darüber lachen wir alle, aber ich gestehe, dass ich vor unserer Ankunft hier so ähnlich dachte. Während wir uns weiter mit Yunus unterhalten, geht uns allmählich auf, dass Grameen mehr ist als nur Kapitalismus im Miniformat – Grameen bedient sich all dessen, was funktioniert, und stellt alles andere in Frage.

16 Verpflichtungen

Um die Arbeitsweise der Grameen-Bank zu verstehen, sollten Sie sich einmal Folgendes vorstellen: Sie gehen durch die gläsernen Gleittüren einer Bank zum Counter eines Beraters und fragen nach den Voraussetzungen für einen kleinen Unternehmenskredit. »Da können wir Ihnen helfen«, sagt der Banker. »Sie müssen nur diese Bedingungen mit nach Hause nehmen und sich einprägen. Kommen Sie wieder, wenn Sie die Bedingungen erfüllen können, und dann widmen wir uns Ihrem Kreditantrag.«

Sie schauen sich die Liste an und lesen zum Beispiel, dass Sie Ihren Partner nicht verprügeln dürfen und dass Sie sich gegen den ausbeuterischen Missbrauch von Arbeitskräften wenden wollen.

Sie wären wahrscheinlich entsetzt – ich wäre es jedenfalls –, dass die Bank so ins »Persönliche« geht. Wie kann sie sich in rein private oder soziale Belange einmischen!

Ich fasse mich schnell wieder: Auch US-Banken nehmen sozialen Einfluss. Stark sogar. Die Diskriminierung von Minderheiten und der Auszug der Banken aus armen Stadtvierteln haben einen ganz entscheidenden Einfluss auf die Missstände in vielen unserer Innenstädte. Also frage ich mich wie Yunus seinerzeit:»Wo ist festgeschrieben, dass eine Institution, die Geld verleiht, nicht auch das Ziel haben kann, gesellschaftliche Verbesserungen zu fördern?«

Mit dem festen Ziel vor Augen, der Armut ein Ende zu bereiten, merkten Yunus und seine Mitstreiter bald, dass zum Fortschritt mehr gehört als Kreditvergabe. Heute muss sich jeder Grameen-Kreditnehmer volle 16 Grundsätze, die so genannten 16 Verpflichtungen, einprägen und sie einhalten, und sie unterscheiden sich nicht allzu sehr von den beiden gerade genannten.

Anna und ich werden darüber von Nurjahan Begum aufgeklärt, einer der ersten Studentinnen von Yunus und inzwischen Direktorin der für weltweite Mikrokreditprogramme zuständigen Abteilung.

Wir sitzen mit ihr in der Hauptniederlassung der Bank in Dhaka zusammen, wo sich das Surren des Ventilators und das Rauschen des Verkehrs tief unten mit unseren Stimmen mischt. Während sie spricht, beugt sich Nurjahan, eine kleine Frau mit großer Brille und einer von einer Erkältung heiseren Stimme, zu uns herüber, damit wir auch jedes Wort mitbekommen.

Mit bewundernswerter Offenheit gesteht sie uns ihre anfänglichen Zweifel. »Ich habe zu Dr. Yunus gesagt: ›Gut, wir geben ihnen Mikrokredite, aber sie haben Riesenfamilien. Ich glaube nicht, dass sie ihre Lebensumstände verbessern können. Warum starten Sie kein Familienplanungsprogramm?‹

›Nurjahan‹, sagte er zu mir, ›man kann nicht zweierlei Saat zugleich ausbringen. Die Zeit ist noch nicht reif dafür. Das können wir später tun.‹«

Nach Yunus' Auffassung war der Mikrokredit der Einstieg. Er brachte sofortige Erleichterung und mehr. Er schuf zudem eine Vertrauensgrundlage zwischen Bankangestellten und ländlichen Familien. Auf dieser Basis entstanden nach und nach die 16 Verpflichtungen, die viele der miteinander verwobenen Probleme berührten, durch die Armut zu einem Dauerzustand wird.

»Mittlerweile gehen wir über die reine Kreditvergabe hinaus«, erklärt uns Nurjahan. »Aber ohne ein Darlehen – wenn ich Frauen kein Geld auf Kredit hätte geben können – hätte mir niemand zugehört.«

1984 nahmen die 16 Verpflichtungen nach langen Diskussionen mit Grameen-Kreditnehmern endgültig Gestalt an. Dazu gehört auch die Verpflichtung zur Kleinfamilie. Bei Kreditnehmern, so die Grameen-Sprecher, besteht eine um 50 Prozent höhere Wahrscheinlichkeit als im Landesdurchschnitt, dass Verhütungsmittel angewandt werden. Die Kreditnehmer verpflichten sich ferner, das ganze Jahr über Gemüse anzubauen, ihre Kinder zur Schule zu schicken und, man höre und staune, Plumpsklos zu bauen und zu benutzen.

Die Verpflichtung zur Gerechtigkeit

Eine Verpflichtung überrascht durch das Ausmaß dessen, was sie in sich schließt: »Wir werden keine Ungerechtigkeit gegenüber unseren Mitmenschen dulden, ob sie von uns selbst oder von anderen ausgeht.«

Man kann sich kaum vorstellen, wie sich eine so tiefgreifende, umfassende Verpflichtung im wirklichen Leben anwenden lässt. Bei einem Gespräch mit Dipal Chandra Barua, ebenfalls einem der ersten Studenten von Yunus, inzwischen Generaldirektor der Grameen-Bank, bekommen wir jedoch überraschend einen Vorgeschmack davon.

»Als ich noch Filialleiter war«, erzählt er uns, »kam eine Frau weinend zur Kreditnehmerversammlung. Die anderen brauchten eine ganze Weile, um sie zu beruhigen und herauszufinden, was geschehen war. Wie sich herausstellte, hatte sich die Kuh eines reichen Mannes auf ihr Land verirrt und war dort verendet. ›Zur Strafe hat der Mann meine Kuh genommen‹, schluchzte sie. Nach langer Diskussion marschierte die gesamte Gruppe zum Haus des Reichen und protestierte lauthals über eine Stunde lang. Am Ende willigte er ein, für die Kuh zu bezahlen. Einzeln haben diese Frauen wenig Gewicht und Kraft, aber vereint können sie mächtiger sein als ein reicher Mann.«

Niemand weiß, wie weit verbreitet solche Vorfälle sind, aber ein Grameen-Lehrer hat uns einmal gesagt:»Dass die Leute einfach mal darüber reden, welche Ungerechtigkeiten sie erlebt haben, ist ein wichtiger erster Schritt. Vielen von ihnen wäre das vorher nicht im Traum eingefallen.«

Die Mitgift

Bald erfahren wir Näheres über eine andere der 16 Verpflichtungen, die uns zuerst gar nicht so revolutionär vorkommt:»Wir werden weder bei der Hochzeit unserer Söhne eine Mitgift nehmen noch unseren Töchtern bei ihrer Hochzeit eine Mitgift geben. Wir werden unsere Kerngruppe [eine Grameen-Gruppe von dreißig bis vierzig Kreditnehmern] vom Fluch der Mitgift freihalten.«

Anna und ich hatten beide angenommen, dass die Mitgift – ein Geldgeschenk der Brauteltern an den Bräutigam – eine alte Praxis sei, die in der neuen Zeit kaum noch Bestand hätte. Auf jener Fahrt von Dhaka in das erste Dorf, das wir besuchen wollen, befragen wir dazu Fazley Rabbi, unseren unendlich geduldigen Grameen-Führer. Er erklärt uns, dass die Praxis der Mitgift in Bangladesch relativ neu ist und zunimmt, statt abzunehmen.

Die Kosten für die Verheiratung einer Tochter steigen, sagt er, da die Werbung den Appetit auf Konsumgüter vergrößert. Während unseres kurzen Aufenthalts in Bangladesch lesen wir immer wieder neue Zeitungsberichte über Frauen, die von ihren mehr Mitgift fordernden Ehemännern gefoltert werden, einmal sogar vom Mord eines Ehemanns an seiner Frau, die keine ausreichende Mitgift auftreiben konnte.

Im Dorf Shauratoli angekommen, klingt das, was Rabbi gesagt hat, noch in uns nach, und wir sind doppelt neugierig, ob die Kreditnehmerinnen tatsächlich die Mitgift- und andere Verpflichtungen einhalten, die von ihnen verlangen, sich gegen gesellschaftliche Normen aufzulehnen.

Eine Kreditnehmerin der Grameen-Bank mit ihren Kindern und Nachbarn im Dorf Shauratoli in der Nähe von Dhaka, Bangladesch

Als wir unter dem Blechdach der Grameen-Hütte mit jenen dreißig Frauen zusammensitzen, die ihr wöchentliches Treffen abhalten, bei dem Darlehen zugeteilt und ausgezahlt werden, fragen wir: »Haltet ihr die 16 Verpflichtungen ein?«

Zuerst ernten wir wie in fast allen Dörfern, die wir noch besuchen werden, auch hier ein Lächeln, dann folgen Erklärungen. Nach ihrer Mimik zu urteilen, sagen die Frauen: »Wir versuchen es, aber wir haben es noch nicht ganz geschafft.«

Auf unser Drängen hin, uns doch bitte ein genaues Bild zu vermitteln, sagen die versammelten Frauen: »Ja, wir schaufeln Plumpsklos, ziehen Gemüse und schicken unsere Kinder zur Schule. Und ja, die jüngeren Frauen haben weniger Kinder.«

»Und die Mitgift?«, haken wir nach.

Eine Frau ziemlich weit vorn lächelt stolz. »Ich habe zwei verheiratete Söhne und habe bei ihrer Hochzeit kein Geld bekommen.«

Eine andere gibt lächelnd, aber deutlich peinlich berührt zu, dass sie 20 000 Taka (umgerechnet gut 800 Mark, mehr als ein durchschnittliches Jahreseinkommen in Bangladesch) für die Verheiratung ihrer Tochter bezahlt habe.

Daraufhin rutschen die anderen mit sichtlichem Unbehagen auf ihren Sitzen hin und her und wiederholen, dass sie Mitgiftzahlungen ablehnen. Die »geständige« Frau verteidigt sich: »Ich musste eine Mitgift und noch dazu eine so hohe zahlen, weil meine Tochter dunkelhäutig ist.« Ich ächze inwendig bei dem Gedanken, dass ausgerechnet die Grameen-Bank diese Frau mit dem nötigen Kredit ausgestattet hat, um Sexismus und Vorurteile mit einer so hohen Summe zu belohnen.

Wenn die Gruppe Mitgiftzahlungen ablehnt, warum hat sie diese Frau dann für kreditwürdig befunden? Inwiefern hat sie das Darlehen aus der Armut befreit? Irgendwie reimt sich das nicht zusammen. Dann geht mir ein Licht auf, denn mir fällt jäh ein, wie stark die Repressionen gegen Frauen hierzulande sind. Yunus und Nurjahan hatten Recht, dass man nicht nur Darlehen vergeben kann, sondern neue gesellschaftliche Normen schaffen muss – und das dauert seine Zeit.

Die neuen Blechdächer

Ein paar Tage später nach einer weiteren Rumpelfahrt von Dhaka aus in Richtung Norden kommen wir in dem Dorf Azugara an und nehmen wieder an einem Treffen einer Grameen-Kerngruppe teil. Wir haben es knapp zum Beginn der Versammlung um neun Uhr geschafft.

»So ein Pöbel«, höre ich Rabbi zum Scherz sagen, als die Menge, die uns vom Minibus aus folgt, immer größer wird. Kinder drängeln sich, um die merkwürdig aussehenden Frauen aus dem Westen besser in Augenschein nehmen zu können.

Wir betreten die uns inzwischen vertraute Hütte mit Blechdach, wo uns diesmal Stühle an einem Tisch angeboten werden, mitten unter den vierzig zur Gruppe gehörenden Frauen, von denen viele der *Purdah* folgen – was wörtlich übersetzt »Verschleierung« heißt –, indem sie die *Burkah* tragen, das traditionelle muslimische Gewand aus schwarzem Tuch, das sie von Kopf bis Fuß einhüllt. Mir laufen jetzt schon Schweißperlen unter meinem dünnen, kurzärmeligen T-Shirt den Rücken hinunter, und ich stelle mir vor, wie es wohl ist, in lange schwarze Stoffbahnen gehüllt zu sein.

Wir beobachten, wie der Grameen-Gruppenmanager die heutige Sitzung leitet und wie verschiedene Frauen Kreditanträge stellen. Als sie damit fertig sind, dürfen wir Fragen stellen. Anna fragt: »Wozu verwenden Sie Ihre Grameen-Darlehen?«

Die Frauen führen Verschiedenes an, was wir auch schon auf anderen Versammlungen gehört haben: »Für Garn zum Weben, Futter für das Vieh, kleine Güter des täglichen Bedarfs zum Verkauf an Ständen, eine Nähmaschine ...«

»Wie haben sich die Kredite auf die Ernährung und den Hunger hier ausgewirkt?«, frage ich.

»Selbstverständlich haben wir jetzt mehr zu essen«, erwidert eine schlanke Frau in einem tiefblauen Sari. Aus ihrer Stimme klingt Ungeduld über eine so dumme Frage heraus; die Antwort war eigentlich klar.

»Vorher habe ich auf dem Land von jemand anders gearbeitet«, fügt sie hinzu. »Heute ernte ich Reis von meinem eigenen Feld.«

Eine andere Frau sagt: »Vorher habe ich das, was ich verdient habe, immer einem Geldverleiher geben müssen. Heute haben wir ein eigenes Geschäft. Damit kann ich meine Familie ernähren.«

Ich bin froh, dass sich Rabbi jetzt mit einer Frage einschaltet: »Wie viele von euch haben einen Baukredit?«

Etwa ein Viertel der Anwesenden hebt die Hand, und Rabbi lächelt breit. Es sind Frauen, die sich bereits eine Zeit lang als kreditwürdig erwiesen haben und nun einen längerfristigen, größeren Grameen-Kredit bekommen konnten, um sich ein eigenes Häuschen zu bauen. Auf dem Weg zurück zum Minibus zeigt uns Rabbi Hütten, die durch einen Grameen-Kredit finanziert wurden, was ihre glänzenden neuen Blechdächer deutlich genug verraten.

Während wir an grünen Feldern und Wasserflächen, die sich bis zum Horizont erstrecken, vorbeisausen, muss ich an mein eigenes gesteigertes Sicherheitsbedürfnis denken, als ich mit meinen zwei Kindern auf mich allein gestellt war und meinen ersten Eigenheimkredit aufnahm. Insofern meine ich, Verständnis für die Frauen zu haben, die wir gerade kennen gelernt hatten, aber dann erklärt uns Rabbi die näheren Umstände eines Baukredits, und ich muss passen. Die Hürden, die ich in meinem eigenen Leben zu überwinden hatte, sind lächerlich im Vergleich zu denen, die den Frauen hier im Weg stehen.

Mit lauter Stimme, um das Motorengeräusch zu übertönen, erzählt uns Rabbi, dass sich in Bangladesch bis vor kurzem ein Mann von seiner Frau trennen konnte, indem er einfach »*talak, talak, talak*« sagte – wir sind geschieden, und das dreimal. Mit diesen Worten wurde die Frau auf die Straße gesetzt oder, wie hier, in den Dreck.

»Wir beschlossen, nur Frauen Kreditangebote für den Hausbau zu machen, ein paar Hundert Dollar jeweils«, sagt Rabbi. »Wenn das Haus auf die Frau eingetragen ist, wird bei einer Scheidung der Mann vor die Tür gesetzt. Jetzt muss es sich der Ehemann gut überlegen, ob er sich von seiner Frau trennt.«

Der Rechtsanspruch einer Frau auf Eigentum kann natürlich nur den Anfang einer Kehrtwende in der tief eingewurzelten Diskriminierung bewirken und sie vor den Übergriffen des Ehemanns schützen – ich hatte bereits erfahren, dass es sich bei der Hälfte aller Mordfälle in Bangladesch um Tötungsdelikte von Männern an ihren Ehefrauen handelt. Trotzdem stärken die Grameen-Baukredite für Frauen – bisher mit einem Wert von 186 Millionen Dollar – unzweifelhaft deren Macht.

Freiheit und Lippenstift

Am ersten Morgen in Dhaka bin ich schon bei Anbruch der Dämmerung auf, weil meine innere Uhr vom Jetlag verstellt ist. Ruhelos spähe ich aus dem Fenster und sehe im Dunst des jungen Tages einen feierlichen Aufzug von Frauen in bunten Saris.

Später erzählt uns Yunus bei unserem ersten Gespräch: »Wir haben eine aufblühende Bekleidungsindustrie in Dhaka, und die meisten Arbeiterinnen sind junge Mädchen.«

Mir fallen die Hunderte von jungen Frauen ein, die ich in der Morgenfrühe zur Arbeit habe gehen sehen.

»Die meisten kommen vom Lande«, sagt Yunus, »wo sie Tag und

Nacht als Dienstmädchen geschuftet haben. In den Bekleidungsfabriken erhalten sie Lohn, zwar nur wenig, aber bar auf die Hand, und sie haben eine geregelte Arbeitszeit. Wenn sie ihr Geld ausbezahlt bekommen, kaufen sie sich gern Kosmetikartikel. Mittlerweile haben sich eine Million Mädchen einen Lippenstift gekauft. Niemand in Bangladesch hätte je gedacht, dass es hier einen Markt für Lippenstifte geben würde!«

Ich kann seine Begeisterung nicht ganz teilen und frage mich, ob der Absatz von Lippenstiften wohl ein Barometer für den Fortschritt ist. Auf der Fahrt zu einem Dorf waren wir an einem der neuen so genannten »Exportindustriegebiete« vorbeigekommen. Ich hatte den Stacheldraht gesehen, der Unbefugten den Eintritt verwehrt, die Hausierer und Bettler, die in der Nähe herumlungerten, und die Kolonne der Arbeiterinnen auf dem Weg hinein.

Infolgedessen assoziiere ich mit der Tätigkeit der Mädchen als Tagelöhnerinnen nicht gleich, dass sie dadurch mehr Freiheit haben als durch eine Arbeit in den Dörfern. Sicher gewinnt man eine gewisse Freiheit, wenn man nicht Tag und Nacht mit seinem Arbeitgeber unter einem Dach lebt, aber durch die abhängige Lohnarbeit verliert man die Freiheit schnell wieder.

In meinen Augen haben diese Mädchen nur den ersten Schritt getan, durch den sie jetzt mit einem Bein schon in der gefährlichen Schlinge des Konsums stecken – je mehr du kaufst, umso mehr siehst du, was du noch nicht hast; je mehr Fernsehen du schaust, umso mehr wird dir eingetrichtert, wie du aussehen sollst. Ich habe gerade in einer Harvard-Gesundheitsstudie über die Wirkung des Fernsehens auf die Bewohner der Fidschi-Inseln gelesen, dass dadurch nie dagewesene Ernährungsveränderungen, Magersucht und Bulimie ausgelöst worden sind.

Ich fürchte, dass der Absatz von Lippenstiften kein Barometer für den Fortschritt, sondern für diese erschreckenden Tendenzen ist. Und ich denke an all die Möglichkeiten, die Grameen wahrnehmen könnte, andere Entwicklungen zu ermutigen und zu fördern – Arbeitsmöglichkeiten in den Dörfern unter Bedingungen und bei einer Bezahlung, die die Dorfbewohner selbst bestimmen. Aber ich schweige, weil ich nicht weiß, wie ich mich ausdrücken soll und weil es mir unangenehm ist, mit meinem lippenstiftbemalten Mund etwas zu sagen. *Anna*

Eine neue Ehefrau: kein Problem

Wieder in Dhaka, werde ich eingeladen, einen Vortrag bei Nari-phokko, was übersetzt »Pro-Frauen« heißt, zu halten, einer Orga-nisation, die in Bangladesch für die Rechte von Frauen eintritt. Wieder schaue ich in die Gesichter von Bangladeschis, die reihen-weise auf Strohmatten sitzen. Aber sonst ist alles anders als bei den Grameen-Kreditnehmer-Versammlungen. Hier sind Frauen des Mittelstands anwesend, die direkt nach ihrer Tätigkeit in Kranken-häusern und Banken, Universitäten und Entwicklungsämtern her-gekommen sind. Sie sind lebhaft und energiegeladen in den gro-ßen Saal geströmt, haben herzliche Worte gewechselt, die ich nicht verstand, und viel gelacht, was ich gut verstand. An den Wänden hängen Zeitungsausschnitte und ein Poster mit dem Foto eines schrecklich verunstalteten Gesichts, und ich wünsche, ich könnte die Unterschrift in Bengali lesen.

Neben mir sitzt in einem kirschroten Sari Shireen Huq, ein Grün-dungsmitglied der Gruppe und Übersetzerin meines Vortrags. Ich beginne damit, was Bangladesch mir bedeutet.

Ich weiß nicht, warum mir an diesem Abend Tränen in die Augen steigen, sobald ich zu reden anfange, und werde es wohl nie wis-sen. Bangladesch ist für die meisten Amerikaner ein Trauerspiel, sa-ge ich, ein Land, das von scheinbar endlosen Tragödien geschüttelt wird. Jahrelang hätte ich der Welt zu vermitteln versucht, dass Bangladesch nicht zum Leiden verdammt ist, sondern die Fähig-keit hat, für sich selbst zu sorgen. Ich erkläre, dass ich hierher ge-kommen bin, um diese Geschichte weiterzuverfolgen, damit ich aufzeigen kann, dass dieses Land voller Tragik, wie andere es sehen, trotz allem ein starker Hoffnungsträger für die Welt ist.

Sind es diese positiven Ansätze, die mir die Tränen in die Augen treiben? Oder sind die Tränen der Beweis dafür, dass ich angesichts der schier unüberbrückbaren Kluft zwischen Männern und Frauen in Bangladesch voraussehe, wie alles möglicherweise Positive in den Dreck gezogen wird? Ich gewinne meine Fassung wieder und rede weiter, gerührt, dass ich die Gelegenheit erhalten habe, meine Erfahrungen mit diesen Frauen zu teilen.

Der bewegendste Teil des Abends kommt aber erst, als ich Fragen beantworte. Während das Licht und die Ventilatoren in regelmäßigen Abständen aus und wieder an gehen und die Stimmung zwischen konzentrierter Teilnahme und nachdenklicher Abwesenheit wechselt, übersetzt mir Shireen einen Kommentar ihrer alten Mutter, die ganz hinten sitzt.

»Was Sie sagen, stimmt: Es ist genug Nahrung da«, sagt sie. »Das gilt sogar für die schlimmsten Hungerkatastrophen. Ich weiß noch, dass 1943 drei Millionen Menschen hungerten, obwohl die Lagerhäuser vor Getreide überquollen«, fährt sie fort in Erinnerung an die berüchtigte bengalische Hungersnot zur Zeit der britischen Kolonialherrschaft.

»Damals schrien die Leute nach Reis, bis sie zu schwach waren, um noch ›Reis‹ sagen zu können. Ich habe die Menschen auf den Straßen sterben sehen. Wenn nur ein einziger Engländer gestorben wäre, hätte die Kolonialregierung garantiert den nationalen Notstand ausgerufen, aber uns Millionen hat man einfach verhungern lassen.«

Später abends beim Essen mit Shireen und ihrer Familie hören wir, dass die Mutter bei dieser Hungersnot beinahe selbst ums Leben gekommen wäre. Sie verbrachte ein Jahr in einer Klinik, um sich wieder zu erholen. Shireen vertraut uns an, dass damals ein Freund der Familie ihrem Vater sagte: »Warum lasst ihr sie nicht sterben? Eine neue Frau zu bekommen ist doch kein Problem.« Das erinnert mich daran, dass die Zugehörigkeit zum Bildungsbürgertum für die Frauen keineswegs bedeutet, gleichberechtigt zu sein oder überhaupt als vollwertige Menschen anerkannt zu werden.

Ehe wir Abschied nehmen, haben Anna und ich noch Gelegenheit, Shireen nach den Bildern und Zeitungsartikeln an der Wand zu fragen.

Sie erklärt uns, dass die Frauen und jungen Mädchen auf den Bildern Überlebende von Säureanschlägen sind. Neuerdings kommen solche Anschläge in ländlichen Gebieten am häufigsten vor. Es sind überwiegend junge Männer, die sie verüben, und sie rechtfertigen ihre Gewalttat als »Vergeltungsmaßnahme« gegen Mädchen, die ihre Annäherungsversuche abweisen. Meist überfallen die Männer die Mädchen bei Nacht, wenn sie schlafen, und zielen auf das Gesicht, weil sie wissen, dass ein verunstaltetes Gesicht eine dauerhafte, öffentlich sichtbare Strafe ist.

Bevorzugtes Tatmittel ist gewöhnliche Schwefelsäure aus Autobatterien, sagt Shireen. Sie ist einfach zu finden, preiswert zu erwerben und frisst sich bei Kontakt in die Haut ein. Die meisten Säureattentäter werden nie zur Rechenschaft gezogen, und bei den wenigen, die festgenommen werden, kommt es selten zu einer Verurteilung. Diese laxe Vorgehensweise des Gesetzes gegen die Täter hat dazu geführt, dass die Vorfälle zunehmen – in Bangladesch hat sich die Zahl der Fälle in nur vier Jahren verdoppelt. Shireen gibt an, dass im letzten Jahr etwa 200 Mädchen das Opfer eines solchen Anschlags wurden.

Unser Blick wandert wieder zu den Bildern an der Wand. Den Opfern der Säureanschläge fehlen Augen und Ohren, in ihre Gesichtshaut ist die schreiende Qual eingeätzt, ihre Nasen sind weggefressen. Ich spüre von neuem, welchem Terror die Frauen hier ausgesetzt sind. Es geht mir durch und durch. Ich weiß nun noch mehr den Mut der Grameen-Frauen zu würdigen, sowohl der Kreditnehmerinnen wie der Mitarbeiter.

Mir ist jetzt klar, dass die Gleichberechtigung der Frauen nicht nur eine Frage der Gerechtigkeit für Frauen ist; sie berührt vielmehr den Kern dessen, was ich unter gesellschaftlicher Entwicklung verstehe. Eine Gesellschaft kann nie gesunden, solange die Hälfte ihrer Bevölkerung als Untermensch behandelt wird und keine Möglichkeiten zur Entfaltung ihrer Fähigkeiten hat. Das schadet der ganzen Gesellschaft, nicht bloß den Frauen.

Der weinrote Sari

Während wir durch die Straßen von Dhaka mit ihrer dicken Luft und dem Dröhnen der Last- und Personenwagen fahren, suche ich unter den Tausenden von Männern in dunkler oder angegrauter weißer Kleidung nach einem Farbtupfer hier und da. Eine Frau. Die Saris der Frauen leuchten in schreienden Blau- und Goldtönen, in Senf- und grünlichem Zitronengelb, in allen Schattierungen von Rot und Knallorange.

Ich will an unserem letzten Tag in Bangladesch in einem Grameen-Laden einen Sari kaufen und wähle schließlich einen weinroten aus, der über und über mit zarten silbernen Blumen bestickt ist.

Wieder im Hotel, probiere ich gleich mein neues Kleidungsstück an. Als I-Tüpfelchen werfe ich mir das lange, schalartige Tuch über den Kopf und ziehe es vor mein Gesicht, wie ich es bei den Frauen hier gesehen habe. Nur meine Augen sind noch sichtbar.

Ich fühle es so schnell, wie wenn plötzlich das Licht ausgeht: Ich bin formlos. Klein. Wie ein Kind, das die Hände vor die Augen hält und meint, dann wäre es nicht mehr zu sehen. Aber es sind nicht meine Hände vor dem Gesicht, es ist meine Kleidung. Ich bin auf einmal unsichtbar. *Anna*

Frauen können sprechen

Obwohl sich die Grameen-Bank auf Frauen konzentriert, sind nach fast zwanzig Jahren erst sechs Prozent der über 10 000 Mitarbeiter weiblich. Und Yunus bemerkt etwas gequält, selbst dieser kleine Prozentsatz sei im Schwinden begriffen. Als wir fragen, warum, erklärt er uns, dass viele Frauen davor gewarnt werden, für Grameen zu arbeiten, und dass das Missfallen, das ganz allein in der Provinz herumreisende Frauen in der Öffentlichkeit erregen, selbst die wenigen, die schon eingestellt sind, zur Kündigung veranlasst. Der Druck auf die Frauen, zu Hause zu bleiben – und sich still zu verhalten –, ist enorm.

Ich muss daran denken, was uns Nurjahan erzählt hat, als wir sie fragten, was die bei Grameen üblichen Begrüßungsrituale, das gemeinsame Singen und die Leibesübungen, die Teil der Kreditnehmerversammlungen sind, für eine Funktion haben. Uns kamen sie ziemlich autoritär vor. Sie erweckten nicht den Eindruck, zur Unabhängigkeit aufzurufen, sondern wirkten eher wie eine Anleitung zum Konformismus.

»Das Begrüßungszeremoniell ist eigentlich zum gegenseitigen Anerkennen und Würdigen gedacht«, hatte Nurjahan gesagt und ihren beigefarbenen Sarischal zurechtgezogen. »Als wir anfingen, haben die meisten Frauen bei ihrer Ankunft den Kopf gesenkt, wie es hier Sitte ist. Deshalb wollten wir eine andere Begrüßungsart einführen, die der Würde des Menschen gerecht wird.

Einer Frau wird eingetrichtert, dass sie weder den Mund aufmachen und noch laut lachen sollte. Ein bekanntes Sprichwort lautet: ›Wenn du schweigst, hast du keine Feinde.‹ Das wird den Frauen von klein auf eingebläut.« Wieder werde ich daran erinnert, wie schnell sich die Wahrnehmung verändern kann. Die Gesänge und Begrüßungsformeln, in denen wir die Anzeichen einer unterwürfigen Konformität gesehen hatten, erscheinen uns nun, ebenso wie andere der 16 Verpflichtungen, als Schritt zur Befreiung.

»Wir haben die Slogans, die alle laut sprechen sollen, entwickelt, damit die Frauen Kraft schöpfen«, fährt Nurjahan fort. »Ganz allmählich finden sie ihre eigene Stimme. Heute werden Sie es erleben: Frauen können sprechen.«

»Wie eine erste Liebe«

Wir fragen Nurjahan, wie sie ihre eigene Angst davor gemeistert hat, sich ihrer Kultur zu entfremden und trotz der Einwände ihrer Familie für Yunus zu arbeiten. Sie erzählt uns von jener Zeit.

»Zwei oder drei Jahre nach meiner Anstellung bei Grameen hatte ich das Gefühl, diese Tätigkeit nicht länger ausüben zu können. Es fiel mir sehr schwer, mich meiner Kultur entgegenzustemmen. Als ich es Dr. Yunus sagte, riet er mir, vor meinem Ausscheiden einmal mit den Frauen zu reden, die sich in den Dörfern abquälen, herauszufinden, wie sie leben, welche Vergangenheit hinter ihnen liegt und was sie sich für ihre Zukunft erhoffen«, begann sie, während sie zum dritten Mal das beigefarbene Sarituch zurechtrückt.

»Ich erinnere mich noch an eine Frau, die mir von der Hungersnot im Jahre 1974 erzählte. Wenn in unserer Gesellschaft jemand stirbt, wird die Leiche normalerweise in ein neues weißes Tuch gehüllt, aber diese Frau sagte, sie hätte sich nicht einmal ein neues weißes Tuch leisten können, als ihr ältester Sohn Hungers starb.

Sie weinte, als sie mir das erzählte. Es lässt sich nicht mit Worten erklären. Jedenfalls ging ich zurück und sagte Dr. Yunus, dass ich weitermachen würde.«

»Der Kontakt zu den Menschen und ihrem Leben ist das, was uns am stärksten motiviert«, bemerkt sie. »Deshalb bilden wir neue Mitarbeiter aus, indem wir sie in die Dörfer schicken, um die Fallgeschichten von Mitgliedern aufzuzeichnen.« (Das Wort »Fallgeschichten« bekommt hier für mich einen ganz neuen Klang.)

»Der Besuch der Dörfer greift den Leuten ans Herz«, fährt Nurjahan fort. »Auf einmal verstehen sie, welchen Kampf diese Frauen zu bestehen haben. Da kann man kaum gleichgültig bleiben. Wir nehmen nie ›erfahrene‹ Leute bei Grameen an, denn Neuanfänger frisch von der Universität haben die Energie, es besser zu machen.«

Während ich Nurjahan zuhöre, denke ich an mein eigenes Leben zurück, als ich im gleichen Alter war wie sie bei ihrem Eintritt in die Grameen-Bank. Drei Jahre, bevor ich die *Öko-Diät* schrieb, hatte ich als städtische Sozialarbeiterin in den Ghettos von Philadelphia gearbeitet. Das war in den Anfangstagen des Kampfes um ein Recht auf Sozialhilfe, und ich musste im Auftrag der betreffenden Organisation zu Sozialhilfeempfängerinnen gehen, mir ihre Geschichten anhören und sie dazu ermutigen, sich mit anderen Frauen zu verbünden und dafür einzutreten, dass sie die gesetzlich zugesagte Unterstützung erhielten.

Bei dieser Tätigkeit lernte ich damals Lillie kennen und lieben. Als wir uns begegneten, litt sie schwer darunter, nie zu wissen, ob das nötige Geld da war, um ihre Kinder zu ernähren, das Asthmamedikament für ihren Sohn zu bezahlen oder Kohlen anzuschaffen, damit die Kinder nicht erfroren. Wenige Monate nach unserer Begegnung starb Lillie an einem Herzinfarkt. Sie war erst Anfang vierzig. Ich war überzeugt davon, dass sie nur durch die Armut so jung gestorben ist.

Rückblickend ist mir ebenso klar wie Nurjahan, dass die Erfahrung mit Lillie und die Arbeit mit noch vielen anderen in Armut lebenden Frauen sich tief in mein Unterbewusstsein einprägte, tiefer als meine Angst vor einer Konfrontation mit den Behörden.

Viele der älteren leitenden Angestellten, die wir treffen, erzählen Ähnliches. Zum Beispiel Mizanur Rahman, der einmal einer der »Neuanfänger« war und mittlerweile für den Produktvertrieb der Grameen-Webereien verantwortlich ist. Als wir ihn fragen, welche Tätigkeit bei Grameen ihm bisher am besten gefallen hat, antwortet er ohne auch nur eine Sekunde zu zögern: »Mein Anfang als Filialleiter. Da habe ich eng mit den Menschen zusammengearbeitet. Ich konnte sehen, wie sich unsere Arbeit auf ihr Leben auswirkte. Sie konnten Kredite bekommen. Ich konnte ihnen Rat geben. Ihre Kinder gingen endlich zur Schule. Ich konnte die Veränderungen miterleben.

Es war wie eine erste Liebe. Ich werde es nie vergessen.«

Bei seinen Worten denke ich, dass meine Arbeit in Philadelphia, bei der ich eine tiefe Befriedigung empfand und das Gefühl hatte, etwas Sinnvolles zu tun, vielleicht auch eine solche »erste Liebe« war.

Die Fische fliegen

Bei unserer zweiten Tour fahren wir von Dhaka aus weiter ins Land, und wir hüpfen auf und ab, wenn unser Fahrer an vollbesetzten Bussen, Personenautos und dreirädrigen Wagen vorbei mit hoher Geschwindigkeit durch die Schlaglöcher rumpelt. Rabbi ruft dem Fahrer immer wieder ein Bengali-Wort zu, das wir nicht mehr vergessen werden: *aste, aste* – langsam!

Reisfelder, Kokosnuss-, Bananenplantagen und Brotfruchtbäume fliegen an uns vorbei, hier und da Ansammlungen von kleinen, wackeligen Buden, an denen Knabberzeug, Kleidung, Batterien und sonst noch alles Mögliche feilgeboten wird. Wir sehen allmählich, wie eine Bevölkerung, die der Hälfte der US-Einwohner entspricht, auf einer Fläche von der Größe Wisconsins lebt – eine Traube von menschlichen Behausungen folgt auf die andere.

Eine Überraschung ist das viele Wasser überall. Kaum eine Zeitspanne auf unserer zweistündigen Fahrt, in der wir nicht irgendein Gewässer sehen – Weiher, sumpfige Gebiete und breite Flüsse.

Wasser in Verbindung mit Sonne und Hitze sorgt dafür, dass Bangladesch wie ein riesiges Treibhaus auf uns wirkt.

Wir fahren immer engere, gewundenere Dreckstraßen entlang, bis wir am Nachmittag das Dorf Kali Kair mit der Hauptniederlassung der Joysagar Farms, einem Aushängeschild der Bemühungen Grameens um die Fischerei, erreichen. Blühende Bäume und Büsche rahmen das Gästehaus mit seinen dicken beigefarbenen Mauern aus Stein und Putz ein.

Bevor wir auf Reisen gingen, hatte ich gelesen, dass in Bangladesch auf dem Land traditionsgemäß alljährlich bis zu achtzig verschiedene einheimische Fischarten verspeist werden. Erst jetzt kann ich etwas mit dieser erstaunlichen Zahl anfangen. Teiche und Seen haben schon immer das ländliche Leben und die Küche in Bangladesch bereichert. Doch als die gemeinschaftliche Nutzung und Pflege während der Kolonialzeit nach und nach durch die Übernahme in Privathand abgelöst wurde, verschlammten viele Teiche und wurden unbrauchbar. In der Absicht, das angebliche »Überschwemmungsproblem« in den Griff zu bekommen, bauten westliche Hilfsorganisationen Dämme, befestigten die Ufer und änderten den Wasserverlauf, sodass die heimischen Fischpopulationen noch mehr abnahmen.

Nach der Geburt der Nation im Jahre 1971 versuchte die Regierung vergebens, die alte Produktivität der Teiche wieder herzustellen. 1986 wandte sie sich hilfesuchend an Grameen, schloss einen langfristigen Pachtvertrag zu billigem Zins mit der Bank ab und überließ ihr die Verwaltung von 800 Teichen. Mit anderen Worten: Nur drei Jahre, nachdem Grameen offiziellen Bankstatus erlangt hatte, war sie schon so glaubwürdig, dass ihr eine so vielversprechende Möglichkeit geboten wurde. Seitdem hat Grameen Hunderte von Teichen wieder zum Leben erweckt. Die Joysagar-Teiche allein nehmen eine Fläche von 400 Hektar ein.

Als wir auf der Fischfarm ankommen, werden wir vom Verwalter Akhter Hamid begrüßt, einem freundlichen Mann in weißer traditioneller Muslimkleidung mit kleiner weißer *Tupi*-Kappe.

Akhter beschreibt uns die Joysagar-Fischfarmen: »Zuerst war es schwer, die Leute dazu zu überreden, Fischereigruppen zu bilden.

Aber inzwischen gibt es landesweit über 900 solche Gruppen; allein hier in unserer Gegend arbeiten 2500 Landlose in Gruppen von jeweils dreißig Mitgliedern zusammen – wie die Kerngruppen der Bank.«

»Bisher erreichen wir etwa die Hälfte der Armen in diesem Dorf«, erzählt uns Akhter. »Aber«, fügt er hinzu und zitiert das Grameen-Motto, als wolle er uns daran erinnern, worum es letztlich geht, »unser Ziel ist es, die Armut aller auszumerzen.«

Er drängt uns, nicht zu lange zu reden, damit wir die »Ernte« nicht verpassen. »Die Ehemänner helfen den Frauen«, sagt er, während wir zu den Fahrzeugen gehen. Er spricht so gut Englisch, dass ich mich wundere, dass er Ehemann und -frau verwechselt.

Die sinkende Sonne berührt gerade den Horizont, als etwa ein Dutzend Frauen, die bis zur Taille im Wasser stehen, auf dieser Seite des Teichs den Rand eines großen Netzes ergreifen. Ihre farbenfrohen Saris werden dunkel vor Nässe und breiten sich fächerartig im Wasser aus. Anna und ich flüstern uns zu, dass es so schwierig aussieht, als würde man im Abendkleid fischen.

Weiter draußen stehen ebenso viele Männer, bis auf die traditionellen Hüfttücher, die *Lungis*, nackt. Gemeinsam mit den Frauen ziehen sie das Netz langsam ans Ufer, und ihre gesammelte Konzentration kontrastiert mit der wilden Energie Hunderter von zappelnden Fischen, die hoch in die Luft sausen, um ihrem Schicksal vielleicht zu entgehen. Einige schaffen es auch, aber nicht viele.

Während ich dieses Bild in mich aufnehme, versuche ich mir vorzustellen, wie stark die Kräfte des Kolonialismus und später der westlichen Hilfsmaßnahmen gewesen sein müssen, dass die Leute das Fischereihandwerk verlernt haben, von dem sich ihre Kultur jahrhundertelang ernährt hat, und wie verheerend sich das für die Menschen in diesem grünen Land ausgewirkt hat.

Ohne strukturelle Lösungen geht es nicht (1)
Bangladesch hatte immer etwas Mythisches für mich. Ich hatte immer ein Land vor Augen, das von nie endenden Überschwemmungen heimgesucht wird. Als ich dann hörte, dass Hilfsorganisationen schon

seit den 70er Jahren versuchen, die Überschwemmungen in den Griff zu bekommen, indem sie die Lösungen der britischen Kolonialherren wiederaufnahmen, die Überflutungen durch Eindeichung zu begrenzen, dachte ich, das ist genau das, was Bangladesch braucht – eine südostasiatische Version der holländischen Deiche.

Mir war allerdings ebenso wenig klar wie den Experten, dass Überschwemmungen nicht bloß ein Problem sind, das es auszumerzen gilt, sondern auch ein entscheidender Teil des Lebens hier.

Über die Jahrhunderte sind durch die Überflutungen heimische Fischarten entstanden, die in den Fließgewässern, in Bächen und Strömen, ja sogar in den Reisfeldern schwimmen, ablaichen und gedeihen. Im Einklang mit den Fluten haben die Dörfler eine Fischereikultur entwickelt, und so wurden die heimischen Fischarten, 200 an der Zahl, ein Grundbestandteil der Ernährung.

Aber Deiche zur Eindämmung der Überschwemmungen haben auch die Fische abgeschottet. Als sie durch die Eindeichung starben, gewannen Teiche wie die von uns besichtigten, die immer eine Nahrungsquelle der Dorfbewohner waren, an Bedeutung.

In Anbetracht des Schwindens heimischer Arten wurden die Dorfbewohner dazu ermutigt, exotische Fischarten einzuführen. Die kleinen, grätenreichen heimischen Fische waren nach Meinung der Experten ohnehin »ungenießbar«, während die großen, exotischen Arten sich gut in Dhaka verkaufen ließen und wirklich etwas einbrachten. Mit der Einführung exotischer Fischarten ergaben sich für die heimischen Fische ganz neue Probleme, diesmal nicht durch blockierte Wasserwege, sondern durch neue Fischkrankheiten.

Die Experten übersahen in ihrer ausschließlichen Konzentration auf die Wasserschutzmaßnahmen, dass es für die Zerstörungen, die Überschwemmungen ohne Zweifel anrichten, auch Lösungen ohne die Kettenreaktionen, von denen wir hörten, gegeben hätte – *wenn nur die bodenständigen Dorfbewohner an der Lösungssuche beteiligt worden wären.*

Ein Freund hat uns vom Besuch eines Dorfes in Bangladesch vor Jahren erzählt, wie er dort ein junges Mädchen traf, das einen vollen Eimer mit der Tagesausbeute an Fisch vom Fluss nach Hause trug. Als er sie fragte, was sie in dem Eimer hätte, zeigte sie ihm den Inhalt und nannte, ohne einmal zu stocken, alle zwölf Arten beim Namen.

Landschaft in Bangladesch nahe Dhaka

Dieses Mädchen fällt mir ein, als ich am Ufer eines Teiches von der Größe und Form eines Fußballplatzes stehe und weiß, dass dicke exotische Fische darin herumschwimmen, die von den Männern gewogen und nach Dhaka verschifft werden – die kleinen, einheimischen Fischarten sind längst dezimiert oder ganz verschwunden.　*Anna*

Ausgang um Mitternacht

Während sich die Männer unter einem Schatten spendenden Baum sammeln, um den Tagesfang zu wiegen und zum Markt zu schicken, umringen die Frauen in ihren tropfenden Saris, einige mit kleinen Kindern auf der Hüfte, uns, um mit uns zu reden. Erst jetzt wird mir klar, dass Akhter nichts verwechselt hat. Dies *ist* eine weibliche Fischereigruppe; die Männer haben tatsächlich nur beim Einholen des Netzes geholfen.

Zu Anfang war man in den Grameen-Fischereibetrieben der Auffassung, die Fischzucht sei nichts für Frauen, eine Annahme, von der auch die Grameen-Bank seinerzeit bei den Mikrokrediten ausging, bis sie merkte, dass die Frauen verlässlicher waren und mit ihren Darlehen effektiver wirtschafteten. Jetzt sind von den über 600 Joysagar-Fischzuchtgruppen vierzig weiblich, und weitere Frauengruppen sind geplant. Landesweit ist etwas mehr als ein Fünftel der Fischereigruppen weiblich.

Von meinem Platz im hohen grünen Gras aus sehe ich einen Blutegel auf Annas Knöchel zukriechen – wieder mal ein Beweis dafür, dass sie ein wirksames Schutzmittel ist. Selbst wenn sie unter vielen Menschen ist, wird nur sie von allen Arten von stechenden und saugenden Tieren heimgesucht. Wir flüchten lachend und versuchen, nicht mehr an Blutegel zu denken, während wir uns mit den Fischerinnen unterhalten.

»Früher haben wir nur zwei Mahlzeiten am Tag gegessen, nie drei«, erzählt uns Anwara, eine Frau in einem waldgrünen Sari. »Wir konnten kaum überleben. Zuerst haben uns die Leute ausgelacht. Sie waren abergläubisch. Sie versuchten, uns Angst zu machen. Aber jetzt sehen sie es mit ihren eigenen Augen: Wir haben zu essen, wir haben Kleidung. Wir essen dreimal am Tag. Wir schicken unsere Kinder zur Schule. Mein Sohn geht sogar zum College.«

»Wie viel werden Sie dieses Jahr durch die Arbeit in den Fischereibetrieben verdienen?«, fragen wir.

»8000 Taka.«

Ich überschlage die Summe kurz im Kopf und komme auf etwa 200 Dollar, und das heißt, dass diese Frauen ihr Einkommen mit einer Tätigkeit, die weniger als die Hälfte ihrer Zeit in Anspruch nimmt, verdoppelt haben.

»Andere Frauen sagten zu uns: ›Ihr arbeitet wie Männer. Wenn ihr euch Grameen anschließt, gehört ihr nicht mehr zu uns.‹ Die Leute behaupteten, Grameen würde Geld von den Christen nehmen und versuchen, uns zu bekehren. Es gab sogar Gerüchte, dass Grameen uns zu irgendeiner Insel entführen würde. Jetzt wollen genau diese Frauen auch zu Grameen.«

»Wir sind jetzt mutiger«, fügt eine andere hinzu. »Wenn wir unseren Fisch zum Markt bringen müssen, wagen wir es sogar, um Mitternacht auszugehen.«

Das Hyazinthenprinzip

Nach dem Abschied von den Fischfarmen fahren wir nach Dhaka zurück, wo wir Farida Akhter treffen, ebenfalls ehemalige Yunus-Studentin und Mitbegründerin von Nayakrishi, einer Bauernbewegung, die den Anbau traditioneller Feldfrüchte in Bangladesch wiederbelebt. In ihrem Büro, das auf dem zweiten Stock liegt und dessen hohe Fenster einen Blick auf eine der engen Gassen Dhakas bieten, erhalten wir eine Unterrichtsstunde in Botanik.

»Unsere Bewegung wächst, weil die Bauern miteinander reden und Ideen, Saatgut und Wissen austauschen«, erklärt uns Farida, eine zierliche Frau mit einer Überschwänglichkeit, die den ganzen dämmrigen Raum mit Leben erfüllt. »Wir gehen nicht von unserer Hauptniederlassung aus auf die Dörfer und sagen den Leuten, was sie tun sollen. Es gibt keine hierarchische Struktur. Die Flüsterpropaganda war und ist unsere einzige Möglichkeit, die inzwischen Tausende von Dorfbewohnern erreicht hat.«

»Wir gehen nach dem Hyazinthenprinzip vor«, fährt sie fort. »Die Wasserhyazinthe bildet horizontale Triebe, aus denen neue Pflanzen wachsen. Sie wächst sehr schnell. Jede Pflanze treibt wieder neue Ableger. Genauso wächst unsere Bewegung – die Bauern leiten andere Bauern an.«

Ich finde das Beispiel der Wasserhyazinthe sehr nahe liegend in einem Land, dessen Flüsse und Seen mit den schirmgroßen grünen Blättern der Pflanze fast zugewuchert sind.

Es wird schon dämmrig, als wir durch die Straßen Dhakas zu unserem Hotel zurückfahren, und wir sprechen darüber, wie viele der Leute, die wir kennen gelernt haben, auf ihre Weise ebenfalls wie die Hyazinthen sind. Darüber, wie innerhalb der Landlosenbewegung in Brasilien Ideen in Umlauf gebracht und sogar Austauschprogramme organisiert werden, damit die Landlosen einer Siedlung von denen anderer Siedlungen lernen können.

Auch Grameen ist für uns wie eine Hyazinthe mit ihren zündenden Ideen, die sich nicht nur in Bangladesch ausbreiten, sondern grenzüberschreitend. Mikrokreditprogramme sind inzwischen in vielen Ländern angelaufen. Nach dem ersten Mikrokreditgipfel

1997 erwartet der Vorstand, zu dem auch Yunus gehört, eine beschleunigte Ausbreitung. In diesem Jahr haben weltweit schon 37 Millionen Menschen, alle mit einem Tageseinkommen von weniger als zwei Dollar, Zugang zu einem Mikrokredit.[30] 2005 sollen es den Erwartungen zufolge bereits 100 Millionen sein.

Hier in Bangladesch hat Grameen mittlerweile etwa ein Dutzend neue Unternehmen ins Leben gerufen, fast alle in den letzten sechs Jahren. Zu den »Ablegern« von Grameen gehören Webereien, grüne Firmen, die sich für erneuerbare Energien einsetzen, Marketing-, Kommunikations- und Softwareunternehmen – sogar eine Handyfirma, die vielen Dörfern erstmalig Fernsprechmöglichkeiten eröffnet. Darüber hinaus hat Grameen eine Art Krankenversicherung für Mitglieder geschaffen und vergibt Bildungsstipendien. Viele dieser Ideen sind aus anderen entstanden, ausgebaut worden und weitergewachsen nach dem Prinzip der Wasserhyazinthen.

Wir sind alle Bonsai-Bäumchen

Beim dritten Teller Mangos in unserem nüchternen Hotelzimmer in Dhaka sinnen Anna und ich über die Mitabeiter nach, die Grameen geschaffen und all diese Ableger organisiert haben. Wir wundern uns: Wo hat Yunus bloß so viele begabte Menschen gefunden, die teilweise seit ihrer Studienzeit bei ihm geblieben sind?

Sobald wir noch einmal mit Yunus zusammen sind, stellen wir ihm die nach unserem Verständnis nahe liegende Frage: »Wie haben Sie bei der Auswahl der Studenten erkannt, wer möglicherweise Führungsqualitäten besitzt, wer ehrlich genug für eine solche Tätigkeit ist und genügend Feingefühl hat, um gut mit anderen Menschen auszukommen?«

»Ich habe keine Auswahl getroffen, sie waren einfach da«, erwidert Yunus, und meine Gedanken wandern zu all den Menschen in führenden Schlüsselpositionen, die wir hier kennen gelernt haben. Das sollten alles Leute gewesen sein, die »einfach da waren«? Ich bin erstaunt.

»Ich glaube, alle Menschen sind ehrlich, es sind nur die Umstände, die sie zur Unehrlichkeit zwingen«, fährt Yunus fort. »Es ist den Menschen lieber, ehrlich zu sein. Aber es gibt eben immer wieder Gelegenheiten zur Unehrlichkeit, Versuchungen, oder die Dinge werden so schlampig gehandhabt, dass die Leute denken: ›Warum tue ich das eigentlich nicht, es macht sowieso keinen Unterschied!‹ Erst *dadurch* werden sie unehrlich. Ich bin der Meinung, dass man eine Umwelt ohne derartige Versuchungen schaffen kann, in der die Leute mit Freuden ehrlich sind.

Heute beschäftigt die Grameen-Bank über 10 000 Mitarbeiter, die in entlegenen Dörfern arbeiten, die Geld einsammeln und zur Dienststelle zurückbringen. Alles in bar; eine Menge Geld, vielleicht 30 000 Taka, und das ist in Bangladesch so viel, als würden sie 30 000 Dollar bei sich tragen. Damit könnte der Betreffende …«

»Zum Beispiel das nächste Flugzeug besteigen«, sagt Anna zum Scherz.

»Er braucht gar kein Flugzeug zu besteigen! Es ist viel einfacher, man zerreißt sein T-Shirt, schmiert etwas Blut oder sowas darauf und jammert: ›O mein Gott, ich bin überfallen und ausgeraubt worden!‹ Die 30 000 Taka sind einem sicher. Denn da es am Ende der Welt geschehen ist und niemand etwas gesehen hat, kann man getrost schreien: ›Ich bin überfallen worden, seht nur, was mir passiert ist, ich bin gerade noch mit dem Leben davongekommen!‹ Alle sind froh, dass man am Leben geblieben ist. Und schon ist man um 30 000 Taka reicher.

Vergessen Sie nicht, dass Bangladesch ein korruptes Land ist. Wohin man sich auch wendet, überall herrscht Korruption, nur bei Grameen nicht, da ist so etwas *noch nie* vorgekommen.

Ich musste viele Menschen für uns gewinnen. Ich werde oft gefragt: ›Welche Kriterien gelten bei Ihrer Mitarbeiterwahl?‹ Und ich sage: ›Keine.‹ Es gibt zu viele Anwärter. Ich siebe einfach ein paar aus, aber sie sind alle gleich gut. Die Arbeit prägt sie entsprechend.

Lehne ich jemanden ab, sucht und findet er vielleicht eine neue Arbeit, zum Beispiel bei der Polizei. Dann wird er Polizist, ein korrupter Polizist. Hätte ich ihn genommen, wäre er ein ehrlicher

Grameen-Mitarbeiter geworden, der sich hingebungsvoll um die Armen kümmert – *ein und dieselbe* Person.

Menschen sind wie Bonsai-Bäume. Ich bin eigentlich ein großer, starker, gewaltiger Baum, aber leider wurde ich in einen kleinen Topf gepflanzt, und so bin ich nur ein schmächtiges Bäumchen geworden. Entscheidend ist der Topf. Wenn ich genügend Raum hätte, würde ich in die Höhe schießen. Der Fehler liegt beim Topf. Es liegt an der Gesellschaft, an der gesamten Weltgemeinschaft. Wir sind alle Bonsai-Bäumchen.«

Begegnung mit Lady Perdue

Nachdem wir gesehen haben, was Grameen-Kreditnehmer mit ihrem Darlehen anfangen, verstehen wir besser, warum Yunus Kredit als lebenswichtigen Nährstoff betrachtet, der uns Bonsais fehlt. Grameen-Kreditnehmer investieren häufig in Material zum Aufbau kleiner Gewerbe wie Sufiya, die erste Schuldnerin, mit ihrem Flechthandwerk. Viele investieren auch in eine Kuh, und wir sehen viele Tiere, unter die sich Kinder und Ziegen mischen. Hühner sind ebenfalls eine lohnende Investition. Bis zu unserer Ankunft im Dorf Borodol hatten wir allerdings kaum mehr als ein paar Hennen gesehen, die auf Familienland ums Überleben scharrten.

Dann aber lernten wir Dahlia kennen, die einzige stämmige Frau während unserer gesamten Reise durch Bangladesch. In einen dunkelrot und grau gemusterten Sari gehüllt, zeigt sie uns stolz ihr Unternehmen, das Grameen ihr ermöglicht hat. Dahlia hat vor sieben Jahren mit einem Kredit 72 Hühner gekauft und inzwischen eine gewinnträchtige Geflügelfarm. Sie steht im Hof, der nicht überdacht ist, und zeigt uns ihre 1400 Hühner.

Rabbi erklärt uns, dass Dahlia zu denen gehört, die Grameen »goldene Mitglieder« nennt: Frauen, die sich als so zuverlässig erwiesen haben und so viel Unternehmungsgeist besitzen, dass sie für Darlehen bis zu 100 000 Taka in Frage kommen – das entspricht umgerechnet etwa 2000 Dollar, ist aber hierzulande viel mehr wert.

»Zehn, zwanzig andere folgen schon meinem Beispiel und fragen mich um Rat«, erzählt uns Dahlia. »Einigen der Frauen, die selbst ins Geschäft eingestiegen sind, verkaufe ich sogar Hühnerfutter.« Während sie spricht, bemerke ich, dass die Hühner in enge kleine Drahtkäfige gepfercht sind, Berge von Kot unter sich, und wie verrückt nach einander hacken, und ich wundere mich und bin besorgt über Dahlias Einfluss in den Dörfern.

Wieder im Minibus, unterhalten Anna und ich uns ganz leise, weil wir nicht wollen, dass Rabbi uns zuhört. Wir versuchen uns auszumalen, was wir wohl vorfinden würden, wenn wir in fünf Jahren noch einmal herkämen, und geben Dahlia den Spitznamen »Lady Perdue«.

Ebenso wie Dahlia hat der Geflügelmagnat Frank Perdue klein angefangen; heute sind die Perdue-Farmen ein 2-Milliarden-Dollar-Geschäft in einem Gewerbezweig, der für Hungerlöhne, gefahrvolle Arbeitsbedingungen, Tierquälerei und extreme Umweltverschmutzung bekannt ist. Was könnte Dahlia davon abhalten, in Perdues Fußstapfen zu treten?

Als wir Yunus fragen, gibt er uns eine interessante Antwort.

Seiner Überzeugung nach bewahrt sie der Druck von Seiten der Gefährtinnen davor, der zu Grameens Prinzipien gehört. »Sie muss weiterhin an den Dorfkreisversammlungen teilnehmen. Sie gehört immer noch zur Kerngruppe«, erinnert er uns.

Er glaubt, dass es zum Teil auch einfach die Magie des Mikrokredits ist. Allein die Kreditwürdigkeit ist schon ein Schutz. »Eine solche Person kann keine Grameen-Mitglieder ausbeuten, denn es gilt gleiches Recht für alle: das Recht auf einen Kredit. Wer also denkt: ›Das könnte ich doch auch!‹, kann sich Geld leihen und ihrem Vorbild nacheifern, ihrem Rat folgen.«

Aber der Gedanke, dass die Möglichkeit, einen Kredit zu bekommen, vor Ausbeutung bewahrt, setzt voraus, dass jeder die Fähigkeit hat, Unternehmer zu werden. Aus meinen Erfahrungen mit der Gründung zweier gemeinnütziger Organisationen im eigenen Land weiß ich, dass es schwer ist, ein Unternehmen in Gang zu setzen. Es ist anstrengend bis zur Erschöpfung. Hat überhaupt jeder die körperliche Kraft dazu? Vielleicht hat Yunus Recht, dass jeder mit Erfolg eine eigene kleine Hausweberei oder einen kleinen Verkaufsstand betreiben könnte, aber die Gesellschaft von Bangladesch wird immer komplexer und mit ihr der Betrieb von Kleinunternehmen.

Einmal abgesehen davon, dass wir vielleicht in Wahrheit alle verhinderte Unternehmer sind, stellt sich doch die entscheidende Frage, ob sich Bangladesch wirklich Millionen »Lady Perdues« wünscht. Man denke nur an die Verschmutzung der Flüsse und ihrer Mündungsgebiete, der Luft und der Erde und an die Tonnen von Exkrementen, die die industrielle Geflügelhaltung produziert.

Yunus besaß die Fähigkeit, Institutionen von Grund auf neu zu überdenken und seine Bank entsprechend anders aufzubauen. Seine Art des Hinterfragens – *Warum so und nicht anders?* – wird, so hoffen wir, vielleicht den Anstoß dazu geben, alle Unternehmenszweige von Grameen noch einmal einer kritischen Betrachtung zu unterziehen. Zum Beispiel könnte Grameen den künftigen Lady Perdues von Bangladesch dabei helfen, die Geflügelhaltung zu überdenken und eine andere Art von Hühnerfarm zu entwickeln, die weder eine solche Quälerei für die Tiere noch ein solches Problem für die Umwelt darstellt.

»Wollen wir nicht alle zufrieden leben?«

Diese Fragen bewegen mich immer noch, als wir ein weiteres, von Grameen gefördertes Unternehmen besuchen. Wir sind in einem Landstrich in der Nähe von Dhaka, der für seine traditionelle Webkunst bekannt ist, und wollen uns mit eigenen Augen einen der vielen hyazinthengleichen Grameen-Ableger anschauen – Grameen-Uddog, eine Firma, die die traditionelle dörfliche Weberei wiederbelebt hat.

Erst am späten Mittag kommen wir am Grameen-Büro vor Ort an und freuen uns, zum Mittagessen eingeladen zu werden. Teller um Teller, acht an der Zahl, wird auf einen langen Tisch gestellt. Der Fisch schmeckt mir am besten. Es sind kleine, heimische Exemplare mit nadelfeinen Gräten, die ich sorgfältig aussortiere. Leider nicht ganz. Eine bleibt mir im Hals stecken, und ich bete im Stillen, dass ich etwas zu trinken bekomme, um sie hinunterspülen zu können. Der Regen klatscht mit schnellem Trommelschlag aufs Dach; hinter uns an der Wand stehen Hunderte von Grameen-Ordnern mit Kreditunterlagen, die sich in der feuchtheißen Luft wellen.

»Die Weberei hat in Bangladesch eine uralte Tradition und immer hohes Ansehen genossen«, erklärt uns Mizanur Rahman, der für Grameen-Uddog verantwortlich ist. »Aber jahrelang ist Baumwolltuch aus dem indischen Madras importiert worden, sodass unsere eigene Weberei beinahe ausstarb. Vor etwa sechs Jahren haben wir die Grameen-Textilbetriebe gegründet, um Großbestellungen aus dem Ausland annehmen und den Webern ihre Arbeit besser bezahlen zu können.

Vorher gab es saisonbedingt Zeiten, in denen die Weber überhaupt nichts zu tun hatten und in eine verzweifelte Lage gerieten. Jetzt wird stetig durchgearbeitet.«

Wir brennen darauf, mit einem Weber zu sprechen, und sind deshalb entzückt, als sich Santahar zu uns gesellt. Er begrüßt uns mit festem Handschlag und einem freundlichen Lächeln, ehe er seine Geschichte erzählt. Vor sechs Jahren verdiente er noch anderthalb Dollar am Tag am Webstuhl eines anderen Mannes. Heute besitzt er selber acht Webstühle und beschäftigt acht Weber.

Abgelenkt durch die winzige Gräte, die mir immer noch im Hals sitzt (die Freuden heimischer Fischsorten!), frage ich mich einen Moment lang wie bei der »Lady Perdue«, was Santahar davon abhalten wird, seinen Arbeitern Hungerlöhne zu bezahlen und sich die eigenen Taschen zu füllen. Als ich ihn frage, was er ihnen bezahlt, sagt er: »Ich zahle meinen Arbeitern 800 bis 1200 Taka Wochenlohn«, was doppelt bis viermal so viel ist, wie er als Tagelöhner verdient hat.

Plötzlich fällt der Strom aus und damit auch das Licht und der viel wichtigere Ventilator. Eine Laterne wird auf den Tisch gestellt und ein Bündel kleine, rundliche Bananen danebengelegt. Mein Gebet ist erhört worden, und mit einem zuckersüßen Stück Banane kann ich endlich die letzte feine Gräte hinunterschlucken.

Ich wüsste gern, wie Santahar den Lohn für seine Arbeiter fest-legt, und traue mich im Dämmerdunkel des nur schwach von der Lampe erhellten Raums endlich zu fragen: »Könnten Sie Ihren Arbeitern nicht auch weniger bezahlen?«

»Könnte ich – aber wollen wir nicht alle zufrieden leben?«, erwidert er, als sei es das Normalste auf der Welt. »Meine Arbeiter wären nicht zufrieden, wenn ich ihnen weniger bezahlen würde. Jetzt sehe ich, wie meine Arbeiter ihre Häuser mit Blechdächern decken, und bin stolz.«

Die Armut ins Museum verbannen

Bangladesch wirft bei Anna und mir immer wieder die Frage auf: Was ist Armut eigentlich? Yunus spinnt gern seine Vision aus, dass es »Armut irgendwann nur noch im Museum zu sehen gibt und wir diese schreckliche Sache dann unseren Enkeln erklären müssen«. Aber was ist Armut?

Armut hat, davon bin ich überzeugt, im Grunde wenig mit materiellen Dingen zu tun – mit dem, was wir kaufen oder besitzen können. Abgesehen von der Befriedigung unserer Grundbedürf-nisse sind diese Dinge in Wirklichkeit vor allem ein Mittel für uns, »dazuzugehören«.

Als wir Yunus um seine Definition von Armut bitten, antwortet er: »Als Grameen noch eine kleine Organisation war, hat eine Dorfbewohnerin einmal zu mir gesagt: ›Ihr glaubt nicht, das wir zu diesem Land gehören, oder?‹

Damit wollte sie ausdrücken, dass sie, eine Arme, für Leute, die *nicht* arm sind, eigentlich gar nicht existiert.«

»Sie hatte also das Gefühl, Luft zu sein.«

»Ja, Luft.« Armut wird, so Yunus, von der Gesellschaft ausge-grenzt. Sie ist ein inneres Exil.

Aber wenn Armut Ausgrenzung bedeutet, genügt es nicht, den Menschen nur den Erwerb von »Dingen« zu ermöglichen oder sie durch Mikrokredite ins Wirtschaftsleben einzubinden. Vielmehr müssen wir dann die Gepflogenheiten, die Normen ändern, sodass es nicht länger akzeptabel ist, Leute von dem auszugrenzen und auszuschließen, was sie brauchen, um Mitglieder der Gesellschaft zu sein.

Und wenn wir das nicht tun? Was dann passiert, sieht man in den USA, wo trotz zunehmenden nationalen Reichtums immer von neuem Armut und Hunger – Ausgrenzung – geschaffen werden. Während das oberste eine Prozent unserer Bevölkerung seinen Wohlstand von Anfang der 80er bis Ende der 90er Jahre um 40 Prozent wachsen sah, lebte beim Jahrtausendwechsel fast jedes fünfte amerikanische Kind in Armut, haben Millionen Amerikaner *trotz* ihrer Vollzeitbeschäftigung nicht genügend Geld, um Essen auf den Tisch zu bringen oder sich und ihrer Familie eine Wohnung zu mieten.[31]

Deshalb denke ich hoffnungsvoll an Santahar zurück. In dem, was er sagt, spüre ich eine Änderung der Norm und merke, dass er eine Ethik des Miteinanders statt der Ausgrenzung praktiziert – und wir wünschen uns, dass auch Dahlia das tut. Santahar sagt letztlich nichts anderes, als dass er seinen Arbeitern nicht so wenig bezahlen will, dass sie meinen, Luft für ihn zu sein, dass sie vollkommen ausgegrenzt sind. Die Frage ist nur, ob Santahars Ethik einmal auf seine Gemeinschaft und die ganze Gesellschaft übergreift.

Ich muss wieder an Brasilien und die MST denken, die seit kurzem sowohl in ihren Siedlungen als auch in Kursen und Seminaren eine Diskussion über soziale Werte entfacht hat, wie Anna und ich miterleben konnten. Hier in Bangladesch ist ein offener Dialog kaum möglich. Die soziale Kluft zwischen Männern und Frauen verhindert ihn; selbst Grameen-Versammlungen in der jetzigen Form erleichtern den freien Gedankenaustausch kaum. Bei Kreditnehmertreffen sitzen die Frauen alle mit Blick nach vorn, auf den männlichen Bankmitarbeiter, statt einander anzuschauen. Hier wäre es undenkbar, die ganze Gemeinschaft – Männer und Frauen zusammen – an einer Diskussion nach Art der MST zu beteiligen, welche Art von Dorf sie sich wünschen.

Doch dann rufe ich mir ins Gedächtnis zurück, dass noch vor zwanzig Jahren der Kontakt zwischen Männern und Frauen derart tabuisiert war, dass Yunus mit den ersten Kreditnehmerinnen nur durch Bambusgitter sprechen durfte.

Während unseres letzten Besuches bei Yunus unterhalten wir uns darüber, wie wichtig die Sicherung der eigenen Werte in allen von Grameen aufgestellten Normen und allen neuen Unternehmenszweigen ist. Wir nehmen all unseren Mut zusammen und schlagen eine 17. Verpflichtung vor: »Als Arbeitgeber werde ich einen lebensfreundlichen Lohn bezahlen, einen Lohn, der ausreicht für ein Leben in Würde.«

Yunus lächelt freundlich, bemerkt jedoch, dass die 16 schon ein ziemlicher Batzen sind. Außerdem sei darin bereits die Verpflichtung festgeschrieben, anderen zu helfen und keine Ungerechtigkeit zu dulden: »Wir werden anderen kein Unrecht tun und nicht zulassen, dass ihnen Unrecht geschieht.«

Wir haben noch mehr Fragen, weil wir verstehen wollen, wie Yunus' Institutionen seiner Forderung nachkommen, an die Wurzeln der Armut und Ausgrenzung zu gelangen.

»Sie haben ein Drittel Ihrer Kreditnehmer aus der Armut geholt«, sage ich und hoffe, damit meiner Bewunderung für diese gewaltige Leistung gebührend Ausdruck zu geben. »Aber Sie leihen ihnen weiter Geld, obwohl sie nach Ihrer Definition inzwischen nicht mehr arm sind. Und Sie wollen die Zahl der Kreditnehmer nicht mehr vergrößern. Warum geben Sie erfolgreichen Mitgliedern wie Dahlia immer noch Kredit?«

»Dahlia ist Mitinhaberin der Bank«, erwidert Yunus. »Sie ist jetzt in viel besseren Lebensumständen, und das ist eine Erfolgsstory, die für die Bank spricht. Ich bin nur ein Angestellter der Bank, wie könnte ich da hingehen und sagen: ›Du musst raus aus der Bank.‹ Sie ist Mitinhaberin und kann frei entscheiden, ob sie bleiben oder uns verlassen möchte.«

Außerdem gäbe es, setzt er hinzu, inzwischen viele andere Mikrokreditprogramme in Bangladesch, die auch Leute erreichten, die Grameen nicht erfasst hätte; Grameen könnte nicht alles allein leisten.

Yunus' Wachhund

Ich verstehe Yunus' Standpunkt, aber ich bin auch ein bisschen besorgt. Wenn Grameen sich weiter so entwickelt, wird es bald keine Bank der Armen mehr sein, sondern eine Bank für Unternehmerinnen wie Dahlia. Doch als wir von dem hören, was wir dann respektlos Yunus' Wachhund nennen, sehe ich wieder neue Möglichkeiten, die Yunus zur Veränderung der Normen schafft.

»Wir müssen an die Wurzeln der Entstehung von Armut gelangen«, sagt Yunus, »und das sind die Institutionen. Deshalb bemühe ich mich um die Einrichtung neuer Institutionen – Institutionen von Armen für Arme. Darum habe ich die Grameen-Gesellschaft für Investment und Management gegründet.«

Von den Grameen-Investmentfonds hatten wir seit unserer Ankunft gehört, aber nie deren Bedeutung erfasst. Wir werden darin vor unserer Abfahrt noch den womöglich kreativsten Teil der sich immer weiter verzweigenden Wasserhyazinthe kennen lernen.

»Die Grameen-Gesellschaft für Investment und Management richtet Investmentfonds ein, die Anteile an den Unternehmen der ›Grameen-Familie‹ besitzen«, erklärt uns Yunus.

»Die Management- und Aufsichtsfunktionen in den Unternehmen obliegen also solch einem Investmentfonds. Er ist so eine Art Brain-Trust und Sozialausschuss, der sicherstellt, dass die betreffenden Unternehmen auch das Rechte tun und nicht etwa im Trüben fischen oder ihre Werte verändern.

Unternehmen können sich in völlig unterschiedliche Richtungen entwickeln. Wir wollen alle Grameen-Unternehmen davon überzeugen, den *sozialen* Weg zu nehmen.«

»So, wie wir jetzt GrameenPhone haben«, fügt Yunus hinzu, »eine Handy-Firma. Über unseren Investmentfonds können wir Einfluss nehmen, weil wir 35 Prozent der Kapitalanteile besitzen; so haben wir dem Unternehmen geholfen, sich eine zusätzliche Dimension zu erschließen – die armen Frauen in den Dörfern mit Handys auszustatten.

Und wir hoffen, über die Grameen-Unternehmen hinaus auch andere Firmen, die nie an so etwas gedacht haben, für den sozialen Gedanken zu interessieren. Wie im Fall einer Keramikfabrik in Bangladesch: Warum sollten wir nicht Mitinhaber dieser Anlage werden und den Armen zu deren Produkten verhelfen? Das können wir doch auch.«

»Die Welt geht beim Kapitalismus immer davon aus, dass seine Haupttriebkraft die Gier ist, aber Grameen ist ebenfalls eine kapitalistische Einrichtung«, sagt er. »Auch wir versuchen, den Gewinn zu maximieren. Man kann jedoch nicht behaupten, Gier sei die Antriebsfeder dieser Bank, vielmehr sind es unsere sozialen Ziele. Die Theorie muss also unbedingt neu interpretiert werden. Sozialbewusstsein kann eine ebenso starke Triebkraft für den Kapitalismus sein wie Gier. Dieses soziale Bewusstsein müssen wir praktisch umsetzen.«

Was er sagt, bringt mich wieder zu dem Frage-und-Antwort-Spiel in meinem Kopf zurück: Einerseits ist Grameen eine Miniaturausgabe des real existierenden Kapitalismus, andererseits will dieses Unternehmen mit seiner Form des Kapitalismus über dessen engen Horizont hinausgehen.

In der einzigartigen Struktur der Grameen-Bank, die sich über die gängigen Bestimmungen des Bankwesens hinwegsetzt, in Yunus' »Wachhund«, den Investmentfonds, und in den 16 Verpflichtungen, die neue soziale Normen zu prägen beginnen, in alledem erkenne ich, dass Grameen den Kapitalismus *tatsächlich* weiterentwickelt. Grameen zeigt, dass wir noch nicht am Ende der Geschichte angekommen sind, wie uns die Befürworter der Globalisierung weismachen wollen, sondern dass wir uns auf einem sich ständig weiter entwickelnden Weg befinden.

Vorsicht, Hyazinthe!

Für Yunus und seine Mitarbeiter war der Kredit nie der Endpunkt, sondern nur ein erster Einstiegspunkt. Doch außerhalb von Bangladesch denken viele bis heute nur an eins, wenn sie »Grameen« hören – an den Mikrokredit als isolierte finanzielle Intervention. Gefangen in der Denkfalle »Lösen durch Zerlegen« glauben einige, sie hätten mit dem Mikrokredit eine klare Wirtschaftsformel gefunden, um der Armut ein Ende zu machen.

Ich muss an eine befreundete amerikanische Nonne denken, die in San Francisco in einem kirchlich gesponserten Mikrokreditprogramm arbeitete. Sie war zutiefst frustriert. Nach ihrer Ansicht ist erheblich mehr erforderlich als nur ein kleines Darlehen, um in den USA ein lebensfähiges Unternehmen zu starten, wo Marketing eine Wissenschaft für sich ist und das Papier für die Steuerformulare, die man ausfüllen muss, einen ganzen Wald verbraucht. Sie glaubt nicht, dass das Mikrokreditprogramm, mit dem sie arbeitete, in einer amerikanischen Stadt je die Wurzeln der Armut erfasst, die überall sichtbar ist.

Unser Vergleich begann, uns ein bisschen Kopfschmerzen zu machen. Das Hyazinthenprinzip stellt bildhaft dar, wie Ideen zünden, von einem zum anderen weitergetragen werden und immer neue Ableger bilden. Was aber, wenn die Hyazinthentriebe – die Mikrokreditprogramme, die Grameen in etwa sechzig Ländern in Gang gesetzt hat – nur Imitationen des Grameen-Modells ohne die dazugehörigen Ideale sind?

Als wir Yunus zum Thema »Imitation« befragen, sagt er: »Die Leute haben oft keine Geduld. Sie wollen eine schnelle Sanierung. Sie wollen sich nicht erst informieren, worum es geht. Sie sagen: ›Ah, jetzt hab ich's!‹ Und da sie sich nicht mit der Philosophie dahinter auseinander setzen, imitieren sie tatsächlich oft bloß die äußere Form von Grameen.«

In unseren Augen sind die Mikrokredite, wenn sie isoliert betrachtet werden, die »äußere Form«. Der eigentliche Gehalt – das Wesen Grameens – ist der Prozess, den Menschen selbst zuzuhören, Neuerungen in Reaktion auf vorhandene Umstände zu initiieren und weit über bestimmte feste Annahmen hinauszugehen, selbst wenn sie so rigide Strukturen wie Banken betreffen. Zum Glück verstehen viele der Hunderte von Leuten und Organisationen, die sich von Grameen haben inspirieren lassen, dass sie keine Kopien, ausgestochenen Weihnachtsplätzchen gleich, sind. Sie haben ihre eigenen Bedürfnisse und Möglichkeiten im Blick und experimentieren mit dem, was für sie am besten sein könnte.

Beim Abschied von Bangladesch bereitet uns unser Hyazinthenbild angesichts der Möglichkeit, dass bloß die äußeren Formen von Grameen Verbreitung finden könnten, immer noch ein gewisses Unbehagen. Wir wollen nicht, dass von der Hyazinthe eine starre Formel ausgeht und sich ausbreitet, sondern eine befreiende Philosophie.

Wir reflektieren gerade all diese Eindrücke, als wir in die echten Wasserhyazinthen geraten. Wir haben Dhaka verlassen und sind auf dem Weg zu Dörfern im indischen Bundesstaat Kerala. Während unser Boot über das Wasser gleitet, das wie Alufolie glitzert, hören wir unseren indischen Führer murmeln: »Verfluchte Wasserhyazinthen!«

Als er unsere Verwunderung bemerkt, sagt er: »Sie wissen offenbar nichts von den Hyazinthen. Irgendein Idiot hat sie hier eingeschleppt. Sie sind nicht endemisch und wuchern jetzt unsere Gewässer zu. Boote kommen auf manchen Flüssen kaum noch durch.«

Aha, denken wir, dieses Gewucher ist eine wunderbare Mahnung, dass Ideen nicht einfach von einer Kultur auf die andere übertragen werden können. Um voneinander zu lernen, müssen wir den Kern aus der Erfahrung anderer herausschälen, und das heißt im Fall Grameen, dass wir die Augen und Ohren offen halten müssen. Grameen fordert, wie Yunus es ausdrückt, die Bereitschaft, immer zu der Frage zurückzukehren: *Funktioniert es so?* Auf der Fahrt über einen schmalen indischen Fluss denke ich im Stillen: *Das* ist das eigentliche Hyazinthenprinzip.

Die verstörende Hoffnung

Wenn wir jetzt über Grameen nachdenken, sehen Anna und ich darin kein Produkt – den Mikrokredit –, sondern einen mutigen Prozess des Zuhörens und der ständigen Erneuerung durch die Verpflichtung zu einem Grundsatz: *Was ist, muss nicht so bleiben.* Grameen heißt, sich nie zu scheuen, einen bestimmten Sachverhalt in Frage zu stellen, selbst wenn man ihn selbst geschaffen hat. Yunus wird für uns zum Symbol unserer angeborenen Fähigkeit, hinter die Gegebenheiten zu schauen, auf unsere innersten Eingebungen zu lauschen und den Mut zu fassen, kreativ zu handeln.

Auf der anderen Seite lösen unsere Bangladesch-Erfahrungen auch ein tiefes Unbehagen bei uns aus. Vieles verfolgt mich geradezu: Bei Millionen weiblicher Grameen-Kreditnehmer sind so viele Fortschritte zu erkennen, und doch nimmt gleichzeitig die Gewalt gegen Frauen zu und die Zahl der bei Grameen tätigen Frauen ab. Und Yunus' schöne Vision, dass Armut ins Museum verbannt werden sollte, macht Halt vor der Ausgrenzung der Allerärmsten durch Grameen-Unternehmer, vor der auch das Darlehen nicht schützt. Wird sich ein neuer Standard des Miteinanders durchsetzen oder wird der durch multinationale Werbung immer stärker angeregte Konsumtrieb die aufrichtigen Anstrengungen Grameens zunichte machen, den Armen Nahrung zu verschaffen?

Als ich von zu Hause abreiste, dachte ich noch, am Beispiel Bangladeschs zeigen zu können, dass selbst in einem der ärmsten Länder der Welt zu Recht Hoffnung besteht. Stattdessen hat Bangladesch mich dazu gebracht, eine tiefere Wahrheit aufzuzeigen.

Es hat mich gelehrt, dass sich Hoffnung nicht »rechtfertigen« lässt, indem man auf etwas Gutes und Schönes hinweist. Hoffnung ist Bewegung, nicht Stillstand; Aktion, nicht Untätigkeit. Sie führt mitten ins Chaos hinein. Sie besteht im Zuhören, Lernen, Ausprobieren und Straucheln, im Fehlstart und im Widersprüchlichen.

Bangladesch hat mir so etwas wie eine *verstörende Hoffnung* gegeben – eine Hoffnung, die ich nicht genau definieren kann, die mich aber ruhelos macht. Eine Hoffnung, die mich nicht befriedigt, sondern an mir zehrt, sodass ich tiefer bohre.

❦ BANGLADESCH SCHMECKEN ❦

Bengalische Linsensuppe

Dieses Rezept verdanken wir Professor Muhammad Yunus und den Frauen von Nariphokko in Bangladesch. Die Suppe ist, obwohl ihre Zubereitung keine halbe Stunde dauert, außerordentlich schmackhaft und gesund.

Für 6 Personen:
- *1 Tasse rote Linsen*
- *4 Tassen Wasser*
- *½ TL Kurkuma*
- *1½ TL Salz*
- *1 Tasse Dosentomaten*
- *2 EL Pflanzenöl*
- *½ TL Kreuzkümmel*
- *½ TL gelbe oder schwarze Senfkörner*
- *2 TL gehackter Jalapeño-Pfeffer (½ kleine Schote, entkernt)*
- *4 Tassen in feine Scheiben geschnittene Zwiebeln*
- *5 TL (etwa 3 bis 4 Zehen) in Scheibchen geschnittener Knoblauch*
- *½ Tasse gehacktes frisches Koriandergrün (Cilantro)*

– Die Linsen mit Wasser und Kurkuma zum Kochen bringen und 20 Minuten garen, bis sie weich sind. Dann die Tomaten zufügen und ein paar Minuten ziehen lassen. Mit Salz abschmecken.

– Inzwischen das Öl erhitzen. Kreuzkümmel und Senfkörner bei sanfter Hitze darin anrösten, bis sie zu duften und zu knistern anfangen. Aufpassen, dass sie nicht anbrennen! Pfefferschote, Zwiebeln und Knoblauch zugeben und etwa 10 Minuten lang goldbraun rösten.

– Die Zwiebelmischung unter die Linsen rühren. Die Suppe noch ein paar Minuten unter Rühren köcheln lassen. Vom Feuer nehmen, das frische Koriandergrün zufügen und bei aufgelegtem Deckel zusammenfallen lassen.

– Die Suppe heiß servieren. Wir empfehlen einen Klecks Joghurt als Garnitur.

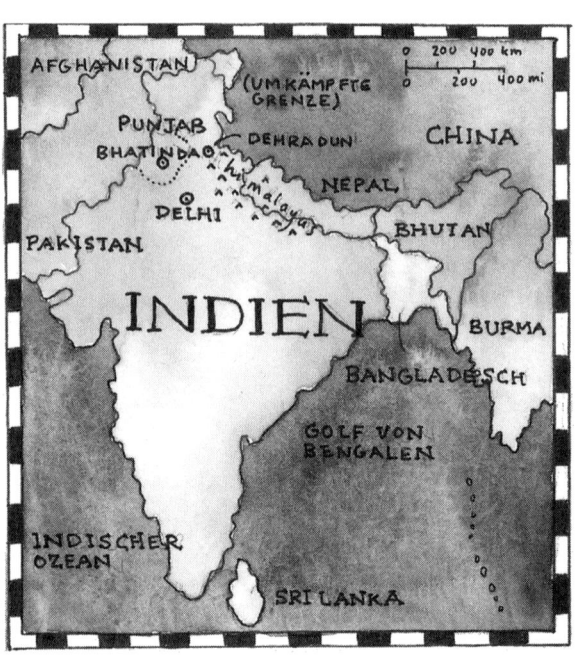

Kapitel 6

Auf der Suche nach Annapurna
Indien – Neu Delhi, Punjab und Dörfer

Bei uns ist nicht der Mangel das Problem, sondern der Überfluss.

SHANTA KUMAR, *Minister für Verbraucherangelegenheiten und Distribution*

Als wir vom Flughafen in Kerala abheben, sehen wir unter uns nur endlose Kokospalmenwälder. Während wir in nördlicher Richtung auf Delhi zusteuern, wandern meine Gedanken zum Beginn der 70er Jahre zurück.

Damals lernte ich Joe Collins kennen, einen von denen, die mich zu *Food First* inspiriert haben und mit denen zusammen ich das gleichnamige Buch geschrieben habe. Die so genannte Grüne Revolution – das Ausbringen von Hybridsaatgut in Verbindung mit chemischen Dünge- und Pflanzenschutzmitteln – hatte gerade die Getreideerträge in Nordamerika drastisch gesteigert. Norman Borlaug, einer der führenden Wissenschaftler der Grünen Revolution, hatte 1970 für seine Hochleistungs-Weizensorten den Friedensnobelpreis erhalten. Die Grüne Revolution war anscheinend ein voller Erfolg.

Warum sollte man nicht, so die logische Folgerung, dieses schöne Know-how und entsprechendes landwirtschaftliches Gerät so schnell wie möglich in die Dritte Welt befördern?

Dahinter steht die unausgesprochene Annahme: Um den Hunger in der Welt zu bekämpfen, müssen die Topmanager der Großkonzerne, die Wissenschaftler der Eliteforschungszentren, die westlichen Hilfsorganisationen und die Entwicklungsdienste aktiv werden. Leistungsempfänger ist die träge Masse der Armen in aller Welt, die ausgehungert auf Lösungen wartet.

Joe und ich waren der Auffassung, dass mehr Nahrung allein den

Hunger nicht beenden würde, und so erhoben wir die Stimme und sagten, dass die Menschen der Dritten Welt nicht untätig herumsäßen und warteten – sie hätten schließlich Köpfchen und wären durch ihre praktischen Erfahrungen und angeborenen Kenntnisse durchaus in der Lage, selbst für Nahrungssicherheit zu sorgen, sofern solche Hindernisse wie Landlosigkeit und undemokratische Autoritätsstrukturen aufgehoben würden.

Aber die Grünen Revolutionäre spotteten über uns.

Jetzt sind Anna und ich unterwegs, um uns mit eigenen Augen davon zu überzeugen, was die vergangenen dreißig Jahre bewirkt haben. In Indien, dem Land, in dem jeder vierte Bauer dieser Erde zu Hause ist, war das Hauptversuchsfeld der westlichen Agrarlobby der Punjab, die indische Version der amerikanischen Kornkammer, des Mittelwestens. Dorthin wollen wir.

Déjà-vu

Anna und ich holen Lektüre aus unseren voll gepackten Rucksäcken, um in Delhi intelligent mitreden zu können, nicht nur über die Grüne Revolution, sondern auch über die jüngste Verheißung der westlichen Agrarwissenschaft und -industrie: die »gentechnische Revolution«, bei der unter Aufhebung der Artenschranke – etwas, das in der Natur nie vorkommt – Kreuzungen gezüchtet werden, die schädlingsresistent und noch ertragreicher sein sollen.

Die Argumente der Konzerne für die Gentechnik sind uns nur allzu bekannt.

»Sorge wird die hungernden künftigen Generationen nicht ernähren. Aber die Gentechnik«, behauptet Monsanto, einer der größten Gentechnikkonzerne der Welt. Monsanto und andere Unternehmen, die ebenfalls in die Gentechnik eingestiegen sind, versprechen auch, dass dadurch die Anbauflächen entlastet werden, der Regenwald geschützt wird und weniger Chemie eingesetzt werden muss.[32]

Falls Sie Monsanto noch nicht kennen: Es ist die Firma, die uns dioxinhaltige Pflanzenschutzmittel wie Agent Orange beschert hat (das Entlaubungsmittel, das traurige Berühmtheit im Vietnamkrieg erlangt hat) und die dem Verleger des Buches von Annas Vater, in dem das genetisch veränderte Saatgut der Firma kritisch untersucht wird, mit einer Klage drohte.

Wir lesen noch von einer weiteren »Revolution«, an die ich im Traum nicht gedacht hätte, als ich die *Öko-Diät* schrieb. In den letzten paar Jahrzehnten hat sich das nationale und internationale Recht so verändert, dass sich Konzerne inzwischen Gene aus Pflanzen patentieren lassen können. Die Folge davon ist eine noch extremere Schieflage der Weltrohstoffverteilung. Heutzutage halten Konzerne aus den Industrienationen – und nicht etwa Regierungen, Forschungseinrichtungen oder Unternehmen der Dritten Welt – ungefähr 90 Prozent aller Technologie- und Produktpatente der Erde, und viele davon betreffen Pflanzen, die in Dritte-Welt-Ländern angebaut werden oder heimisch sind.[33]

In wenigen Stunden werden wir aus dem Flugzeug steigen und die Führung einer indischen Bewegung kennen lernen, die an alledem zweifelt: an der Grünen Revolution ebenso wie an ihrer Folgeerscheinung im 21. Jahrhundert, der gentechnischen Revolution, und auch an einem neuen internationalen Patentierungssystem, das wieder einmal den Reichtum der Armen in der armen Welt zu den Reichen in der reichen Welt leiten will.

Altes wieder neu erfahren

Joe Collins und ich haben in unserem Buch *Food First* die Ansicht vertreten, dass es nicht etwa an westlicher Technik, an Pestiziden, exotischen Feldfrüchten oder einer Mechanisierung großen Stils mangelt, sondern an dem, was ich Jahre später »lebendige Demokratie« genannt habe – an Menschen, die ihre Fähigkeiten entwickeln, um sich gemeinsam auf die Weisheit traditioneller Lösungen zu besinnen. Klassen, Kasten und das koloniale Erbe würden dafür sorgen, so argumentierten wir, dass durch die neu erworbenen Technologien den Armen, die sich nichts dergleichen leisten können, Land und Arbeit geraubt und damit die Ernährungsgrundlagen entzogen würden.

Joe und ich sagten zum Beispiel voraus, dass die Grüne Revolution, die über den Punjab hereinbrach, am Ende viele in die Armut und vom Land in die Städte treiben würde. Um hohe Erträge zu erzielen, macht das Hybridsaatgut den Einsatz teurer Pestizide, Kunstdünger und Maschinen und oft sogar künstliche Bewässerung erforderlich, sodass die Bauern gezwungen sind, sich in Schulden zu stürzen und Kredite aufzunehmen, die nur die Bessergestellten abzahlen können.

Zwar sind die Erträge des neuen Saatguts höher, aber es birgt auch größere Risiken, weil die Pflanzen anfälliger sind für Schädlinge und Witterungseinflüsse. Wieder sind es die Bessergestellten und nicht die Ärmsten, die das Risiko auf sich nehmen können, eine Ernte zu verlieren. Außerdem ist Hybridsaatgut wie der Samen von Kreuzungen im Tierreich, etwa dem Maultier, oftmals unfruchtbar. Vermehrt es sich doch, sind meist alle angezüchteten Ertragsmerkmale verschwunden. Das bedeutet das Aus für Bauern, die jahrhundertelang eigenes Saatgut verwendet oder mit anderen Bauern ausgetauscht haben.

Unsere Argumente hatten Hand und Fuß, aber ich hatte, um ehrlich zu sein, trotzdem insgeheim meine Zweifel. Waren Joe und ich vielleicht naiv? Es ließ sich nicht leugnen, dass die Getreideerträge mit der Einführung dieser Technologie drastisch gestiegen sind.

Vor kurzem habe ich bei einer Harvard-Debatte aus dem Munde des Vaters der Grünen Revolution in Indien, Dr. Monkombu Swaminathan, die alte Leier wieder gehört, die Joe und ich zur Genüge kennen: dass mit der Grünen Revolution Zeit gewonnen worden wäre, weil dem Hunger vorgebeugt und gleichzeitig das Bevölkerungswachstum eingedämmt wurde –, sodass aus Indien fast über Nacht statt einer »Bettelschale« eine »Kornkammer« geworden wäre.

Waren Joe und ich junge Idealisten, die sich weigerten, harte Fakten anzuerkennen? Die Reise nach Indien ruft uns diese Fragen wieder ins Gedächtnis zurück. Wir wollen wissen, ob uns unser Instinkt damals getrogen hat.

Als ich aus dem Flugzeug trete, werde ich von der Hitze in Delhi jäh aus meinen Träumen gerissen. Verschwitzt und erschöpft kommen Anna und ich in dem Ashram an, in dem uns unsere Gastgeber untergebracht haben. Unser Zimmer ist kahl und heiß, sehr, sehr heiß. In dieser Nacht entdecken wir eine der vielen Anwendungsmöglichkeiten für unser Grameen-Baumwolltuch, das wir bei Webern in Bangladesch gekauft haben. Wir liegen unter dem Deckenventilator und benutzen das blau-gelb gestreifte Laken, das wir mit Wasser besprengt haben, als notdürftige, aber hoch willkommene Klimaanlage.

Anna, die in der Hitze nicht einschlafen kann, sucht etwas Entspannendes zum Lesen. In einem Motelzimmer hätte sie ohne Zweifel zumindest eine Bibel gefunden, aber hier auf dem fast leeren Bord findet sie nur die Schriften des Ashrambegründers Sri Aurobindo, eines Wegbereiters der indischen Unabhängigkeitsbewegung zu Beginn des 20. Jahrhunderts und späteren spirituellen Meisters. Sie schlägt das Buch irgendwo auf und liest laut. Der erste Abschnitt endet mit den Worten:

Und was zerstört, muss wieder neu gebaut
und Altes wieder neu erfahren werden.

Aurobindos Worte wiegen mich in den Schlaf, und beim Einschlafen denke ich noch, was wir hier wohl erleben werden. Vielleicht stellt sich heraus, dass Aurobindo den Nagel auf den Kopf getroffen hat.

Der »freie Baum«

Am nächsten Morgen bringt uns ein zerbeultes schwarzes Taxi zum Büro von Dr. Vandana Shiva, von deren Bauernbewegung wir uns Antwort auf viele unserer drängenden Fragen erhoffen.

Vandana hat schon alle möglichen Titulierungen erhalten, von »Pseudowissenschaftlerin« bis hin zu »Gandhi des neuen Jahrtausends«. Die ehemalige Atomphysikerin, die stets den Sari trägt, ist kräftig gebaut, hat eine Stimme, mit der sie in großen Stadien Tausende erreicht, und ist unbestreitbar eine der herausragendsten Umwelt-Aktivistinnen der Welt.

Während sich unser Taxi an Fahrrädern und Motorrollern vorbei durch die voll gestopften Straßen windet, unterhalten Anna und ich uns über die scheinbare Allgegenwart Vandanas. Im vergangenen Jahr haben wir mitbekommen, wie sie überall Menschenmassen in ihren Bann zog, von gepiercten Anarchisten in Seattle bis hin zu Geschäftsleuten in 3000-Dollar-Armani-Anzügen in New York, und wir haben Dutzende von Artikeln aus ihrer Feder in diversen Zeitungen wie der *New York Times* oder dem *New Hindu* gelesen.

Es ist fünfzig Jahre her, seit Indien die Unabhängigkeit erlangte, und Vandana sieht sich eine ähnlich wichtige Schlacht schlagen. Diesmal ist der Kampf gegen die internationalen Konzernmanager und Wirtschaftskommissare gerichtet, denen Vandana vorwirft, die Unabhängigkeit Indiens ebenso zu bedrohen wie seinerzeit die britischen Imperialisten.

Wir sind deshalb erstaunt, als unser Taxi in eine schmale Wohnstraße einbiegt und vor einem kleinen Haus hält. Auf einem bescheidenen Schild steht der Name der Organisation: »Stiftung für Wissenschaft, Technologie und Ökologie«, und wir werden wieder daran erinnert, dass man Einfluss nicht mit Geld gleichsetzen darf. Jetzt wissen wir, warum Vandanas Organisation einen so klangvollen, bombastischen Namen trägt – selbst wir haben uns davon narren lassen.

Wir steigen die Stufen der Veranda empor und müssen dabei an einem Generator vorbei, der wie ein Automotor aussieht und wie ein Traktor klingt und von dem Leitungen wie Krakenarme in das Büro kriechen. Eine zuverlässige Stromversorgung der Computer ist entscheidend, denn die Internetverbindungen sind die Lebensadern der Organisation.

Kaum sind wir drinnen, wird mein Blick magisch auf einen Baum gelenkt, der auf die hohe hellgrüne Wand des Büros gemalt ist. Seine Äste strecken sich bis zur Decke, und hier und da sind detailliert gezeichnete Tiere zu erkennen.

»Das ist der Neembaum«, sagt einer der Mitarbeiter, die wir in dem gemütlichen Büro antreffen. Wir wissen nicht, was es mit dem Neembaum auf sich hat, aber die Mitarbeiter überbieten sich gleich, uns aufzuklären.

1994 erhielten das US-Agrarministerium und W. R. Grace, einer der mächtigsten Chemiekonzerne, das Patent auf ein aus indischem Neemöl gewonnenes Fungizid.

Vandanas Stiftung erhob mit verschiedenen anderen internationalen Gruppen zusammen Klage dagegen mit der Begründung, das Patent erhebe unfairerweise »Besitzanspruch« auf ein Wissen, das indische Bauern und Heiler über Jahrhunderte angesammelt hätten. 2000 Jahre alte indische Schriften belegen bereits die vielfältigen Anwendungsmöglichkeiten von Neem.

»Als Kinder haben wir uns mit Neemöl die Zähne geputzt, die Haare gewaschen oder es als Seife benutzt«, erklärt uns Kusum Menom, eine Kollegin Vandanas. »Neem ist keineswegs etwas, das einer fernen Vergangenheit angehört, sondern Bestandteil des täglichen Lebens.«

Auch heute wird es für diese und andere Zwecke verwendet, unter anderem zum Schutz vor Insekten, in Kosmetika, ja selbst als Verhütungsmittel. Es ist zudem wirksam gegen die Mittelmeerfruchtfliege, die in den Vereinigten Staaten laut amtlicher Verordnung mit dem gefährlichen Spritzmittel Malathion bekämpft werden muss.

Im Kampf gegen das Neempatent hat eine indische Delegation mit Unterstützung von Vandanas Gruppe eine von einer halben Million Indern – Bauern, Kindern, Hausfrauen und Geschäftsleuten – unterzeichnete Petition beim Patentamt eingereicht, mit der die Aufhebung des Patents gefordert wird.

Gute fünf Jahre nach Bewilligung des ursprünglichen Patents fällte das Europäische Patentamt in München seine Entscheidung, die mit spürbarer Spannung erwartet wurde. Wir sind genau zwei Wochen nach dem Sieg hier: Das Patentamt hat sich zugunsten der Stiftung entschieden und das an die USA vergebene Patent mit der Begründung zurückgezogen, dass »die darin aufgestellten Behauptungen keine Neuerung gegenüber dem vorherigen Gebrauch in Indien darstellten«.[34] Die Entscheidung berief sich auf die 1997 erfolgte Aufhebung eines Patents auf Kurkuma durch das US-Patent- und Markenschutzamt mit der Begründung, die Firma könnte keinen Neuheitsanspruch erheben.

»Sie müssen wissen, dass es bei diesem Sieg nicht nur um Neem geht«, stellt Afsar Jafri klar, ein junger Wissenschaftler der Stiftung, der durch seinen schmächtigen Körperbau und seine glatte Haut jünger aussieht, als er ist. »Es ist ein Präzedenzfall. Dadurch wird es leichter, auch andere Patentierungen in Frage zu stellen.«

Der Crashkurs über Neem macht uns bewusst, dass ein Patentrecht, das in hoch industrialisierten Ländern entwickelt wurde, nicht für alle Länder dieser Welt gleichermaßen passt. Beispielsweise haben wir in den Industrieländern für gewöhnlich die Vorstellung, Erfinder würden »herumbasteln« und so auf technische Neuheiten stoßen. Aber was ist, wenn der wahre Wert in etwas liegt, was die Natur *selbst* ohne menschliches Zutun entwickelt hat? Was ist, wenn das Verdienst des Menschen nur darin besteht, das Geniale der Natur zu entdecken? Uns wird weisgemacht, Patente wären notwendig, weil es sonst keine Neuheiten gäbe und Erfindern ihre Pfiffigkeit nicht angemessen gelohnt würde. Aber was wäre, wenn die Welt nicht aus finanziellen Gründen zu Innovationen inspiriert würde, sondern durch ein gemeinschaftliches Eigeninteresse? Und was ist, wenn Erkenntnisse – ohne Patente und gesetzliche Regulierungen – frei verbreitet werden und die Kreativität entfachen, die uns letztlich die heiß begehrten Innovationen beschert?

So scheint es bei Neem zu sein.

Patente wie das Neemölpatent bringen denen finanziellen Gewinn, denen sie zugesprochen werden, während die wahren »Erfinder«, die Inder, die schon vor Urzeiten die vielen Nutzungsmöglichkeiten von Neem entdeckt und öffentlich bekannt gemacht haben, leer ausgehen. Unser Patentrecht ist einfach nicht dafür ausgelegt, die Frucht gemeinschaftlich erarbeiteter Innovationen anzuerkennen und zu belohnen.

Bei der Art und Weise, wie das amerikanische Patentrecht – das jetzt weltweit gelten soll – funktioniert, spielt es zum Beispiel keine Rolle, ob Kusum ihr Wissen an ihre Enkel weitergibt und ihnen erklärt, wie Neemöl als Zahnpasta, gegen Fieber und Kopfschmerzen oder Durchfall angewendet werden kann. Eine »Erfindung« ist dieses Wissen so lange nicht, wie es nicht in die Sprache der westlichen Wissenschaft übersetzt ist. Erst dann wird der »Erfinder« anerkannt und mit monopolistischen Besitzrechten ausgestattet.

Man erinnere sich jedoch, dass diese Form der Patentierung brandneu ist. In den USA war ebenso wie in Indien eine Patentierung jeglicher Lebensformen verboten, bis Anfang der 70er Jahre die Gesetze geändert wurden, um die Patentierung von Pflanzen zu ermöglichen, die sich geschlechtlich vermehren, und das Oberste Bundesgericht 1980 erfolgreich Gesetze aufhob, die eine Patentierung lebender Organismen verhinderten. Ich kann mich nicht entsinnen, dass das eine breite öffentliche Debatte ausgelöst hätte, dabei kann man sich kaum eine Entscheidung mit schwerwiegenderen Auswirkungen für die Öffentlichkeit vorstellen als die Patentierung von Leben.

»Kennen Sie den alten Namen des Neembaums?«, fragt uns Kusum und beugt sich zu uns. »Er hat ihn vor Tausenden von Jahren in Persien erhalten.«

»Die Perser nannten ihn ›Azad-Darakht‹, den ›freien Baum‹«, sagt sie lächelnd und augenzwinkernd. »Sie wussten schon, warum.«

Der uralte Baum wird noch andere Kämpfe überstehen müssen, um seinem Namen treu zu bleiben. Anfang der 90er Jahre, als den Amerikanern das Neempatent bewilligt wurde, gab es schon vier andere Patente auf den Neembaum. Heute bestehen über neunzig Patente auf die Wirkstoffe des »freien Baums« und weitere vierzig sind beim Europäischen Patentamt angemeldet.

Das neue Spinnrad

Wir sind noch ganz gefesselt von der Geschichte des Neembaums, als Vandana eintrifft und uns mit Umarmungen und einer Freundlichkeit begrüßt, die uns verblüfft angesichts ihres Rufes als streitbare Person und ihres Frontalangriffs gegen die von Konzernen angestrebte Globalisierung, die ihrer Meinung nach Hunderte von indischen Bauern umbringt und die Lebensgrundlagen weiterer Millionen bedroht.

Vandana hat nur kurz Zeit für uns, weil sie zu einem Treffen mit Regierungsvertretern muss, um ihre Einwände gegen die Privatisierung der Wasserversorgung von Delhi vorzubringen. Maya Jani, eine ihrer Kolleginnen und eine Freundin aus Collegezeiten, erzählt uns, dass Vandana immer häufiger von staatlichen Stellen um Rat bei einer Vielzahl von Fragen gebeten wird, wozu auch das Thema Wasserversorgung gehört.

Vandana setzt sich mit dem Rücken zum Neembaumgemälde an einen langen Holztisch mit uns und legt gleich los.

»1987 kam für mich der Wendepunkt. Ich war auf einer Konferenz mit dem Titel ›Gesetze des Lebens‹, die eine Menge Biotechnikfirmen anzog. Ein Vertreter des multinationalen Sandoz-Konzerns sagte voraus, dass zur Jahrhundertwende nur noch fünf große agrochemische Konzerne übrig sein würden und man gut daran täte, Saatgut zu patentieren.«

»Dieser Mann hat mich zum radikalen Umdenken veranlasst«, fügt sie hinzu.

»Als Indien noch britische Kolonie war, war das Land wie alle Kolonien eine reine Fabrik, die auf Kosten unserer Gesundheit Güter produzierte und billig im britischen Empire absetzte.

Gandhi war der Auffassung, dass Befreiung und Unabhängigkeit zum Teil durch die Wiederbelebung nationaler Industrien und indischer Traditionen erreicht würden.«

»Für Gandhis Kampf war die Textilindustrie entscheidend, deshalb machte er das Spinnrad zum Symbol der Bewegung. Was jetzt passiert, ist eine neue Art von Kolonialisierung durch Konzerne wie Novartis, wobei durch Monopolisierung Kontrolle über unsere landwirtschaftlichen Kenntnisse und Traditionen erstrebt wird«, erklärt sie. Dann hält sie inne und blickt uns mit Entschlossenheit an. »Da habe ich mich gefragt: Was ist denn jetzt unser Spinnrad?

Meine Antwort war: Samenkörner.«

Samenkörner, denke ich bei mir, sind womöglich ein noch stärkeres Symbol als das Spinnrad: Der Samen ist das Leben selbst. Hier in Indien kaufen vier Fünftel der Bauern kein Saatgut, sondern nehmen einen Teil dessen, was sie und ihre Nachbarn durch Anbau und Ernte gewinnen, zur Aussaat. In Indien, wo die Landwirtschaft seit Tausenden von Jahren praktiziert wird, stellen einheimische Saatgutarten die lebendige Geschichte eines ganzen Volkes dar.

Und wie ging es weiter mit den Vorhersagen des Sandoz-Vertreters, die Vandana aus dem inneren Gleichgewicht warfen?

Sie waren erstaunlich genau: Nach der Voraussage von 1987 hat Sandoz mit Ciba Geigy fusioniert, woraus 1997 der multinationale Konzern Novartis entstand. Dann legten Novartis und Astra Zeneca ihre Agrochemie- und Saatgutabteilungen zusammen und bildeten Syngenta, den inzwischen größten Agrochemiekonzern und drittgrößten Saatgutkonzern der Welt. Noch vor dreißig Jahren handelten Tausende von kleinen Züchterfirmen weltweit mit Saatgut, während heute zehn global agierende Konzerne etwa ein Drittel des Weltmarkts für Saatgut beherrschen und zu einem Großteil auch noch den verwandten Markt für Pharmazeutika und agrochemische Produkte.[35]

Moderne Piraten

In den Pausen zwischen den Gesprächen werfe ich einen Blick auf die vielen Bücher der Stiftung: Cargills *New East India Company*, *Seeds of Suicide* und mein Lieblingsbuch *Rani and Felicity: The Story of Two Chickens*, ein Kinderbuch über die industrielle Geflügelhaltung.

Auf ein bequemes Sofa gelümmelt, schlage ich *Biopiracy* auf und lese von der erhitzten Debatte um das Patent der Firma Ricetec Inc. für eine Reissorte, die dem indischen Basmatireis ähnelt, ihm jedoch überlegen sein soll. Basmatireis wird von über zwei Millionen Kleinbauern in Indien und Pakistan angebaut. Nachdem das Unternehmen 1997 das Patent erhalten hatte, zogen die indische Regierung und Vandanas Organisation vor Gericht und erklärten, die Produktlinie stamme von indischen Sorten ab und sei keineswegs eine »Neuheit« – was das ausschlaggebende Kriterium für eine Patentierung ist.[36]

Den Piraten früherer Jahrhunderte vergleichbar, stiehlt Ricetec vorsätzlich Reichtum, der durch die harte Arbeit und den Erfindungsgeist der Leute hier gewonnen wurde. (Dem Bericht einer kanadischen Gruppe zum Thema »Reispatentierung« entnehme ich, dass Ricetec zu 100 Prozent Fürst Hans Adam II. von Liechtenstein gehört; damit erhält das Piratenbild einen ganz neuen Aspekt.) Nach jahrelangem Rechtsstreit verliert Ricetec einiges an Boden und darf unter anderem den Namen »Basmati« nicht mehr verwenden, denn wie im Fall von Champagner oder Bordeaux erkennt das Gericht an, dass es sich bei Basmati um einen Gebietsnamen handelt und dieses Gebiet auf dem indischen Kontinent liegt. Er kann folglich nicht für eine Reissorte herhalten, die in Alvin, Texas, entwickelt wurde.

Ich muss immerfort daran denken, dass ich vor ein paar Monaten Basmatireis kaufen wollte und das Ähnlichste genommen habe, was ich finden konnte. Jetzt steht das halbe Glas »Jasmati« von Ricetec zu Hause, und ich komme mir wie eine Komplizin der Piraten vor.

Anna

Im Panna-Himmel

Als Vandana zu ihrem Treffen eilt, wird uns klar, dass wir sie wohl nicht oft zu sehen bekommen werden. Am Vormittag machen wir uns zu den Vorbergen des Himalaja auf, ohne recht zu wissen, was uns dort erwartet; wir wissen nur, dass wir Bauern kennen lernen werden, die zu der Bewegung gehören, mit der die Stiftung die landwirtschaftliche Vielfalt Indiens erhalten und Nahrungssicherheit herstellen will. Die Bewegung heißt *Navdanya*, »Neun Samenkörner«.

Navdanya schließt auch die Städte in ihre Strategie ein. Eine Verbindung zwischen Stadt und Land stellt sie unter anderem durch Feste her, auf denen sie die traditionelle Nahrungsvielfalt der indischen Küche vorstellt. Bevor wir in die Dörfer hinauffahren, bereitet Maya uns darauf vor, was wir auf einem solchen Fest, das heute stattfindet, sehen und schmecken werden.

Seit sich die indische Wirtschaft multinationalen Konzernen geöffnet hat, erklärt uns Maya, ist das Land ein heißer Tipp für neue Industrien geworden. »Aber trotz des zunehmenden Wohlstands hier – achten Sie mal auf all die Angebote für High-Tech-Jobs –, ist die Ernährungslage noch schlimmer geworden. Auch die Gewalt gegen Frauen hat zugenommen. Die Kräfte des Marktes begünstigen bestimmte Gruppierungen, die immer gefühlloser werden. Selbst die alte Wohltätigkeitsmentalität ist im Schwinden begriffen.«

In den knapp zehn Jahren, in denen Pepsi und Coca-Cola wieder Einzug halten konnten in Indien, haben sie mit ihren vor Ort hergestellten Produkten den Markt überschwemmt. Coca-Cola ist inzwischen der größte ausländische Investor in Indien. Bei meinen Recherchen für die *Öko-Diät* habe ich voller Entsetzen gelernt, dass eine Cola oder Pepsi den gleichen Zuckergehalt wie ein Stück Schokoladentorte hat, aber keinerlei substanziellen Nährwert.

Navdanya sieht voraus, dass Indien sehr schnell in das radikale Ernährungsexperiment einsteigt, wie wir es in Kapitel 2 genannt haben, das Herzkrankheit, Krebs und Diabetes mit sich bringt. Die Bewegung fürchtet, dass die mageren finanziellen Mittel für das Gesundheitswesen – die in Indien weniger als ein Prozent dessen betragen, was Industrieländer pro Person ausgeben – noch weniger als bisher den Bedürfnissen der Armen zugute kommen, die nach wie vor mit Ansteckungskrankheiten zu kämpfen haben.

»Navdanya«, erklärt uns Maya, »will die traditionelle einheimische Nahrungsvielfalt davor bewahren, durch ungesunde Genussmittel verdrängt zu werden – und zwar schnell, bevor der Geschmack der Leute durch Cola und Pepsi vollkommen verdorben ist. Unsere Feste dienen dazu, den Menschen wieder Vertrauen zu ihren Traditionen einzuflößen.«

Es ist später Nachmittag, als wir am Vorposten Navdanyas auf einem Marktplatz in Delhi ankommen. Ich bin völlig ermattet von der Hitze und unglaublich durstig, deshalb spitze ich gleich die Ohren, als Maya uns sagt, dass wir Glück hätten, weil wir genau richtig zum *Panna*-Fest (*Panna* ist Hindi und bedeutet »Getränk«) eingetroffen seien, das mit traditionellen kühlenden Getränken gefeiert würde.

»Wir möchten, dass Sie alles probieren. Es wird Ihnen bestimmt schmecken«, sagt Kusum; sie braucht mich wahrhaftig nicht zu überreden.

Die auf einem Platz abseits eines verkehrsreichen Boulevards liegenden Marktbuden quellen über von Saris und billigem Tand, und dazwischen schieben sich dicht gedrängt Touristen und Einheimische hindurch. Der kunstvoll dekorierte Lebensmittelstand Navdanyas hebt sich wohltuend von den meist recht schmucklosen anderen Buden ab. Mit dieser Absatzmöglichkeit für einheimische Obst-, Gemüse- und Getreidesorten, die vom Aussterben bedroht sind, schlägt Navdanya eine Brücke zwischen Biobauern, die in der Bewegung organisiert sind, und städtischen Verbrauchern.

Laternen aus handgeschöpftem Papier und getrocknete Samen hängen von der Decke, und die Grenze des Stands ist durch gemalte Spiralen markiert, die mit Ringelblumen bestreut sind. »Das haben wir heute zu Ehren Ihres Besuches gemacht«, sagt Kusum.

Bei der Unterhaltung mit Navdanya-Mitarbeitern und Kunden, wie einem örtlichen Geschäftsmann und einem 80-jährigen Nutzgartenaktivisten, kommen wir so richtig auf den Geschmack des *Panna*-Fests. Ein Glas nach dem anderen wird uns gereicht. Wir kosten nicht nur, wir schütten alle acht gefeierten Getränke – darunter ein blutrotes Rhododendrongebräu, so dick wie Haferschleim, süßer Mangonektar und ein leichter, säuerlicher Litschisaft – genussvoll in uns hinein.

Als wir uns durch den schleppenden Verkehr Delhis mit seiner verpesteten Luft, der allgegenwärtigen Werbung, den Marktständen und Buden, Hausierern und Straßenhändlern einen Weg zum Büro zurückbahnen, fallen uns überall die Coca-Cola- und Pepsi-Reklamen ins Auge. Das wohlmeinende *Panna*-Fest auf dem abgelegenen Marktplatz erscheint uns jetzt wie der sprichwörtliche Tropfen auf den heißen Stein, wenn auch ein köstlicher. Aber dann rufe ich mir ins Gedächtnis zurück, dass Navdanya ja noch am Anfang steht. Über Gandhi hat man auch erst gelacht.

Und ich erinnere mich an die wunderbaren *Panna*-Spezialitäten, in denen wir geschwelgt haben, und glaube wieder an die Macht des Genießens. Anna und ich schwören, nie im Leben je wieder eine Pepsi anzurühren.

»Zonen der Freiheit«

Wir fahren mit einem überfüllten Zug von Delhi nach Vandanas Heimatort Dehra Dun, einer Stadt mit etwa 300 000 Einwohnern in einem Tal am Fuß des Himalaja. Dort haben Navdanya und die Forschungsstiftung ihren Anfang genommen.

Als wir auf dem Bahnhof aussteigen, landen wir in einer Menschenmenge, und wir fragen uns, wie uns unser Führer je hier finden soll, bis wir merken, dass wir die einzigen Westler sind. Vinod Kumar Bhatt, 32 Jahre alt und Navdanya-Agronom, begrüßt uns mit freundlichem Händeschütteln und den Worten:»Sie beide sehen genauso aus wie auf Ihrer Website!« Zuerst sind wir erstaunt. Wir hatten gedacht, meilenweit entfernt zu sein von elektronischen Medien, doch dann fällt uns wieder ein, wie stark die Organisation das Internet nutzt, um die interne Kommunikation aufrechtzuerhalten, Informationen einzuholen und mit einem weltweiten Netzwerk in Kontakt zu bleiben. Vinod macht uns mit Negi Darban Singh bekannt, einem drahtigen Mann mit einem dünnen Schnurrbart und gewelltem Haar. Negi ist der Bezirkskoordinator von Navdanya und für die nächste Woche unser Dolmetscher und energiegeladener Führer.

Als wir im offenen Jeep vom Bahnhof in die Stadt hineinfahren, können wir uns kaum unterhalten, solchen Lärm machen die Motorroller. Der Verkehr ist das reine Chaos, und jede Mauer, an der wir vorüberfahren, ist abgasgeschwärzt – unsere Gesichter, Hälse und Kehlen auch bald. »Vor dreißig Jahren gab es hier bloß zwei Motorroller«, übertönt Negi den Höllenlärm.

Zum Glück bleiben wir nicht lange in der Stadt, sondern fahren in die nähere Umgebung Dehra Duns, zur Modellfarm Navdanyas, wo die Bauern lernen, Wissen und Saatgut miteinander zu teilen, einheimisches Saatgut zu erhalten und ökologisch zu wirtschaften.

Die Farm gehörte ursprünglich zum Besitz von Vandanas Familie. Als Vandana uns von ihrem ersten Büro im Kuhstall ihrer Eltern erzählte, hatte mich die Parallele zu meinem eigenen Leben amüsiert. Auch ich hatte eine alte Scheune in Wohn- und Arbeitsräume umgewandelt und die unveränderten Pferdeboxen als Büchernischen genutzt.

Negi und Vinod geben uns die fehlenden Informationen. »Wir haben fünfzehn Dörfer von der konventionellen Landwirtschaft mit Einsatz von Chemikalien zum ökologischen Landbau bekehrt. Jetzt bin ich dabei, weitere zwanzig zu bearbeiten«, erklärt Negi. Es verblüfft mich, dass Negi, wie viele Leute, den Begriff »konventionell« für den Landbau mit Chemieeinsatz verwendet, den es hier vor dreißig Jahren noch gar nicht gab – so schnell wird etwas »konventionell«!

Bei Negis Schilderung seiner Tätigkeit merke ich, dass er wirklich Pionierarbeit leistet und etwas bewegt. Statt nur Saatgut in die Dörfer zu tragen, ermutigt er die Bauern dazu, die Vielfalt ihrer eigenen Sorten zu würdigen und zu bewahren und die Praxis des Saatgutaustauschs wiederzubeleben.

Mir kommt in den Sinn, dass ich im Flugzeug von dem gelesen habe, wovon er redet: von den »Zonen der Freiheit«, wie Vandana Dörfer nennt, die sich zur Ablehnung von chemischen Düngemitteln und Pestiziden, genmanipuliertem Saatgut und Patentierungen des Lebens verpflichten.

Als wir uns der Navdanya-Farm nähern, umfängt uns Stille, ein angenehmer Kontrast zur lauten Betriebsamkeit Dehra Duns. Vinod beschreibt uns, was wir sehen werden – oder uns vorstellen müssen, da unsere Reisezeit zwar gut gewählt war, weil wir das *Panna*-Fest miterleben konnten, dass wir aber, so Vandanas warnender Hinweis, nicht viel Grün rings um Dehra Dun sehen dürften.

Von der Betonveranda des kleinen Gebäudes aus, das die Saatkollektion beherbergt, schauen Anna und ich über die Felder, die bald eingesät werden. »Wir ziehen hier 50 verschiedene Arten mit 400 verschiedenen Sorten. Allein beim Reis haben wir 245 Varietäten«, klärt uns Vinod in seiner ruhigen Art auf. »Wir sammeln immer neue Sorten bei den Bauern ein und fügen sie jedes Jahr unserem Sortiment hinzu.«

Während er spricht, muss ich daran denken, dass Vandana bitter über Indiens derzeitigen Pseudo-Getreideüberschuss gespottet hat, wie sie es nannte – »Pseudo« deshalb, weil er die rückläufige Produktion vielfältiger, nährstoffreicher Nahrungsmittel verschleiert, die Kleinbauern traditionsgemäß anzubauen pflegten, zum Beispiel Hülsenfrüchte, Ölsaaten, verschiedene Hirsesorten und anderes. Seit Einführung der Grünen Revolution mit ihrer Konzentration auf Getreide ist in Südasien der Verzehr von Hülsenfrüchten, die einen viel höheren Eiweiß-, Vitamin- und Mineralstoffgehalt haben als Getreide, um die Hälfte zurückgegangen.

Wie wichtig es ist, die landwirtschaftliche Vielfalt zu schützen, wird mir klar, wenn ich an den rapiden Sortenschwund weltweit denke. In Indonesien beispielsweise hat sich seit den 80er Jahren *eine einzige* Reissorte durchgesetzt, was erschreckend ist, denn so ist keine Nahrungssicherheit gewährleistet. Hier auf der Modellfarm wachsen Hunderte von Sorten, und das auf nur fünf Hektar Fläche. Wir haben gelesen, dass Indien über die größte Reisvielfalt der Welt verfügt und Heimat von 40 000 Varietäten ist.

Brückenschlag zwischen den Kontinenten

Als Anna und ich Vinod fragen, was ihn bei seiner Arbeit am meisten überrascht hat, hätte ich erwartet, dass er von einem Durchbruch bei der Saatanzucht spricht, aber er sagt schlicht: »Am erstaunlichsten finde ich, dass die Leute sich uns anschließen. Leute, die nichts vom Ökolandbau hielten, sind nun auf unserer Seite, nachdem sie unsere Erfolge gesehen haben. Sie haben erkannt, dass Qualität und Geschmack viel besser sind, ob bei Tee, Milch, Reis, Gemüse, Zwiebeln, Kartoffeln oder sonst was.« In all den Jahren, die ich mich nun schon mit Nahrung und Hunger beschäftige, höre ich hier in Indien zum ersten Mal – aber nicht zum letzten Mal auf unserer Reise –, dass der *Geschmack* eine wesentliche Rolle spielt.

»Wir arbeiten eng mit Bauern in dieser Gegend zusammen und tauschen uns darüber aus, auf welche Weise man pflanzliche Schädlingsbekämpfungsmittel und Kompost herstellt. Die Natur sorgt für Ausgleich. Wenn auf einem Feld Krankheiten auftreten, ist auch das Gegenmittel im Feld zu suchen. Die Bauern kommen jetzt zu uns, wenn sie beispielsweise Gemüse haben wollen, das gut an Trockenheit angepasst ist, oder geeignete Feldfrüchte für die künstliche Bewässerung oder Sorten, die weniger windanfällig sind.«

Die Modellfarm demonstriert den Wert vielfältiger, oft gering geachteter einheimischer Sorten, aber sie zeigt auch, wie eine sechsköpfige Familie von weniger als einem Morgen Land gut leben kann und damit nicht nur die eigene Ernährung sichert, sondern auch noch Gemüse oder Honig für den Verkauf übrig hat. (Die Bestäubung durch Bienen ist ein wichtiger Faktor beim Ökolandbau, erklärt uns Vinod.)

Vinod erinnert mich sehr an Roland Busch, einen Mann, den ich vor Jahren in Guatemala kennen gelernt habe. Damals war er dort als Entwicklungshelfer tätig und lehrte Indios, die durch die Entstehung großer Hazienden im Tiefland in die steilen, schnell erodierenden Bergregionen abgedrängt worden waren, ihre Maiserträge zu steigern, indem sie Gräben anlegten, um die Erosion aufzuhalten. Er tat sein Bestes, aber es war schwer, dem Boden überhaupt etwas abzuringen.

Heute, zwei Jahrzehnte später, ist Roland erheblich optimistischer. Er hat mittlerweile in verschiedenen Ländern mit Kleinbauern zusammen arme Böden wieder fruchtbar gemacht. Vor kurzem sagte er mir, dass jetzt bekannt wäre, wie die meisten Böden ohne die Verwendung von kommerziellem Saatgut und mit keinerlei oder nur geringem Einsatz von Chemikalien verbessert werden könnten.

Der Schlüssel dazu ist, darin stimmen Vinod und Roland überein, die Anreicherung der Böden mit möglichst viel organischem Material. Kompost ist natürlich ideal, aber die Kompostbereitung ist sehr arbeitsaufwendig. Roland und andere experimentierfreudige Helfer säen daher »Gründüngung« zwischen den Feldfrüchten aus und sorgen für eine dichte Pflanzendecke, wodurch eine vergleichbare Wirkung erzielt wird wie beim Düngen mit Kompost, nur dass keine Kompostmieten angelegt und das Material nicht mühsam zu den Feldern transportiert werden muss. Durch Versuch und Irrtum hat Roland vier entscheidende Grundsätze herausgefunden: dass der Boden immer bedeckt bleiben muss, dass er nie stark bearbeitet werden darf, dass die Pflanzenvielfalt gewährleistet sein muss und dass die Feldfrüchte auf den sauren Böden der Tropen Nährstoffgaben (zum Beispiel Phosphor) durch Mulchen mit bestimmtem Pflanzenmaterial erhalten müssen. Ebenso wie Vinod betont Roland, dass es die armen, ungebildeten Bauern selbst sind, die diese bahnbrechenden Methoden durch Experiment, Beobachtung und Vergleich entwickeln, um unfruchtbare Flächen fruchtbar zu machen.

Ich nehme mir vor, Roland und Vinod miteinander in Kontakt zu bringen, wenn ich wieder zu Hause bin. Sie machen trotz kontinentaler und klimatischer Unterschiede ähnliche Entdeckungen.

Wie wir über die überwiegend braunen Flächen der Modellfarm blicken, sehen Anna und ich einen Bauern, der irgendetwas erntet. »Was macht er da?«, fragen wir. Schließlich wissen wir ja, dass es um diese Jahreszeit nichts zu ernten gibt.

»Er holt sich Futter für seine Kühe«, antwortet Vinod. »Die Wissenschaftler der Grünen Revolution nennen es Unkraut.«

Himalaja-Graffiti

Am nächsten Morgen klemmen wir uns mit Negi und seinem Lieblingsfahrer in einen Jeep und fahren zu einem Dorf, das Negi auf den Navdanya-Weg gebracht hat. Unterwegs schweifen meine Gedanken zu Vandana zurück, die Anna und mir erzählt hatte, wie sie den Mut fand, mit den unvermeidlichen öffentlichen Angriffen fertig zu werden, die ihr das Andersdenken eintrug.

»Meine Eltern haben meine Schwester und mich vielem ausgesetzt, wovor Stadtkinder immer gewarnt wurden und Angst hatten – Wald, Flüssen und Stammesleuten«, hatte sie gesagt. »Wir mussten sehen, wie wir allein zurechtkommen konnten, und manches tun, was normalerweise Angst macht. Wir sind zur Furchtlosigkeit erzogen worden.«

Seit Stunden sehe ich meilenweit nur Eukalyptusbäume entlang der Straßen und wundere mich, ob das die Wälder sind, die in

*Pepsi-Werbung auf Euka-
lyptusbäumen an der
Straße von Delhi nach
Dehra Dun*

*Rechts: Dorf in den Vor-
bergen des Himalaja
nahe Dehra Dun, Indien*

Vandanas Kindheit eine so wichtige Rolle gespielt haben, als Negi
mich aus meinen Träumen reißt. »Eine Pest, diese Eukalyptusbäume«, murmelt er. Vollends wach werde ich, als ich mir die Bäume
genauer anschaue und sehe, dass die Stämme eines ganzen Be-
standes mit dem nur allzu bekannten Pepsi-Logo bemalt sind: Die
Exoten sind zu lebendigen Litfasssäulen umfunktioniert.

Nach mehreren Stunden Fahrt geht es hinauf in die Berge, und
die Straße verengt sich zu einer in den Berg gehauenen Dreckpiste.
Ich hüte mich zuerst, hinabzuschauen, während wir uns immer
höher in die Vorberge des Himalaja schrauben, und danke unserem Fahrer im Stillen, dass er bei jeder Haarnadelkurve hupt. Aber
die Aussicht ist einfach zu grandios, um sie nicht zu genießen. Zarte Wölkchen schweben um die Berge jenseits des Tals, in die grüne
Terrassen geschlagen sind wie gemeißelte Stufen.

Bis wir in Pullinda, einem Dorf mit siebzig Familien, ankommen,
ist es weit nach Mittag. Die Häuser schmiegen sich ebenso wie die
Straße an den Hang. Gemalte Schriftzüge an einigen Häusern weisen darauf hin, dass die Bewohner dort zum Navdanya-Netzwerk
gehören und ihr Saatgut mit anderen Familien und den Navdan-
ya-Forschern teilen.

Negi bittet uns in einen kleinen türkisblauen Raum mit dicken
Wänden und winzigen Fenstern. Dort sitzen die Dorfgrößen – die

Ältesten samt Oberhaupt – auf dem Boden und lassen eine Wasserpfeife mit Schwanenhalsstiel kreisen. Wir nehmen auf niedrigen Hockern ihnen gegenüber Platz.

»Der Staat hat hier vor zwanzig Jahren den Einsatz von Chemie in der Landwirtschaft eingeführt«, sagt Manoj Kumar, das Dorfoberhaupt. »Wenn wir in dieser Richtung weitermachen, ist in zehn Jahren das ganze Land tot.«

Während wir das Gewicht seiner Worte in uns einsinken lassen, hören wir das sanfte Gurgeln der Wasserpfeife und riechen den feinen, süßen Duft der Tabakblätter. »Fast jeder in dieser Gegend hat Gesundheitsbeschwerden gehabt«, fährt Manoj fort. »Kopfschmerzen, Magen- und Nierenprobleme. Die Leute sind auch nicht mehr so stark. Ich bin 63 und kann noch 50 bis 60 Kilo tragen. Mein Sohn kann kaum noch 20 Kilo heben.«

»Deshalb führen wir die alten Sorten wieder ein – drei bis vier Reissorten, vier bis fünf Hirsesorten, vier bis fünf Sorten Hülsenfrüchte«, sagt er. Er zeigt auf ein paar übereinander gestapelte Säcke in einer Ecke des Raums und fügt hinzu: »Das ist Reis vom Staat, den wir immer noch bekommen. Wir säen ihn nicht einmal mehr aus, weil unser Saatgut viel besser ist.«

Aus den Stimmen von Manoj und seinen Freunden ist Angst und Hoffnung herauszuhören, und uns wird bewusst, dass diese Rückkehr zum traditionellen Saatgut keine nette kulturelle Geste ist, sondern eine Sache auf Leben und Tod.

Als wir von Pullinda abfahren, um das nächste Dorf zu besuchen, fällt Anna eine Hütte besonders ins Auge. Eine Seite der Hütte ist über und über mit großen Hindi-Schriftzeichen bedeckt.

»Negi, was heißt das?«, fragt Anna, während sie ein Foto macht.

»Wir lehnen Monsanto und die Genpatentierung ab. Wir lehnen die Terminatortechnik ab.«

Anna und ich müssen lachen. »Terminatortechnik« nennt der Volksmund die patentierte Saatgutsorte, die vor ein paar Jahren vom US-Agrarministerium und der Delta & Pine-Gesellschaft, einer früheren Tochter Monsantos, eingeführt wurde: Saatgut, das ebenso wie Hybridsamen nach einer Wachstumsperiode nicht mehr zu gebrauchen ist und die Bauern dazu zwingt, jedes Jahr neues Saatgut zu kaufen.

Ich frage mich, was die Erforscher der »Terminatortechnik« und Robert Shapiro, der Hauptgeschäftsführer von Monsanto, wohl sagen würden, wenn sie dies sehen würden.

Immer höher fahren wir hinauf. Mir geht etwas im Kopf herum: Vandana, Vinod, eigentlich alle Mitarbeiter von Navdanya haben gesagt, die Bewegung habe ihren Schwerpunkt in den Dörfern, aber was wissen Dorfbewohner schon von Gentechnologie? Beweisen die Graffiti vielleicht, dass ihnen nur eine andere fertig verpackte Ideologie verkauft worden ist, diesmal nicht die Grüne Revolution, sondern die Ideologie Navdanyas? Ich hätte Anna gern dazu befragt, aber drei Dorfbewohner, die mitfahren wollten, sind zwischen uns gequetscht; einer hält sich an den Reissäcken fest, um nicht auf der offenen Seite aus dem Jeep zu fallen. Ich behalte also meine Fragen vorerst für mich.

Die Stimme des Herzens

»Hier werden wir heute Nacht schlafen«, sagt Negi, als wir die Stufen zu einem kleinen Raum mitten in dem Dorf Ramani hinaufsteigen, das noch kleiner ist als das vorige Dorf. »Dieses Zimmer wird bald die Navdanya-Saatvorräte aufnehmen. In den Tongefäßen dort lagern bereits die ersten.«

Getreidegarben zieren die malvenfarbigen Wände des ansonsten kahlen Raums ohne fließend Wasser und sonstige Annehmlichkeiten. Aha, denke ich, dann haben wir unsere Geräte zur Wasserreinigung und die Flaschen doch nicht umsonst von Boston mitgeschleppt.

Am Nachmittag und Abend strömen unentwegt Leute herbei, natürlich alles Männer, um uns von der Saatgutbewahrung im Dorf zu erzählen und uns die Gründe zu nennen, warum sie den Landbau mit chemischen Mitteln ablehnen. Am besten bleibt uns Chandra Singh Nega in Erinnerung, ein gut aussehender Mann in den Sechzigern mit einem Büschel weißer Haare auf dem Kopf und einem blassgrünen, pyjamaartigen Anzug.

»Der hier war der Erzfeind«, sagt Negi scherzhaft über Chandra, der lacht. »Er war der größte Kunstdünger- und Pestizidhändler der Gegend. Er hat viel Geld damit verdient, aber dann ist er zur Navdanya-Farm gekommen und hat alles an den Nagel gehängt.«

»Warum denn?«, fragen Anna und ich wie aus einem Munde.

»Ich hatte auf einmal Atemprobleme und Allergien und erfuhr, dass es etwas mit den Chemikalien zu tun hatte, die ich verkaufte«, sagt Chandra. »Ich wusste, dass ich das Geschäft aufgeben musste, denn sonst hätte es mich umgebracht. Jetzt handle ich mit Tee und anderen Lebensmitteln.« Wir hören, dass sein Laden so etwas wie ein Treffpunkt ist. Leute, die von Dorf zu Dorf fahren, halten gern bei ihm an und genießen das Essen, das er mit seiner Tochter zusammen zubereitet. Später am Abend bekommen auch wir an dem einzigen Tisch des »Treffs« unser Mahl aus Reis, Linsen, Joghurt und Gurke.

Chandra erklärt uns, wie die Bauern zur Chemielandwirtschaft verführt wurden. »Es wurde damit geworben, dass sie bessere Erträge erzielen würden. Zuerst gab der Staat den Bauern den Kunstdünger gratis, um dann immer mehr Geld dafür zu nehmen. Die Bauern konnten es kaum noch bezahlen, aber da die Böden von all der Chemie verdorben waren, *mussten* sie Kunstdünger kaufen.«

Mir wird klar, dass Negi mit Chandra, dem Besitzer des örtlichen Lebensmittelladens und Männertreffs, ein Schnäppchen gemacht hat. Ihn zum Befürworter des Programms gewonnen zu haben, muss eine Menge Leute zur Nachahmung bewegen.

Beim Essen erzählt Negi uns, wie er selbst zu Navdanya gekommen ist. »Ich war im Export-Import-Handel tätig, als ich Vandanas Schwester Mira kennen lernte. Ich las immer häufiger in den Zeitungen über Vandanas Aktivitäten. Das fand ich so gut, dass ich eines Tages einfach zu der Schwester ging und sagte: ›Ich will mit Ihnen zusammenarbeiten.‹ Das war 1990, als wir diese Farm noch gar nicht hatten.«

»Ich arbeite nicht des Geldes wegen hier«, fügt er hinzu, »sondern bin der Stimme meines Herzens gefolgt.«

Lebendige Demokratie auf zwei Kontinenten

Als wir wieder in unserem schwach von einer wackeligen Laterne erleuchteten Zimmer sind und unsere Moskitonetze an der Decke aufhängen, fällt mein Blick auf ein Navdanya-Plakat an der Wand, das ich vorher gar nicht bemerkt hatte. Es stellt einen Baum dar, in dessen grünen Zweigen und Wurzelgeflecht Elefanten, Ochsen, Pferde, Früchte und allerlei Gemüse zu sehen sind. In der Mitte des Posters steht auf Englisch »Lebendige Demokratie«.

Ich schnappe förmlich nach Luft. Das sind genau die Worte, mit denen ich vor zehn Jahren meine eigene Vision von Demokratie zum Ausdruck brachte, die Worte, die den Namen meiner Organisation bilden: Zentrum für lebendige Demokratie. Ich wollte mit diesen Worten daran erinnern, dass Demokratie eine *Lebensweise* ist, etwas, das wir im täglichen Leben praktizieren, und keineswegs etwas, das über unseren Kopf hinweg für uns getan wird. Um die Wurzeln des Hungers zu erreichen, musste ich die Demokratie unter die Lupe nehmen – wer eigentlich Entscheidungen trifft, wessen Stimme eigentlich zählt. Navdanya drückt mit diesem Begriff ihre Vision von Demokratie aus, die über das von Menschen Geschaffene, über die Institutionen, hinausgeht, eine Demokratie, die mit allem Lebendigen verbunden ist. Mit den Früchten, Fischen und Blumen auf dem Poster wird diese Idee gefeiert.

Mit den Jahren scheinen einige Bekannte an mir irre geworden zu sein, als sei ich vom Anti-Hunger-Pfad abgewichen. Diese Worte hier in dem winzigen Dorf am Fuß des Himalaja zu finden ist für mich wie eine Bestätigung der inneren Logik meines Lebensweges. Unter meinem Moskitonetz denke ich daran, wie mir die »lebendige Demokratie« bis zum anderen Ende der Erde gefolgt ist.

Bei diesem tröstlichen Gedanken schlafe ich fest ein, bis mich ein Moskitoangriff auf Anna aufschreckt – er stellt wieder ihre Qualitäten als praktischer Mückenschutz unter Beweis – und dazu führt, dass wir Streichhölzer anzünden und eine hektische Suche nach dem Übeltäter beginnen, die damit endet, dass ich ein Loch in das Netz brenne.

Bei Morgenanbruch ist es nebelig, aber relativ mild. Wir gehen zu Fuß weiter. Barmherzigerweise steigen wir erst einmal in Kehren bergab. Auf der anderen Seite des Tals kann ich Bauern bei der Ernte sehen und Frauen, die Wasser für den Tag holen. Zu vorgerückter Vormittagsstunde erreichen wir Uttirchha, ein Dorf, dessen achtzig Familien in weiß getünchten Häusern aus Stein und Lehm wohnen, die sich eng an den Berghang schmiegen. Schmale Treppen verbinden Häuser und gepflasterte Innenhöfe miteinander.

Wir wissen nun von der Existenz der *Jaiv Panchayat*, wie »lebendige Demokratie« auf Hindi heißt, aber nicht, was darunter hier zu verstehen ist. Wir sind eingeladen, auf einem der großen Höfe die Dorfältesten kennen zu lernen. Ein Strauß orangener Blumen auf einem gedrungenen Holztisch begrüßt uns. Der Tisch dient aber nicht nur Dekorations-, sondern offenbar noch anderen Zwecken. Er steht da, damit Darshan Lal Chowary uns zeigen kann, was *Jaiv Panchayat* wirklich bedeutet, statt es uns nur zu erzählen.

Darshan, dem sein starkes, kantiges Gesicht mit den tiefen Furchen etwas Königliches verleiht, schlägt ein dickes Buch auf, in dem auf jeder Seite das Exemplar einer Spezies zu sehen ist – ein Blatt oder ein Samen der Pflanzen dieser Dorfgemeinschaft. Darunter stehen die botanische Bezeichnung und detaillierte Angaben zu ihrer Verwendung.

»Wir dokumentieren all unsere ökologischen Quellen, all unsere Pflanzen und Tiere«, erklärt uns Darshan. »In diesem Buch werden wir beschreiben, wozu diese Pflanzen benutzt werden, ob als Nahrung, Tee oder Arzneimittel. Wir werden über tausend Pflanzen hier drin haben und auch nicht annähernd fertig sein.«

»Jetzt kann niemand mehr in unser Dorf kommen und ein Patent auf diese Pflanzen anmelden mit der Behauptung, ihren Verwendungszweck entdeckt zu haben«, fährt er fort. »Jeder, der das machen will, muss erst unsere Zustimmung haben.« Er zeigt auf die Kinder, die sich um uns geschart haben, und fügt hinzu: »Es ist außerdem eine Möglichkeit, die Erinnerung wach zu halten und unser Wissen an die nächste Generation weiterzugeben.«

Ich muss an Vandanas Äußerung denken, dass in Indien das Saatgut der Einstiegspunkt für eine Rückbesinnung auf die eigene Kultur und sinnvoller ist als die Globalisierung und die Reduzierung allen Lebens auf Konsumgüter. Durch Verzeichnisse wie das Buch der Arten, das uns an diesem Morgen vorgelegt wird, können Bauern darauf pochen, dass ihre Rechte älter sind und Vorrang haben vor angeblichen Erfindungen. Laut Vandana ist es Ziel der Bewegung, die Konzerne daran zu hindern, geistige Eigentumsrechte für ein Wissen zu beanspruchen, das indischen Bauern gehört.

Da fast alles, was in Indien angebaut wird, aus eigenem Saatgut der Bauern selbst gezogen wird und nicht von multinationalen Konzernen stammt, ist leicht einzusehen, warum die Bauern besorgt sind, dass das, was sie in Eigenarbeit entwickelt haben, von anderen vereinnahmt werden könnte. Die Märkte der Industriestaaten sind weitgehend gesättigt, sodass die multinationalen Saatkonzerne natürlich geradezu darauf versessen sind, sich den gewaltigen Markt hier zu erschließen. Was für Absatzmöglichkeiten! Man braucht bloß die Bauern davon zu überzeugen, dass ihr traditionelles Saatgut unergiebig ist und sie lieber das angeblich ertragreichere neue ausbringen sollten – das sich nicht reproduzieren lässt –, und sie hängen am Fliegenfänger und müssen kaufen. Voilà – Profite in Riesenhöhe.

»Wir haben schon tausend Postkarten an die Regierung geschickt und deutlich gemacht, dass wir gegen die Saatgutpatentierung sind«, sagt Negi. »Wir haben außerdem an die Firma W. R. Grace geschrieben und gegen die Neemölpatentierung protestiert, und wir sind gegen das Kurkumapatent Sturm gelaufen.«

Das Verzeichnis der heimischen Tiere und Pflanzen ist nur ein Teil dessen, was Negi hier in die Wege leitet. Uttirchha gehört auch zu den Dörfern, die von der Modellfarm lernen. Durch die Farm und durch seine Besuche in den Dörfern hilft Negi allen, von der Chemiekeulen-Landwirtschaft freizukommen.

»Vorher gab es kein großes Schädlingsproblem in dieser Gegend«, bemerkt Darshan. »Wir hatten eigentlich nur *ein* Problem – Pilzerkrankungen. Also sagte der Staat: ›Nehmt Pestizide, ihr bekommt sie umsonst.‹ Wir setzten Pestizide ein, und dabei müssen wir viele nützliche Insekten umgebracht haben, denn von da ab hatten wir viele Schädlinge. Und die Pestizide gab's plötzlich nicht mehr gratis. Wir mussten sie kaufen. Das Essen schmeckte nicht mehr so gut, und wir fühlten uns nicht wohl – wir hatten allerlei Beschwerden wie Bauch- und Muskelschmerzen und Atemprobleme.«

Während wir mit Darshan und den anderen Dorfältesten reden, lichtet sich allmählich der Morgennebel, und ich kann weit, weit ins Land schauen. Man kann sich kaum vorstellen, dass diese Berge mit Kunstdünger und Pestiziden verseucht worden sind. Sie wirken makellos. Negi ist entschlossen, dafür zu sorgen, dass das Land wieder so gesund wird, wie es aussieht. »Ich habe ihnen gesagt, dass es fünf bis sieben Jahre dauert, bis die Chemie wieder aus den Böden verschwunden und das Bodenleben wiederhergestellt ist«, erklärt er uns. »Wir helfen ihnen schon seit einigen Jahren, und sie müssen noch ein Jahr durchhalten.«

Der letzte ehrliche Mensch

Nach dem Mittagessen machen wir uns auf den Weg nach Charekh, einem Dörfchen mit nur 35 Familien, die laut Negi noch nie Besuch aus dem Westen hatten.

Während wir auf schmalen Pfaden hinaufsteigen, behalte ich Anna im Auge, die in Anpassung an die fremde Kultur, in der Frauen keine Hosen oder Shorts tragen, mit einem langen, braun karierten Rock vor mir geht. Ich trage das gleiche in Schwarz. Wie man sieht, hatten wir nichts für eine Bergwanderung eingepackt.

Anna lacht. »Und da wollen einem die Sportbekleidungsfirmen immer ihr High-Tech-Zeug andrehen – die sollten mal unsere Sandalen sehen!«

Als wir in der Abenddämmerung in Charekh ankommen, ist es durch die Höhe, die wir gewonnen haben, kühler geworden; Wolken sind aufgezogen und hüllen das Dorf in weiße Watte. Anna fröstelt und wickelt sich in unser Grameen-Tuch. Wir sitzen auf einem steinernen Treppenabsatz, wo man uns mit dem Dorfältesten Harenda Singh bekannt macht, dessen ruhige, durchdringende grüne Augen von innerer Gelassenheit zeugen.

»Er ist das einzige ehrliche Dorfoberhaupt in dieser Region«, sagt Negi und legt seinem Freund den Arm um die Schultern. Er hatte uns bereits erzählt, dass die meisten Dorfvorsteher von den Weltbankkrediten etwas für sich abzweigen, dass sie häufig bestechlich sind oder Gelder des Dorfes veruntreuen. Darum frage ich gleich, warum er ehrlich ist, wenn doch die anderen betrügen.

»Warum sollte ich jetzt noch meinen Grundsätzen untreu werden?«, sagt Harenda. »Ich bin 56, und bald werde ich mich vor Gott rechtfertigen müssen.«

Statistisch gesehen hat er Recht – die durchschnittliche Lebenserwartung von Männern beträgt in Indien 62 Jahre. Mir wird bewusst, dass er genauso alt ist wie ich, nur dass ich das Gefühl habe, an einem Neuanfang meines Lebens zu stehen und hoffentlich noch fruchtbare, erfahrungsreiche Jahrzehnte vor mir zu haben. Aber wenn ich an die reale, lebensfeindliche Armut hier denke, schaudert's mich.

An diesem Abend füllt sich unser winziges Zimmerchen mit Großmüttern, Müttern und kleinen Kindern. Wir können uns zwar nicht unterhalten, aber wir verständigen uns durch Gesten, Scherze und Gesang. Anna gibt ihr beschränktes Repertoire an Schattenspielen zum Besten, und beide singen wir mehr schlecht als recht, wofür wir uns im Stillen bei ihm entschuldigen, Pete Seegers Lied: »Dies Land ist dein Land, dies Land ist mein Land.«

Dorfvorsteher Harenda Singh

Es regnet am nächsten Morgen, als wir losziehen. Wir klettern hinter dem Dorf in steilen Kehren den Berg hinauf und sehen von oben nahezu alle Dorfbewohner zusammengedrängt unter einem Felsvorsprung stehen, wie sie, mit Babys auf den Hüften, kleinen Kindern an der einen Hand und Regenschirm in der anderen, zu uns hinaufwinken. Sie winken und winken. Auch wir winken, bis das Dorf schließlich von schweren grauen Wolken verschluckt wird.

Auf dem steinigen Pfad zur Straße zurück erzählt uns Harenda, dass sein Dorf eines der wenigen Dörfer dieser Gegend ohne Straßenanbindung ist. Er hätte das nötige Bestechungsgeld für den Bau nicht bezahlen wollen, erklärt er.

In knapp zwei Stunden umrunden wir den Berg auf einer letzten Wegschleife und sehen terrassierte Berge, so weit das Auge reicht. Anna macht ein paar Panoramaaufnahmen.

Dann sehe ich, wie sie förmlich nach Luft schnappt. »Guck doch mal, Mom«, sagt sie. Genau bevor sie das letzte Foto geschossen hat, ist der einzige Mensch, dem wir auf unserer gesamten Wanderung begegnen, um eine Wegbiegung gekommen und ins Bild spaziert. Eine Frau im aquamarinblauen Sari, der über den Boden schleift, die eine Hand erhoben, um einen schweren Jutesack mit Reis festzuhalten. Es ist, als wäre sie zur Mahnung erschienen: Dies ist keine romantische Szene! Vergesst nicht, dass die Dorfältesten zwar alle Männer sind, die Schwerarbeit jedoch von Frauen verrichtet wird, im übertragenen wie im wörtlichen Sinne.

Die düstere Zukunft des Punjab

Unser nächster Halt nach den Vorbergen des Himalaja ist der Punjab – und er liegt uns schwer auf der Seele, denn er ist *das* Versuchsfeld für die Grüne Revolution und zudem der heißeste indische Bundesstaat unserer Reise. Im Punjab erreicht die Temperatur manchmal fast 50 Grad Celsius.

Jafri, der junge Navdanya-Wissenschaftler mit der leisen Stimme, bringt uns zum Bahnhof in Delhi und führt uns an den vielen Armen, die dort überall schlafen, vorbei zu unserem Nachtzug. Wir entdecken keine anderen Westler und kaum andere Frauen.

Am nächsten Tag, noch mitgenommen von unserer Ankunft um vier Uhr in der Morgenfrühe, treffen wir uns mit Sumel Singh, unserem Dolmetscher, einem Doktoranden der Kulturgeschichte des Punjab. Mit seinem der Sitte entsprechenden Vollbart und leuchtend orangefarbenen Turban sieht er älter aus als Anna, obwohl die beiden gleich alt sind. Als wir zur vorgerückten Vormittagsstunde in dem Dorf Bucho Khurd eintreffen, sehen wir, dass Sumel und Jafri eine Menge Bauern zum Gespräch mit uns zusammengerufen haben.

Der Schweiß läuft mir in Strömen herab unter dem traditionellen Gewand, das ich in Bangladesch erstanden habe, aber ich bin entschlossen, würdevoll als die angekündigte »amerikanische Autorin« aufzutreten. Anna und ich sitzen mitten auf einer offenen gemauerten Veranda mit abblätternder türkisblauer Farbe. Dutzende von Männern, die meisten mit Bart, sitzen und stehen um uns herum.

Aus Jafri und Samels erklärenden Worten, wer wir sind und was wir wissen wollen, höre ich nur die Worte Soja, Neem und Pepsi

Ein Bauer im Punjab, dem indischen Kernland der »Grünen Revolution« berichtet uns vom Kampf der Landwirte gegen Überschuldung und gegen die Verseuchung der Böden durch Agrochemikalien

heraus. Die Einführung nimmt keine Ende, aber die sichtbare Konzentration der Männer und die Lebhaftigkeit, mit der sie trotz der erstickenden Hitze reagieren, überzeugen mich davon, dass sie ganz bei der Sache sind.

Ich mustere ihre Gesichter und versuche mir vorzustellen, was sie wohl denken. Ich weiß immerhin schon, dass es Leute am Rande der Verzweiflung sind. Gerade haben sie den Kampf gegen einen Schädling verloren – die Larven des Eulenfalters, die sich besonders zu der in dieser Gegend angebauten Baumwolle hingezogen fühlen.

Mit der Baumwolle fing in den 60er-Jahren alles an, denn damals fielen die Bauern auf die Versprechungen der Grünen Revolution herein, neues Saatgut, chemische Dünge- und Schädlingsbekämpfungsmittel und moderne Landmaschinen würden den Wohlstand bringen.

Nachdem Jafri und Sumel geendet haben, spricht als Erster ein Mann mit langem weißem Bart, blau-gelb kariertem Tuch um die Hüften und dazu passendem Turban. »Der Eulenfalter ist schon 1973 hier eingefallen. Wir haben dagegen gespritzt und mussten immer mehr Spritzmittel einsetzen«, sagt er. »Aber 1990 war der Schädling immer noch ein großes Problem. Wir haben die verschiedensten Pestizide ausprobiert, alles ohne Erfolg – und dabei verbrauchen wir auch noch unser ganzes Grundwasser!«

»Die Hypothekenbank hat einem Drittel der Haushalte hier die Zwangsvollstreckung angekündigt«, berichtet ein großer Mann mit purpurrotem Turban. »Weitere Maßnahmen dieser Art werden bald folgen. Sehen Sie, um die Grüne Revolution voranzutreiben und die Bauern zur industriellen Landwirtschaft zu bekehren, hat der Staat den Preis aller dazu nötigen Mittel subventioniert«, fährt der Bauer fort. »Inzwischen müssen wir den vollen Preis bezahlen, und der ist viel höher als erwartet. Hinzu kommen unsere Ernteverluste. Fast jeder Bauer in diesem Dorf ist mit fünf bis sieben Lakh verschuldet.« Das entspricht etwa 15 000 bis 20 000 Dollar – und damit etwa dem dreifachen Jahresverdienst eines Inders in dieser Gegend.

Einmal meldet sich Jafri zu Wort, der hofft, dass diese Katastrophe die Farmer zum Umschwenken auf die ökologische Landwirtschaft veranlasst, und will hören, ob die Bauern sich wohl verlocken lassen würden, eine neue High-Tech-Methode mit genmanipulierter Baumwolle, die schädlingsresistent sein soll, auszuprobieren. Die in die Gene eingebaute Schädlingsabwehr funktioniert allerdings nur so lange, wie die Schädlinge noch nicht resistent dagegen sind.

»Sicher, her damit, die nehmen wir«, scheint die Reaktion zu sein.

Anna und ich schauen uns an. Es fällt uns einigermaßen schwer zu verstehen, dass Leute, die doch schon ähnlich verheißungsvollen Schnelllösungen auf den Leim gegangen sind, gleich zur nächsten greifen. Aber ich weiß natürlich auch, dass in verzweifelter Lage *wir alle* nur an möglichst schnelle Abhilfe denken. Offenbar hören die Bauern in den indischen Nachrichten, dass ihr Heil in der Gentechnik liegt. In einem indischen Pressebericht vor kurzem beklagte DNS-Entdecker James Watson die »exzessive, fortschrittshemmende Angst vor der Gentechnik«.[37] Überwindet eure dumme Angst, tönen die Medien, gentechnisch veränderte Baumwollsaat ist *die* Lösung für eure Tragödie. Welch einen Absatzmarkt erschließen sich Monsanto und die multinationalen Agrarkonzerne da!

Als die Versammlung beendet ist und wir unsere Siebensachen einpacken, erzählt uns Sumel, dass das Baumwollsterben nicht nur für die Bauern den wirtschaftlichen Zusammenbruch bedeutet, sondern für den gesamten Punjab. Die Landwirtschaft bildet die wirtschaftliche Grundlage hier. »Der Punjab kann nächstes Jahr vielleicht nicht einmal mehr seine Schullehrer bezahlen« sagt er, und dann erinnert er uns daran, dass das Ganze nicht nur eine Wirtschaftsfrage ist: »Die Situation ist höchst brisant.«

Schon vor Jahrzehnten haben namhafte Vertreter der US-Stiftungen, die die Einführung der Grünen Revolution finanzierten, den sozialen Sprengstoff der neuen Technologie erkannt. Obwohl sie damals die Zweifel von Menschen wie Joe und mir an der Grünen Revolution in aller Öffentlichkeit anprangerten, gab wenigstens einer der Befürworter damals schon zu, dass die vermehrte Produktion nicht unbedingt auch »positive soziale Veränderungen« nach sich ziehe.[38] Der betreffende hohe Beamte hat mit seiner Warnung, die Technologie könne die Gesellschaften destabilisieren, Weitblick bewiesen. Indien hat im Punjab einen der verheerendsten Gewaltausbrüche seit der Unabhängigkeit erlebt.

Schreckenerregende wirtschaftliche Verluste schüren das Feuer erneut.

Der Keim zum Selbstmord

Auf der Rückfahrt durch die Stadt Bhatinda sehen wir alles mit neuen Augen an. »Die Bauern sind so verzweifelt, dass sie ihre Traktoren verkaufen, um ihre Schulden abzutragen«, sagt Sumel. Auch Ersatzteile, denke ich, als wir an einem Platz voller Traktoren- und Erntemaschinenteilen vorbeikommen.

»Vor zwei Jahren ist Andhra Pradesh von der Eulenfalterplage und Ernteverlusten heimgesucht worden. In ihrer Verzweiflung haben viele Farmer den Pestizideinsatz erhöht, aber es hat alles nichts genützt. Die Eulenfalterlarve ist dagegen resistent geworden«, erzählt uns Jafri. »In einem Distrikt haben meine Nachforschungen ergeben, dass der Pestizideinsatz dort in den letzten drei

Jahren auf das Zwanzigfache gestiegen ist, und trotzdem gab es Ernteverluste.«

»Vor zwei Jahren«, fährt er fort, »haben über 300 Bauern in diesem Bezirk Selbstmord begangen, viele dadurch, dass sie die Spritzmittel getrunken haben, die sie in solche Schulden gestürzt haben.«

Jafri hofft, dass die Eulenfalterkatastrophe eine Chance ist, Schlimmeres zu verhindern. Die Bauern könnten daraus lernen, weitsichtiger zu handeln, als gleich wieder bei der nächsten schnellen Lösung ihre Zuflucht zu suchen. »Wir arbeiten an einer ökologischen Bekämpfung der Eulenfalterlarve mit Tabakblättern, Ingwer, Chili und Neemöl«, erklärt er. »Wenn ich sagen kann, dass es uns gelungen ist, den Eulenfalter mit biologischen Mitteln unter Kontrolle zu bringen, können wir mit einer großen Zuhörerschaft rechnen.«

Nebenbei lehrt Jafri die Bauern, Kompost zu bereiten, und hilft ihnen bei der Umstellung auf den ökologischen Landbau, insbesondere den Anbau von Weizen für den Eigenbedarf und zum Verkauf. Nach unserer Rückkehr in die Vereinigten Staaten haben wir von Jafri gehört, dass 128 Bauern aus dem Dorf, das wir besucht haben, und noch einem anderen inzwischen die traditionellen Weizensorten von Navdanya anbauen. Obwohl sie bei gleicher Fläche nur 50 bis 75 Prozent des Ertrages ernten, den sie mit Sorten der Grünen Revolution erzielt hätten, stehen sie sich unterm Strich viel besser: Sie brauchen keine Chemie mehr, und ihre Produktionskosten, die ihnen die Riesenschulden aufgebürdet hatten, betragen nur noch *ein Viertel* dessen, was sie vorher ausgegeben haben.

Ein Mädchen sein

In einem kleinen, schattigen Zimmer mit Sitzgelegenheiten reden wir mit Bauern aus dem Punjab über alles Mögliche, von Selbstmord über hoffnungsvolle Ansätze bis hin zu dem Protest gegen die Welthandelsorganisation in Seattle.

Auf dem Weg zum Auto sehe ich, dass der Eingang kunstvoll mit

Zweigen geschmückt ist. Auf meine Frage hin antwortet ein Mann voller Stolz: »Die sind für meinen Sohn. Wenn ein Sohn geboren wird, hängen wir Neembaumzweige auf.«

Ich denke an unsere Ankunft in Bhatinda am Morgen. Dutzende von verbeulten Schildern, auf denen die Fruchtwasseranalyse angepriesen wurde, zierten Planen und Häuserwände. Zuerst war ich beeindruckt, dass diese entlegene Stadt so bemerkenswerte medizinische Vorsorgemöglichkeiten bietet, aber dann fiel es mir wie Schuppen von den Augen. Auf 1000 Jungen kommen hier nur 884 Mädchen. Das heißt, bei 2000 Geburten fehlen jeweils 232 Mädchen – sie sind entweder abgetrieben oder gleich nach der Geburt umgebracht worden. Dieses Vorgehen hat sich derart grassierend im Lande verbreitet, dass Gesetze erlassen wurden, um ihm ein Ende zu machen. Vandanas Schwester hat uns erzählt, dass es den Ärzten jetzt gesetzlich verboten ist, ihre Patientinnen über die Geschlechtsbestimmung durch die Fruchtwasseruntersuchung aufzuklären, damit keine weiblichen Kinder mehr abgetrieben werden.

Diese Gedanken vernebeln mir den Kopf, sodass ich gar nicht merke, wie ich frage: »Wenn ich hier geboren wäre, hätte meine Mom also keine Neembaumzweige aufgehängt?«

Die Männer lachen – all die Männer, die gerade stundenlang mit uns geredet und mich, wie mir schien, respektvoll als gleichberechtigte Gesprächspartnerin behandelt haben. »Stimmt«, sagt einer, und ich weiß nicht, ob er peinlich berührt ist oder stolz.   *Anna*

Als wir in derselben Nacht auf dem nur schwach beleuchteten Bahnsteig in Bhatinda auf unseren Mitternachtszug nach Delhi warten, plaudern wir mit Jafri, dessen ruhige, bestimmte Art Anna und ich bewundern gelernt haben. Ich höre förmlich noch die verzweifelten Stimmen der Bauern, und angesichts der ökologischen Katastrophe, die kaum noch aufzuhalten ist, und des Elends all der Menschen, die hier im Bahnhof zu unseren Füßen schlafen, frage ich Jafri, was ihm seinen Mut gibt.

»Ich habe mich nicht trotz der schlechten Lage, sondern *weil* sie so verheerend ist, auf diese Arbeit eingelassen«, sagt Jafri ruhig und klar, das Gesicht vom Schein der nackten Glühlampen hoch über uns erhellt. »Wenn ich sehe, wie schrecklich die Dinge laufen, muss ich einfach etwas tun. Das ist für mich die einzige Möglichkeit, am Leben zu bleiben.«

Immer noch auf der Suche nach Annapurna

Es ist unser letzter Tag in Delhi, und Anna und ich denken noch einmal an unseren Hinflug, als wir zum ersten Mal von Annapurna, der Göttin der Nahrung, lasen. Wir modernen Menschen finden die Idee vielleicht seltsam, dass Götter und Göttinnen allmächtig über so lebenswichtige Dinge wie die Nahrung herrschen könnten; aber wir ahnen, dass wir heute einen gewöhnlichen Sterblichen treffen werden, der ohne Zweifel mehr Macht besitzt, als Annapurna je zugesprochen wurde.

Wir wollen im Ministerium für Verbraucherangelegenheiten und Distribution den Minister Shanta Kumar sprechen. Er ist auch für die Nahrungsverteilung und die Fair-Price-Läden in Indien verantwortlich, die es schon gibt, seit ich vor dreißig Jahren erste Kenntnisse über Indien sammelte. In diesen Läden werden Grundnahrungsmittel zu staatlich gestützten Niedrigpreisen an die Armen abgegeben.

Man führt uns freundlich durch ein Labyrinth von Gängen, die etwas von Krankenhauskorridoren haben, nur dass sich in den Räumen hier Akten statt Menschen befinden, und bittet uns schließlich in ein Zimmer, das wie der Raum eines Bürokraten aus einer TV-Komödie wirkt. Dunkle Mahagoniwände schlucken das bisschen künstliche Licht, das vorhanden ist, und braune Stühle stehen Reihe für Reihe vor dem überdimensionierten leeren Schreibtisch auf der gegenüberliegenden Seite des Raums. Als Shanta Kumar sich erhebt, um uns zu begrüßen, wird sein ernstes Gesicht mit der schwarz gerahmten Brille makellos in der spiegelblanken Schreibtischoberfläche reflektiert. Auf einem kleinen Computer blinken Worte in Leuchtgrün auf.

Nachdem wir uns voller Unbehagen auf Stühle in der vordersten

Reihe gequetscht haben, erzählen wir ihm, dass wir gerade aus dem Punjab gekommen sind, wo die Lagerhäuser überquellen von Getreide, das dem Staat gehört und nur durch dünne schwarze Segeltuchplanen vor den Elementen geschützt ist.

»O ja«, sagt er stolz, »wir haben jetzt die höchsten Überschüsse in unserer Geschichte – 16 Millionen Tonnen mehr als die 24 Millionen Tonnen zur Überbrückung von Notzeiten.« (Das sind, die Notration nicht einmal mitgerechnet, 16 Kilo Getreide pro Kopf in diesem Land.) Da wir wissen, dass jeden Tag mit dem Einsetzen des Monsuns gerechnet werden muss, frage ich, was er mit all den Überschüssen zu tun gedenkt.

»Wir würden sie gern exportieren«, sagt Kumar einfach so dahin, als würde der bevorstehende Monsunregen gar nichts daran ändern. Ein führender indischer Ernährungswissenschaftler hat uns erzählt, dass die Hälfte aller indischen Kinder an Unterernährung leidet und 60 Prozent der indischen Kinder, wenn sie in Kalifornien geboren wären, dort auf die Intensivstation kämen.[39]

Also stellen wir die naheliegendste Frage: »Warum verteilen Sie die Überschüsse nicht einfach an die vielen hungernden Menschen in Ihrem Land?«

Er blickt uns so streng an, als hätten wir gerade den Vorschlag gemacht, er solle das Parlamentsgebäude den Obdachlosen überlassen. »O nein, das geht nicht«, sagt er kopfschüttelnd. »Wir lassen den Armen ohnehin schon zu viele Subventionen zugute kommen.«

Uns fehlen die Worte. Unausgeschlafen durch unsere nächtliche Zugfahrt vom Punjab hierher und die Ankunft in Delhi um fünf Uhr in der Frühe, fällt weder Anna noch mir die richtige Erwiderung ein. Allerdings wissen wir jetzt, dass wir dem nächsten Manager einer Gentechnikfirma, der behauptet, das Problem der Welt heute sei die Nahrungsmittelknappheit, empfehlen werden, sich doch tunlichst mit Mr. Kumar zu unterhalten. Wir werden ihm nahe legen, einmal nachzufragen, wie Mr. Kumar mit dem Problem riesiger, vor sich hin modernder »Überschüsse« fertig geworden ist in einem Land, in der die Hälfte aller Kinder lebensbedrohlich unterernährt ist.

Kokosnuss-Ingwer-Curry

Das Rezept für dieses leichte, scharfe Gemüsecurry stammt von Claire Datta, einer der wenigen indischen Frauen, die in Neu-Delhi als Köchinnen arbeiten. Sie arbeitet eng mit »Navdanya-Foods« zusammen, deren ökologische Produkte sie in wohlschmeckende Brote, Plätzchen und Frühstücksmüslis umwandelt. Das Curry ist eine köstliche Mischung aus Wintergemüsen in einer pikanten Sauce aus Kokosnuss und Gewürzen. Noch lange nach der Zubereitung werden Ihnen die exotischen Düfte dieses Gerichts in Ihrer Küche in die Nase steigen.

Für 6 bis 8 Personen:

2 Tassen Basmatireis

4 EL Pflanzenöl

1 EL Kreuzkümmel

1½ EL Koriander

2 EL fein gehackter frischer Ingwer

2 EL fein gehackter Knoblauch

½ Tasse Kokosraspeln, ungesüßt

½ l Kokosmilch

700 g fest kochende Kartoffeln, geschält und in 2 cm große Würfel
    geschnitten

350 g Winterkürbis, geputzt und in 2 cm große Würfel geschnitten

350 g Blumenkohl, in Röschen zerteilt

350 g Möhren, in 2 cm große Stücke geschnitten

350 g Grüne Bohnen, in 5 cm lange Stücke gebrochen

350 g Zwiebel, halbiert und in Scheiben geschnitten

1½ bis 2 TL Salz

2 TL Kurkuma

¼ Tasse frischer Limettensaft (von etwa 2 Limetten)

Chiliflöckchen nach Geschmack

1½ Tassen TK-Erbsen, aufgetaut

- Zuerst den Basmatireis aufsetzen. Während er gart, das Curry zubereiten.
- Für die Kokos-Gewürz-Mischung 1 EL Öl erhitzen und darin Kreuzkümmel, Koriander und Ingwer auf mittlerer Hitze rösten, bis die Körner nach etwa 5 Minuten springen. Dann Knoblauch und Kokosraspeln zufügen und 2 bis 3 Minuten mitrösten, bis die Raspeln leicht gebräunt sind. Mit ¼ Tasse Kokosmilch oder etwas mehr zu einer glatten Paste pürieren.
- In einem großen Topf Kartoffeln und Kürbis zusammen halb gar dämpfen. Blumenkohl, Möhren und grüne Bohnen zufügen und das Gemüse fertig garen. (Kartoffeln und Kürbis dürfen nicht *al dente*, sondern müssen weich sein. Die anderen Gemüse dürfen noch etwas Biss haben.) Kalt abschrecken und abtropfen lassen.
- Während das Gemüse gart, das restliche Öl in einem genügend großen Topf erhitzen und die Zwiebeln mit Salz und Kurkuma 8 bis 10 Minuten auf mittlerem Feuer glasig dünsten. Erst die Würzmischung unterrühren, dann das Gemüse unterheben und wenden, bis alles gut mit der Würze überzogen ist. Dann die restliche Kokosmilch (mit der sie vorher den Mixer ausspülen können) zugießen.
- Das Ganze langsam zum Kochen bringen und weitere 10 Minuten sanft köcheln lassen. Mit Salz und Limettensaft (löffelweise zufügen!) abschmecken und vorsichtig mit Chiliflöckchen würzen. Zuletzt die Erbsen unterheben und heiß werden lassen.
- Auf Basmatireis zu Tisch bringen.

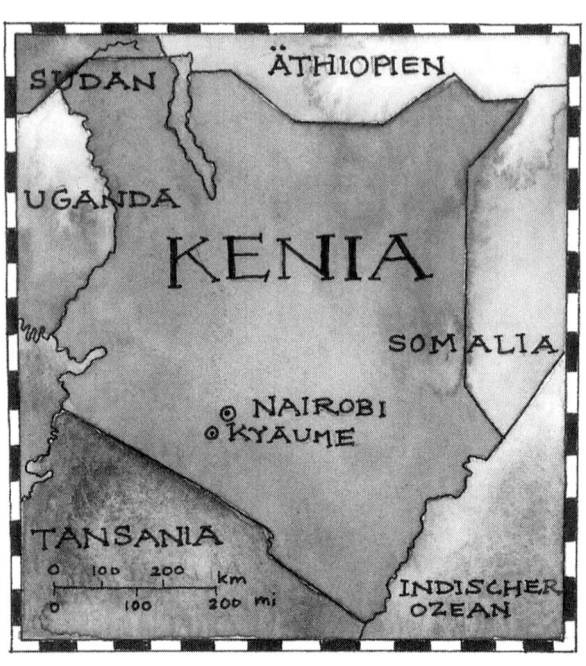

Kapitel 7

Zu Fuß nach Nairobi

Kenia – Nairobi und das Dorf Kyaume

Ich für mein Teil habe mich entschieden.

Green Belt Movement

Der Minibus hält an, und in dem kurzen Augenblick, den ich brauche, um meinen Rucksack zu nehmen und auszusteigen, ist Anna auch schon weg. Alles, was ich von meiner Tochter sehen kann, ist ihr wehender langer, braun karierter Rock, der gleiche, den ich vor zwei Monaten auf den Bergpfaden im indischen Himalaja immer vor Augen hatte.

Dann sehe ich, dass Anna mit hoch erhobenen Händen mitten unter lauter Frauen in leuchtend bunten Grasröcken und weißen T-Shirts tanzt. Auch wir 16 anderen, die aus den Minibussen quellen, werden zur Teilnahme an diesem Begrüßungstanz verlockt. KiKamba-Poesie liegt in der Luft und scheint den roten Staub, den wir mit unseren stampfenden Füßen aufwirbeln, noch höher zu treiben.

Ich halte mich etwas zurück, vielleicht, weil ich einfach überwältigt bin. Unser Green-Belt-Führer hatte uns zwar wiederholt gewarnt, bevor wir Nairobi verließen, dass wir uns auf eine große Willkommensmenge zu unserem Empfang gefasst machen sollten. Aber ich hatte angenommen, dass er schweigende Neugierige meinte wie die Dorfbewohner in Bangladesch und Indien; mit so etwas hatte ich nicht gerechnet. Die Umarmungen, das Lachen, die von Herzen kommende Begrüßung, das war mehr, als ich selbst von alten Freunden erwartet hätte.

Singend und mit rhythmischen Bewegungen ziehen wir alle zusammen wie in einer Prozession über einen Sandweg zu einem offenen Hof, wo Sitzgelegenheiten für die offizielle Begrüßung durch die Tänzerinnen und Würdenträger bereit stehen.

Ich nehme Platz, und als sich der Staub legt, schaue ich mich um. Ich sehe nur schmucklose einstöckige Häuser, grob zusammengefügt aus handgemachten Lehmziegeln, die den Hof einfassen. Auf einer Schiefertafel, die an einer bröckeligen Ziegelwand lehnt, steht: »Die Kyaume-Schule begrüßt das Green-Belt-Movement«. Die »Grüngürtel-Bewegung«, mit der die Landbevölkerung sich selbst hilft, das ist es, was wir hier in Kenia kennen lernen wollen.

Während die Frauen unsere Ankunft mit noch mehr Gesang und Tanz feiern, spüre ich die geistige Kraft, die von ihrer selbstsicheren Haltung und den klaren, kräftigen Stimmen ausgeht. Ich kann nicht umhin, mich zu fragen: Woher kommt diese Lebensfreude? Überall sehe ich nur bittere Armut. (Dabei erfahre ich erst später, dass überhaupt nur jedes fünfte Kind hier finanziell die Möglichkeit hat, diese armselig wirkende Schule zu besuchen.) Ist der Frohsinn bei unserem Empfang eine Art Verdrängung, eine Maske, hinter der sich die tiefe Not verbirgt, die diese Menschen erleiden müssen?

Nachdem uns der Dorfvorsteher, der Schulleiter, der Vertreter des Dorfvorstehers und dann noch die Elternsprecher willkommen geheißen haben, werden wir in eins der Klassenzimmer gebeten, wo Dutzende von Schüsseln voller Essen auf einem langen Tisch stehen. Beim Mittagessen werden wir der Familie vorgestellt, die uns während unseres Aufenthalts hier beherbergen will.

Ich stehle mich kurz weg, um in den benachbarten Klassenraum zu spähen: nichts als kaputte Pulte. Absolut nichts. Keine Bücher, keine Arbeitsmaterialien. Die Pulte sind so marode, dass mir der Gedanke kommt, sie würden sicher zusammenbrechen, wenn die Kinder besser ernährt wären.

Wieder auf dem kahlen Schulhof, bemerke ich belustigt, dass Muta Maathai, der 26-jährige Sohn der Green-Belt-Begründerin Wangari Maathai, in Nairobi einer unserer Führer, gerade von zwei hochgewachsenen, schlanken Männern in Blau eine Kurzlektion im Bogenschießen erhält. Als ich merke, dass sie mit echten Pfei-

Mitglieder der Green-Belt-Bewegung begrüßen uns im Dorf Kyaume nahe Nairobi mit Gesang und Tanz

len, die lange, scharfe Spitzen haben, schießen, bin ich doch etwas besorgt wegen der vielen anwesenden Kinder. Die Pfeile der Männer in Blau treffen kraftvoll auf die Klassenzimmerwand auf, während Mutas jämmerlich im roten Sand stecken bleiben.

Später erfahre ich, dass die beiden »Lehrer« die Wächter der Schule sind, die Muta nur ihre Waffen zeigen wollten. »Was könnten Räuber denn hier stehlen?«, frage ich Muta.

»Zum Beispiel den Fahnenmast«, erwidert er. »Sie könnten auch die Türen aus den Angeln heben.«

Bei diesen Worten wird mir erst richtig bewusst, welcher Mangel in diesem kleinen Dorf herrscht. Obwohl Kenia in aller Welt als friedliches Safari-Paradies gilt, wird das Land in Wirklichkeit seit 1978 von einem Präsidenten regiert, der oppositionelle politische Parteien verboten und beleidigende Worte über ihn als Verbrechen eingestuft hat. Donald Mumbo, Green-Belt-Angestellter und Anthropologe, der uns an unserem ersten Tag in Nairobi herumgeführt hatte, schüttelte bloß den Kopf, als wir an den schlimmsten Slums der Stadt vorbeifuhren. Es käme jetzt erstmalig in dieser Kultur vor, dass verzweifelte Mütter in ihrer Hoffnungslosigkeit ihre

Säuglinge weggäben. Zwei Drittel der Kenianer leben nach seinen Angaben in äußerster Armut von umgerechnet zwei Dollar und weniger am Tag; das Elend wird noch vergrößert durch die derzeitige Dürre, die schlimmste seit Menschengedenken, wie wir hören.

Mitten in dieser Extremsituation lernen wir die Green-Belt-Bewegung und ihre Gründerin Wangari Maathai kennen. Wir gehören zu einer Gruppe von 15 weiteren Amerikanern, die Green Belt eingeladen hat, sich aus erster Hand über die Bewegung zu informieren. Hier auf dem Schulgelände sehen Anna und ich erste Anzeichen für die Arbeit der Bewegung. Verstreut wachsen hier und da kümmerliche Baumsetzlinge, jeder einzelne sorgfältig mit einem Geflecht aus dornigen Zweigen vor gefräßigen Ziegen geschützt. Diese Dornenhüllen werden Anna und ich bald als das Markenzeichen für die Genialität Wangari Maathais ansehen.

Das »schmutzige« Haus

Auf der Fahrt von Nairobi nach Kyaume ging uns auf, warum unsere Green-Belt-Gastgeber uns ausgerechnet hierher bringen wollten.

Unserem Blick durch die verschmierten Minibusscheiben bietet sich nicht etwa eine üppig grüne, sondern eine Mondlandschaft dar. Die meiste Zeit über ist kein einziger Baum zu sehen, und die paar, die in Sicht kommen, sind ein trauriger Anblick. Sie sind nicht viel größer als ein stattlicher Mann und bis auf stachelige Ästchen, die in alle Richtungen stehen und um Hilfe zu rufen scheinen, kahl. Sonst dehnen sich, so weit das Auge reicht, nur bleiche, ausgedörrte Flächen.

Doch als wir uns Kyaume nähern, sehe ich etwas anderes. Alles ist grün.

Die ins Dorf hineinführende Straße verengt sich zu einer breiten Sandpiste. Es ist schwer zu schätzen, wie viele Menschen hier leben – etwa 1000 sollen es sein –, weil Bäume die Sicht versperren. Vor allem sehen wir blattreiche Kaffeebüsche, die in ordentlichen Reihen die Straße säumen. Gleich nach den Kaffeebüschen kom-

Green-Belt-Begründerin Wangari Maathai und Sarah Ghiorse vom Sokoni-Projekt (Quelle: Sokoni-Projekt/Ghiorse)

men die *Grevillas*, die überall in Kenia »Wangari-Bäume« genannt werden, wie wir später erfahren. Daneben gibt es noch Avocado-, Papaya-, Mango-, Orangenbäume und anderes mehr. Zwischen den Bäumen sind auch grüne Gärten zu erkennen.

Dass wir die Welt der Brauntöne verlassen haben und in eine Welt voller Grün eingetaucht sind, hat seinen Grund in Wangari Maathai.

Anfang der 70er Jahre erkannte Wangari – die erste Frau Ostafrikas mit einem Doktortitel in Biologie –, dass die Sahara nach Süden hin auf dem Vormarsch war. »Was einst blühendes Ackerland war, verwandelte sich in Sandwüste«, sagt Wangari, als wir sie nach den Anfängen der Bewegung fragen.

Sie musste mitansehen, wie die Wälder Kenias verschwanden, und wusste, dass mit den Bäumen auch die Wurzeln gehen, die die oberste Erdschicht festhalten und den wenigen Regen speichern, der herabfällt. Wenn die Bäume weg sind, ist der Boden ungeschützt, sodass der Wind die fruchtbare oberste Erdschicht forttragen kann. Wangari stellte fest, dass die Wälder Kenias in nur einem Jahrhundert auf weniger als fünf Prozent ihrer ursprünglichen Größe geschrumpft waren, sodass die Dorfbewohner, vor allem die Frauen, immer weiter laufen mussten, um Wasser und Feuerholz zu holen.

Die Forstbeamten der Regierung waren keine große Hilfe. »Ich versuchte, mit ihnen darüber zu reden, was getan werden könnte, aber sie hatten kein Interesse«, erzählt uns Wangari. »Die Bäume, die sie anpflanzten, waren Exoten, die der Erde nicht gut taten – Zedern, Kiefern und vor allem Eukalyptus. Diese Bäume wachsen schnell, aber sie verbrauchen auch Riesenmengen Wasser.«

Wangari entschloss sich zum Handeln. 1977, am »Tag der Erde«, pflanzte sie, damals 37 Jahre alt, die ersten Bäume, ein Entschluss, von dem eine Bewegung ausging, deren Einfluss weit über die Aufforstung hinausreichte und selbst Kenias politische Führung erschütterte.

Ich hatte den »Tag der Erde« immer für eine schöne Erfindung privilegierter Amerikaner gehalten und – zum Nachteil für die Erde – gar nicht überlegt, dass er Ausdruck für die bedrückendsten Sorgen der Allerärmsten sein könnte. Ich hatte es stets verständlich gefunden, dass langfristige Umweltaufgaben hinter dem tagtäglichen Kampf ums Überleben zurücktraten. Jetzt sehe ich hier in Kenia, dass Wangari gerade die Ärmsten für besonders motiviert hält, in Aktion zu treten, weil sie die Hauptlast der Entwaldung tragen.

Zu Beginn unseres Besuchs hatte uns Muta beschrieben, wie seine Mutter in seinem Elternhaus eine Baumschule einrichtete. Sein Vater, der gerade ins kenianische Parlament gewählt worden war, fand das gar nicht gut. »Dad meinte, es sähe immerfort schmutzig aus bei uns, woraufhin meine Mutter den Versuch abgebrochen hat. Aber die Idee gab sie keineswegs auf. Sie hatte nämlich etwas im Blick, was Dad nicht sehen konnte, als er nur den Dreck sah.«

Wangari war klar, dass Dörfer dafür gewonnen werden mussten, Bäume zu ziehen. Heute sind in der Dorfbewegung, die sie in ihrem »schmutzigen« Haus ins Leben gerufen hat, 6000 eingetragene Gruppen aus ganz Kenia organisiert, die eigene Baumschulen betreiben. Die Bewegung hat außerdem Zehntausende von Kenianern, in der Hauptsache Frauen, dazu inspiriert, die restlichen Wälder des Landes als Allgemeingut zu betrachten und es als Recht und Pflicht anzusehen, sie vor dem Zugriff profitgieriger Privatleute zu schützen. Wangaris Vision hat über die Grenzen Kenias hinaus Beachtung gefunden; inzwischen kommen Gruppen aus anderen afrikanischen Ländern hierher, um aus dem zu lernen, was Wangari in Gang gebracht hat.

In den mehr als zwei Jahrzehnten seit den bescheidenen Anfängen hat Wangari es nicht gerade leicht gehabt. Das Bäumepflanzen ist zwar eigentlich eine harmlose Sache, die jedoch revolutionäre Wellen geschlagen hat. Wangari und ihre Bewegung haben die Frauen in den Dörfern dazu ermutigt, Bürgerbewusstsein zu entwickeln und alles in Frage zu stellen, sei es die Kontrolle, die ihre Ehemänner über sie ausüben, oder die Herrschaft des Präsidenten Daniel arap Moi. Die Bewegung hat der staatlichen Korruption den Kampf angesagt, die Bebauung öffentlicher Parkanlagen verhindert und sich als eine solche Bedrohung für Moi und seine Regierung erwiesen, dass er ihre Arbeit behindert, wo er nur kann, und sich auch nicht gescheut hat, Wangari zusammenschlagen und einsperren zu lassen.

Zwanzig Millionen und einer?

An unserem zweiten Tag in Kyaume bekommen Anna und ich Gelegenheit, mit der Unterstützung dreier Baumpflegerinnen des Ortes selbst unser Glück beim Bäumepflanzen zu versuchen.

Bald hocke ich mit hochgekrempelten Jeans und weißem T-Shirt, was ich bald bedauere, im dunkelroten Dreck und nehme meinen Setzling, der in einem abgeschnittenen Milchkarton steckt, zur Hand. Wie soll ich das Ding bloß da rausholen, ohne es kaputtzumachen? Der Ballen des Setzlings fühlt sich steinhart an. Ich klopfe seitlich auf den Karton in der Hoffnung, die Erde dadurch etwas aufzulockern, als eine der Dorffrauen, die mein Problem bemerkt hat, das einzig Richtige tut: Sie gießt Wasser darüber.

Schließlich kommt der Setzling samt Ballen frei, und gleich beeilt sich eine Frau, mir den leeren Karton abzunehmen, um ihn für einen neuen Setzling zu verwenden. Ich pflanze mein Bäumchen ein und klopfe die Erde ringsum sanft fest – das Baby-Bäumchen sieht plötzlich sehr schutzbedürftig aus.

Eine andere Frau reicht mir eine Colaflasche mit Wasser. Für Trinkwasser sieht es zu schmutzig aus, also ist die Flasche wohl nicht für mich, sondern für das Bäumchen. Man zeigt mir, wie ich die Flasche mit dem Hals in die Erde stecken muss, damit das Wasser langsam einsickert, eine rudimentäre Form der Bewässerung, die meinem Setzling eine gewisse Chance gibt, sich gegenüber der vordringenden Wüste zu behaupten.

Ich stehe auf, um mein Werk zu begutachten. Es sieht nicht gerade beeindruckend aus, wie ich zugeben muss, aber das ist nicht entscheidend. Was zählt, ist die Tatsache, dass dieses bisschen Grün womöglich Nr. 20 000 001 von den in den letzten zwanzig Jahren durch die Green-Belt-Bewegung gepflanzten Bäumen ist.

20 Millionen Bäume, und alle von Dorffrauen unter so schwierigen Bedingungen gepflanzt? Die Zahl ist so unglaublich, dass sie mir nicht recht eingehen will, obwohl ich sie schon öfter gehört habe. Ich hatte immer befürchtet, sie mir falsch gemerkt zu haben. Ich konnte mir einfach keine Bravourleistung in dieser Größenordnung vorstellen: Tausende von Baumschulen überall in einem Land von der Größe Texas' einzurichten, und das überwiegend mit Helfern, die des Lesens und Schreibens unkundig sind, und noch dazu mit nur wenigen der organisatorischen Hilfsmittel, die für uns eine Selbstverständlichkeit sind – zum Beispiel Telefonen.

Jetzt, wo ich inmitten der Dorffrauen, diesen selbst ernannten Forstgehilfen, auf hundert Setzlinge in ordentlichen Abständen von jeweils 25 Zentimetern hinabblicke, deren zarte, zahnstocherdünne Stämmchen Schatten, Feuerholz und Nahrung verheißen, erscheint mir diese Zahl viel glaubhafter.

Wer hat den Wald gepflanzt?

Eines Abends bleiben Anna und ich lange auf, um uns mit Ramana, Regina und anderen unserer Green-Belt-Gastgeberinnen zu unterhalten. Ramana, ungefähr in meinem Alter, ist eine große, achtunggebietende, aber herzliche Frau. Regina, 25, die während unseres gesamten Aufenthalts immer strahlt, hat mich schon vom ersten Augenblick an für sich eingenommen. Als wir aus den Minibussen stiegen und uns unter die Prozession der Tänzerinnen mischten, klang ihre hohe Stimme deutlich heraus. Beim Wechselgesang der Frauen war sie stets die Vorsängerin.

Jetzt sitzen wir auf Sofas, die uns Gästen zu Ehren mit bestickten weißen Tüchern behängt sind. An der Decke baumelt eine Kerosinlampe und wirft schwarze Schatten auf unsere Gesichter. Sie zischt so laut, dass wir beim Gespräch enger zusammenrücken. Über den Bildschirm eines Schwarzweißfernsehers in einer Ecke des Wohnzimmers, der auf einem wackligen Wandbrett steht und von dem ein Kabelwirrwarr zu einer Autobatterie führt, flimmert eine brasilianische Seifenoper.

Wir wollen herausfinden, was sich durch Green Belt verändert hat.

»Es ist mehr Grün da, selbst jetzt, obwohl der Regen noch nicht eingesetzt hat«, sagt Regina. »Mein Haus ist wunderschön mit all den Bäumen ringsum. Manchmal fragen mich Passanten: ›Wie bist du an so viel Grün gekommen?‹ Dann erzähle ich ihnen von der Bewegung und dass sie dort Setzlinge beziehen können.«

Früher haben die Green-Belt-Baumschulen die Setzlinge gratis abgegeben; die jeweiligen »Forstgehilfen« bekamen umgerechnet drei Cents für jeden Baum, der am Leben blieb. Mittlerweile hat Green Belt vor, die Setzlinge zu erschwinglichen Preisen zu verkaufen und von dem Erlös einige der Kosten zu decken, die der Bewegung entstehen.

Die Green-Belt-Gruppen treffen sich wöchentlich, um sich zum Bäumepflanzen zu verabreden und Informationen auszutauschen; Anna und ich hatten diese Versammlungen immer als rein zweckgebunden verstanden. Aber als wir fragen, worüber die Frauen bei ihren Treffen denn diskutieren, erwidern Regina und Ramana, dass ebenso oft über persönliche Probleme gesprochen wird wie über das Bäumepflanzen. Ein wiederkehrendes Thema ist zum Beispiel der Alkoholismus der Ehemänner. Wangari hat uns erzählt, dass die Bewegung eine Kampagne gegen Dorfkneipen gestartet hat. In manchen Dörfern sei es einfacher, ein Bier zu kaufen, als Bohnen zu bekommen. Auch physische Misshandlungen kämen häufig vor, hatte sie gesagt. Ich sehe ein, dass Frauen in einem Land, in dem drei Viertel aller verheirateten Frauen eigenen Angaben zufolge von ihren Ehemännern verprügelt werden, die Möglichkeit haben müssen, außerhalb der eigenen vier Wände gemeinsam Kraft zu sammeln.

»In der Green-Belt-Bewegung besitze ich die Freiheit, mich mit anderen Frauen zu treffen«, fügt Regina hinzu. »Wenn man keine Freundinnen hat, kann einen der Ehemann den ganzen Tag zu Hause festhalten und einem die ganze Arbeit aufbürden. Jetzt bin ich froh und glücklich.«

(Während wir miteinander reden, läuft wie zum Hohn im Fernsehen eine brasilianische Serie, in der ein Mann gerade seiner Freundin mehrere brutale Schläge verpasst und eine Frau auf ihren Freund einschreit, der wild mit einer Schusswaffe herumfuchtelt.)

Anna stellt eine ganz pragmatische Frage: »Wo habt ihr eigentlich vor der Green-Belt-Zeit euer Feuerholz geholt?«

»Wir sind zum nächsten Wald gelaufen«, antwortet Ramana. »Das waren 15 Kilometer.«

»Hin und zurück?«

»Nein, 15 hin und 15 zurück.«

Im Wald wurden die Frauen manchmal von »Land-Grabbers« – so werden hier die Spekulanten genannt, die illegal auf öffentlichem Gelände Holz schlagen oder Häuser bauen – weggejagt. An solchen Tagen kamen sie mit leeren Händen nach Hause.

Ich denke darüber nach, was es bedeutet, mehrmals in der Woche etwa 30 Kilometer hin und zurück zu laufen, selbst ohne ein sperriges Holzbündel zu schleppen; aber es ist mir unvorstellbar.

»Vor der Green-Belt-Aktion gab es hier kaum Bäume, und die es gab, gehörten unseren Ehemännern«, wirft eine andere Frau ein. »Wenn ich Holz brauchte, musste ich meinen Mann darum bitten. Er konnte nein sagen. Jetzt sind es meine Bäume.«

»Die Bewegung hat uns auch gelehrt, vorauszuplanen«, fügt sie noch hinzu. »Wenn ich einen Baum fällen muss, pflanze ich erst zwei neue und warte ab, ob sie auch gut anwachsen.«

Auf unsere Frage, wie viele Bäume die Frauen schon gepflanzt haben, entschuldigt sich Regina fast. »Ich habe erst angefangen, es sind bloß zwanzig.« Ramana, offensichtlich eine Leitfigur, sagt mit stolzem Lächeln: »Zweihundert.«

Ich überschlage kurz, wie viel das im Durchschnitt sind, und rechne die Zahl auf die Mitglieder und die Anzahl der Baumschulen hoch. Allmählich wird mir klar, wie genial die Idee war, den Leuten das Bäumepflanzen wieder beizubringen!

Während ich noch rechne, tanzen sechs Frauen singend zur offenen Eingangstür herein, und gleich springen Ramana, Regina und Anna auf und machen mit. Mitten in diesem Wohnzimmer mit seinem Zementfußboden, im zuckenden Licht der zischenden Laterne, stimmen sie ein Willkommenslied für die Gäste an, und so geht es fröhlich eine gute halbe Stunde lang.

Als Ramana und Regina unsere Gäste endlich verabschieden, ist es schon spät, und Anna und ich sind völlig erschöpft. Aber auch die Frauen haben Fragen an uns. Regina setzt sich wieder hin und fragt, als hätte sie den ganzen Abend nur darauf gewartet:

»Wie viele Bäume habt ihr denn schon gepflanzt?«

Anna und ich schauen uns an. Jetzt sind wir dran mit dem Entschuldigen. Als Anna sagt: »Äh, keinen« und ich: »Einen, den gestern«, werden ihre Gesichter lang. Sie blicken uns ganz erstaunt an.

»Aber wir haben doch im Fernsehen die großen Wälder in eurem Land gesehen. Wer hat denn all die Bäume gepflanzt?«

Ich bemühe mich, es zu erklären, aber es will mir nicht recht gelingen. Ich hatte es immer als selbstverständlich hingenommen, dass Wälder sich von selbst regenerieren. Aber wenn wir Menschen Wüsten schaffen, sind natürlich auch Menschen für die Wiederaufforstung verantwortlich – Menschen wie die Mitglieder der Green-Belt-Bewegung, Ramana und Regina.

Förster ohne Diplom

Am nächsten Morgen stehe ich früh auf und spaziere die enge Sandstraße am Haus entlang. Bei Betrachtung der Bäume, die die Straße säumen und die Häuser umgeben, denke ich im Stillen: Wieso sind die Dorfbewohner nicht vorher schon, ohne den Anstoß von Green Belt, auf die Idee gekommen, Bäume zu pflanzen, wenn sie doch Feuerholz brauchten? Warum musste erst eine Bewegung entstehen, um diese Oase zu schaffen?

Ähnliche Fragen waren mir schon in Bangladesch durch den Kopf gegangen. Wie konnte es dazu kommen, dass dort, in einem überaus fruchtbaren Land, die Dorfbewohner erst wieder lernen mussten, wie man Gemüse anbaut?

Ich kehre in Gedanken zu einem Werk des Psychologen Martin Seligman von der Universität von Pennsylvania zurück, das ich vor über zehn Jahren gelesen habe. Er beschäftigte sich mit dem Thema der »erworbenen Hilflosigkeit«, wie er es nannte, und zeigte auf, wie leicht unter den »richtigen« Umständen jeder von uns zu der Überzeugung gebracht werden kann, inkompetent zu sein, selbst keine Lösungen erarbeiten zu können und deshalb letztlich von anderen abhängig zu sein – in dem Gefühl, ohnehin nichts bewirken zu können und es folglich auch gar nicht erst zu versuchen. Seligman hat zwar nie einen Bezug zum Kolonialismus hergestellt, aber ich würde behaupten, dass es wahrscheinlich nie eine bessere Feldstudie gegeben hat.

Unter britischer Herrschaft wurde den Kenianern eingeredet, ihre Religion sei unmoralisch und ihre traditionellen Feldfrüchte »rückständig«. Ein Freund von Wangari, ein Priester, hat uns erzählt, dass »Gebet« in der Landessprache gleichbedeutend ist mit Feiern. Als die Kolonialherren das voller Abscheu merkten, brachten sie den Kenianern ein neues Wort für »Gebet« bei, das eher »Bitten« oder »Betteln« heißt. So wechselt der Sinn des Betens plötzlich vom Feiern zum Betteln.

Zählt man zum Kolonialismus noch jahrzehntelange Diktaturen und korrupte Regierungen in Verbindung mit westlichen Hilfs- und Entwicklungsprogrammen hinzu, die dem Land ihre »Lösungen« aufdrängen, erkennt man, welchen Stellenwert die Green-Belt-Bewegung hat, die zum »Vergessen« der Hilflosigkeit aufruft, zur Rückbesinnung auf eingeborenes Wissen mahnt und den Sinn der Dorfbewohner für ihre Rechte als Bürger stärkt.

Als Wangari anfing, war die kenianische Forstwirtschaft, die noch aus der Zeit der Briten stammte, der Meinung, Dorfleute –

und besonders Frauen – könnten keine Baumschulen einrichten. Das sei Sache der Experten, der Förster.

»Wir brachen mit dieser Regel«, erklärt uns Wangari, als wir wieder in Nairobi sind. »Wir zeigten, dass das Bäumepflanzen ein Allgemeingut ist. Jeder kann einen Baum pflanzen. Man braucht vielleicht ein Diplom, um Förster zu werden, aber man braucht kein Diplom, um ein Loch zu graben und einen Baum zu pflanzen, zu wässern und zu pflegen.

Wir haben den Frauen gesagt: ›Geht nach Methoden vor, die ihr kennt, und wenn ihr etwas nicht wisst, dann seid erfinderisch.‹ Sie verwendeten kaputte Töpfe. Sie füllten sie mit Erde, legten Samen hinein und beobachteten, wie die Saat keimte. Wenn sie aufging und gedieh, gut, wenn nicht, mussten sie es erneut versuchen.

Wir haben das Forstwesen entmystifiziert. Die Förster waren gar nicht begeistert davon. Sie behaupteten, ich würde den Berufsstand schädigen. Ich sagte ihnen: ›Wir brauchen Millionen Bäume, und ihr seid viel zu wenige, um sie aufforsten zu können. Also müsst ihr jeden zum Förster machen.‹ Ich nenne unsere Mitglieder ›Förster ohne Diplom‹.«

Nirgends ein Tropfen Kaffee

Wangari erzählt uns, dass die Kolonialherren immer so taten, als wüssten sie auf alles eine Antwort. Eine ihrer Antworten waren »Cash Crops«, gut verkäufliche Agrarerzeugnisse. Wie alle Kolonien wurde auch Kenia zur Produktion von Exportgütern missbraucht.

Ein afrikanischer Schriftsteller hat die Situation, wie ich finde, sehr treffend folgendermaßen beschrieben: »Der Kolonialismus hat die afrikanischen Länder darauf programmiert, etwas zu produzieren, was sie selbst gar nicht konsumieren, und etwas zu konsumieren, was sie gar nicht selbst produzieren.[40] Auch nach der Unabhängigkeit hat sich daran nichts geändert.«

Eine angeblich vernünftige These der Wirtschaftsfachleute, die ich schon vor Jahrzehnten nicht mehr hören konnte, lautet, dass eine Spezialisierung auf leicht verkäufliche Produkte wie Kaffee sinnvoll ist, weil Länder das anbauen sollten, was ihren klimatischen Verhältnissen und ihrer Bodenbeschaffenheit am besten entspricht, um dann – so die geheiligte Theorie des »Standort-« oder »Wettbewerbsvorteils« – vom Gewinn das zu kaufen, was sie brauchen und was anderswo besser gedeiht. Anna sagt, sie hätte in Ihrer Studienzeit dreißig Jahre später immer noch in den Wirtschaftsfachbüchern an der Universität gelesen, dass David Ricardo, der Vater dieser Theorie, Recht hätte.

Kurz nach dem Erscheinen meiner *Öko-Diät* schloss ich mich mit Joe Collins zusammen – wir waren beide selbsternannte Welthungerforscher –, um *Food First: Beyond the Myth of Scarcity* zu schreiben. In unserem engen Büro über einem Supermarkt in Hastingson-Hudson, New York, stellten wir die überstürzte Umstellung auf lukrative Agrarprodukte für den Export in Frage, durch den der Import von lebenswichtigen Grundnahrungsmitteln erzwungen wird. »Die Nahrungssicherheit zu gewährleisten heißt nicht unbedingt, alles zu produzieren, was im Land gebraucht wird, aber doch genügend Grundnahrungsmittel anzubauen, um von äußeren Kräften unabhängig zu sein«, schrieben wir damals.[41]

Einmal auf dem Weg der Erzeugung von Agrarprodukten für den Export, setzt man sich den »äußeren« Kräften aus, zu denen unter anderem die Entscheidung anderer Länder gehört, plötzlich selbst das betreffende Exportgut anzubauen. So ist, um ein Beispiel aus jüngster Zeit zu nennen, die vietnamesische Regierung vor kurzem schnell auf den Zug der Globalisierung aufgesprungen, indem sie den Kaffeeanbau im eigenen Land subventioniert hat, sodass Vietnam von heute auf morgen der viertgrößte Kaffeeproduzent der Welt geworden ist – der Kaffeepreis sank dadurch auf den niedrigsten Stand seit Jahrzehnten. Die Auswirkungen bekommt dann ein kleines Dorf auf einem anderen Kontinent zu spüren.

Hinzu kommt, dass das »Kapital« noch nicht problemlos von einem Land ins andere verlagert werden konnte, als David Ricardo das Lob des Standortvorteils sang. Jetzt, wo die Konzerne reichlich Gebrauch von dieser Möglichkeit machen, sind Ricardos Argumente hinfällig. Der Standortvorteil eines Landes mag nämlich alles andere als »naturbedingt«, vielleicht sogar wider alle Vernunft sein und nur dadurch zustande kommen, dass ein Land einfach seine Arbeiter noch erbarmungsloser ausbeutet.

Obwohl keine von Ricardos Bedingungen in der heutigen Welt überhaupt noch stimmt, ist der Standortvorteil weiterhin das zentrale Dogma des Globalisierungswahns, der über den Erdball fegt.

Trotz der schlagenden Beweise, die sich mehren, halten internationale Entwicklungsexperten noch immer Kritiker wie Joe und mich für naiv und praxisfern. Wir wurden an den Pranger gestellt, weil wir angeblich Ansätze befürworteten, durch die »Entwicklungsländer« nur noch tiefer in der Armut versinken. Wie sollten arme Länder ohne lukrative Agrarerzeugnisse für den Export die Devisen zusammenbringen, um sich in die Neuzeit einzukaufen?

Wenn »Cash Crops« die Lösung wären, müsste Kenia den Beweis dafür liefern. Mitte der 80er Jahre erbrachten nur drei Agrarprodukte – Kaffee, Tee und Öl – drei Viertel der Exportgewinne Kenias, aber die Armut nahm trotzdem weiter zu, und die Preise für die kenianischen Erzeugnisse sanken ins Bodenlose.

Ich weiß noch, wie schwer es uns in den 70er Jahren fiel, angesichts der gegenteiligen vorherrschenden Meinung das zu glauben, was wir geschrieben hatten. Damals wusste ich natürlich noch nicht, dass ich mich 25 Jahre später hier in Kyaume selbst von den Folgen einer übereilten Hinwendung zu lukrativen Agrarprodukten überzeugen würde.

Heute sehen wir überall in Kyaume Kaffeesträucher, Reihe um Reihe. Aber wir erleben nie, dass jemand Kaffee trinkt, obwohl beim Frühstück Instantkaffeepulver auf dem Tisch steht, offenbar, weil Amerikanern der Ruf vorauseilt, das Zeug zu trinken. Der Kaffee aus Kyaume geht, wie fast die gesamte Kaffeeproduktion Kenias, nach Nairobi und wird von dort aus in alle Welt verschifft.

Eines Morgens unterhalten wir uns mit der 31-jährigen Mumo Musyoka, einer Kaffeepflanzerin und Führungskraft der Green-Belt-Bewegung. Wir wollen uns über den Kaffeeanbau informieren, und Mumo kommt unserem Wunsch freundlich nach. Durch die großen Löcher in den Lehmwänden des Klassenzimmers, in dem wir sitzen, sehe ich meilenweit nur Kaffeefelder. Kaffee ist neben Tee und anderen Exportgütern wie beispielsweise Schnittblumen immer noch *das* Agrarerzeugnis, das Kenia auf den Weg zum Wohlstand bringen sollte.

»Der Kaffeeanbau ist 1963 hier eingeführt worden«, sagt Mumo. »Wir konnten damit eine Menge Gewinn machen. Aber letztes Jahr hat meine Familie 400 Kilo produziert, und nachdem wir die Kosten für Düngemittel und Pestizide abgezogen hatten, blieb unterm Strich nichts mehr übrig. Kein Cent.« In diesem Jahr war es fast genauso schlimm.

Mumo erzählt uns, dass Teil des Problems die Zwischenhändler sind, die kleine Anbauer wie sie betrügen. Auch die teuren Agrochemikalien sind eine große finanzielle Belastung. Als Anna einwirft, kleine Anbauer wären auch nicht vor dem wilden Auf und Ab des Kaffeepreises geschützt, lacht Mumo nur.

»Hier gibt es kein Auf und Ab. Hier gehts nur immer weiter abwärts.« (Ich wünschte, wir hätten hier schon mehr über das Fair-Trade-Programm gewusst, das wir im nächsten Kapitel beschreiben und das sicher auch für Kyaume eine Chance gewesen wäre.)

Bei Weltmarktpreisen 30 Prozent unter den Produktionskosten sind Mumo und andere den Kaffeeanbau so leid, dass sie die Sträucher lieber heute als morgen los wären, die hier seit über vierzig Jahren vorherrschend sind. »Wir haben schon ein paar ausgerissen«, sagt Mumo.

»Was würdet ihr denn ohne Kaffee gewinnbringend anbauen können?«

»Wir würden Mais, Bohnen und Erbsen anbauen. Die könnten wir auch verkaufen«, erwidert sie zuversichtlich. »Und wenn sie keinen Absatz fänden, könnten wir sie wenigstens essen.«

Gemüse aus Jutesäcken

Es ist kaum verwunderlich, dass Mumo sich für das erweiterte Programm der Green-Belt-Bewegung begeistert. Seit einigen Jahren widmet sich Green Belt nämlich der »Nahrungssicherheit der Haushalte« und regt die Mitglieder dazu an, wieder die Vielfalt der traditionellen afrikanischen Nutzpflanzen anzubauen. Die Bewegung lehrt in diesem Rahmen Anbauweisen ohne den Einsatz von Chemie und gibt Saatgut für Feldfrüchte ab, die lange missachtet wurden, wie Süßkartoffeln, Pfeilwurzeln, Taubenerbsen, Maniok, Hirse, Sorghum und anderes.

Mir fällt wieder ein, was Wangari während unseres langen Gesprächs in Nairobi auf die Frage geantwortet hatte, wie Green Belt auf die Idee gekommen sei, die Nahrungssicherheit mit ins Programm aufzunehmen.

»Hunger« war alles, was sie sagte. Wir hören Mumo zu, um mehr über die Hintergründe zu erfahren.

Die kenianische Regierung hatte die koloniale Vorliebe für »Cash Crops« weitgehend beibehalten. Traditionelle afrikanische Nutzpflanzen wurden als wirtschaftlich wertlos eingestuft. Man riet den Bauern, exotische Feldfrüchte wie Mais und Weizen anzupflanzen und von der Vielfalt in Mischkultur angebauter Sorten zur Massenproduktion in Monokulturen überzuwechseln. Außer für Kaffee und Tee werden heute einige der besten Anbauflächen des Landes für die Blumenzucht verwendet, wodurch Kenia neben Holland einer der wichtigsten Schnittblumenexporteure geworden ist.

Beim Gedanken an den Stapel Weißbrotscheiben heute morgen zum Frühstück fällt mir ein, was Joe und ich in den 70er Jahren in Erfahrung brachten, als multinationale Getreidekonzerne eifrig Märkte in Afrika aufbauten. Damals saßen viele Getreideexportfirmen auf Millionen Tonnen Überschuss fest, die sie gerne losgeworden wären, sodass sie sogar Anzeigen in die Presse setzten, die den Afrikanern Weizenprodukte schmackhaft machen sollten. Ich weiß noch, dass eine Anzeige folgenden Werbespruch trug: »Er ist nicht dumm. Er wird es weit bringen. Er isst Brot.«

Da einheimische Pflanzen von den Agrarministern der Regierung ebenso verworfen wurden wie von den Entwicklungsdiensten, sind über 2000 afrikanische Getreidesorten, Wurzeln und andere Nutzpflanzen inzwischen so dezimiert, dass manche Wissenschaftler von den »verlorenen Feldfrüchten Afrikas« sprechen.

Mumo und andere betonen, dass ihr Bemühen, den Anbau dieser »verlorenen Feldfrüchte« wiederzubeleben, keineswegs nostalgische Vergangenheitsverklärung ist. »Wir Afrikaner haben im Lauf der Jahrhunderte gelernt, Nutzpflanzen zu kultivieren, die den hiesigen Umweltbedingungen angepasst sind. Wir haben Wurzelgemüse wie Maniok und Pfeilwurzeln gezogen sowie Süßkartoffeln und Erdnüsse angebaut. Auch Kürbisse gab es und noch vieles mehr«, sagt Mumo.

»Das waren alles Feldfrüchte, die sich lange hielten, entweder, weil sie sich gut einmieten ließen oder, wie Kürbisse, einfach so aufbewahrt werden konnten, ohne zu verderben. Wenn die Schale des Kürbis unverletzt bleibt, kann er lange Zeit gelagert werden.

Viele Wurzelfrüchte bleiben jahrelang unterirdisch erhalten und sind so gegen Insektenfraß und Sonne geschützt. Mit ihnen haben wir früher die Durststrecken zwischen den Ernten überbrückt und Dürrezeiten überstanden«, sagt Mumo. »Jetzt bekommen wir von Green Belt wieder das Saatgut für Erdnüsse, Süßkartoffeln, Hirse usw. – alles Nahrungspflanzen, die nicht vertrocknen, wenn es mal nicht regnet.«

Da trotzdem immer mehr Flächen zum Anbau von Mais, Weizen und anderen Exporterzeugnissen verwendet werden, ist leicht einzusehen, warum die derzeitige Dürre so verheerende Auswirkungen hat. Es gibt immer weniger Wurzelfrüchte, die unterirdisch von Kenias Erde geschützt werden, und die oberirdisch wachsenden Pflanzen sind tendenziell anfälliger gegen die extremen afrikanischen Witterungsverhältnisse.

Green Belt verhilft auch den traditionellen afrikanischen Anbaumethoden, die im Einklang mit den hiesigen Umweltbedingungen stehen, zu neuer Wertschätzung. Mumo erzählt uns von einem Green-Belt-Workshop, bei dem ihr Möglichkeiten aufgezeigt wurden, wie sie von der Last der chemieintensiven Landwirtschaft loskommen kann.

»Manches wie beispielsweise das Kompostieren haben schon meine Eltern immer gemacht, aber das Wissen darum ist verloren gegangen, weil mit den modernen Düngemitteln alles so schnell wächst.«

Sie erzählt uns auch vom »doppelt spatentiefen Umgraben«, bei dem tiefere Erdschichten nach oben gelangen. »Sie enthalten mehr Mineralien, sodass die Feldfrüchte größer werden«, sagt sie. »Außerdem bringen wir Blätter in die Schichten ein und belüften so den Boden.«

Später an diesem Tag wollen Anna und ich unbedingt einige dieser alten Methoden selbst ausprobieren. Unter der heißen Mittagssonne, inmitten von Kaffeesträuchern, lernen wir zum Beispiel, wie man einen Jutesack mit Erde füllt und dann Setzlinge oben hineinpflanzt; wie man Löcher in die Säcke sticht und auch da hinein Pflänzchen setzt. Die Sache ist ganz einfach und für eine unter Trockenheit leidende Region genial: Der Sack verhütet, dass das Gießwasser in den durstigen Boden versickert.

Als wir am Abend nach Hause kommen, fallen mir erstmals direkt vor der Küchentür drei Jutesäcke auf, aus denen üppiges Grün sprießt. Frisches Gemüse buchstäblich in Armesweite! Ramana hat offensichtlich die gleiche Lektion erhalten wie wir heute.

Begegnung mit einem Gangster

Unser Lehrer in Sachen Jutesackbepflanzung war Joseph Karangathe, ein freundlicher Mann im Alter von 32 Jahren, der sich nach dem Unterricht zu uns setzt. Als wir ihn fragen, wie er zur Green-Belt-Bewegung gestoßen ist, nimmt er uns mit auf eine Reise zurück in seine Jugend. Damals habe er kein Geld gehabt, um seinen Traum, ein College zu besuchen, zu verwirklichen.

»Erst verkaufte ich Obst auf den Straßen«, erzählt Karangathe, »dann wurde ich Flickschuster.«

Doch Anfang der 90er-Jahre kam es zu drastischen Veränderungen in seinem Leben. Die »Stammeskriege«, bei denen Tausende ums Leben kamen und Zehntausende in ganz Kenia ihre Heimat verloren, machten auch vor seiner Gemeinde im Rift Valley nicht Halt.

»Häuser wurden niedergebrannt und geplündert. Meine Familie und ich fühlten uns nicht mehr sicher. Was für eine Zukunft erwartete uns? Ich sollte zum Land meiner Väter zurückkehren, wusste jedoch nicht einmal, wo das war.«

Karangathe verlor während der Stammeskriege seine gesamte Habe und war wie seine Dorfgemeinschaft dem Hunger preisgegeben. Daraufhin bildete sich eine Gruppe – alles in allem 35 Männer und Frauen –, um die örtliche Wirtschaft wieder aufzubauen. Sie nutzten die Solarkraft für ihre Energieversorgung und legten eigene Nutzgärten an, um ihre Ernährung zu sichern.

»Dann entschloss sich die gesamte Gruppe, an einem Kurs in nachhaltiger Landwirtschaft teilzunehmen«, erzählt Karangathe weiter. »Ich besaß zwar kein Land, aber ich sollte trotzdem mitmachen. Nach dem Kurs bestimmte die Gruppe mich dazu, die Aufsicht zu übernehmen, das heißt, alles zu kontrollieren und dafür zu sorgen, dass das umgesetzt wurde, was wir gelernt hatten.

Das Landwirtschaftsministerium befürwortete den Einsatz von Pestiziden und Kunstdüngern, aber die Leute konnten sich diese Mittel nicht leisten. Also legte die Gruppe zusammen, um mir den Collegebesuch zu ermöglichen, sodass ich ökologischen Landbau studieren konnte. Ich bin zwei Jahre zum College gegangen.«

Während Karangathe das erzählt, überlege ich, wie hoch wohl die Wahrscheinlichkeit in meinem Heimatland ist, dass sich Nachbarn zusammentun, um einem Freund das Collegestudium zu finanzieren – verschwindend gering.

Kaum hatte Karangathe sein Studium abgeschlossen, bot ihm Wangari eine Stellung in der Green-Belt-Bewegung an; seine Dorfgemeinschaft drängte ihn, sie anzunehmen. Als Gegenleistung für die Finanzierung seiner Ausbildung wünschten sie sich nur von ihm, ihnen von Zeit zu Zeit bei ihren Bemühungen um den ökologischen Landbau zu helfen.

»Ich habe am Pilotprojekt des Green-Belt-Programms zur Sicherung der Ernährung mitgearbeitet. Meine Überzeugung hatte praktische Gründe. Ich glaube, dass Leute sich selbst erhalten können, wenn sie verstehen, wie alles zusammenhängt – wie die Tiere, Nutzpflanzen und Bäume miteinander verbunden sind und sich gegenseitig günstig beeinflussen, sodass gar keine chemischen Mittel nötig sind.«

Sein Ansatz ist vernünftig und gerade für Leute, die nur über dürftigste finanzielle Mittel verfügen, praktikabel – man erinnere sich daran, dass in Kenia die Hälfte der Bevölkerung von weniger als umgerechnet einem Dollar pro Tag lebt. Aber dem gesunden Menschenverstand zu folgen ist gefährlich, wie wir bald hören.

Als Karangathe einmal Dorfbewohner zu einer Versammlung einlud, um sie über den Ökolandbau zu informieren, rief ein örtlicher Landwirtschaftsbeamter die Polizei.»Er zeigte auf mich und sagte: ›Das ist ein Gangster. Er wirbt in meinem Amtsbereich für unbewiesene Methoden. Nehmt ihn fest.‹

Sie wollten die Versammlung auflösen, aber da habe ich protestiert. ›Ich glaube nicht, dass diese Versammlung ungesetzlich ist‹, habe ich den Dorfältesten beruhigt. Und dem Beamten habe ich gesagt, dass wir einen Dialog zwischen konventionellen Landwirten und ökologisch ausgebildeten brauchen. ›Wir wollen uns nicht gegenseitig bekämpfen. Reichen wir einander lieber die Hände! Sie können die Versammlung jetzt auflösen, aber ich werde zu Ihrem Vorgesetzten gehen und die Sache mit ihm besprechen.‹

Am nächsten Tag bin ich zum Bezirksleiter des Landwirtschaftsamts gegangen«, erzählt Karangathe ruhig weiter, und ich kann mir denken, dass seine leise, angenehme Art auch dort Anklang gefunden hat.

»›Einer Ihrer Beamten hat aus Unverständnis meine Versammlung aufgelöst‹, habe ich dem Leiter erklärt. Er gestand mir dann, dass seine Bauern trotz vermehrten Einsatzes von chemischen Mitteln nicht genügend produzieren könnten, um sich am Leben zu erhalten. ›Wir haben einfach nicht die richtigen Voraussetzungen‹, sagte er. ›Am besten verbünden wir uns und lernen voneinander.‹ So wurden wir Freunde.«

»Aber warum sollten Sie überhaupt festgenommen werden?«, fragt Anna.»Warum sind die Beamten so scharf auf die industrielle Landwirtschaft?«

»Weil der konventionelle Landbau den Produzenten der agrochemischen Produkte zugute kommt. Das Ausbildungsangebot für die Bauern wird nämlich nicht vom Staat bestimmt, sondern von den Firmen, die die chemischen Spritz- und Düngemittel herstellen.

Ich sage immer zu den Beamten: ›Ihr habt mittlerweile 35 Jahre lang den Einsatz chemischer Dünge- und Schädlingsbekämpfungsmittel gefördert, aber die Leute hungern noch immer. Welche Lösung schlagt ihr denn jetzt vor – noch mehr Kunstdünger und Pestizide?‹«

Seit ich weiß, was Karangathe alles erlebt hat – Stammeskriege, den Vorwurf, unhaltbare Methoden zu verbreiten, und sogar die Anschuldigung, ein Krimineller zu sein –, frage ich mich, was ihn zum Durchhalten ermutigt.

»Meinem Gefühl nach musste ich einfach so handeln. Die Tätigkeit, die ich vorher ausgeübt habe, hat mich nicht befriedigt. Ich wollte etwas machen, was mich im tiefsten Herzen zufriedenstellt. Geld allein verdirbt bloß den Charakter.«

»Es ist so ähnlich, als würde man zu Fuß nach Nairobi gehen«, fährt er fort und lehnt sich auf der Sofakante nach vorn.

»Der Weg nach Nairobi ist weit. Sehr weit. Ich weiß nicht, wie ich dorthin komme, aber ich gehe einfach los. Jemand muss in die gleiche Richtung und begleitet mich eine Strecke weit. Ein anderer nimmt mich auf seinem Fahrrad ein Stück mit. Danach gehe ich wieder zu Fuß weiter. Im nächsten Ort treffe ich vielleicht wieder jemanden, der mich meinem Ziel näher bringt. Und dann kommt wieder ein Fußmarsch.

Das Entscheidende ist, dass ich weiß, wohin ich will, und einfach immer weitergehe.«

»Was wir verloren haben, erobern wir uns zurück«

Am nächsten Nachmittag will uns Lea Kisomo aus ihrer langen Lebenserfahrung etwas über die Sicherung der Ernährung hierzulande sagen. In ihrem verschossenen grün, gelb und blau gemusterten Kleid, auf dem Kopf einen weiß geblümten Turban, hat sie die ruhige Ausstrahlung einer Green-Belt-Seniorin. Mit ihren 72 Jahren lebt sie schon zwei Jahrzehnte länger als der Durchschnitt der kenianischen Frauen.

Wir sitzen mit ihr in einem winzigen Wohnzimmer, und an der leuchtend gelben Wand hinter ihr hängen schief und krumm die militärischen Ehrenurkunden des Hausherrn.

Lea Kisomo aus Kyaume,
Kenia

»Ich habe zehn Kinder geboren, aber nur vier sind noch am Leben«, beginnt sie ihren Bericht, den uns ein Green-Belt-Dolmet-
scher übersetzt. Ich hole tief Luft und versuche mir Rechenschaft
abzugeben, was diese eine Tatsache für das Leben einer Frau bedeutet.

Lea ergeht sich im Lob der Früchte, Gemüse und Getreidearten,
die sie und ihre Familie noch vor fünfzig Jahren genossen haben.
»Irgendwie sind sie in Vergessenheit geraten«, seufzt sie. »Jetzt bekommen unsere Kinder merkwürdige Krankheiten, die es früher
gar nicht gab.«

»Welche Nahrungsmittel vermissen Sie denn am meisten?«, frage ich.

»Hirsebrei. Er ist süß und gibt Kraft«, antwortet sie, und ich muss
an das furchtbare Weißbrot denken, dass wir am Morgen gegessen
haben.

Es macht Lea offensichtlich Freude, in diesen Erinnerungen zu
schwelgen und uns von den Hoffnungen zu erzählen, die das
Green-Belt-Programm zur Sicherung der Ernährung bei ihr, ihrer
Familie und dem ganzen Dorf geweckt hat.

Als Anna und ich ihr gedankt haben und uns erheben, um Abschied zu nehmen, packt Lea mich am Arm und sieht mir gerade-
wegs in die Augen:

»Wenn du nach Hause kommst, erzähl deinen Leuten, dass wir vom Kamba-Volk zwar unsere Kultur und besonders unsere Ernährungsgrundlagen verloren haben, aber dabei sind, sie wiederzugewinnen. Was wir verloren haben, erobern wir uns zurück.«

Ein Tanz zum Frühstück

Für unseren letzten Morgen in Kyaume habe ich mir vorgenommen, noch einige Fotos zu machen, unser Zimmer zu putzen und allen Gastgebern unseren herzlichsten Dank auszusprechen. So war es geplant. Ich kann mich jedoch, offen gestanden, nur noch an das Singen an jenem Morgen erinnern, das allmählich in Tanzen überging. Im Haus, auf der Veranda und im Garten unter dem Mangobaum tanzen Ramana und ihre Kinder, Regina und die anderen Frauen, die zum Abschied gekommen sind, so selbstverständlich und unbekümmert mit uns, als würden wir uns schon ein Leben lang kennen.

Ich habe noch nie in meinem Leben zum Frühstück getanzt.

Ein paar Tage ist es erst her, seit ich aus dem Minibus geklettert bin und dem Begrüßungstanz zugeschaut habe. Ich weiß noch, dass mir unwillkürlich der Gedanke kam: Wie können sie bloß so fröhlich sein bei einem so trostlosen Leben!

Es dauerte einige Tage, bis ich mich dazu überwinden konnte, mitzutanzen und zu singen. Mit der Zeit verstummte meine Frage, und die Antwort fand sich von selbst. Ich fühle einfach, was diese Frauen trotz ihrer harten Lebensumstände bewegt: Es ist die Freude an der Entdeckung der eigenen Macht, ihr Dorf zu verändern, Freude an der Kraft, die sie gemeinsam gewonnen haben, Freude daran, ihren weit gereisten Besucherinnen aus Amerika wunderbare Gastgeberinnen zu sein – pure Lebensfreude. Diese Frauen verleugnen ihr Leid nicht. Aber sie feiern das Leben – trotz ihres Leids.

Als ich nach draußen gehe, um mich den Tanzenden anzuschließen, sehe ich auf der Wand einen großen Kalender, ein Werbegeschenk des Lilly-Arzneimittelkonzerns. Seltsam, denke ich. Dann fällt mein Blick auf den Namen des Produkts, das damit beworben wird – Prozac. Ich muss lachen, gehe zur Tür hinaus und tanze mit neuer Kraft mit.

Ohne strukturelle Lösungen geht es nicht (2)
Seit Wochen nehme ich fleißig Tabletten zur Malariaprophylaxe ein, weil ich weiß, dass die Seuche in Afrika auf dem Vormarsch ist. Sie ist schon ziemlich nah an uns herangekommen, denn Regina hat uns erzählt, dass ihre Schwester gerade daran gestorben ist, und auch andere Leute in Kyaume haben durch die Krankheit Angehörige verloren. Allein auf diesem Kontinent bringt die Malaria jedes Jahr über eine Million Menschen um, überwiegend Kinder.

Darum spitze ich die Ohren, als Hans Herren, der 1995 den Welternährungspreis gewonnen hat und hier in Nairobi wissenschaftlich tätig ist, erwähnt, dass er der Malaria den Kampf angesagt hat.

»Uns sind gerade um vierzig Millionen Dollar für die Malariaprävention bewilligt worden«, erzählt er uns beim Abendessen in Nairobi, »aber das wird das Problem noch nicht lösen. Das meiste Geld fließt in die Entwicklung eines Impfstoffs, obwohl niemand weiß, wann ein solcher Impfstoff entdeckt wird und ob überhaupt.

Inzwischen haben wir einfache Vorbeugungsmaßnahmen entwickelt, die so billig sind, dass sie in jedem Dorf durchgeführt werden könnten. Wenn ich das Geld hätte, könnte ich die Malariafälle hier binnen zehn Jahren auf die Hälfte reduzieren. Aber ›unwissenschaftliche‹ Maßnahmen zu propagieren – den Leuten beizubringen, wie sie sich vor Stichen schützen können, oder billige Mittel anzubieten, die das Paarungsverhalten der Moskitos stören –, das ist natürlich nicht so reizvoll wie die Erforschung eines Impfstoffs – und längst nicht so lukrativ.«

Während ich Hans zuhöre, muss ich wieder an die Kosten denken, die das Zerlegen unserer Probleme in Einzellösungen verursacht. Selbst wenn wir einen Impfstoff hätten, wie würde er die Ursachen der Seuche erreichen oder diejenigen, die ihn am dringendsten brauchen? Malaria ist nicht bloß einer wachsenden Zahl von Mücken zu verdanken; sie ist ein Symptom der Armut. Wenn wir an der wirtschaftlichen

Gleichstellung arbeiten, das Gesundheitswesen verbessern und den Leuten Hilfe zur Selbsthilfe anbieten, können wir nicht nur die Zahl der durch Malaria bedingten Todesfälle verringern, sondern auch die Todesrate bei anderen vermeidbaren Erkrankungen wie Dehydration, Durchfall und Denguefieber senken, um nur einige zu nennen.

Nach dem Essen fährt uns Hans durch die inzwischen leeren Straßen von Nairobi zum Lang'ata-Gästehaus zurück; er verspricht uns, mit Wangari Kontakt aufzunehmen. Während sich die etablierte Wissenschaft auf die Entwicklung des Impfstoffs konzentriert, beschreiten Wangaris Green-Belt-Frauen womöglich genau den richtigen, menschenfreundlichen Weg ohne komplizierte Technik, der das Leben vieler Malariakranker retten könnte. *Anna*

Im falschen Bus

Nur noch wenige Tage in Kenia liegen vor uns. Wir sind wieder im Lang'ata-Gästehaus, dem Green-Belt-Ausbildungszentrum am Stadtrand von Nairobi, einem Geschenk der österreichischen Regierung. Wir freuen uns darauf, einen ganzen Abend mit Wangari verbringen zu dürfen.

Der Abend beginnt mit einem Essen an einer langen, mit einem knallgelben Tischtuch bedeckten Tafel. Durch eisenbeschlagene Sicherheitstüren können wir im Dämmerlicht das ausgedörrte Gelände sehen, auf dem uns am Morgen Affen belustigt haben.

Wangari, strahlend mit dunkelgrüner Kopfbedeckung, widmet sich uns mit der gewohnten ansteckenden Lebhaftigkeit. Im flackernden Licht der Lampen, die von einem summenden Generator mit Strom versorgt werden– infolge der dürrebedingten Stromrationierung in der Stadt inzwischen ein vertrautes Geräusch –, wirkt der Raum sehr anheimelnd.

In Kyaume hatten Anna und ich gesehen, was für ein starker Anstoß das Bäumepflanzen sein kann. Frauen, die vorher jede für sich lebten, die von ihren Ehemännern eingeschüchtert wurden, die jede Woche einen Großteil ihrer Zeit mit der anstrengenden Suche nach Feuerholz zubrachten, taten sich zusammen und fanden darin neue Kraft, neue Hoffnung und Orientierung. Deshalb bin ich zuerst etwas erstaunt, als Wangari unser Tischgespräch mit der Bemerkung beginnt, das Bäumepflanzen sei zwar ein Einstiegspunkt der Green-Belt-Bewegung, aber »*der wirkliche Einstieg sei die Erziehung zum Staatsbürger*«.

Erziehung zum Staatsbürger?, denke ich im Stillen. Das klingt nicht sehr verlockend! Ich erinnere mich noch heute an die totlangweilige Staatsbürgerkunde in der Schule, von der nichts bei mir hängen geblieben ist außer etwas von der »Gewaltenteilung im Staat« und dem Wahlslogan irgendeines Präsidenten aus dem 19. Jahrhundert. Vollkommen überflüssig, und bestimmt kein »Einstiegspunkt«.

»Solange die Leute ihre Rechte nicht kennen, besonders ihre Rechte in Sachen Umwelt, und solange sie nicht wissen, wie sie ihre Rechte wahrnehmen und den Mut finden können, für ihre Rechte einzustehen – so lange ist selbst das Bäumepflanzen ein unsicherer Einstieg. Die Menschen lassen sich immer wieder einschüchtern. Sie können immer unterdrückt werden.«

In Kenia ist das Bäumepflanzen und -schützen nichts Harmloses. Es bedeutet unter Umständen, mit der Obrigkeit in Konflikt zu geraten. Das weiß Wangari. Sie ist selbst mehrmals verhaftet worden, weil sie gegen den Kahlschlag der Staatsforste protestiert hat. Bei ihrem erfolgreichen Kampf zur Erhaltung eines Stadtparks in Nairobi ist sie so brutal von der Polizei zusammengeschlagen worden, dass sie in ein Krankenhaus eingeliefert werden musste.

Für Wangari bedeutet Erziehung zum Staatsbürger nicht, sich mit abstrakten, fern liegenden Machtstrukturen und -möglichkeiten auseinander zu setzen, sondern Selbstvertrauen zu gewinnen.

»Wir nennen die Erziehung zum Staatsbürger ›Selbsterkenntnis‹«, erklärt Wangari.

»Der Wendepunkt für die Leute in unseren Seminaren ist das, was wir mit der Geschichte vom falschen Bus anschaulich machen«, sagt sie und zieht ein kleines Handbuch mit dem Titel »Im falschen Bus« aus der Tasche. Über 15 000 Menschen haben bereits an einem solchen Workshop teilgenommen, mindestens einer aus jeder Dorfgemeinschaft mit einer Green-Belt-Baumschule.

Während Teller voll dampfendem Reis und Gemüse aufgetragen werden, erklärt uns Wangari, dass jeder der Teilnehmer schon einmal mit einem Bus gefahren ist und dieses Bild deshalb etwas Wohlbekanntes ist. Ein guter Anfang.

»Wir sagen«, fährt sie fort, »»wenn ihr einen Bus nehmen wollt, müsst ihr darauf achten, dass ihr in einen Bus einsteigt, der in Richtung eures gewünschten Ziels fährt. Wenn ihr in den falschen Bus einsteigt, werdet ihr eine Menge Probleme bekommen, nur weil ihr nicht aufgepasst habt. Ihr kommt zum Beispiel irgendwo an, wo ihr keine Menschenseele kennt. Ihr wisst nicht, wo ihr nachts schlafen sollt. Ihr werdet vielleicht als Penner aufgegriffen«, sagt sie grinsend.

»Dann sagen wir: ›Aber wenn ihr in die richtige Richtung fahrt, werdet ihr die Reise wahrscheinlich genießen. Wenn ihr an eurem Ziel ankommt, werdet ihr, wie erwartet, von euren Freunden in Empfang genommen, und es wird euch gut gehen.« Wir stimmen in ihr Lachen ein.

»Jetzt stellen wir die Frage: ›Warum um alles in der Welt sollte jemand zur Bushaltestelle gehen und in den falschen Bus einsteigen?‹

Manchmal antworten die Leute darauf: ›Weil er nicht lesen kann‹, denn das können tatsächlich viele nicht. Wir fragen weiter: ›Was macht man dann? Man fragt jemanden, der lesen kann. Aber andere können euch in die Irre führen. Ein unehrlicher Mensch sagt euch vielleicht, der Bus fahre in eure Richtung. Erst viel später merkt ihr, dass ihr in der falschen Richtung unterwegs seid.‹

Wir können den ganzen Tag lang nur darüber reden, wie die Leute immer wieder irregeführt werden – durch Bücher, durch Priester, durch Lehrer usw.«

Während ich Wangari zuhöre, komme ich mir vor wie eine ihrer Seminarteilnehmerinnen. Ich finde es gut, dass sie betont, wir alle könnten irregeführt werden. Damit erspart man sich das Gefühl, ein totaler Versager zu sein, wenn das Leben nicht so läuft, wie es eigentlich sollte. Auf sicherem Boden sind wir zwar noch nicht, denn wir haben uns ja in die Irre führen lassen, aber wir werden jetzt sanft bei der Hand genommen.

Wangari erzählt weiter. »Als Nächstes fragen wir: ›Welche Probleme habt ihr in eurem Leben, in der Familie, in der Dorfgemeinschaft und vielleicht sogar in eurem Staat?‹ Schon werden alle Probleme aufgezählt: Hunger, Wassermangel, fehlende Transportmöglichkeiten, mangelnde Schulbildung, keine Bücher.

›Was glaubt ihr, woher diese Probleme kommen?‹, fragen wir sie nun. Sie geben alle möglichen Erklärungen ab – vom örtlichen Dorfvorsteher, vom Ehemann, vom Pastor, der Frau, den Kindern.

Dann fragen wir: ›Welche Lösungen gibt es eurer Meinung nach dafür?‹

Die Antworten lauten: Die Regierung abwählen. Eine Revolution anzetteln. Beten. Mehr Nahrungspflanzen anbauen. Wenn wir jedoch fragen, *wo* die Lösungen zu suchen sind, kommen sie selten darauf, dass sie bei ihnen selbst liegen.

Einmal abgesehen von den großen Schwierigkeiten, vor denen die Dorfbewohner stehen, schaffen wir viele unserer Probleme selbst – aktiv und passiv. An vielen Problemen können wir etwas ändern. Ich sage dann: ›Wir können unser Leben verändern. Wir können unser Los verändern. Wenn ihr im falschen Bus seid – und zu dieser Kategorie gehören viele – und schließlich merkt, dass ihr in die Irre geführt worden seid, habt ihr die Wahl. Ihr könnt entweder beschließen, weiter in die falsche Richtung zu fahren und es drauf ankommen zu lassen, wo der Bus euch hinbringt. Oder ihr macht, dass ihr gleich aus dem Bus rauskommt.«

Wangari spielt uns vor, wie sie ganz streng weiterredet: »›Ihr wisst nicht, dass die Wälder die Wasserführung der Flüsse bestimmen? Dass ohne Wald nirgendwo ein Fluss fließen würde? Wenn ihr das nicht wisst, seht ihr tatenlos zu, wie der Wald zerstört wird. Ihr seht tatenlos zu, wie der Wald in Privateigentum übergeht. Ihr seht tatenlos mit an, dass eine Schule keinen Windschutz hat, und wenn ein Sturm kommt und die Schule umbläst und eure Kinder dabei ums Leben kommen, sagt ihr dann noch, dass es Gottes Wille war? Entschuldigt bitte, aber das ist reine Dummheit.‹

Nun wird zwei Tage lang diskutiert, und in dieser Zeit kommt es meist zu einer inneren Wandlung. Den Leuten wird klar, dass sie in die Irre geführt wurden, ja, aber auch, dass sie Verstand haben und denken können. Jetzt machen wir eine Pause, und danach haben wir es mit vollkommen anderen Menschen zu tun, die sehr motiviert, selbstbewusst und entscheidungsfreudig sind, die in ihre Dorfgemeinschaften zurückkehren und dort etwas bewegen wollen.«

»Von diesem Punkt ab reden wir darüber, wohin die Energie gelenkt werden sollte«, fährt Wangari fort. »Jetzt können wir den Leuten sagen: ›Ihr habt Baumschulen angelegt und euer Land und das eures Nachbarn mit Bäumen bepflanzt; jetzt könnt ihr damit beginnen, öffentlichen Grund und Boden wiederaufzuforsten.‹«

Ich kann mir gut vorstellen, welche Energien freigesetzt werden, wenn den Leuten zum ersten Mal aufgeht, dass sie keine hilflosen Opfer sind. Voller Begeisterung spüre ich, wie auch ich bei Wangaris Worten wieder neue Hoffnung schöpfe, denn dieses innere Erwachen kann jedem von uns zuteil werden, mag seine Situation noch so festgefahren und aussichtslos erscheinen.

»I've made a choice«

Anna und ich fragen Wangari, woher der Slogan stammt, der so viele Green-Belt-T-Shirts ziert: *As for me, I've made a choice.* (Ich für mein Teil habe mich entschieden.) Wir sind jedesmal angerührt, wenn wir ihn sehen.

»Wenn man im falschen Bus sitzt, merkt man, dass man irregeleitet wurde«, erklärt uns Wangari. »Dann muss man sich fragen: ›Soll ich einfach sitzen bleiben, egal, wohin dieser Bus fährt?‹ Eine schwierige Frage. Man muss eine Entscheidung treffen! Einige sagen in diesem Fall: ›Ich glaube, ich fahre weiter, bis er anhält.‹ Dann sage ich ihnen, dass er vielleicht gar nicht mehr hält, sondern nonstop bis Kairo durchfährt. Und das ist ganz schlimm, denn dort wird auch noch eine fremde Sprache gesprochen!«

Jetzt hat Wangari uns endlich da, wo sie hin wollte, und kommt zum Kern der Sache:

»Um aus dem Bus herauszukommen, muss man sich entscheiden.«

Während ich Wangaris Beschreibung lausche, wie die Leute im Green-Belt-Stil mobilisiert werden, kommt mir wieder der Gedanke, dass der Mensch doch weich wie Wachs ist. So empfindsam sind unsere kleinen Seelen. Wir meinen so intelligent zu sein – wir, der *Homo sapiens* –, und doch siegt immer wieder die Angst vor der Obrigkeit über unseren gesunden Menschenverstand, lassen wir uns in dem Gefühl unserer Ohnmacht bestärken. Aber genau diese Formbarkeit ermöglicht es uns auch, unser verloren gegangenes Selbstwertgefühl unter neuen Umständen wiederzugewinnen – wie ich im Laufe dieses Jahres lerne.

Wangari hat uns die Augen dafür geöffnet, wie die Kenianer irregeführt und in ihrem Vertrauen zum eigenen Wissen erschüttert wurden, aber wie steht es mit uns anderen?

Die Globalisierung ist eine großartige Sache, heißt es, nur ein paar Kleinigkeiten müssen noch irgendwie gedeichselt werden – wen kümmert es schon, dass inzwischen auch Teile Chiles und Argentiniens vom Ozonloch betroffen sind und dass tagtäglich hundert Arten auf dieser Erde aussterben! Unsere Ernährungslage ist bestens, hämmert uns die Werbung täglich ein – wen kümmert es schon, dass fast die Hälfte des weltweiten Getreideertrags an Tiere verfüttert wird, während Tausende von Menschen tagtäglich aus Nahrungsmangel sterben!

Wenn wir *alle* im falschen Bus sitzen, wie kommen wir dann raus? Ich möchte um keinen Preis in Kairo landen.

Wer bezahlt die Fahrt?

Nach dem Essen machen wir es uns am Kamin bequem. Wangari sinkt in einen beigefarbenen Polstersessel, und Anna und ich setzen uns im Schneidersitz auf den Fußboden. Der Generator summt weiter, dabei ist das Licht noch schwächer geworden. Einer unserer Gastgeber bringt uns Kerzen. Die glühende Holzkohle und der Tee, der uns jetzt serviert wird, vertreiben die Abendkühle.

Wangari, die sich darauf versteht, abstrakte Zusammenhänge anschaulich zu machen, bringt das Gespräch auf den Einfluss, den die Auslandsverschuldung auf ihr Land nimmt. Wangari gehört zu den Vertretern Kenias bei der global operierenden Organisation *Jubilee 2000*, so benannt nach dem biblischen »Jubeljahr«, in dem die Geknechteten frei kamen, Grundbesitz neu verteilt wurde und Schulden erlassen wurden.

Jubilee 2000 und Wangari machen darauf aufmerksam, welche Last der Schuldenberg den Entwicklungsländern auferlegt – inzwischen etwa zwei Billionen Dollar. Bei so hohen Schulden und infolge ständig steigender Zinssätze zahlen die schwer verschuldeten armen Länder dieser Welt, so Wangari, den reichen Ländern inzwischen mehr, als sie in Form von Entwicklungshilfe erhalten. Die afrikanischen Länder südlich der Sahara zahlen *anderthalb mal so viel* an ihre Gläubiger zurück, als sie an Entwicklungshilfe bekommen.

Sie weist noch einmal darauf hin, was das für die Kenianer bedeutet. In den 80er Jahren sind die Weltmarktpreise für viele Agrarprodukte gefallen. Als würde ihnen ein Teppich unter den Füßen weggezogen, verloren von landwirtschaftlichen Exporterzeugnissen abhängige Länder wie Kenia ihre wirtschaftliche Grundlage. Die Schuldenlast schwoll an.

Damals steigerte die Regierung auf Druck von Seiten der Weltbank und des Internationalen Währungsfonds den Anbau von exportfähigen Agrarprodukten noch weiter, um harte Devisen einzuheimsen und Schulden abzuzahlen, und förderte die Ausfuhr von natürlichen Rohstoffen wie beispielsweise Holz. Kein Wunder, dass Wangari ebenso engagiert bei Jubilee 2000 mitarbeitet wie beim Green Belt Movement; beide sind eng miteinander verwoben.

Wie wir hören, muss Kenia jedes Jahr viermal so viel für die Schuldentilgung zahlen, wie es an Entwicklungshilfe empfängt. Die Schuldentilgung entspricht etwa der Hälfte des kenianischen Bruttosozialprodukts und liegt um 20 Millionen Dollar höher als die Summe, die der Staat für das Gesundheits- und Bildungswesen *zusammen* ausgibt.[42]

Der Direktor der Schule in Kyaume hatte uns erzählt, dass in diesem Jahr das Schulgeld ohne Vorwarnung zum ersten Mal seit Jahren erhöht wurde und sich für die höhere Schule mehr als verdoppelt hat. Viele der Kinder, die dort zur Schule gingen – ohnehin nur ein kleiner Prozentsatz –, bleiben jetzt zu Hause. Wir fragten die Leute in Kyaume, warum die Schulgebühren denn erhöht wurden, aber das wusste niemand. Wangari erklärt uns jetzt, dass der Staat das Schulgeld erhöht hat, um die Auslandsschulden abzutragen.

Die amtliche Kürzung der Mittel für Bildungseinrichtungen hängt, wie Wangari uns klar macht, mit der vom Internationalen Währungsfonds gewünschten »Strukturanpassung« zusammen. Dieses Wort klang in meinen Ohren immer wie ein hilfreicher Eingriff beim Chiropraktiker, dabei bezieht es sich in Wirklichkeit auf die Bedingungen, die ein Land erfüllen muss, um Kredite aus dem Fonds zu bekommen. Dazu gehört, dass die Regierung Einsparungen vornehmen muss, von denen in der Regel die Zuschüsse zum Bildungs- und Gesundheitswesen betroffen sind. Obwohl längst erwiesen ist, dass die »Strukturanpassung« die Schwächsten trifft, sodass sich unter anderem die Säuglingssterblichkeit durch Unterernährung erhöht und bei Kindern vermehrt Entwicklungsstörungen auftreten, bliebe es bei diesen strikten Bedingungen. Die Schulgelderhöhungen hier in Kenia sind nur eines der Symptome.

Ein junger Mann fällt mir ein, den wir vor ein paar Tagen in Kyaume kennen gelernt hatten und der uns von einer weiteren, besonders paradoxen Folge der Schulgelderhöhung in Kenia berichtete: Vor kurzem wurden bei einer Green-Belt-Aktion zur Verhinderung des illegalen Holzeinschlags auf öffentlichen Flächen die Aktivisten, überwiegend Studenten, von jungen Leuten angegriffen, die vom Staat bezahlt worden waren – ebenfalls Studenten, die verzweifelt Geld brauchten, um die explodierenden Kosten für ihre Ausbildung bestreiten zu können.

»Wenn wir um Schuldenerlass bitten«, fährt Wangari fort, »sagen unsere Gläubiger, dass uns die Schulden nicht erlassen werden können, weil unsere politischen Führer korrupt sind. Sie behaupten, dass ein Schuldenerlass nicht den Armen zugute käme. Darum sei er nutzlos. Derweil kürzen unsere korrupten politischen Führer die Sozialleistungen, um die Schulden zu bezahlen.

Es ist längst kein rein wirtschaftliches Problem mehr. Es ist längst keine Sache des Geschäfts mehr. Es ist eine Frage der Moral. Die

Gläubiger verlangen von Leuten, die von dem Geld nie einen Pfennig gesehen, geschweige denn etwas bekommen haben, es zurückzuzahlen. Und das, obwohl sie die Spur des Geldes verfolgen und feststellen können, wozu es verwendet wurde.

Ich weiß nicht, wie viel Geld Präsident Moi auf Auslandskonten hat, aber ich bin hundertprozentig sicher, dass es das Weiße Haus weiß oder leicht herausfinden könnte. Warum wird dann nicht dieses gestohlene Kapital eingefroren und Moi dazu gezwungen, die Schulden davon zu tilgen, statt unschuldige Bauern ins Elend zu stürzen, denen das Geld eigentlich hätte zugute kommen sollen?

Manchmal sagen die Gläubiger: ›Gut, nehmen wir einmal an, es wäre eine Frage der Moral, und wir würden einsehen, dass das Geld nie bei den Armen ankommt, und darauf dringen, dass die Führungselite, die es gestohlen oder veruntreut hat, es auch zurückzahlt – wer garantiert uns, dass sich diese Politiker in Zukunft verantwortungsbewusster gegenüber ihrem Volk verhalten?‹

Meine Antwort darauf lautet: ›Deshalb unterrichten wir die Leute ja in Staatsbürgerkunde.‹ Nur deshalb bin ich doch in der Pro-Demokratie-Bewegung!«, sagt sie mit unverhohlenem Frust. »Während die reichen Länder unsere Diktatoren unterstützen, werden Leute wie ich, sobald sie die Stimme erheben, aus den Universitäten geworfen und kommen ins Gefängnis oder müssen ins Ausland flüchten, wenn sie nicht sogar umgebracht werden.

Darum sage ich meinen Landsleuten, dass wir aus diesem Bus raus müssen. Wir sitzen im falschen Bus und müssen lernen, die richtigen Leute in die Regierung zu wählen. So weit sind wir aber noch nicht, und solange wir diese Schulden mit uns herumschleppen, werden wir auch nie dorthin kommen. Wir werden so tief in Armut versinken, dass wir schließlich keine Kraft mehr haben, um uns Gehör zu verschaffen.«

Die Hörner, die den Himmel tragen

Wangari bringt mich dazu, über meine eigenen Ängste nachzusinnen, die ich trotz aller Gegenanstrengungen immer noch habe: Angst vor Einsamkeit, vor Kritik, vor dem Scheitern. Im Vergleich zu den ihren sind meine kaum der Rede wert, und doch gelingt es mir nicht immer, sie zu überwinden. Deshalb interessiert mich, woher sie die Kraft nimmt, mit ihren Ängsten, bei denen es um Leben und Tod geht, fertig zu werden.

»Ich habe einen hohen Preis bezahlt, und davor haben die meisten Angst. Wenn man einen Schritt nach vorn macht, ist man exponiert. Manchmal wird man kritisiert, manchmal verliert man Freunde – ich habe einen Freund verloren, der mein Mann war.

Manche Leute sagen: ›Warum nimmst du ein Risiko auf dich, bei dem du immer mit Verlusten rechnen musst?‹ Ich hatte aber nie das Empfinden, etwas zu verlieren. Ich habe eher ein Gefühl wie beim Wandern. Wenn ich an eine Stelle komme, wo ich springen muss, dann springe ich eben. Manchmal trage ich Abschürfungen davon, manchmal Prellungen am ganzen Leibe, aber ich springe hinüber«, sagt Wangari und fügt lächelnd hinzu: »Die andere Seite ist immer verheißungsvoll.«

Der Generator hat aufgehört zu surren, und das Licht ist wieder hell. Der Strom ist wieder da, es muss also nach 23 Uhr sein – im Zuge der Rationierung wird der Strom in der Stadt zwischen 6 Uhr morgens und 11 Uhr nachts abgestellt. Es wundert mich, dass Wangari trotz der vorgerückten Stunde weiter mit uns reden will, aber sie ist anscheinend entschlossen, nichts im Unklaren zu lassen.

»Ich bin im Rift-Tal aufgewachsen«, erzählt sie uns, »und auf beiden Seiten waren Gebirgszüge. Wir waren nach allen Richtungen hin eingeschlossen. Ich glaubte damals, das sei die ganze Welt. Ich glaubte, dass da, wo die Bergkämme und der Himmel oder die Wolken, die häufig darüber zogen, zusammenstießen, das Ende der Welt sei.

Ich weiß noch, dass ich meine Mutter einmal fragte: ›Wieso fällt der Himmel nicht herab? Sonst kommt doch alles herunter, nur der Himmel nicht.‹

Meine Mutter sagte: ›Oben auf dem Grat der Berge sind große, große Büffel, und diese Büffel haben große Hörner, und diese Hörner tragen den Himmel.‹ Das habe ich lange Zeit geglaubt.

Dann haben wir eines Tages einen Ausflug gemacht, den längsten, den ich bis dahin gemacht hatte. Zum ersten Mal bin ich oben auf den Grat gelangt, und da entdeckte ich, dass auch jenseits davon noch etwas war. Ich freute mich unendlich, dass nicht das Tal die ganze Welt war, sondern dass jenseits davon noch eine Welt lag.

Dieser kleine Ausflug erinnert mich an die vielen, vielen Reisen, die ich seitdem unternommen habe. Bevor man loszieht, denkt man, dies hier sei die ganze Welt, und dann kommt man nach oben und sieht, dass es noch eine andere Welt gibt. Das Leben hat viele Bergkämme, und wenn man bereit ist, bis oben auf den Grat zu steigen, sieht man jenseits davon eine andere Welt. Aber wenn man nicht loswandert, wenn man das Risiko scheut und da bleibt, wo man sich in Sicherheit wähnt, kann man natürlich nie einen Blick auf die andere Gebirgsseite werfen.«

Das Ebenbild Gottes

An unserem letzten Abend in Nairobi lädt Wangari Hochwürden Timothy Njoya, einen Priester und Freund aus der Pro-Demokratie-Bewegung, zum Gespräch mit uns ein. Wir sitzen im Aufenthaltsraum von Lang'ata, der schmächtige Njoya mit leuchtend blauem Hemd und abgesetztem weißem Priesterkragen uns gegenüber in einem Sessel. Njoya spricht lebhaft, er würzt seine Erzählungen mit Witzen und macht humorvolle Anspielungen, die nur Wangari verstehen kann.

Er erzählt aus seinem Leben, dem Leben eines radikalen Priesters. Vor einigen Jahren ist ihm das geistliche Amt entzogen worden, weil er behauptet hatte, Jesus sei für soziale Gerechtigkeit eingetreten. Als er schließlich wieder ins Amt eingesetzt wurde, beschloss er, seine Zweifel an der Demokratie in Kenia in einer Predigt darzulegen. Das war eine riskante Sache in einem Land, dessen seit 1978 amtierender Präsident Beleidigung zum Verbrechen erklärt hat und der seine Kritiker einsperren, überfallen oder gar ermorden lässt.[43]

Mit Hilfe von Freunden konnte Njoya seine Predigt live im Radio halten. Jeder, der ihn kannte, wusste ebenso wie er selbst, dass er damit sein Todesurteil unterzeichnet hatte. Also ging er nach Beendigung der Predigt nach Hause und erwartete seinen Tod.

In jener Nacht erschienen neun Männer bei ihm.

»Als ich die Tür öffnete«, erzählt er, »erhielt ich mit einem langen Speer einen Hieb über die Hand. Drei Finger wurden abgetrennt. Dann griff ein anderer an, und als ich ihn mit der anderen Hand abwehren wollte, traf mich auch sein Streich.« Njoya hält die Hand hoch, streckt die Finger aus und deutet auf den Daumen, an dem sich eine dicke Narbe befindet. »Hier, genau hier«, sagt er.

Dann springt er auf, um uns seine Gegenwehr noch anschaulicher vorzuführen.

»Einer hat mir diesen Finger abgehackt«, wiederholt er. »Ich wehrte mich mit der linken Hand, um mit der anderen mein Herz zu schützen. Ich hatte schon drei Finger verloren. Schließlich nahm ich auch die Rechte zu Hilfe, aber dann dachte ich, dass ich sie nicht auch noch verlieren, sondern lieber die Beine gebrauchen sollte.«

Njoya lässt sich zu Boden fallen. Wie er da lachend auf dem Fussboden liegt, die Füße mit den leichten Schuhen in die Luft gestreckt, sieht er wie ein Vater aus, der sein Kleinkind auf den Fußsohlen hoch stemmt und Flugzeug spielen lässt. Ich habe die komische Szene bildlich vor Augen, wie der Angreifer von Njoyas kurzen, dünnen Beinen in Schach gehalten wird.

»Einer der Männer schwang sein Schwert über mir«, sagt Njoya lachend, immer noch auf dem Rücken liegend und mit den Füßen in der Luft. »Ich sagte: ›Ja, mein Bruder, ich habe dir vergeben. Du solltest mir auch vergeben, dass ich dich mit Füßen getreten habe.‹«

Auf einmal ist Njoya für den Angreifer wieder ein Mensch aus Fleisch und Blut wie er selbst.

»Und dann hat er mir die Hand verbunden und mir meine Finger wiedergegeben, eins, zwei und drei«, erzählt Njoya und fuchtelt mit den Armen.

»Ich sagte zu ihnen: ›Da ihr dies nun getan habt, nimm du dort meine Bibel und du meine Kamera aus Amerika. Und du meine Anzüge.‹ Ich war schon dem Tod geweiht, meine Eingeweide waren bereits hier draußen«, fährt er mit weit ausholender Geste fort. »Ich sagte: ›Du dort kümmerst dich um meine Familie, und du nimmst meine Bibliothek.‹

Die Männer sagten: ›Wir wussten nicht, dass du ein so guter Mensch bist. Die uns den Auftrag gegeben haben, dich zu töten, haben uns davon nichts gesagt.‹

Ich verlor das Bewusstsein. Als ich einige Tage später wieder zu mir kam, waren meine Finger angenäht, aber schlecht, sodass sie in alle Richtungen standen. Das war das erste Mal, dass ich fast umgebracht worden wäre«, schließt Njoya seine Geschichte.

Ich habe gemischte Gefühle, was meinen eigenen Glauben angeht, aber seit ich Njoya mit seiner Treue zur Demokratie, seinem Humor und seinem unglaublichen Enthusiasmus erlebt habe, glaube ich, dass Gott, wenn es ihn denn gibt, diesen Mann wahrlich zu seinem Ebenbild geschaffen hat.   *Anna*

Dürre: ein Zufall?

Schließlich ist der Zeitpunkt da, um Abschied von Kenia zu nehmen, und wir fahren schon früh zum Flughafen – wohl mit der richtigen Vorahnung bezüglich der äthiopischen Fluglinie.

Die Schlange vor dem Check-in-Schalter ist lang, und so schnappen wir uns eine Zeitung. Plötzlich werde ich wieder in die 70er Jahre zurückversetzt, als die Hungersnot in Westafrika mich dazu veranlasste, *Food First* zu schreiben. Unsere Nachforschungen über den Hunger damals ergaben, dass selbst in den schlimmsten Notjahren viele der westafrikanischen Länder genug Getreide produzierten, um alle Menschen zu ernähren. Manche exportierten sogar immer noch Nahrungsmittel.[44]

Jetzt springen uns wieder die Schlagzeilen ins Auge: 80 Prozent Kenias von der Dürre betroffen, 30 Millionen Kenianer am Rande des Hungers. Eine Überschrift lautet: »Der Hunger lauert wieder über dem Horn von Afrika.« Kenia steht vor einer Hungersnot, weil es in drei Jahren kaum geregnet hat, wird uns weisgemacht.

Ich möchte zurückschreien, aber stattdessen sage ich nur leise zu Anna: »Niemand kann behaupten, dass die Dürre kein Problem ist, aber warum haben die Artikelschreiber keinen Blick für das, was wir gerade gesehen haben und was Wangari sieht: dass es die *Menschen* sind, die die Wüsten schaffen und aus einer Dürre eine Katastrophe machen.«

Es ist nicht schwer, die Ursachen dieser Katastrophe zu begreifen. Anna erinnert mich daran, dass die Kaffeesträucher, die wir überall in Kyaume gesehen haben, nur ein Teil des Prozesses sind, in dessen Verlauf die traditionellen Feldfrüchte, die jahrhundertelang in Afrika angebaut wurden – eben weil sie den wiederkehrenden Dürreperioden Stand hielten –, geopfert wurden. Auch das Vermächtnis des Kolonialismus und der Kulturverlust mit der Konsequenz, dass die Dorfbewohner jahrzehntelang den Wald abholzten, ohne die nötigen Mittel zur Wiederaufforstung zu haben, gehören dazu. Und die »Land-Grabber«, die gesetzwidrig Wälder auf öffentlichen Flächen niedermähen, die korrupte Regierung, die Staudamm- und andere Gewässerprojekte gegen den Rat der Ingenieure beschließt, sowie die staatlichen und ausländischen Entwicklungsdienste, die weiterhin den Anbau von Nutzpflanzen fördern, die für dieses Klima ungeeignet sind.

In den 70er Jahren habe ich die traurige Wahrheit eingesehen, dass nicht die Natur, sondern der Mensch für den Hunger verantwortlich ist, aber inzwischen sehe ich auch da eine Hoffnung. Ich sehe sie in dem Setzling, den ich in Kyaume gepflanzt habe, und in der Freude der Green-Belt-Mitglieder, die wir kennen lernen durften. Ich sehe sie in Wangaris Leben. Wir *haben* eine Wahl.

Und so geben wir, als es beim Einchecken heißt, wir seien nicht im Computer zu finden, obwohl wir unsere Tickets in der Hand halten, keineswegs klein bei, sondern begehren im Green-Belt-Stil auf. Wir haben eine Mission; wir müssen nach Hause, um unsere Geschichte zu erzählen.

Wir rühren uns nicht vom Fleck, und wie von Zauberhand tauchen unsere Reservierungen auf.

✌ KENIA SCHMECKEN ✌

Eine festliche Wurzelgemüsesuppe

Dieses Rezept ist Mollie Katzens Buch *Vegetable Heaven* entnommen. Sie sagt dazu: »Steckrüben, weiße Rüben und Pastinaken finden normalerweise nicht viel Beachtung, aber in dieser köstlichen Suppe kommen sie endlich einmal gebührend zur Geltung. Ich hätte nie gedacht, dass etwas so Erdhaftes so schön sein könnte: helles Sonnengelb, aus dem rahmweiße, goldene und leuchtend orangerote Stücke hervorschauen. Die Suppe hat außerdem eine gewisse natürliche Süße und eine leichte Schärfe durch Ingwer und gegebenenfalls noch Meerrettich.

Die Zubereitungszeit beträgt eine Stunde, wovon jedoch nur 20 Minuten echte Arbeitszeit sind.«

Für 6 bis 8 Personen:

1 EL Butter oder Pflanzenöl

1½ Tassen gehackte Zwiebeln

1 gehäufter EL fein gehackter Knoblauch

3 bis 4 EL fein gehackter frischer Ingwer

2½ TL Salz

etwa 250 g Steckrübe, geschält und gewürfelt

etwa 250 g weiße Rüben, geschält und gewürfelt

350 g Süßkartoffel oder Yamswurzel, geschält und gewürfelt

etwa 350 g Kartoffeln, geschält und gewürfelt

etwa 350 g Pastinaken, geschabt und gewürfelt

2 große Möhren, geschabt und gewürfelt

6 Tassen Wasser

1 Zimtstange

nach Belieben: geriebener frischer Meerrettich zum Garnieren

– In einem großen Suppentopf die Butter schmelzen oder das Öl erhitzen. Darin Zwiebeln, Knoblauch und Ingwer mit ½ Teelöffel Salz auf milder Hitze etwa 10 Minuten anrösten.

- Das übrige Gemüse sowie einen weiteren Teelöffel Salz hinzufügen. Umrühren und zugedeckt auf mittlerer Hitze 10 bis 15 Minuten dünsten.
- Das Wasser zugießen und die Zimtstange zugeben. Die Suppe zum Kochen bringen, dann auf kleiner Flamme zugedeckt 10 Minuten köcheln lassen. Die Zimtstange herausfischen und die Suppe noch etwa 5 Minuten weitersimmern lassen, bis alle Gemüse gar sind.
- Etwa ein Viertel des Gemüses mit einem Teil der Kochflüssigkeit im Mixer nicht zu fein pürieren. Den Brei wieder in die Suppe rühren. Dadurch erhält sie eine köstliche, ganz eigene Textur.
- Heiß servieren, dabei nach Wunsch ganz leicht mit etwas Meerrettich garnieren.

Den schlafenden Riesen wecken
Die Niederlande, Mittelamerika und die USA

Das Wichtigste ist Würde.
Wir haben unsere Würde wiedererlangt.

ROSARIO CASTELLON, *Nicaragua*

Ich bin wieder unterwegs, diesmal weit entfernt von Afrika. Ich sitze im Zug von Paris nach Utrecht. Mein Nachbar sieht nett aus, also frage ich ihn, ehe ich zum Speisewagen gehe, ob er vielleicht einen Kaffee haben will. Wie erhofft, entspinnt sich ein Gespräch zwischen uns, und ich erfahre zu meiner Überraschung, dass der bärtige, schmächtig gebaute Mann neben mir ein niederländischer Frachterkapitän auf dem Weg ins heimatliche Rotterdam ist und Jan Den Daas heißt.

Die Bilderbuchniederlande der Ansichtskarten und Prospekte sausen an uns vorbei – grüne Felder, so flach wie ein Tanzboden, kleine Häuser hinter Hecken und Zäunen. Ein Rätsel sind mir nur die würfelförmigen Betonklötze hier und da.

»Das sind Bunker«, erklärt mir Jan. »Diese Gegend war ein einziges Schlachtfeld im Zweiten Weltkrieg, wir haben hier gegen die Deutschen gekämpft.«

Er deutet auf einen hohen Wall und fügt hinzu: »Das ist ein Deich, der das Wasser zurückhält. Anfang der 50er Jahre war hier alles unter Wasser.« Er zeigt aus dem Fenster. »Ich kann mich noch daran erinnern, wie 1953 zweitausend Menschen bei einer Überschwemmung ums Leben gekommen sind.«

Während die Felder vorbeifliegen, kommt es mir so vor, als seien die beiden Geschichtshinweise keine reinen Zufallsbemerkungen gewesen, sondern genau im richtigen Moment gefallen. Wo ich heute auf ruhige Ackerflächen blicke und auf bezaubernde Dörfer mit kleinen Mädchen, die Hand in Hand herumlaufen, war gestern noch ein blutiges Schlachtfeld und der Schauplatz einer Katastrophe mit vielen Toten – diese Landschaft ist eine Mahnung, das, »was ist«, nicht als selbstverständlich hinzunehmen.

Am Bahnhof in Utrecht leistet Jan mir Gesellschaft, bis mich Kees Elgershuizen übernimmt, ein niederländischer Freund, der sich erboten hat, mich zu meinem Ziel zu bringen: zum Herzen von »Fair Trade«, der europäischen Zentrale des »fairen Handels«.

»Fair Trade« – ein Name, der für die einfache Aussage steht, dass die Erzeuger einen fairen Preis erhalten –, ist mir lange als einleuchtendes Kernstück einer Strategie erschienen, die der Armut und Ohnmacht an den Wurzeln des Hungers ein Ende machen kann. Die Hälfte der Weltbevölkerung lebt noch immer von weniger als zwei Dollar am Tag, und die meisten dieser Menschen sind Kleinbauern.

Kurz nach der Veröffentlichung der *Öko-Diät* beschloss ich, mich über den Kaffeehandel zu informieren. Kaffee ist schließlich das zweitwertvollste Handelsgut auf dieser Welt, dachte ich, und drei Viertel der Kaffeeproduzenten sind Kleinbauern. Wenn ich die Mechanismen durchschauen könnte, wie der Kaffeehandel die Erzeuger in die Armut treibt, so glaubte ich, würde ich vielleicht das allgemeine Grundmuster erkennen, das sich auch im harten Leben der Millionen von Kleinerzeugern anderer Produkte wie Bananen, Tee, Kakao und Gewürzen abzeichnet.

Als ich mehr über die kleinen Kaffeepflanzer wusste, sah ich, dass sie mit zwei Riesenproblemen zu kämpfen haben. Zum einen schwanken die Kaffeepreise von Jahr zu Jahr oder sogar von Tag zu Tag unglaublich. Grafische Darstellungen des Weltkaffeepreises sehen für mich immer so aus, als hätte man Pinocchio an einen Lügendetektor angeschlossen, so extreme Spitzen nach oben und unten beschreibt die Linie.

Hinzu kommt, dass kleine Kaffeepflanzer nur einen winzigen Anteil, nämlich etwa 5 Prozent, von dem bekommen, was die Konsumenten auf der nördlichen Halbkugel für das Produkt bezahlen. Ein Arbeiter in einer Kaffeeplantage verdient am Tag etwa so viel, wie bei uns eine Tasse Kaffee kostet. Man stelle sich nur einmal vor, die Kaffeeproduzenten würden ebenso gut bezahlt wie die Produzenten der am höchsten bewerteten Ware des Welthandels – Erdöl! Obwohl die Probleme immer deutlicher zu Tage traten, hatte ich damals keinen Ansatzpunkt zu ihrer Lösung gefunden.

Der Geist von Max Havelaar

Ich bin nach Utrecht gereist, um mehr über die Ursprünge und Visionen der Fair-Trade-Bewegung zu erfahren, die über die Jahrzehnte immer mehr gewachsen ist und von deren Strategie ich hoffe, dass sie so vielversprechend ist, wie sie klingt, nämlich dass sie die Einnahmen der Kleinbauern erhöhen und gegen die Härten des höchst unbeständigen Marktes abpolstern kann. Während Anna und ich uns besser über die Strategie dieser Bewegung informieren, sehen wir, dass der faire Handel noch viel mehr als das erreichen kann. Er beweist, wie die Menschen dieser Welt den Kapitalismus weiterentwickeln und selbst kleine Verhaltensänderungen unsererseits große Wellen schlagen können.

Da wir uns verspätet haben, gehen Kees und wir im Geschwindschritt an baumgesäumten Kanälen entlang und durch die engen, backsteingepflasterten Straßen Utrechts, denn wir sind mit Hans Bolscher verabredet, dem Direktor der Max-Havelaar-Stiftung. Völlig außer Atem kommen wir an und werden gleich in einen einladenden Raum mit hoher Decke, karamellfarbenen Wänden und großen Fenstern mit bunten Oberlichtern gebeten. Hans, ein energiegeladener Mann in den Vierzigern, setzt sich mit uns an einen großen Tisch aus dunklem Holz.

Kees lacht, als ich auf die Frage, was ich gerne trinken würde, »Kaffee, falls Sie welchen haben« sage. Das »falls« ist hier wahrhaftig unangebracht. Hinter mir steht ein Vitrinenschrank voller farbenfroher Kaffeepackungen, alles Proben der Marken, die das Max-Havelaar-Fair-Trade-Zeichen tragen.

In meiner Neugier, was der Name zu bedeuten hat, frage ich als Erstes: »Warum Max Havelaar?«

»Der Name geht auf ein Buch zurück, das Eduard Douwes Dekker vor 140 Jahren schrieb«, erklärt uns Hans. »Dekker war ein Kolonialbeamter im holländischen Ostindien, dem heutigen Indonesien. Abgestoßen von den Übergriffen, die sich die kolonialen Plantagenbesitzer und Ordnungskräfte erlaubten und durch die der lokale Nahrungsanbau vollkommen ins Stocken kam, verfasste er ein Werk mit dem Titel *Max Havelaar vom Kaffeeauktionshaus der niederländischen Handelsgesellschaft*, das einesteils autobiografische Züge trug und andernteils schonungslos Stellung bezog. Es war ein leidenschaftlicher Protest, und die Hauptfigur Max Havelaar trat vehement für die Rechte der örtlichen Bauern ein.

»Jeder in den Niederlanden kennt diesen Namen«, fährt Hans fort. »Er gehört zu unserer Kultur, und deshalb war der Name ›Max Havelaar‹ nahe liegend – nicht nur wegen seines Bekanntheitsgrades, sondern auch zur Erinnerung daran, dass noch immer Millionen von kleinen Kaffeepflanzern unter ähnlich extremen Missständen und ungerechten Machtverhältnissen zu leiden haben, wie Dekker sie beschrieben hat.«

Von Wohltätigkeit zu Fairness

Der faire Handel hat schon einiges erreicht, seit die Max-Havelaar-Stiftung Ende der 80er Jahre auf Drängen mexikanischer Kaffeepflanzer, die für Handel statt Hilfe plädierten, ihre Arbeit aufnahm. Damals, so Hans, war Fair Trade noch auf die kleinen Dritte-Welt-Läden überall in den europäischen Großstädten beschränkt, in denen Produkte – vom Teppich über Holzschnitzereien bis hin zu Platzdeckchen – verkauft wurden, die zu fairen Preisen direkt von kleinen Herstellern in den Entwicklungsländern bezogen wurden.

»Das war zwar nett, aber es brachte nicht viel«, gesteht uns Hans. »Es war nur ein kleiner Kreis von Leuten beteiligt. Aber Mitte der 80er Jahre begannen die Kaffeepflanzer in Mexiko, Druck zu machen. Wenn wir irgendetwas erreichen wollten, sagten sie, müssten wir richtige Märkte bedienen. Zuerst dachten wir, wir könnten zur Geschäftsführung großer Lebensmittelkonzerne gehen und sie davon überzeugen, den Produzenten bessere Preise zu bezahlen. Ganz schön naiv, aber wir waren eben optimistisch. Die Konzernmanager sagten: ›O nein, wir können den Erzeugern nicht mehr bezahlen; wir befinden uns schließlich auf dem freien Markt. Was ist, wenn *wir* höhere Preise bezahlen, andere Firmen aber nicht?‹

Ein Jahr lang führten wir Gespräche, bei denen nichts herauskam. Da wurde uns klar, dass wir uns in erster Linie an die Verbraucher wenden mussten. Ohne die Bereitschaft der Verbraucher, mehr zu bezahlen, und ohne den Druck der Verbraucher auf die Konzerne hatte der faire Handel keine Chance.«

Während Hans Bolscher mir die Entstehungsgeschichte erzählt, muss ich daran denken, was Paul Rice, das amerikanische Pendant zu Hans von TransFair in den USA, uns über den fairen Kaffeehandel gesagt hat, als wir ihn einmal in seinem lagerhausähnlichen Büro in West Oakland, Kalifornien, besuchten. Ich hatte Paul seit den 80er Jahren nicht mehr gesehen; damals arbeitete ich mit ihm zusammen an einem Buch über die Landreform in Nicaragua, wo er elf Jahre lang landwirtschaftliche Kooperativen mit aufgebaut hatte, ehe er in die USA zurückkehrte und ein Wirtschaftsdiplom erwarb.

Paul erklärte uns, wie der faire Handel funktioniert: Die Kaffeeimporteure und -röster entrichten eine Gebühr an seine Zertifizierungsorganisation und einen zusätzlichen Bonus pro Pfund Kaffee, sodass er den Erlös der Kaffeepflanzer – unabhängig vom Auf und Ab des Weltmarktes – auf ein festes Fundament setzen kann. Ebenso wie die Zertifizierungsorganisationen in Europa garantiert auch TransFair USA, dass beim Handel mit Kaffee, der das Etikett »Fair Trade Certified« trägt, bestimmte Kriterien erfüllt werden, zum Beispiel, dass der Kaffee von demokratisch organisierten Kleinbauern in genauer Kenntnis des Marktpreises produziert wird.

»Derzeit sind die Kaffeepreise extrem niedrig«, erzählte uns Paul damals, »und die meisten kleinen Pflanzer bekommen nur 25 Cent für ein Pfund Kaffee, das in den USA für acht Dollar und mehr verkauft wird. Das Fair-Trade-Netzwerk garantiert ein Minimum von 1,26 Dollar pro Pfund, und wir sorgen dafür, dass das Geld unmittelbar den Bauern zugute kommt, wodurch ihr Einkommen von 500 auf durchschnittlich 2000 Dollar im Jahr steigt.«

»Das mag nicht gerade nach viel klingen«, fuhr Paul fort, »aber für die Lebenssituation der Kaffeepflanzer ist das ein Riesenunterschied. Es bedeutet konkret, dass viele Bauern ihr Land und ihre Farm behalten und ihre Kinder ernähren können.«

Hans Bolscher erzählt mir, dass von seinen Bemühungen – und dem Einsatz von Leuten wie Paul in den USA sowie Dutzenden anderer Organisationen des fairen Handels weltweit – mittlerweile eine halbe Million Fair-Trade-Kaffeepflanzer in über zwanzig Ländern Zentral- und Südamerikas, Afrikas und Asiens profitieren und dass im Grunde noch weitere Millionen Menschen in den Genuss der betreffenden Vorteile kommen könnten.

Ich bin erstaunt, wie positiv diese Idee in Europa aufgenommen wurde. Es ist erst zwölf Jahre her, seit die Max-Havelaar-Stiftung ihr Label einführte, doch der Kaffee ist heute in fast allen Supermärkten der Niederlande erhältlich. Außer Kaffee werden inzwischen noch andere Produkte mit dem Label des fairen Handels vertrieben, darunter Kakao, Honig, Bananen und Tee. Ich sehe, dass sich die Idee mit dem Namen Max Havelaar bezahlt gemacht hat: Er ist jetzt 92 Prozent der Verbraucher bekannt. (Meine eigene kleine Überprüfung ergab beispielsweise, dass sogar mein Sitznachbar im Zug »Max Havelaar« kannte.) Hans erzählt mir, dass Fair-Trade-Produkte mittlerweile in 17 Ländern weltweit verkauft werden und in 40 000 europäischen Supermärkten und Lebensmittelabteilungen von Kaufhäusern zu finden sind. Die verschiedenen Fair-Trade-Gruppen haben sich inzwischen weltweit vernetzt und sind dabei, ein gemeinsames, international anerkanntes Fair-Trade-Label einzuführen.[45]

Röstet Starbucks!

In den Vereinigten Staaten hat der faire Handel ähnlich begonnen wie »Max Havelaar«: klein. Einer der ersten Kaffeeimporteure, die auf fairen Handel setzten, war »Equal Exchange«, 1986 von drei jungen Männern um die zwanzig gegründet, die kaum eine Ahnung vom Geschäft oder vom internationalen Finanzwesen hatten und mit 700 Dollar Startkapital, das sie sich von einem Verwandten geliehen hatten, anfingen. Im Lauf der Jahre hat Equal Exchange einen Importhandel mit anständig bezahltem Kaffee aufgebaut, Kontakte zu landwirtschaftlichen Kooperativen in aller Welt geknüpft und das Interesse der Verbraucher geweckt. Jetzt hat die Organisation mit Sitz in Boston, deren Inhaber die Mitarbeiter sind, über ein Dutzend Handelspartner in zehn Ländern Lateinamerikas, Afrikas und Asiens.

Während das Importgeschäft von Equal Exchange schon vor 15 Jahren seinen Anfang nahm, hat es erheblich länger gedauert, bis auch die Idee, ein entsprechendes Label einzuführen, den Atlantik überwand. »TransFair USA« wurde erst 1998 eingeführt, hat aber bereits großen Erfolg. Inzwischen können Kaffeetrinker in den Kantinen der Stadtverwaltung an der Westküste, in Supermärkten überall im Lande und an Exxon- und Mobil-Tankstellen entlang der Interstate-Highways fair gehandelten Kaffee genießen.

Die Bewegung begann damit, dass Röster und Händler unter Vertrag genommen und die Verbraucher landesweit dazu aufgerufen wurden, fair gehandelten Kaffee zu trinken. Genauso, wie es laut Hans Bolscher in Europa praktiziert wurde.

Ein nahe liegender Ansprechpartner war zu Anfang »Starbucks«, ein Unternehmen, das ein Viertel der Cafés in den USA betreibt. »Global Exchange«, eine Graswurzel-Organisation, die mit verschiedenen Kampagnen für den fairen Kaffeehandel warb, trat 1999 mit der Bitte an Starbucks heran, in den über 2500 Filialen der Firma überall im Land fair gehandelten Kaffee anzubieten. Starbucks schien erst interessiert zu sein, sagte dann jedoch, es ließe sich praktisch nicht durchführen.

Daraufhin organisierte Global Exchange eine Verbraucherkampagne, die unter dem Motto *Roast Starbucks* (»Röstet Starbucks«) in dreißig Städten anlaufen sollte, um das Unternehmen aufzufordern, fair gehandelten Kaffee ins Programm zu nehmen. Starbucks traf schließlich wenige Tage vor Beginn der Kampagne und genau einen Tag vor den Protesten in der amerikanischen Hauptstadt im

April 2000, die sich gegen die Weltbank und die Globalisierung richteten, eine Vereinbarung mit TransFair USA – was die *Financial Times* einen »bemerkenswerten Zufall« nannte.

Global Exchange sagte daraufhin die Verbraucheraktion ab.

Kaum aus Europa heimgekehrt, marschierten wir in das nächste Starbucks-Café, und tatsächlich, da stand das neue Kaffeesortiment von Starbucks mit Fair-Trade-Label in einem eigenen Regal in der Nähe der Kasse.

Außer Starbucks hat TransFair USA noch über 100 weitere Kaffeeröster und -importeure unter Vertrag genommen, die jetzt in mehr als 7000 Cafés und Supermärkten fair gehandelten Kaffee mit Label verkaufen – eine Verzehnfachung in nur einem Jahr. Vor kurzem haben wir erfahren, dass die Supermarktkette »Safeway« es sogar zur Firmenpolitik erhoben hat, in allen 1600 Filialen Fair-Trade-Kaffee vorrätig zu halten – weil die Verbraucher danach gefragt haben.

Aber man darf die Größenverhältnisse nicht übersehen: Der meiste Kaffee wird nach wie vor nicht von kleinen Importeuren vertrieben, sondern von wenigen Riesenkonzernen. Der größte Kaffeeröster und -händler der Welt ist Philip Morris, besser bekannt durch seine Zigaretten als durch Kaffee. Die Marke Maxwell von Kraft, einer Morris-Tochter, kontrolliert ein Viertel des Kaffeemarktes in den USA und erstaunliche 65 Prozent des niederländischen Marktes, trotz aller Bemühungen der Max-Havelaar-Stiftung.

Auswirkungen des fairen Handels

Mama Talk-Talk verliert ihr Monopol

Angesichts der Siege in den Vereinigten Staaten glauben Anna und ich, Größenordnung und Bedeutung des fairen Handels jetzt besser beurteilen zu können. Aber etwas, das Hans Bolscher im Max-Havelaar-Land gesagt hat, und das, was ich von zwei Bauern gehört habe, die an dem Experiment live beteiligt sind – einem aus Guatemala und einem aus Nicaragua –, macht mir klar, dass ich noch viel lernen muss.

Ehe wir von Max Havelaar Abschied nehmen, erzählt mir Hans noch eine Geschichte, damit ich auch wirklich verstehe, worum es geht.

»In Sierra Leone gibt es eine Zwischenhändlerin, die Mama Talk-Talk genannt wird. Sie nahm eine Monopolstellung im dortigen Kaffeehandel ein und bezahlte den Bauern nur 20 Prozent des Weltmarktpreises. Dann bekam eine Gruppe von Kaffeepflanzern Wind von Max Havelaar und gründete eine Kooperative. Als die Kooperative ihren ersten ›Container‹ grüne Kaffeebohnen – das ist ein Standardmaß von etwa 17 Tonnen – zu den Bedingungen des fairen Handels an die Niederlande verkaufte, informierten wir sie über den Marktpreis und bezahlten ihnen ein Mehrfaches dessen, was sie bisher bekommen hatten. Daraufhin stiegen plötzlich die Preise in der gesamten Region an. Mama Talk-Talk verlor ihre Monopolstellung.«

»Der faire Handel schließt den Zwischenhandel nicht generell aus«, erklärt Hans weiter. »Problematisch war bisher, dass die Zwischenhändler das Informationsmonopol besaßen. Darum waren sie so gefährlich. Wir haben dieses Monopol zerstört.«

Baltazars Bewusstsein für Werte

Später, wieder zu Hause in Cambridge, USA, habe ich Gelegenheit, mit einem Kaffeepflanzer aus Guatemala zu sprechen – dank dem heutigen Fernsprechnetz und den Übersetzungskünsten meines Freundes Thomas Fricke, des Mitbegründers von ForesTrade in Brattleboro, Vermont, der größten US-amerikanischen Importfirma für ökologisch angebaute Gewürze. Durch deren Bemühungen vor Ort wurde inzwischen eine Verbindung zwischen Bauern in Guatemala, Madagaskar, Grenada und Asien zum globalen Fair-Trade-Markt hergestellt. ForesTrade hilft ihnen zudem dabei, auf den ökologischen Landbau umzustellen und zur früheren Sortenvielfalt zurückzukehren.

Die Präsenz von Unternehmen wie ForesTrade in den Dörfern regt häufig, so Thomas, eine neue Form des Wettbewerbs an, die zu höheren Einnahmen für die Bauern führt, sehr zum Leidwesen von Leuten wie Mama Talk-Talk.

Baltazar Francisco Miguel, 24, mit dem ich telefoniere, lebt in Barrillas, einem kleinen Ort in den zerklüfteten Bergen nahe der mexikanischen Grenze, 13 Rumpelfahrstunden von Guatemala City entfernt. Mit 600 anderen Familien zusammen gehört er zu einer zehn Jahre alten Genossenschaft von Kaffee- und Kardamompflanzern, die mittlerweile an Equal Exchange, ForesTrade und einen anderen bedeutenden Importeur des fairen Handels, »Royal Coffee«, verkauft.

»Vorher«, erzählt Baltazar am anderen Ende der ziemlich gestörten Telefonleitung, »hingen wir total von den Kojoten ab [so nennen die Lateinamerikaner die Agenten oder Zwischenhändler], weil wir so abgelegen wohnen. In manchen Jahren war der Erlös, den wir mit unserem Kaffee erzielten, sogar niedriger als unsere Produktionskosten. Wir kamen auf keinen grünen Zweig.«

»Jetzt«, fährt er fort, »ist der Erlös höher und vor allem stabil, sodass die Ernährungslage besser geworden ist; vor kurzem habe ich ein Dorf in der Nähe besucht, in dem vierzig Familien während des vergangenen Jahres sogar ihre Häuser herrichten konnten. Und die Kinder können endlich zur Schule gehen.«

Ich frage: »Welche Beziehung gibt es denn zwischen einem besseren, gesicherten Einkommen und dem Schulbesuch der Kinder?« Mit der Antwort, die ich bekomme, habe ich nicht gerechnet.

»In unserer Genossenschaft geht es nicht nur um Geld. Wir haben eine Menge Schulungsprogramme, unter anderem für die Erwachsenenbildung«, erklärt Baltazar. »Mittlerweile wissen die Eltern, wie wichtig die Schulbildung ist, und immer mehr wollen ihre Kinder zur Schule schicken. Es ist ein großes Opfer, seine Kinder jeden Tag zur Schule zu schicken, denn sie helfen normalerweise in der Landwirtschaft, aber die Eltern haben dazugelernt und sind mutiger geworden.«

Am Ende unseres Gesprächs macht Baltazar noch etwas deutlich: »Im Mittelpunkt unseres Trainings stehen nicht bloß Geschäftsstrategien, sondern Werte. Wir sprechen mit unseren Mitgliedern über den Wert von Fairness und über die Gemeinsamkeiten zwischen ihnen und anderen Kleinbauern hier und sonstwo auf der Welt.«

Rosarios Zukunftstraum

Während Anna und ich an diesem Kapitel schreiben, laden wir Rosario Castellon, 40, zu mir nach Cambridge ein, denn wir wissen, dass sie uns aus erster Hand berichten kann, was der faire Handel für die kleinen Kaffeepflanzer in Nicaragua bedeutet. Sie war jahrelang Generaldirektorin einer führenden Kaffeeexportkooperative dort und stammt aus einer alten Kaffeepflanzerfamilie.

An einem sonnigen Nachmittag im Herbst findet Rosario, inzwischen bei Equal Exchange in den USA tätig, zusammen mit Deborah James, die für den fairen Handel wirbt, Zeit für ein Gespräch mit Anna und mir. Die beiden befinden sich auf einer Universitätstour, auf der sie Studenten für die Fair-Trade-Bewegung gewinnen wollen.

Wir wollen wissen, welche Unterschiede Rosario in Nicaragua aufgefallen sind, nachdem sich der faire Handel dort etabliert hat. Rosario wirkt erstaunlich enthusiastisch und beantwortet unermüdlich und geduldig unsere Fragen, obwohl ihr Bein seit einem Autounfall in Gips liegt.

»Für uns«, sagt sie und meint damit einen Verband von landwirtschaftlichen Kooperativen, den Paul Rice 1990 mitbegründet hat und dem 3000 Familien im Norden Nicaraguas angehören, »war der große Unterschied der, dass die Bauern zum ersten Mal für die Zukunft planen konnten.

Bei den meisten unserer Exportverträge im Rahmen des fairen Handels werden 60 Prozent des Geldes sechs Monate im Voraus bezahlt. Das ist sehr wichtig. Vorher konnte uns der Gläubiger Daumenschrauben anlegen, und wir konnten nie vorausplanen. Seit wir einen Teil des Erlöses im Voraus bekommen und einen fairen Preis mit unseren Produkten erzielen, können wir Strategien entwickeln, wie wir in unseren Dörfern etwas verbessern. Wir können das Geld entweder in die Produktion investieren oder dieses Jahr in eine Schule investieren und nächstes Jahr in ein Gesundheitszentrum.«

Während sie das erzählt, muss ich an die Landlosen-Bewegung in Brasilien (siehe Kapitel 3) denken, deren Mitglieder die Landbesetzung nur als Einstieg betrachten. Das eigentliche Ziel sind ebenfalls gesellschaftliche Veränderungen in den Dorfgemeinschaften. Ich frage Rosario, ob das, was sie in Nicaragua erlebt, charakteristisch für die Bewegung ist.

Ihre Antwort ist ein entschiedenes Ja. »Ich habe siebzehn Kaffeekooperativen in zehn Ländern besucht und gesehen, dass sich nicht nur die Familieneinkommen verbessert haben, sondern dass auch ein allgemeiner Entwicklungsschub in den Dörfern eingesetzt hat. Zum Beispiel hat eine zur Fair-Trade-Bewegung gehörende Kooperative in Mexiko die erste öffentliche Buslinie in der Region eingerichtet sowie eine höhere Schule und ein medizinisches Zentrum gebaut.«

Rosario spricht uns aus dem Herzen, als sie fortfährt: »Ich hatte keine Ahnung, welche tief greifenden Auswirkungen der faire Handel langfristig hat. Ich sehe inzwischen eine Bewusstseinsveränderung bei den Bauern: Sie sind jetzt nicht mehr nur Produzenten, sondern Unternehmer mit Blick für alle Aspekte der Landwirtschaft. Früher hatten sie nur möglichst hohe Erträge im Sinn, ohne an die Umwelt zu denken. Heute wissen sie, dass Qualität das Wichtigste ist. Wir bauen Kaffee jetzt wieder im Schatten von Bäumen an, wodurch er eine viel bessere Qualität hat, und wir setzen keine Chemikalien ein.«

Von Rosario erfahren wir, dass der meiste garantiert fair gehandelte Kaffee in den USA obendrein aus kontrolliert ökologischem Anbau stammt, sodass die Bewegung mittlerweile auch eine zunehmende Bedeutung für den Umweltschutz hat und nicht nur für Fairness gegenüber den Bauern steht.

Bevor wir den beiden weiterhin Glück wünschen, trägt Rosario zum Abschied noch einen Gedanken vor: »Wir verhandeln jetzt auf gleicher Ebene, als Partner, mit Händlern aus dem Ausland. Früher hatten wir keine Ahnung, wie viel die Händler mit unserem Kaffee verdienten. Heute werden wir durch Marketingleute genau unterrichtet. Dadurch, dass mit offenen Karten gespielt wird, haben die Pflanzer jetzt das Gefühl, respektiert zu werden. Wir sind gleichwerige Mitspieler.

Das Wichtigste ist Würde. Durch den fairen Handel haben wir unsere Würde wiedererlangt.«

Ohne strukturelle Lösungen geht es nicht (3)

Anfang der 70er Jahre gaben internationale Entwicklungsdienste lateinamerikanischen Kaffeepflanzern den Rat, ihre Anbaumethoden zu »technisieren«.[46] Werft euer veraltetes Ackergerät auf den Schrott! Ersetzt die traditionellen Kaffeesorten durch schnellwüchsige! Holzt die Baumkronen ab, damit die Kaffeesträucher in der Sonne schnell und kräftig wachsen!

Die US-Behörde für internationale Entwicklungsaufgaben stellte dafür sogar eine Menge Ausbildungspersonal und Geld zur Verfügung – allein auf dem amerikanischen Kontinent 80 Millionen Dollar.

Die Technisierung der Landwirtschaft erforderte zwar den vermehrten Einsatz von Düngemitteln, Pestiziden und Wasser, aber dem hielten die Befürworter die unmittelbaren, nicht zu widerlegenden Erfolge entgegen: Die Kaffeeerträge stiegen nahezu auf das Vierfache. Damit war für sie das Problem gelöst.

Was die Befürworter allerdings nicht sahen, ist das, was immer passiert, wenn man nur den Ertrag im Auge hat. Der Einsatz der Chemie und der ungeheuren Wassermengen zerstörte die fruchtbaren Böden der Kaffeeanbaugebiete. Die neuen Kosten belasteten die ohnehin schon ums Überleben kämpfenden Bauern mit hohen Schulden. Außerdem hatten die chemischen Dünge- und Schädlingsbekämpfungsmittel verheerende Folgen für die Gesundheit der Bauern und ihrer Familien. Eine weitere ungeahnte Folge: Durch das Abholzen der Baumkronen über Millionen Hektar Kaffeeanbaufläche wurde ein ganzes Ökosystem kaputt gemacht und den Zugvögeln ein lebenswichtiger Rastplatz auf ihrer Wanderung entzogen; auch deshalb hat die Zahl der Zugvögel in ganz Nordamerika seitdem rapide abgenommen.

Viel mehr jedoch fällt ins Gewicht, was die Technisierungsexperten auch nicht sahen, nämlich dass die Erträge gar nicht das Problem sind. Das eigentliche Problem war und ist das System, wie uns unsere Freunde vom fairen Handel gezeigt haben, das den Kaffeepflanzern keine angemessenen Preise für ihre Ernteerträge bietet. Mit Hilfe des fairen Handels kehren inzwischen viele Bauern wieder zu ihren traditionellen Anbaumethoden zurück, unter anderem zur Beschattung der Kaffeeplantagen, sie erzielen einen fairen Preis und sehen die Technisierung mit kritischen Augen. *Anna*

Fairness gegenüber fernen Farmarbeitern

Bei der Arbeit an diesem Kapitel merkten Anna und ich, dass wir in unserem eigenen Denken willkürliche Trennungslinien zogen. Natürlich brauchen und verdienen die Kleinbauern in der Dritten Welt eine faire Bezahlung, und gottlob gibt es endlich eine Bewegung, die dafür Sorge trägt. Aber was ist mit den Nahrungsproduzenten im eigenen Land – den Bauern und Landarbeitern? Bei »fairem Handel« denken wir immer an die Ferne. Wie können wir uns davon losmachen, mit zweierlei Maß zu messen, sodass wir endlich sehen, dass unser unfaires Verhalten gegenüber den Nahrungsproduzenten im eigenen Land ebenso maßgeblich an der weltweiten Krise beteiligt ist wie das gegenüber Bauern irgendwo in weiter Ferne?

Wann immer ich an die Farmer hier in den Vereinigten Staaten denke, fällt mir gleich die Versteigerung einer Farm ein, die ich an einem Sommertag Mitte der 80er-Jahre in der Nähe von Walthill im Bundesstaat Nebraska miterlebt habe. Die Getreidepreise waren so stark gefallen, dass immer mehr Farmen, viele davon seit Generationen in Familienbesitz, bankrott gingen. Ich kam mir vor, als wäre ich Zeuge einer Versteigerung auf einem Friedhof. Farmer, darunter viele langjährige Nachbarn, schwärmten auf dem Hof aus wie die Geier und inspizierten alles von den Erntemaschinen bis zum Bettgestell, vom Traktor bis zur Teekanne. Die Familie stand dabei und musste zusehen, wie all ihr Besitz an den Meistbietenden verkauft wurde.

Wenn ich heute an Walthill denke, denke ich natürlich auch an Bhatinda in Indien oder Kyaume in Kenia, wo die Preise, die den Bauern für ihre Produkte bezahlt werden, ständig sinken, und Pleiten wie die eben erwähnte an der Tagesordnung sind.

Bei uns in den Vereinigten Staaten gleicht die Landwirtschaft immer mehr dem, was die Amerikaner früher mit »Dritter Welt« assoziiert haben: Es gibt kaum noch Familienbetriebe, dafür aber immer mehr riesenhafte Besitzungen, die von Lohnarbeitern bewirtschaftet werden. Heute sind wir auf etwa eine Million Landarbeiter angewiesen, die unsere Nahrung anbauen und ernten und zu denen sich je nach Jahreszeit weitere Millionen nicht registrierter Saisonarbeiter hinzugesellen.

Unsere Landarbeiter werden nicht von den vielen Gesetzen geschützt, mit denen wir uns als zivilisierte Gesellschaft zu brüsten pflegen, und Landarbeiter haben nicht einmal Anspruch auf den gesetzlichen Mindestlohn. Nach einer Schätzung des US-Amtes für Umweltschutz erleiden 300 000 Landarbeiter mindestens einmal pro Jahr eine Pestizidvergiftung, und viele sind sogar täglich Schädlingsbekämpfungsmitteln ausgesetzt – Mitteln, die im Verdacht stehen, Krebs, Hirnschäden, Hormonstörungen und Geburtsdefekte auszulösen.[47]

Die meisten Landarbeiter leben unterhalb der Armutsgrenze, und die durchschnittliche Lebenserwartung von amerikanischen Landarbeitern beträgt nur 49 Jahre. Das sind über zwei Jahrzehnte weniger als bei der übrigen Bevölkerung und erheblich weniger als bei den Einwohnern von Costa Rica, Nicaragua oder El Salvador – Ländern, aus denen viele unserer Saisonarbeiter kommen.

Kindheitserinnerungen

Als ich zwölf Jahre alt war, habe ich mit meiner Mutter einen geplanten Ausflug nach Ohio gemacht, auf dem ein paar Dutzend Leute – Geistliche, Journalisten und andere – Gelegenheit bekommen sollten, direkt mit Landarbeitern zu reden. Der Ausflug war geplant vom Komitee zur Verbesserung der Landarbeit. Die Teilnehmer sollten das Leben der Landarbeiter einmal mit eigenen Augen sehen und dazu motiviert werden, auf ihre Situation aufmerksam zu machen und Fairness ihnen gegenüber zu verlangen. Damals hatte ich darin nur eine gute Möglichkeit gesehen, der Schule ein paar Tage fern zu bleiben. Ich wusste nicht, dass der Ausflug meine Sicht der Welt für immer verändern würde.

Am ersten Reisetag kamen wir vormittags bei einer Landarbeiterin an, die in der Nähe der Felder wohnte, auf denen sie arbeitete. Ihre Behausung war eigentlich nur eine kleine Holzhütte, kaum groß genug für sie und ihre drei Kinder.

Während die Kinder um uns herum spielten, saßen wir an ihrem Bett und redeten mit ihr. Sie sagte uns, dass sie Krebs hätte und im Sterben läge. Sie war wohl von den Pestiziden vergiftet worden, die sie Tag für Tag auf den Feldern ausbrachte, aber wir wussten, dass dieser Zusammenhang nie nachgewiesen werden würde.

Später, als wir aufbrachen, sah sie meine Mutter und mich an und sagte ohne Bitterkeit, aber mit ehrlicher Entrüstung: »Ich begreife das nicht. Was könnte wichtiger sein als das, was wir tun? Wir sorgen dafür, dass ihr Essen auf dem Tisch habt. Warum wisst ihr unsere Arbeit nicht zu würdigen?«   *Anna*

Fünf Pfennig

Beim Kaffeehandel, so erfuhren wir, ermöglichen schon umgerechnet fünf Pfennig, die der Verbraucher pro Tasse Kaffee mehr bezahlt, den Mitgliedern einer Kaffeekooperative ein zufriedenstellendes Leben in einer lebenswerten Dorfgemeinschaft. Fünf Pfennig. In einer Studie der Cesar-Chavez-Landarbeitergewerkschaft lesen wir, dass bereits fünf Cent mehr – umgerechnet ein Groschen – für ein Pfund kalifornische Erdbeeren die Bezahlung der Erdbeerarbeiter um die Hälfte anheben und ihren Lebensstandard erheblich verbessern würde.[48] Ein einziger Groschen.

Ich persönlich kann mir nicht vorstellen, dass jemand, der sowieso schon bereitwillig mehrere Dollar für ein Pfund Erdbeeren ausgibt, nicht auch noch 5 Cent mehr dafür bezahlen würde. Es liegt also nicht an übergroßer Sparsamkeit oder fehlender Großzügigkeit. Unsere Chance liegt vielmehr darin, an den Gerechtigkeitssinn der Verbraucher zu appellieren und ihnen vor Augen zu führen, welche Macht sie aufgrund ihrer Kaufkraft haben. Letztlich geht es darum, dass die Konsumenten den Konzernen endlich deutlich machen, dass sie keine andere Wahl haben, als ihre Arbeiter höher zu achten und besser zu bezahlen. Denn wir, die Gesellschaft, sind es, die die Normen aufstellen und bestimmen, was akzeptabel ist und was nicht.

Eine entscheidende Frage für Anna und mich ist infolgedessen die, ob man die Strategien des »fairen Handels« und die Bemühungen der hiesigen Landarbeiter, sich zu organisieren, zusammenbringen kann. Können wir die unterschiedlichen Maßstäbe, die wir an die Fairness gegenüber Nahrungsproduzenten der Dritten Welt und Nahrungsproduzenten im eigenen Land anlegen, aufheben?

»Wir eröffnen den Verbrauchern eine Möglichkeit, sich mit den Bauern zu verbünden«, mit diesen Worten hatte Paul Rice uns die Rolle des fairen Handels beschrieben. »Nach unseren Erkenntnissen gibt es immer mehr Verbraucher, die gern ein paar Pfennige mehr für eine Tasse oder ein Pfund fair gehandelten Kaffee ausgeben, weil sie damit etwas dazu beitragen, dass die Bauern anständig bezahlt werden.

Engagierte Bürger rufen häufig zum Boykott von Produkten auf, deren Hersteller Dinge tun, die den Bürgern *missfallen*. Jetzt haben sie ein Druckmittel, mit dem sie durchsetzen können, was ihnen *gefällt*. Bei der Fair-Trade-Kaffeekampagne in San Francisco haben die Einzelhändler einen deutlichen Zuwachs der Verkaufsrate von Kaffee mit dem Label des fairen Handels erlebt. Wir können endlich einmal den Mythos sprengen, die Amerikaner wären nicht gewillt, Qualität angemessen zu bezahlen. Wir können zeigen, dass die Masse der Verbraucher ein schlafender Riese ist«, sagte Paul mit dem gleichen Schwung und Optimismus, mit dem er seinerzeit am Aufbau von Kaffeekooperativen in Nicaragua mitgewirkt hatte.

Vergessen wir nicht, dass wir, wenn wir die Landarbeiter unterstützen, zugleich denen den Rücken stärken, die das größte Interesse an einer Reduzierung des Einsatzes von schädlicher Chemie im Landbau haben, was unmittelbar uns Verbrauchern zugute kommt.

Um die verantwortungsvolle Warenauswahl zu erleichtern, wird in den USA an neuen Labels gearbeitet. Die »Food Alliance« mit Sitz in Oregon und ihr Schwesterverband »Midwest Food Alliance« in Minneapolis haben ein Label entwickelt, das nur Farmer benutzen dürfen, die bestimmte Kriterien erfüllen. Dazu gehören nachhaltige Landbaumethoden mit möglichst geringem Chemieeinsatz (»integrierter Pflanzenschutz«) sowie eine faire Behandlung der Arbeiter. Die »Rural Coalition« mit Sitz in Washington, D.C., arbeitet gemeinsam mit Gruppen in Lateinamerika, insbesondere

Mexiko, daran, über das Internet Produkte ohne Zwischenhandel direkt an den Kunden zu verkaufen.

Es bleibt jedoch noch viel zu tun. Vertreter der Landarbeiter mahnen zur Vorsicht und sagen, die Labels würden hauptsächlich etwas zum Schutz der Böden und der Verbraucher beitragen, aber kaum etwas zum Schutz der Arbeiter.

Wir alle müssen unser Konsumdenken verändern. »Die Herausforderung besteht darin«, hatte Hans Bolscher gesagt, »im Kopf der Verbraucher eine Verbindung zwischen fairem Handel und etwas Immateriellem herzustellen, etwas, das uns Verbrauchern das Gefühl vermittelt, mit uns zufrieden sein zu können.«

»Unsere Botschaft lautet«, fuhr er fort, »dass es eigentlich so und nicht anders sein müsste – dass so der Handel der Zukunft aussieht. Fair gehandelte Waren zu kaufen heißt, zu einer Welt zu gehören, in der die Menschen einander anständig behandeln und gemeinsam an einer erstrebenswerten Zukunft arbeiten.«

Politische Korrrektheit auf Urlaub

Amerikaner haben ein tiefes Misstrauen gegen Moralapostel, und »politische Korrektheit« ist schon fast ein Schimpfwort geworden. Aber was wir als Verbraucher tun, ist kein Akt der »politischen Korrektheit«. Die Wahl, die wir beim Einkaufen und Essen treffen, indem wir zum Beispiel im Kaffeeladen fair gehandelten Kaffee verlangen, ist eine Freude und keine schwer auf uns lastende Pflichtübung.

Wir haben letztlich wirklich die Wahl, denn wir können heute nachprüfen, wo und wie unsere Produkte hergestellt werden. Das ist ein gutes Gefühl, um ehrlich zu sein. Ich möchte wetten, dass auch die Studenten der Columbia-Universität ein gutes Gefühl hatten, als sie mit Erfolg durchsetzten, dass in den Cafeterias auf dem Unigelände fair gehandelter Kaffee angeboten wird.

Ich bin glücklich, wenn ich mir morgens meine Tasse Kaffee bestelle in dem Bewusstsein, nicht zur Ausbeutung von Arbeitern irgendwo in fernen Landen beizutragen. Es tut auch gut, Erdbeeren zu kaufen, von denen ich weiß, dass ich damit nicht den schleichenden Tod eines Landarbeiters durch giftige Spritzmittel mitverursache.

Wenn ich jetzt in einem Supermarkt bin, gehe ich anders durch die Regalreihen. Jetzt habe ich beim Einkauf von fair gehandelten Waren Mumo im kenianischen Kyaume oder Rosarios Familie in Nicaragua vor Augen. Und wenn ich vor Ort hergestellten Käse kaufe, sehe ich im Geiste Bob in Wisconsin (den auch Sie bald kennen lernen werden).

Meine Kaufentscheidungen kamen mir bisher vollkommen unerheblich vor, aber inzwischen bin ich davon überzeugt, dass sie echte Macht besitzen. Gemeinsam sind wir stark, ein schlafender Riese, der wirklich etwas bewegen kann, wenn er erst wach ist. *Anna*

War es je anders?

Kurz vor meinem Abschied in der Max-Havelaar-Stiftung fragte ich Hans Bolscher noch, wie er dazu gekommen ist, sich für den fairen Handel einzusetzen. Daraufhin erzählte er mir von seiner Arbeit mit »Ärzte ohne Grenzen«, einer von Franzosen gegründeten Organisation, die unentgeltlich Ärzte und Pflegepersonal in Dritte-Welt-Länder schickt. Die Arbeit hätte ihm Freude gemacht, sagte er, aber ihm sei klar geworden, dass er Wunden lieber vorbeuge, statt sie hinterher zu verarzten. Wie Recht er doch hat, dachte ich im Stillen, das ist viel befriedigender. Mit seiner Entscheidung, dazu beizutragen, dass Menschen anständig bezahlt werden für ihre Arbeit, beugt er den Wunden der Armut vor. Das ist einleuchtend. Aber wie lange wird es dauern, bis so etwas die Norm ist?

Wieder zu Hause, höre ich zufällig in den Nachrichten einen Bericht über die Entscheidung der Firma Starbucks, fair gehandelten Kaffee zu verkaufen. Nun könnten, heißt es da, Kaffeetrinker »auch gleich ihr soziales Gewissen beruhigen, wenn sie ihren Durst stillten«.[49] Hmm. Als in Amerika den Frauen und Schwarzen das Wahlrecht zugestanden wurde, hatten die Amerikaner allerdings nicht das Gefühl, damit ihr soziales Gewissen zu beruhigen, Und hat nicht das nackte Überleben bei den meisten Menschen noch Vorrang vor dem Wählenkönnen? Warum sollte eine Entscheidung, mit der wir sicherstellen, dass landwirtschaftliche Erzeuger ihre Familien ernähren und in Würde leben können, etwas besonders Rechtschaffenes sein? Wann wird es »Klick« machen in unseren Köpfen – und wir merken plötzlich, dass es ganz normal ist, den Produzenten landwirtschaftlicher Erzeugnisse einen fairen Preis zu bezahlen? Und wir denken: »Ach ja, natürlich, war es denn je anders?«

Es ist wie bei meiner Zugfahrt nach Utrecht. Da sah ich friedliche Landschaften vorbeifliegen und konnte mir absolut nicht vorstellen, dass noch zu meinen Lebzeiten dort, wo jetzt fröhliche kleine Mädchen spielten, einmal ein blutiges Schlachtfeld war. Dann werde ich es vielleicht auch noch erleben, denke ich, dass es eine Selbstverständlichkeit ist, denjenigen, die dafür arbeiten, uns Kleidung und Nahrung zu verschaffen, den Respekt und die Dankbarkeit entgegenzubringen, die sie verdienen.

Kardamom-Mokkatorte

Noch ein Rezept von Mollie Katzen aus *The New Moosewood Cookbook*: »Einfach ein Genuss, und sehr nahrhaft! Kardamom ist ein edles Gewürz, das häufig in Currys verwendet wird. Hier setzt es einen süßen Akzent und passt wunderbar zu Zimt und Walnüssen.«

Etwa 16 Portionen:

Fett oder Backpapier für die Form (oder eine antihaftbeschichtete Form verwenden)
500 g weiche Butter
2½ Tassen brauner Zucker
4 Eier
1 EL Vanilleextrakt
1 kg Vollweizenmehl
3 TL Backpulver
1 TL Kaiser's Natron
¾ TL Salz
1 gehäufter EL gemahlener Kardamom
½ l Buttermilch, zimmerwarm
1 gehäufter EL gemahlener Zimt
125 g gehackte Walnüsse

– Den Backofen auf 180 Grad vorheizen. Eine Springform ausfetten.
– In einer Rührschüssel die Butter 1 bis 2 Minuten aufschlagen. Nach und nach 400 g Zucker einrieseln lassen und mit der Butter 3 Minuten bei hoher Geschwindigkeit schaumig schlagen.
– Nacheinander einzeln die Eier unterschlagen, dann die Vanille zurühren.
– Das Mehl mit Backpulver, Natron, Salz und Kardamom vermischen. Abwechselnd mit der Buttermilch in drei Portionen zur Eiermasse geben. Kurz untermengen, aber nicht zu stark rühren.
– In einer kleinen Schale den restlichen Zucker mit Zimt und Walnüssen vermengen.

- Die Hälfte der Teigmasse gleichmäßig in der vorbereiteten Form verteilen. Die Nussmischung darauf ausbreiten, dann den übrigen Teig einfüllen und glatt streichen.
- Die Torte auf der mittleren Schiene 50 bis 60 Minuten backen, bis ein hineingestochenes Messer sauber wieder herauskommt. Aus dem Ofen nehmen und in der Form 20 Minuten abkühlen lassen. Anschließend die Form einmal kräftig auf die Arbeitsfläche stoßen und den Kuchen auf eine Platte stürzen.
- Vor dem Aufschneiden noch mindestens weitere 30 Minuten auskühlen lassen.

Indras und Sylvies Chai

Chai, indischer Tee, wird mit Gewürzen zubereitet, die nach der indischen Tradition des Ayurveda unterschiedliche Heilwirkung besitzen. Demnach wirken schwarzer Pfeffer blutreinigend, Kardamom verdauungsfördernd und Nelken wohltuend auf das Nervensystem. Zimt ist gut für die Knochen, und Ingwer beugt körperlicher Schwäche vor, steigert die Energie und regt die Verdauung an. Milch hat eine beruhigende Wirkung auf den Magen.

Das Rezept stammt von Indra Khalsa und Sylvie Blanchet, der Mitbegründerin von ForesTrade. Den besten Geschmack erzielt man natürlich mit fair gehandelten Gewürzen aus kontrolliertem Anbau!

Ergibt 6 Tassen:
   5 Tassen Wasser
   15 Nelken (etwa 1 TL)
   20 Kardamomkapseln, zerdrückt
   35 Pfefferkörner (etwa 1 TL)
   5 Zimtstangen
   16 Scheibchen frischer Ingwer (ein etwa 5 cm großes Stück, geschält)
   ½ TL geriebene Muskatnuss
   6 TL schwarze Teeblätter
   ¼ Tasse Honig
   3 Tassen Milch oder Sojamilch

- In einem großen Topf das Wasser zum Kochen bringen. Alle Gewürze zufügen und zugedeckt 30 Minuten sanft köcheln lassen, bis die Flüssigkeit auf etwa 3 Tassen eingekocht ist.
- Soll der Chai gleich getrunken werden, jetzt die Teeblätter zugeben und 3 bis 5 Minuten ziehen lassen (nicht länger, sonst wird der Tee bitter). In einen frischen Topf abgießen. Unter Rühren Honig und Milch zufügen und nochmals erhitzen, aber nicht mehr aufkochen lassen. Sofort servieren.
- Wenn der Chai erst später getrunken werden soll, die Flüssigkeit mit den darin schwimmenden Gewürzen abkühlen lassen, dann durch ein Sieb abgießen und in den Kühlschrank stellen. Bei Bedarf wieder aufkochen und die Teeblätter wie oben angegeben zufügen und ziehen lassen. Nach dem Abgießen Honig und Milch unterrühren.

Kapitel 9

Voilà Paris!

Belgien und Frankreich – die Bretagne und Paris

»En marche vers l'agriculture de demain« –
wir sind unterwegs zur Landwirtschaft von morgen.

L'ALLIANCE, *Verband der Bauern, Umweltschützer und Verbraucher*
für nachhaltige Landwirtschaft und verantwortliche Ernährung

Der letzte Zug nach Paris ist vor fünf Minuten abgefahren. (Hannes' Uhr ging nach.) Also verbringe ich die Nacht in Brüssel, was nicht weiter schlimm ist. Ich werde Anna anrufen, damit sie sich keine Sorgen macht, und mehr Zeit für Hannes Lorenzen haben – unser Gespräch beim Essen war zu kurz, um den Faden wiederaufzunehmen, der uns vor zwanzig Jahren in Rom abgerissen war.

Vom Midi-Bahnhof aus gehen wir durch dunkle Straßen und suchen nach dem Intercontinental-Hotel, das uns der Bahnbeamte empfohlen hat. Wie ich gleich merke, hätte ich mir keine Sorgen zu machen brauchen, dass die angesteuerte Luxusherberge mein Reisebudget übersteigen könnte, als ich mich an den Möbeln im Treppenhaus des Hotels vorbei in ein Zimmer quetsche, das so klein ist, dass die Badezimmertür gegen das Bett stößt. Ich lasse meinen schweren Laptop zurück, und dann ziehen Hannes und ich wieder los.

Ich bin hier, weil ich hoffe, dass Hannes, ein Deutscher, mir dabei hilft, ein Paradox zu entschlüsseln, das Anna und mir ein Rätsel ist.

Seit Erscheinen meiner *Öko-Diät* hat sich Europa im Schnellverfahren der amerikanischen Art von Landbewirtschaftung angenähert mit immer größeren Agrarbetrieben und immer stärkerer Abhängigkiet von multinationalen Saatgut-, Chemie- und Maschinenherstellern. Das Europa kleiner, malerischer Dörfer und verstreuter Bauernhöfe in Familienbesitz gibt es kaum noch. In den 90er Jahren sind eine Viertelmillion europäische Bauernhöfe aufgegeben worden.

Frankreich, dieses relativ kleine Land, ist durch konzentrierte Ertragssteigerung zu einem der führenden Agrarexportländer der Welt geworden. Gleichzeitig gibt die französische Küche, der Stolz aller Franzosen, inzwischen ebenso wie das Essen in anderen europäischen Ländern Anlass zur Sorge. Die Angst vor der Maul- und Klauenseuche, vor dem Rinderwahnsinn BSE, vor ungesundem Geflügel und vergiftetem Trinkwasser hat den Glauben vieler Europäer an diejenigen, die für die Sicherheit der Nahrung verantwortlich sind, erschüttert.

Allerdings ist in den letzten dreißig Jahren auch eine ganz andere Entwicklung in Gang gekommen, die der industriellen Landwirtschaft den Kampf angesagt hat und Gemeinden, Ackerbau und Wirtschaft wieder miteinander vereint.

Über diese beiden gegensätzlichen Strömungen wollen Anna und ich etwas erfahren, und Hannes ist, wie ich weiß, der richtige Mann, um entsprechende Fragen zu beantworten.

Hannes Lorenzen habe ich 1979 zum letzten Mal gesehen, als wir gemeinsam daran mitwirkten, für protestierende junge Leute aus aller Welt eine internationale Gegenkonferenz zur UN-Weltkonferenz über Agrarreform und ländliche Entwicklung in Rom auf die Beine zu stellen. Während nebenan auf der offiziellen Konferenz die üblichen Dogmen verkündet wurden, kamen bei uns, die wir in einem stattlichen ehemaligen Kloster tagten, Bauern aus Lateinamerika und Afrika zu Wort und sprachen über die realen Auswirkungen der amerikanischen und europäischen Politik auf ihr Leben.

Wie er da vor mir sitzt, immer noch jungenhaft und so, als wollte er jeden Augenblick in Lachen ausbrechen, macht er ganz den Eindruck des alternativen Denkers und Visionärs, als den ich ihn in Erinnerung hatte. Nur hat er in den zwanzig Jahren, die seit unserer letzten Begegnung vergangen sind, seine Stimme mehr und mehr *innerhalb* der etablierten Machtstrukturen erhoben – er ist jetzt Berater des Kommissars für Landwirtschaft und ländliche Entwicklung der EU in Brüssel.

Die Pellworm-Chance

Die Bar, in der wir schließlich landen, ist völlig verräuchert und mit den Spielautomaten direkt neben unserem Tisch kein idealer Gesprächsort, aber das nehme ich kaum wahr. Ich bin gespannt darauf, was Hannes mir erzählen wird. Nachdem er ein traditionelles flämisches Gebräu bestellt hat, das angeblich aus Kirschen hergestellt wird, und mir dazu sagt, dass ich *so etwas* in Amerika sicherlich nie finden würde, erwarte ich, dass er endlich zur Sache kommt: zur europäischen Politik. Stattdessen fragt er mich grinsend: »Habe ich Ihnen eigentlich jemals von Pellworm erzählt? Das ist eine Insel, wo ich als Kind auf dem Bauernhof der väterlichen Familie meine Ferien verbracht habe. Die Insel liegt einen Meter unter dem Meeresspiegel, man muss also auf die Deiche klettern, wenn man das Meer sehen will.«

Ich frage mich, wie Hannes von dieser kleinen Insel auf die Europapolitik kommen will, mit der er es jetzt zu tun hat, und nehme den ersten Schluck des Gebräus. Ich sage ihm lieber nicht, dass es mich an den Hustensaft erinnert, den ich als Kind zähneknirschend schlucken musste.

»Vor zwölf Jahren«, erklärt Hannes, »wollte unsere Landesregierung die Insel in einen Nationalpark umwandeln. Die Inselbewohner sahen dadurch ihre bäuerliche Existenz bedroht und bekamen Angst. Zuerst sagten sie also nein, das lassen wir nie zu. Unser Slogan lautete: ›Freiheit für die Friesen!‹«

Ich habe noch nie etwas von Friesen gehört, und jetzt wollen sie auch noch ihre Freiheit! Ich unterdrücke ein Lachen, was Hannes zu ein paar Bemerkungen über die dürftigen Geographiekenntnisse der Amerikaner in Bezug auf Europa veranlasst. Dann klärt er mich in groben Zügen auf. »Es geht um die friesischen Inseln an der Nordseeküste, und deren Bewohner heißen Friesen.«

»Wir beschlossen, Bauern, Fischer, Ladenbesitzer und den Arzt, alles Leute, die ich von Kindesbeinen an kenne, an einen Tisch zu bringen«, fährt er fort. »Ich sagte: ›Wir müssen uns ja gar nicht *dagegen* stellen. Wir können es als eine Chance für uns begreifen.‹

Also forderten wir Besucher auf, uns zu sagen, was sie an Pellworm schätzten, und danach sahen wir unsere Insel mit ganz neuen Augen.«

»Die Nachbarn begannen, gemeinsam zu überlegen, wie sie die Landwirtschaft verändern und den Inseltourismus ankurbeln könnten«, erzählt Hannes. Um den Strombedarf zu decken, schufen sie einen Energiemix aus Windkraft, Sonnenenergie, Biogas aus Stallmist sowie Erdwärme. Außerdem entwickelten sie Möglichkeiten zum Einsparen von Strom. Sie merkten, dass die Touristen eine lokale Bioküche bevorzugten und sogar bereit waren, dafür mehr zu bezahlen; mittlerweile hat sich ein erheblicher Anteil der Landwirte auf den Ökolandbau umgestellt, und die Bauern verkaufen direkt an die örtlichen Geschäfte und Restaurants.«

»Ein neuer Geist ist entstanden«, fügt Hannes hinzu. »Wir haben dann angefangen, uns im Rahmen eines europäischen Netzwerks der Ökoinseln (Eco-Island Network) durch gegenseitige Besuche mit ebenso wirtschaftlich benachteiligten Inseln und Gemeinden auszutauschen.

Bei einem dieser Besuche fiel Bauern von der estländischen Insel Hiiumaa auf, dass die Bauern von Pellworm ihre Wolle nicht verarbeiteten. Für uns lohnte es sich aufgrund der extrem niedrigen Preise nicht, die Schafe überhaupt zu scheren. Die Esten sagten, dann überlasst uns die Wolle, wir stricken Pullover daraus und verkaufen sie in der Region.

Gemeinsam haben wir das geschaffen, wonach die Wirtschaftsfachleute immer suchen: Mehrwert. Die Esten, die nicht zur Europäischen Union gehören, haben Zugang zur EU gefunden durch Wolle, die *innerhalb* der Union keinen Wert hat. Sehen Sie, diese Art von Vernetzung kann eine ganz neue Wirtschaftsform anstoßen!«

Ich hoffe, dass Hannes keine Gedanken lesen kann. Pellworm und Hiiumaa sind hübsche Beispiele für das, was möglich ist, wie

Hannes selbst auch, aber diese Inseln sind buchstäblich nur winzige Pünktchen auf dem Globus. Sie sind wohl kaum Vorboten eines globalen Wirtschaftswandels. Dann verlassen wir jedoch Pellworm und wandern für den Rest des Abends quer durch Europa, und schon sehe ich alles mit anderen Augen.

Nach dem Pellworm-Experiment machte Hannes die Entdeckung, dass es andernorts in Europa ähnliche Bestrebungen gab – Menschen, die das Wirtschaftsleben in den eigenen Gemeinden wieder zum Aufblühen brachten. Und zwar viele.

Daraufhin gründete Hannes mit einem französischen Kollegen zusammen ein europaweites Netzwerk für nachhaltige Entwicklungen, an dem sich vierzig Kommunen beteiligten und mit dessen Hilfe sie die eigene, mühsam erworbene Erfahrung verbreiteten: dass die Wiedereinbettung neuer, ökologisch orientierter Wirtschaftsformen ins kommunale Leben eine praktikable Antwort auf die Globalisierung ist.

Nachdem er mir sein Netzwerk beschrieben hat, fügt Hannes noch hinzu: »Das ist kein romantischer europäischer Traum«, und prostet mir mit seinem Kirschgebräu zu. »Es ist Realität – es tut sich was.«

Ein hässliches Wort für ein schönes Konzept

Am nächsten Morgen schaffe ich es rechtzeitig zu dem elegant gestylten Hochgeschwindigkeitszug nach Paris, und während ich auf den Schienen durch die bäuerliche belgische Landschaft sause, denke ich über die Wende nach, von der Hannes gesprochen hat.

Nach allem, was er mir erzählt hat, kann auch ich in seinem Netzwerk jetzt einen realen Ansatzpunkt für das sehen, was möglich ist und was mehr ist als nur die Summe seiner Teile: kommunale Lösungen, die keineswegs einer Mentalität des »Zerlegens« und »Analysierens von Einzelproblemen« entspringen, sondern bei der regionale Lösungen ganzheitlich vernetzt werden. So etwas geht offensichtlich über das »Wir gegen sie«-Denken des anfänglichen Mottos »Freiheit für die Friesen« hinaus. Hier wird ein neues Modell der Zusammenarbeit geschaffen, das mehr der natürlichen Welt und ihren umfassenden Systemen gleicht.

Nach seinen Erfahrungen mit Pellworm und dem Netzwerk ist Hannes kein von bloßem Wunschdenken beseelter Außenseiter mehr. Er verfügt jetzt über konkretes Material, das seine Erkenntnisse stützt, und aus diesem Wissen heraus kann er beratend für die EU-Kommission und andere politisch Verantwortliche tätig sein.

Hannes arbeitet mit anderen Europäern zusammen daran, in der EU-Politik eine Wende vom gegenwärtigen »Produktivitätsmodell« zu einem »Qualitätsmodell« zu erreichen. Das bedeutet, von der Konzentration auf Höchsterträge in der Getreide-, Fleisch- oder Milchproduktion zur Landschaftspflege und zum Schutz der Artenvielfalt in Natur und Landwirtschaft überzugehen und sicherzustellen, dass die Kommunen von der Wirtschaft profitieren und nicht umgekehrt.

Dafür gibt es, wie Hannes mir sagte, ein Schlagwort, das jeder kennt, ob er in den heiligen Hallen des Europäischen Parlaments in Straßburg oder im Hauptsitz der Welthandelsorganisation in Genf ein und aus geht. Es bringt das Gefühl zum Ausdruck, dass die Landwirtschaft der Schlüssel zu gesunden Kommunen ist, denn es gibt, so Hannes, »keine Kultur ohne Agrikultur.«

Das Schlagwort lautet »Multifunktionalität«, und obwohl es so trocken und wenig inspirierend klingt, wie nur ein Wort klingen kann, weist es auf die *vielfältigen* Funktionen der Landwirtschaft hin. In der Landwirtschaft geht es nie nur um Quantität. Es ging und geht immer auch um die Unbedenklichkeit und Nahrhaftigkeit der Produkte, die unsere Ernährungsgrundlage bilden, um den Schutz der Umwelt und die Beendigung der Landflucht, die immer mehr Menschen in die ohnehin schon überfüllten Städte treibt.

Multifunktionalität – und damit der Wechsel von Quantität zu Qualität – hat auch etwas mit der Wertschätzung von Geschichte und Kultur zu tun, durch die Menschen mit einem Ort oder einer Gegend verwurzelt sind. Hannes erinnert mich an die Bedeutung der jeweiligen kulturellen Tradition, die mit der Qualität der regionalen Erzeugnisse verbunden ist, ob im Bordelais, wo der Bordeauxwein produziert wird, oder in Griechenland, wo die Bauern überzeugt sind, das feinste Olivenöl der Welt herzustellen.

Aber wie misst man Qualität oder gar Lebensqualität? Befürworter der Globalisierung meinen, dass eine Nation, die nicht bereit ist, alle Handelsbarrieren niederzureißen und Investoren vor den gesetzlichen Regelungen zu schützen, für die Hannes und seine Verbündeten eintreten, keine Anhebung ihres Lebensstandards erwarten dürfte. Sie haben mich nie überzeugt. Ich hatte auch immer meine Zweifel, ob Maßstäbe wie der Lebensstandard, der nach dem Pro-Kopf-Einkommen beziehungsweise -Konsum berechnet wird, eine Entscheidungshilfe sind. Ein gehobener Lebensstandard spiegelt nicht unbedingt eine hohe Lebensqualität wider. Mit dem Einkommen steigt meist auch die Verschmutzung in unseren Städten, die Zahl der Stunden, die wir als Pendler auf dem Weg zum Arbeitsplatz verbringen, das Maß, in dem sich unsere Gesundheit verschlechtert, und der Grad der Wasserkontaminierung.

Wir Bürger müssen einen besseren, genaueren Qualitätsmaßstab für unser Wohlergehen finden – nach Art dessen, was sich hinter dem Wort »Multifunktionalität« verbirgt. Sonst werden wir weiterhin der Produktion und dem zweifelhaften Ideal einer »Anhebung des Lebensstandards« nachjagen, das auf der Denkfalle Nr. 1 beruht, dem »Schreckgespenst Mangel«.

Neue Werte

Ich hatte endlose, düstere Plattenbauten mit Sozialwohnungen und nichts als faden Weißkohl auf meinem Teller erwartet, doch als ich mit meinem winzigen Mietauto die Landstraßen Polens entlang fahre, sehe ich Familien bei der Heuernte, Jungen, die Körbe mit Erdbeeren feilbieten, und Kinder, die in goldenen Feldern Blumen pflücken. Beim Besuch kleiner, ökologisch wirtschaftender Bauernhöfe bekomme ich Teller um Teller hausgemachter Kuchen und Suppen, Eintöpfe und Brote vorgesetzt, all meinen dunklen Vorahnungen von fettigen Fleischpiroggen zum Trotz.

Ich bin nach Polen gekommen, weil ich mehr über das Netzwerk erfahren wollte, mit dem seine Begründerin Jadwiga Lopata den ökologischen Landbau fördert. Als ich die blonde, agile Jadwiga treffe, erzählt sie mir begeistert von der Konferenz zur »Würdigung« ländlicher Werte, die sie gerade organisiert hat. Sie plädiert für eine Wiederbelebung der nicht am Konsum orientierten Kultur und betrachtet die Bauern als Sachwalter der Erde statt als Techniker, die Erfolg nur nach Tonnen messen und nach der Größe ihres Maschinenparks.

Polen, so erfahre ich, ist eine der letzten Bastionen der chemiefreien Landwirtschaft kleinen Stils in Europa. Jahrelang fehlte den Bauern das Geld für Chemikalien, und da sie durch den Eisernen Vorhang von US-Importen abgeschnitten waren, konnten sie auch nicht mit amerikanischer Chemie überschwemmt werden. So wird in diesem Land von der Größe Neu-Mexikos auf zwei Millionen Bauernhöfen Nahrung angebaut – und das aus Geldmangel fast durchweg ökologisch.

Während ich Jadwiga zuhöre und später beim Besuch der Bauernhöfe, die zu ihrem Netzwerk gehören, fühle ich, wie das sperrige Wort »Multifunktionalität« zum Leben erwacht. Ich schmecke es in der Torte mit wilden Erdbeeren, die Helena Kobiela für mich backt. Ich höre es aus ihrer Tochter heraus, die mir erzählt, dass sie jedes Wochenende von Krakau nach Hause kommt, um auf dem Hof zu sein. Ich spüre es bei Marian Wegryzn, der die chemieintensive Landwirtschaft aufgegeben hat, nachdem er bemerkte, dass seine Tiere und er immer kränker wurden, und der seitdem humpelt. Ich sehe es an dem Land, über das ich mit ihm gehe, an seinen Milchkühen, die auf den dunkelgrünen Hügeln weiden, und am dichten Wäldchen, wo er seinen Honig erntet.

Anna

Die Kaufkraft der französischen Milchkuh

Um die Multifunktionalität in der Praxis zu erleben, machen wir uns frühmorgens auf den Weg in die Bretagne zum Hof von Jean Yves Griot, der ebenfalls an Hannes' Netzwerk angeschlossen ist. Doch wir merken schnell, dass fünf Uhr nicht annähernd früh genug war, um mit dem Auto von Paris abzufahren. Zwangsläufig erweitern wir an diesem Morgen unsere Sprachkenntnisse um das französische Wort für Verkehrschaos – »Bouchon«, das heißt »Korken«, und ich denke sehnsuchtsvoll an meine friedliche Zugfahrt von gestern.

Schließlich entkommen wir in dem kleinen roten Twingo unseres französischen Dolmetschers Eric Reiffsteck doch noch dem Pariser Verkehr und sausen gen Westen an Maisfeldern vorbei, die genauso groß sind wie die bei uns in Wisconsin, und an Schweinemastbetrieben, die fast ebenso riesig sind und ebenso stinken wie die im amerikanischen Mittelwesten. Ich denke im Stillen, dass man hier ebenso wenig mit einem Bauern rechnen würde, der zu Hannes' Netzwerk gehört, wie mit einem Vegetarier bei einem argentinischen Grillfest. Wir durchqueren offensichtlich eine Hochburg der industriellen Landwirtschaft großen Stils mit den dazu gehörigen Insignien: stark verschmutztem Grundwasser, zunehmender Arbeitslosigkeit und dem Schwund normaler Bauernhöfe.

Einige Stunden später kurven wir in dem kleinen Dorf Laval herum und suchen Yves' Hof, sehen jedoch keine Menschenseele, die uns den Weg weisen könnte. Am Ende schaffen wir es aber doch zum Griot-Hof, wo uns als Erstes blühende Rosen und blaue Hortensien zuwinken, die das Gehöft aus dem 18. Jahrhundert einrahmen, bevor uns das in fünf Sprachen abgefasste Willkommensschild im Empfangsraum begrüßt.

Jean Yves, 57, wirkt auf mich mit seinem grauen Haar und dem hellblauen Baumwollhemd mehr wie ein sympathischer College-Professor und nicht wie ein Bauer, und als wir an seinem mindestens vier Meter langen Holzdielentisch Platz nehmen, erfahre ich, dass ich damit nicht ganz falsch liege. In den 70er Jahren war Jean Yves Lehrer an einem nationalen Forschungsinstitut in Paris.

»Ich wollte etwas mit meinen Händen tun«, erzählt er uns, »aber ich fürchtete, die Landarbeit würde mich so ermüden, dass ich nichts anderes mehr machen könnte. Deshalb habe ich mir einen Partner gesucht, um Zeit für andere Dinge zu gewinnen.

Am Anfang – wir sind 1977 hierher gezogen – haben wir Mais angebaut und Sojamehl aus den USA und Brasilien zugekauft, um unsere Milchkühe zu füttern. Wir haben auf allen Feldern Kunstdünger und chemische Spritzmittel ausgebracht. Wir haben genau das Gleiche getan wie alle anderen.«

Doch zwei Augenblicke in seinem Leben, in denen er innerlich aus dem Gleichgewicht geriet, brachten die entscheidende Wende für ihn persönlich und für seine Vorstellung von Landwirtschaft.

»Ende der 70er Jahre«, erzählt Yves weiter und füllt unsere Gläser mit Mineralwasser auf, »hörten wir immer öfter vom Hunger in der Dritten Welt. Ich wusste aber auch, dass wir hier in Europa auf Butterbergen und Strömen von Milch festsaßen, und dachte: Wunderbar, dann können wir ja die Überschüsse an die Bedürftigen weiterleiten.

Aber dann erfuhr ich, dass durch die Gratisabgabe oder den Verkauf von Überschüssen zu Niedrigpreisen an die Dritte Welt die Preise *so stark sinken*, dass die dortigen Kleinbauern zugrunde gehen. Ich war schockiert. Was ich als Hilfe betrachtet hatte, war ein Teil des Problems.

Ich wollte jedoch irgendetwas tun. Also haben wir als Gruppe Kontakt zu anderen Milchproduzenten in Frankreich aufgenommen und sie darüber aufgeklärt, welche Auswirkungen der Export unserer Überschüsse hat.«

Hier in der sonnigen Stube des Bauernhofes bin ich so weit von San Francisco entfernt, wie man nur sein kann, und doch ist Jean Yves etwa zur gleichen Zeit zur Einsicht gekommen wie wir von »Food First«; Joe Collins und ich hatten gerade das gleichnamige Buch geschrieben, und 1979 veröffentlichten wir *Aid as Obstacle* (»Hilfe als Hindernis«), womit wir auf den Schaden aufmerksam machten, den ausländische Hilfsmaßnahmen und besonders Nahrungsmittelspenden in den Entwicklungsländern anrichten.[50] Fortwährende Lebensmittelzuwendungen tragen – im Gegensatz zu Soforthilfen im Katastrophenfall – dazu bei, die Preise von lokalen landwirtschaftlichen Produkten zu drücken und die Bauern aus dem Geschäft zu treiben. Außerdem gewöhnen solche Nahrungsmittelspenden die Menschen häufig an den neuen Geschmack, sodass sie heimische Produkte fortan geringer achten, und leisten so einer langfristigen Abhängigkeit von Importen Vorschub.

Damals hatten wir oft das Gefühl, allein auf weiter Flur zu sein. Alle um uns herum, ob Kirchengruppen, Entwicklungsdienste oder Behörden, meinten offenbar, dass arme Länder nicht in der Lage seien, sich selbst zu ernähren, und mit unseren Exporten versorgt werden müssten. Für viele amerikanische Farmer war es ein Trost, sich bei aller Plackerei wenigstens sagen zu können, dass sie daran mitwirkten, die »hungernde Welt zu ernähren«. Trotz dieses allgemeinen Trends hatten wir von »Food First« in unserem engen Büro und Jean Yves auf seinem weiträumigen Gehöft unsere Zweifel.

»Als ich wusste, welche schlimmen Auswirkungen der Export unserer Überschüsse haben kann«, fährt Jean Yves fort, »wurde mir plötzlich auch bewusst, inwiefern der *Import* von Futtermitteln für unser Vieh zum Hunger in der Welt beiträgt.

Es erschien mir auf einmal völlig unhaltbar, dass Brasilien Viehfutter nach Europa exportieren sollte, während Hunderttausende von Brasilianern hungern müssen. Ich war zutiefst entsetzt, dass eine französische Milchkuh mehr Kaufkraft hat als ein hungriger Brasilianer.« (Tatsächlich werden trotz des Hungers in Brasilien *zwei Drittel* des dortigen Getreideertrags als Viehfutter verwendet!)

»Wir wollten, dass Europa aufhört, Soja von Ländern wie Brasilien zu kaufen, und nichts mehr in solche Länder exportiert, was den dortigen Bauern schadet«, erklärt Jean Yves. »Wir waren nur eine kleine Schar von Milchbauern, die sich miteinander austauschten, aber entschlossen zu handeln, und so fingen wir ganz bescheiden an. Zuerst änderten wir das Naheliegendste: unsere Art des Landbaus. Wir entschieden gemeinsam, uns weniger abhängig von Futtermittelkäufen zu machen und unsere Kühe lieber überwiegend draußen weiden zu lassen.«

Rückkehr zum Mittelalter?

Zum zweiten Mal aus dem inneren Gleichgewicht gebracht wurde Jean Yves durch ein Ereignis in unmittelbarer Nähe.

»1990 war das Wasser unseres Ortes ungenießbar«, sagt er ruhig. »Wir Netzwerkbauern, etwa 800, wollten wissen, warum das so war und ob wir etwas daran ändern könnten.

Als wir uns die Werte des Wassers der in der Nähe fließenden Moyenne anschauten, sahen wir, dass die Nitratwerte bis 1977 gleich geblieben, von da ab jedoch ständig höher gestiegen waren. Wie wir feststellten, waren sie seitdem *exakt* im gleichen Maß angestiegen wie die Maisproduktion.«

Wie wir erfahren, haben sich die Nitratwerte, die in der Hauptsache durch Stickstoffdünger zustande kommen, in den letzten zweihundert Jahren verdoppelt, und sie können in den nächsten fünfzig Jahren noch einmal auf das Doppelte steigen, was um sich greifende, schleichende Folgen für Menschen, Tiere und Pflanzen hat.

Durch den Einsatz von Stickstoffdüngern können die Bauern ihre Maiserträge drastisch erhöhen, sodass billigeres Getreide für den Export und als Viehfutter zur Verfügung steht. Aber die Sache hat einen Haken: Etwa die Hälfte des weltweit ausgebrachten Stickstoffdüngers wird gar nicht von den Pflanzen, für die er bestimmt ist, aufgenommen.[51] Mais zum Beispiel nimmt nur zwei Monate im Jahr Stickstoff auf, in der übrigen Zeit gelangt das schädliche Düngemittel ungehindert ins Grundwasser und von da aus in die Gewässer und Leitungen.

»Von der Wasserkrise ist jeder hier betroffen – in den Schulen wird den Kindern bereits Mineralwasser verabreicht«, sagt Jean Yves. »Wir müssen sogar unser Trinkwasser für den Hausbedarf in Kisten herbeischaffen. Es ist wie eine Rückkehr ins Mittelalter.«

Als sie den Zusammenhang zwischen dem, was mit dem Wasser der Gemeinde passiert war, und ihren Anbaumethoden erkannt hatten, erboten sich Jean Yves und die anderen Bauern des Netzwerks freiwillig, Alternativen auszuprobieren. »Ich fühlte mich als Bauer mitverantwortlich«, sagt Jean Yves. »Darum halbierten wir die sonst eingesetzten Chemiemengen.«

»Nach fünf Jahren prüfte ein unabhängiges Institut, ob der Nitratgehalt des benachbarten Flusses zurückgegangen war«, erzählt Jean Yves weiter, und ich erwarte natürlich nun die Pointe, dass die veränderungsbereiten Bauern den Sieg über die Umweltverschmutzung davongetragen haben.

Aber Jean Yves sagt ernst: »Es gab keinen Unterschied.«

»Das war der eigentliche Wendepunkt«, fügt er hinzu. »Uns wurde klar, dass wir nicht einfach nur den Einsatz von chemischen Mitteln verringern konnten, sondern das *ganze System* verändern mussten. Wieder war das Hauptproblem der Mais, den wir als Futter für unsere Kühe brauchen. Wir hatten also wieder einen Grund für mehr Weide und weniger Mais«, sagt er nüchtern.

Es ist noch zu früh, um zu erkennen, wie diese Neuorientierung – das Ganze zu sehen und nicht nur die Teile – sich auswirkt, aber vielleicht trägt sie wenigstens dazu bei, die kleine Gemeinde wieder aus dem Mittelalter ins 21. Jahrhundert zurückzuholen.

Die Erziehung des schlafenden Riesen

Während wir durch die länger werdenden Schatten des Spätnachmittags an einem dunkelblauen Holzkarren und blühenden Hortensien vorbei spazieren, muss ich mich zwingen, die Landarbeit auf einem Hof wie diesem nicht romantisch zu verklären. Ich weiß, dass sie schweißtreibende Arbeit bedeutet. Deshalb frage ich mich jetzt, ob Jean Yves' ursprünglicher Plan, mit einem Partner zusammenzuwirtschaften, damit beide auch Zeit für andere Dinge haben, wohl aufgegangen ist.

Als wir an einer saftig grünen Weide stehen bleiben, erzählt uns Jean Yves, was er in seiner »landwirtschaftsfreien« Zeit macht – und beantwortet damit meine Frage. Er spricht voller Leidenschaft von seiner Arbeit an einem Netzwerk für nachhaltige Landwirtschaft, und ich merke, wie wichtig seine anfängliche Entscheidung war, mit einem Partner zusammenzuarbeiten. Tatsächlich hat er dadurch Zeit gewonnen. Zeit, um tiefer zu blicken. Zeit, um mit neuen Augen zu sehen und eine neue, gesündere Vision in sich reifen zu lassen.

Eric, unser Übersetzer, erzählt uns, dass Jean Yves' Gruppe »Réseau Agricole Durable« heißt. Der Name ist gut gewählt, finde ich, denn im »durable« steckt die Dauer, das Dauerhafte. Es klingt nach Realitätssinn, nach Durchhaltekraft, nach dem Mut, aufzustehen und zuzugeben, dass die industriellen Landbaumethoden versagt haben.

Jean Yves erzählt uns, dass das jüngste Projekt des Netzwerks die Einführung eines entsprechenden Labels ist. Verbraucher in ganz Europa würden in dem Label ein Zeichen der moralischen Selbstverpflichtung sehen, ein Siegel, mit dem garantiert ist, dass bei der Herstellung des betreffenden Produkts das Wohl der Erde, der Arbeiter und der Kleinbauern berücksichtigt wurde. Landwirte, die sich diesem Label verpflichten, brauchen nicht völlig auf Chemie zu verzichten, aber sie machen nur begrenzt Gebrauch von chemischen Mitteln und ergreifen lieber andere Maßnahmen, wie zum Beispiel die Bepflanzung von Flächen mit Bäumen, um der Bodenerosion vorzubeugen, und sie sorgen dafür, dass ihre Helfer anständig bezahlt werden und ein gutes Auskommen haben.

Wenn das Label eingeführt ist, kann sich der Verbraucher für diese Produkte entscheiden, die schonend angebaut werden, und so den Bauern ihre Mühe lohnen. Das klingt gut, aber ich frage Jean Yves, ob die Verbraucher nicht doch nach einem Blick auf das Preisschild sagen: »Das ist zu teuer. Warum soll ich nicht konventionell erzeugte Nahrungsmittel kaufen, die billiger sind?«

»Viele Verbraucher denken heute noch so, darum erziehen wir sie ja auch«, sagt Jean Yves.

»Den Verbrauchern ist gar nicht klar, dass sie für ihre Nahrung nicht nur einmal bezahlen, sondern etliche Male. Wir bezahlen im Laden, gut. Wir bezahlen aber auch Steuern, von denen die landwirtschaftlichen Großbetriebe, die es überhaupt nicht nötig haben, subventioniert werden. Ein drittes Mal bezahlen wir, weil wir die Kosten der Umweltschäden tragen, die diese Riesenbetriebe verursachen, indem sie unsere Böden, unser Wasser und unsere Luft verschmutzen. Dann werden wir wieder zur Kasse gebeten, um die Sozialhilfe für diejenigen zu bezahlen, deren Existenz durch diese landwirtschaftlichen Fabriken zerstört wurde. Und *noch einmal* bezahlen wir, weil wir auch für die Abwanderung in die wachsenden Städte und für die Landschaftszersiedelung aufkommen müssen.

Sicher, Produkte mit unserem Netzwerklabel haben einen etwas höheren Preis, aber nachhaltiges Wirtschaften ist eben arbeitsintensiver und somit teurer. Nur: Konventionelle Produkte sind in

Wirklichkeit auch nicht billiger. Man sieht bloß die versteckten Kosten nicht.

Die Zukunft der nachhaltigen Landwirtschaft liegt in der Hand des Verbrauchers – wir Verbraucher müssen lernen, die Preise anders zu beurteilen«, sagt er eisern. Hier und anderswo, ruft Jean Yves uns in Erinnerung zurück, muss der schlafende Riese erst noch geweckt und erzogen werden.

Ein schlechter Tausch

Bei einem Rundgang durch Jean Yves' Dorf mit seiner mächtigen Kirche und seinen kleinen Steinhäusern sehen wir nichts, wo man zu Mittag einkehren könnte. So landen wir schließlich bei Leclerc, einem großen Verbrauchermarkt. Ich bleibe im Twingo auf dem Parkplatz sitzen, der es durchaus mit einem amerikanischen aufnehmen kann. Auf meinem Schoß liegt schon während der ganzen stundenlangen Fahrt hierher mein Notizbuch mit 135 Strichen – je einer für jeden Lastwagen, die mit den Produkten der Bretagne nach Paris rollen.

Während ich denke, wie fehl am Platz die riesigen Laster doch auf stillen Landstraßen wirken, läuft vor meinen Augen eine Szene wie aus einem Stummfilm ab: Frauen parken, holen sich einen leeren Einkaufswagen und gehen in den Supermarkt. Andere kommen mit einem Einkaufswagen voller Lebensmittel heraus, laden das Zeug in ihren Wagen, schnallen den Sicherheitsgurt an und fahren ab. Sie sind alle allein, die Gesichter teilnahmslos, ohne Lächeln. Sie erinnern mich an meine eigenen einsamen Einkaufstouren – unter einer Hochstraße am East River – und den weiten Heimweg.

Große Verbrauchermärkte, wie der zu Hause in Harlem oder hier in der Bretagne, sind, wie uns eingeredet wird, »effizienter«, wir haben dort eine größere Auswahl und bekommen billigere Lebensmittel. Dafür haben wir auf die örtlichen Einzelhandelsgeschäfte und Dorfläden verzichtet.

Irgendwie habe ich wohl geglaubt, das müsste so sein und sei eigentlich gar nicht so schlecht. Inzwischen sehe ich, dass es ein schlechter Tausch war. Können wir behaupten, unser System sei »effizient«, wenn die Nahrungsmittel, die wir kaufen, oft schon Tausende von Kilometern gereist sind, bis sie auf dem Ladentisch liegen? Oder wenn jährlich viele Milliarden von dem Geld, das wir für Essen und Trinken ausgeben, in die Lebensmittelwerbung fließen, obwohl das Überge- wicht eines unserer größten Ernährungsprobleme ist? Oder wenn für jeden Dollar, den wir für Nahrungsmittel ausgeben, unsere Bauern nur den Gegenwert von zwanzig Cent erhalten? Oder wenn für jeden Ar- beitsplatz, den ein Megakonzern wie beispielsweise Wal-Mart in einer Gemeinde schafft, anderthalb verloren gehen?[52]

Wal-Mart prahlt immer mit seiner »Superauswahl zu täglichen Nied- rigpreisen«. Aber wenn ich das jetzt höre, muss ich an Jean Yves den- ken, und dann fällt mir ein, was John Robbins in seinem Buch *The Food Revolution* schreibt: »Manchmal ist das Billige sehr, sehr teuer.«[53]

Anna

Noch ein schreckliches Wort

Von der französischen Bauernvereinigung »Confédération Paysan- ne« hörten wir zum erstenmal, als wir etwas über den querköpfi- gen Schäfer und Roquefort-Hersteller José Bové und seine Demon- tage einer McDonald's-Baustelle lasen. Er protestierte in seinem Heimatort gegen eine Handelspolitik, die nach seiner Meinung und der Auffassung der Confédération die französischen Bauern in den Ruin treibt.

In der amerikanischen Presse wird er oft als einsamer Don Qui- chotte porträtiert, als knebelbärtige Karikatur eines von der feinen Küche besessenen Franzosen, und es wird so getan, als wäre die Confédération Paysanne, deren Führer José ist, eine bloße Kurio- sität.

Dabei repräsentiert die Vereinigung ein Fünftel der französischen Bauern und hat ständig Zuwachs, und so sind wir sehr erpicht dar- auf, uns mit einem Sprecher dieser Bewegung zu unterhalten, die mittlerweile international von sich Reden gemacht hat – nicht nur durch Aktivisten wie José, sondern durch gemeinsame politische Kampagnen mit Bauern von Brasilien bis Indien.

Wir biegen in die Einfahrt von René Louail ein (»Mr. Knob- lauch«, wie der Name laut Eric für französische Ohren klingt) und werden von einem breitschultrigen Mann mit rötlichem Drei-Tage-Bart und verschossenem gelben Polohemd begrüßt. Während wir einem steingepflasterten Pfad zwischen hohen Hecken folgen, entschuldigt sich René, dass er wegen seines engen Terminplans nur ein paar Stunden Zeit für uns hat, für mich eine Erinnerung daran, dass er sehr gefragt ist. Sein Kollege José, der wegen der dreimonatigen Haftstrafe für seine McDonald's-Aktion in Berufung gegangen ist, befindet sich gerade in Indien, um Vanadana Shiva bei einer Protestveranstaltung gegen Saatgutkonzerne zu unterstützen, und das heißt für René Mehrarbeit.

Wir nehmen alle vier an Renés Küchentisch Platz, der knapp in den kleinen Raum passt, und schon legt René los. Er ruft uns ins Gedächtnis zurück, dass die Confédération Paysanne erst 1987, vor 13 Jahren also, durch Abspaltung vom klassischen französischen Bauernverband entstanden ist. René stieß Anfang der 90er Jahre dazu.

»Ich fand, dass der traditionelle Bauernverband nur den reichen Landwirten nützte«, erklärt René. »Ich habe mich darin nicht wohl gefühlt. Meinem Empfinden nach wurde ich dort nicht ernst genommen.

Die Confédération ist wie ich davon überzeugt, dass es uns nicht nur um *Quantität* gehen darf, sondern dass Qualität, schadstofffreie, gesunde Nahrung und die Erhaltung der Umwelt im Mittelpunkt stehen müssen.« (Hannes hatte genau das gleiche Gefühl.) »Seit Beginn der 90er Jahre versuchen wir, die Europäische Gemeinschaft von ihrem Produktivismus abzubringen und zum Umdenken zu bewegen.«

Die Europäer scheinen nicht gerade eine poetische Ader zu haben – das Wort »Produktivismus« klingt ebenso wenig einladend wie »Multifunktionalität«, aber es ist unmissverständlich. Für René bedeutet es die ausschließliche Fixierung auf die Produktivität, wobei zum Beispiel die Folgen für die Umwelt oder die Frage, ob das, was produziert wird, jemals denen zugute kommt, die es brauchen, unberücksichtigt bleiben. Ich muss daran denken, wie wir uns seinerzeit mit *Food First* bemüht haben, die Menschen auf die Gefahren einer so einseitigen Ausrichtung auf die Produktivität aufmerksam zu machen, und erst jetzt, nach Jahrzehnten, höre ich in Renés Miniküche, dass es dafür sogar ein Wort gibt!

René erinnert uns daran, dass die realen Kosten des Produktivismus für den Verbraucher zum Teil in den hohen Subventionen versteckt sind, die letztlich von den Steuerzahlern der EU-Länder an die landwirtschaftlichen Großbetriebe bezahlt werden. Wie in den USA ist auch in Europa bei Subventionen das Betriebsvolumen maßgeblich, sodass die großen Agrarfabriken das meiste Geld einstreichen. In Europa erhalten 20 Prozent der Landwirte, und zwar nur die größten Agrarbetriebe, 80 Prozent der Subventionen, und die Subventionspolitik ist ebenso wie in den Vereinigten Staaten mehr denn je auf die Spitzenbetriebe ausgerichtet. Dabei sind es die Großbetriebe, die auch den stärksten negativen Einfluss auf die Umwelt nehmen.

»Eine unserer ersten Kampagnen hatte die gerechtere Verteilung der Subventionen zum Ziel. Wir wollten den Leuten begreiflich machen, dass es ohne eine höhere Belastung als durch die Steuern, die sie ohnehin schon zahlen und die derzeit nur den Großbetrieben zugute kommen, möglich ist, auf eine andere Landwirtschaft überzugehen, die den kleinen Bauern hilft und ländliche Arbeitsplätze erhält.«

Es ist einsichtig, warum René und andere solchen Wert auf die Beschäftigung in ländlichen Gebieten legen. In den 90er Jahren sind die Arbeitsangebote auf europäischen Höfen drastisch zurückgegangen, und wer auf dem Land keine Beschäftigung mehr findet, hat auch anderswo wenig Chancen: Die Arbeitslosenrate in Europa variiert von sieben Prozent in Portugal bis zu 23 Prozent in Spanien.

René weist darauf hin, dass die Confédération mit ihrem Ansatz nicht nur die Erhaltung von ländlichen Arbeitsplätzen im Visier hat, sondern auch die bereits erwähnten anderen Vorteile, von der Bewahrung der Artenvielfalt bei Pflanzen und Tieren bis hin zum Schutz der Umwelt.

Aha, denke ich im Stillen, als ich das, was ich gelernt habe, zusammenfüge: Postproduktivismus trifft den Multifunktionalismus.

Der Bauer als Bürger

René ist allerdings nicht von selbst zu diesen Einsichten gekommen, er bekam einen ordentlichen Schubs, der ihn zum Umdenken zwang. Bis 1990 hatte er einen Hochleistungspachthof geführt. Wie seine Eltern hatte auch er auf einen großen Maschinenpark, auf Chemikalien und Futtermittelzukauf gesetzt. Doch 1999 brauchte ein industrieller Agrarbetrieb in der Nähe mehr Fläche und veranlasste die zuständigen Behörden dazu, René die Pacht zu entziehen und sein Land an die Agrarfabrik zu verkaufen.

»Auf einmal war René ein Landloser«, schaltet sich Eric ein, und ich muss an die Mitglieder der Landlosen-Bewegung in Brasilien denken.

»Das war die Wende für mich«, erklärt uns René. »Ich übernahm diesen Hof und änderte meine Denkweise. Jetzt betreibe ich die Art von Landwirtschaft, von der meine Eltern zugunsten des Industriemodells abgewichen sind. Es ist schon eine Ironie des Schicksals, dass ich mit meiner Familie brechen musste, um zu den frühen landwirtschaftlichen Methoden meiner Eltern zurückzufinden.

Vorher war ich von der Agrarindustrie und der Bank abhängig. Sie bestimmten alles – die Art des Anbaus, welche Chemikalien ich einsetzen sollte und für welche Maschinen ich Darlehen bekam.

Einmal der Produktivitätsfalle entronnen, hatte ich Zeit zum Nachdenken. Mir wurde klar, dass ich für die Umweltprobleme hier in der Bretagne mitverantwortlich war.«

René sitzt sehr aufrecht auf seinem hölzernen Küchenstuhl, Ellbogen auf der Tischplatte und Fingerspitzen aneinander gelegt. Er erinnert mich an Jean Yves, als er fortfährt: »Der Nitratgehalt unseres Wasser ist doppelt so hoch wie die vorgeschriebene Norm. Mir wurde bewusst, dass jeder von dem betroffen ist, was die Bauern machen, und ich wollte nicht Mitverursacher der Probleme sein. Ich bin Bauer, aber ich bin auch Bürger.«

Während er spricht, sehe ich durch die hohen Fenster den Regen auf das grün-gelbe Laub der Hecke fallen, und in meinem Innern vermischen sich die Stimmen der Bauern diesseits und jenseits des Atlantiks.

Obgleich René in Zeitnot ist, die unsere verspätete Ankunft noch verschlimmert, besteht er darauf, mit uns einen Rundgang zu machen und uns seinen Hof zu zeigen. Wir gehen einen Hügel hinunter, um die Alternative zu einer industriellen Geflügelfarm zu betrachten und seine Hühner zu begrüßen.

Renés Hühner laufen frei herum und können nach Belieben in dem langen, niedrigen Stallgebäude aus und ein gehen, das an den Seiten offen ist. Sie picken sich nicht die Hälse blutig wie die Hühner von Dahlia, der »Lady Perdue« in Bangladesch, und sind auch nicht so zusammengepfercht wie in einer industriellen Hühnerfarm, wo bis zu 100 000 Tiere gehalten werden und im Schnitt jeweils nur Platz von der Größe eines Schuhkartons haben.

René nimmt uns auch voller Stolz zu seinen Mastschweinen mit, die alle auf Stroh liegen statt auf Beton, wie in der industriellen Schweinemast üblich. Durch diese Einstreu kann der Schweinemist später besser als Dünger ausgebracht werden, außerdem hält das Stroh die Tiere warm. (Welch ein Kontrast zu den Unmengen von Schweinegülle, die in den riesigen industriellen Mastfabriken anfallen und die Gewässer in der Nähe solcher Betriebe verschmutzen!)

Auf dem Weg zum Auto zurück fasst René seine Gedanken über die neue Form der Landwirtschaft zusammen: »Wenn die Confédération von Qualität spricht, meint sie damit auch die Achtung vor den Tieren und den Zusammenhang zwischen dem Wohlergehen der Pflanzen, Tiere und Menschen. Es ist alles miteinander verknüpft.«

Doch erst als wir wieder im Twingo sitzen, wird mir richtig klar, was er gesagt hat. Renés und Jean Yves' Vision ist keine Randerscheinung. Die Confédération vertritt einen wachsenden Prozentsatz der französischen Bauern und gehört zur »Via Campesina«, einer 1993 entstandenen weltweiten Bewegung, in der kleine Bauernverbände aus etwa vierzig Ländern vereint sind, darunter auch die Bewegung der besitzlosen Landarbeiter Brasiliens. Alle sind in einer ähnlichen Umorientierung begriffen und bemüht, vom produktivistischen Einheitsmodell zu einer Landwirtschaft überzugehen, die dem Bauern, dem Verbraucher, dem Land und der jeweiligen Kultur Respekt entgegenbringt. In Deutschland sind inzwischen sogar einige ihrer Ziele zu Bestandteilen der offiziellen rotgrünen Regierungspolitik geworden.

Bei Anbruch der Dämmerung machen wir uns wieder auf den Weg nach Paris, und ich versetze mich in Gedanken zwanzig Jahre zurück, als wir, eine Handvoll junger Kritiker der industriellen Agrarwirtschaft – keiner davon bäuerlicher Herkunft –, uns bei der Gegenkonferenz in Rom versammelten, wo ich Hannes kennen lernte. Wir versuchten damals, in der Debatte um die Agrarreform der Stimme der Bauern Gehör zu verschaffen. Zwei Jahrzehnte später sind es Millionen von Bauern, die in eigener Sache für eine Neuorientierung plädieren.

Die Versuchskaninchen proben den Aufstand

Wieder in Paris, wandern meine Gedanken über den Atlantik. In den USA gibt es leider noch keine Gruppe, die einen bedeutenden Anteil der amerikanischen Farmer vertreten und der »Via Campesina« angehören würde, um sich an dem zu beteiligen, was René wahrscheinlich als einen »postproduktivistischen« Ansatz in der Landwirtschaft bezeichnen würde.

Eine breite Kluft trennt die Kontinente, und sie müsste uns Amerikaner hart treffen, wenn uns bewusst wäre, dass die Europäer amerikanisches Rindfleisch fürchten. 1989 verbot Europa die Einfuhr von hormongemästetem amerikanischem Rindfleisch mit der Begründung, es berge Gesundheitsrisiken. Wurden 1970 erst drei Viertel der US-Rinder mit Hormonen aufgezogen, sind es heute praktisch alle Tiere – das Verbot betrifft also tatsächlich das gesamte amerikanische Rindfleisch.

Und noch eine Kluft trennt die Kontinente voneinander. Schon Jahre bevor die Amerikaner Besorgnis über die Gefahren genveränderter Nahrungsmittel äußerten, hatten die Europäer ihre Zweifel und leisteten aktiven Widerstand. Europäische Firmen gehören zwar zu den führenden Herstellern von genmanipuliertem Saatgut – Novartis, ein Agrarindustriegigant mit Sitz in der Schweiz, ist eine treibende Kraft auf dem Gentechniksektor –, aber viele Bürger Europas protestieren gegen diese Entwicklung.

Sind die Europäer bloß übervorsichtige Verbraucher oder gar verkappte Protektionisten, die eigene Geschäftsinteressen verfolgen, oder sind sie vorausschauend und mit Recht vorsichtig?

Um darüber Genaueres zu erfahren, müssen wir uns an das französische Greenpeace-Büro wenden, sagt uns jeder hier. Das überrascht uns. Ich habe bei »Greenpeace« sofort kleine Boote in rauer See vor Augen, die riesige Walfangschiffe behindern, und denke an die »Rainbow Warrior«, die 1985 bei einer Protestaktion gegen Atomversuche vom französischen Geheimdienst versenkt wurde.

Wie sehr wir der Zeit hinterherhinken, merken wir erst, als wir bei Greenpeace in einen Konferenzraum gebeten werden und die viele Literatur der Umweltorganisation sehen. Die Greenpeace-Kampagne gegen gentechnisch veränderte Organismen verschlingt inzwischen ein Viertel der Einnahmen und kommt damit gleich hinter den Antiatomaktionen.

Bruno Rebelle, 42, der (trotz seines Namens) eher zurückhaltende Kopf von Greenpeace France, heißt uns in seinem Büro willkommen. Er wirkt erstaunlich entspannt trotz ständig klingelnder Telefone und der Tatsache, dass ein langer Arbeitstag hinter ihm liegt. Da wir nicht gleich mit der Tür ins Haus fallen und den wahren Grund für unseren Besuch nennen wollen, fragen wir erst einmal, wie er zu Greenpeace gekommen ist.

Bruno antwortet auf Englisch mit nur leichtem französischem Akzent. »Ich habe über 13 Jahre in vielen Ländern Afrikas für ›Tierärzte ohne Grenzen‹ gearbeitet«, sagt er. »Ich half armen Viehhirten, was wichtig war, aber ich wollte tiefer graben. Ich habe mit eigenen Augen gesehen, wie die europäische Politik dem Hunger in armen Ländern Vorschub leistet, und wollte an die Wurzeln. Darum habe ich mich Greenpeace angeschlossen.

Als ich Mitte der 90er Jahre der Organisation beitrat, bezeichneten meine Kollegen die schwindende Artenvielfalt und die vordringende Biotechnologie als die wesentlichsten Herausforderungen der kommenden Jahre. Frankreich war damals führend auf dem Gebiet der Biotechnik. Greenpeace beschloss, wissenschaftliche Daten über die Gefahren der Gentechnik zu sammeln. Die Organisation befürchtete irreversible negative Auswirkungen und Risiken, die derzeit gar nicht abzuschätzen sind, wie beispielsweise die Einlagerung neuer Proteine in Pflanzen, die bei Verzehr möglicherweise allergische Reaktionen hervorrufen oder unbeabsichtigte Schäden im gesamten natürlichen Ökosystem anrichten.

»Wir versuchten, die möglichen Risiken ins Licht der Öffentlichkeit zu rücken. Unsere erste Aktion 1996 war eine der ersten Kampagnen gegen die Genmanipulation überhaupt. Unsere Botschaft lautete schlicht und einfach, dass wir keine Versuchskaninchen sein wollen«, sagt Bruno. Die Szene, die er uns beschreibt, ist eine bilderbuchreife Greenpeace-Aktion: Als Labormäuse und Versuchskaninchen verkleidete Greenpeace-Aktivisten machen auf höchst witzige Weise auf den Kern des Problems aufmerksam.

Anschließend und unverkleidet nahmen die Greenpeacer dann mit großen Konzernen wie Danone, Unilever und Nestlé Gespräche über die Verwendung von genmanipulierten Rohstoffen auf.

Derweil tappte die Öffentlichkeit in den Vereinigten Staaten im Dunkeln, was die Genmanipulation betrifft. 1997 wurde bereits auf 8 Millionen Hektar amerikanischem Ackerland genverändertes Saatgut ausgebracht, und kaum jemand nahm Notiz davon, weil in den Medien so gut wie nichts davon zu hören war.

In Frankreich, so Bruno, markierte das darauf folgende Jahr den Wendepunkt. 1998 zog der französische Staatsrat die Genehmigung zum Ausbringen gentechnisch veränderten Saatguts zurück. Zur Entscheidungsfindung berief der Staatsrat einen Bürgerausschuss, bestehend aus zehn Laien, konfrontierte ihn mit einem breiten Spektrum von einschlägigen Informationen und Expertenmeinungen und nahm die Schlüsse, die der Ausschuss daraus zog, sehr ernst.

Ich bin verblüfft, wie anders es in den USA gehandhabt wird, wo die Regierung die Einführung von genmanipuliertem Saatgut ohne nennenswerte Aufklärung der Öffentlichkeit jahrelang gefördert hat.

»Der Bürgerausschuss sagte: ›Wir müssen das Prinzip des Unbedenklichkeitsnachweises anwenden.‹ Sie waren nicht alle generell gegen die Genmanipulation, meinten jedoch, es müsse von Fall zu Fall entschieden werden«, erklärt Bruno. Darin ist in Sachen Nahrungssicherheit eine Einstellung zu erkennen, die man »schuldig bis zum Beweis der Unschuld« nennen könnte.

»Es gab damals eine Menge Berichte in den Medien, die eine öffentliche Debatte entfachten«, fährt Bruno fort. »Wir nutzten diese Zeit als Chance, Druck auf die Konzerne auszuüben, freiwillig aus der Gentechnik auszusteigen.«

Druckmittel schwarze Liste

Zum besseren Verständnis gibt uns Bruno eine zweiteilige Tabelle im Taschenformat, in der Dutzende von Nahrungsmitteln aufgelistet sind. Der eine Teil ist eine schwarze Liste mit genmanipulierten Produkten, der andere führt solche Produkte auf, die ohne gentechnische Eingriffe erzeugt wurden.

»Als wir den Ratgeber herausbrachten, waren die Reaktionen geradezu komisch. Statt sich geschlossen auf Greenpeace zu stürzen, gingen die Konzerne aufeinander los! Sie versuchten nachzuweisen, dass auch die Nahrungsmittel der weißen Liste gentechnisch veränderte Inhaltsstoffe enthielten. Sie setzten alles daran, sich gegenseitig bloßzustellen«, erzählt Bruno grinsend.

»Außerdem bekamen die Konzerne durch Verbraucher, die unserem Greenpeace-Einkaufsnetz angeschlossen sind, 20 000 Protestbriefe gegen genmanipulierte Produkte. Sobald sich ein paar Firmen zur Gentechnikfreiheit bekannten, zogen andere nach. Selbst die französische Verbrauchermarktkette ›Carrefour‹ mit über 5000 Filialen in 26 Ländern ließ sich von uns entsprechend beraten.

Mit ausschlaggebend war, dass wir noch an den Nachwirkungen der ersten Rinderwahnkrise und der Kontaminierung französischer Blutkonserven mit dem HIV-Virus litten. Die Franzosen sagten: ›Wir haben euch einmal vertraut, wir haben euch zweimal vertraut. Jetzt reicht's.‹«

»Wir haben einen großen Sieg errungen«, sagt Bruno lächelnd. »80 Prozent der Nahrungsmittel für den menschlichen Verzehr in

Frankreich sind jetzt gentechnikfrei; das einzige Land, das in Europa noch genmanipuliertes Saatgut ausbringt, ist Spanien.«

Während Bruno vom fast gentechnikfreien Landbau in Europa spricht, wird mir klar, das drei Viertel aller mit gentechnisch veränderten Saaten bestellten Flächen dieser Welt in den Vereinigten Staaten liegen. Wir Amerikaner sind die echten Versuchskaninchen! Obwohl die meisten Amerikaner dafür sind, genmanipulierte Produkte zu kennzeichnen, kämpfen wir noch immer um die Durchsetzung dieser Forderung. Im Jahr 2000 haben die »Mothers For Natural Law« eine halbe Million Unterschriften gesammelt und dem Kongress übermittelt, um dem Verlangen der Bürger nach Kennzeichnungspflicht Ausdruck zu geben, eine Kampagne, die Dutzende von nationalen und regionalen Gruppen übernommen haben. Die amerikanische Nahrungsmittelkontrollbehörde FDA hat sich trotzdem gegen eine Kennzeichnungspflicht entschieden. So sind die USA immer noch eines der wenigen industrialisierten Länder ohne eine solche Kennzeichnungspflicht.

Was Bruno begeistert als Sieg auffasst, ist für andere eine Niederlage der Vernunft und der Beweis für die Schattenseiten der Demokratie: dass nicht Wissenschaftlichkeit, sondern die Paranoia von Laien sowie entsprechender politischer Druck Entscheidungen herbeiführen können.

Darin zeigt sich ein grundlegender Unterschied in der Wahrnehmung: Einige Leute behaupten, dass ein hermetisch abgeschlossenes Terrain geschaffen werden kann, wo unvoreingenommene Wissenschaftler sitzen und in aller Freiheit ohne äußere Einflüsse Entscheidungen treffen. Andere wiederum sagen, dass eine solche Vorstellung reine Fiktion ist. Wir alle agieren und reagieren innerhalb eines festen Wertesystems, in dem bestimmte Annahmen und Ziele das Denken prägen. In diesem Zusammenhang weisen Kritiker auf die engen Verflechtungen zwischen Biotechnologiekonzernen und Regierungsorganen hin.[54]

Ein früherer hoher Verwaltungsbeamter der amerikanischen Umweltschutzbehörde beispielsweise sitzt jetzt im Vorstand von Monsanto, und ein anderer Beamter derselben Behörde, der früher für Schädlingsbekämpfung und Maßnahmen gegen Umweltverschmutzung verantwortlich war, ist jetzt Vizepräsident von Monsanto. Michael Taylor, der Mann, der bei der FDA für alles zuständig war, was mit Gentechnik zu tun hat, war Berater von Monsanto bei Genehmigungsfragen.[55]

Der US-Rechnungshof prüfte mögliche Interessenkonflikte bei Michael Taylor, fand jedoch nichts Gesetzwidriges. Das ist aber nicht der springende Punkt. Man muss diesen Leuten nicht unbedingt vorwerfen, sich zum Handlanger für Konzerninteressen zu machen oder auf zynische Weise eigene Ziele zu verfolgen. Sie alle haben, ebenso wie wir, bei der Lösung von Problemen einen bestimmten Orientierungsrahmen und sehen die Welt durch eine bestimmte Brille. Wir müssen aber Probleme aus den verschiedensten Blickwinkeln betrachten, um Lösungen zu finden, und unsere unterschiedlichen Meinungen müssen das gleiche Gewicht haben. Aus diesem Grund gefällt mir das, was Bruno vom französischen Bürgerausschuss erzählt, ausnehmend gut.

Bruno macht uns darauf aufmerksam, dass der Kampf gegen die Gentechnikbefürworter nicht das eigentliche Problem ist. Mit wachsender Begeisterung führt er aus: »Wir müssen die Probleme der industriellen Landwirtschaft endlich ganzheitlich verstehen.

Den Bauern ist immer gesagt worden, dass sie mehr produzieren müssen, um überleben zu können und wettbewerbsfähig zu sein, und das ist meines Erachtens nichts anderes als die Aufforderung zu einem vermehrten Einsatz von Pestiziden. Bei meiner Arbeit in Afrika habe ich miterlebt, wie die europäischen Überschüsse den einheimischen Markt für Fleisch, das vor Ort produziert wurde, kaputt machten. Meiner Auffassung nach ist der Produktivismus die Wurzel des Übels. Genmanipulationen sind nur ein Symptom.«

Als ich mein Notizbuch in den Rucksack stopfe und mich von diesem energiegeladenen, scharfsichtigen Mann verabschiede, ist mir leichter ums Herz. Bruno kennt weder René Louail in der Bretagne noch Hannes Lorenzen in Brüssel oder die Bauern, die wir in Brasilien, Indien und Kenia kennen gelernt haben. Aber sie alle scheinen das gleiche Feuer in sich zu tragen, und jeder von ihnen ist auf seine Weise dabei, die Denkfallen zu sprengen, die uns so lange schon gefangen halten.

Eine winzige Steuer und eine Riesenidee

Als ich die *Öko-Diät* schrieb, war ich vollkommen entsetzt über die Diskrepanzen in der Verteilung des Reichtums auf dieser Welt, aber ich hätte nie gedacht, dass diese Ungleichheit nach dreißig Jahren noch größer, noch viel größer sein könnte.

Heute konsumieren 20 Prozent der Weltbevölkerung 86 Prozent der Weltproduktion, während die ärmsten 20 Prozent nur wenig über 1 Prozent davon abbekommen.[56] Der Vermögenswert einer einzigen Firma wie des Marlboro-Herstellers Philip Morris ist höher als der jeweilige Wirtschaftswert von 148 Staaten.[57] Vor dreißig Jahren deutete sich schon eine Spaltung der Welt an; jetzt ist diese Kluft noch größer geworden.

Zwar werden sowohl im Norden wie auch im Süden die verschiedensten Anstrengungen zu einer Verringerung der Ungleichheit unternommen – nicht zuletzt durch Organisationen wie die in diesem Buch beschriebenen –, aber eins steht fest: Ohne eine verstärkte Finanzhilfe für den Süden ist kaum darauf zu hoffen, das wachsende Elend des größten Teils der Weltbevölkerung, dem es am Notwendigsten fehlt, einzudämmen und abzubauen.

Mir scheint, dass zweierlei sofort geschehen müsste: Organisationen wie das Green Belt Movement in Kenia oder die Landlosen-Bewegung in Brasilien müssen weiterhin das Selbstvertrauen der Bürger in die eigenen Fähigkeiten stärken, sodass die Menschen dort gemeinsam für demokratische Lebensgrundlagen kämpfen. Gleichzeitig müssen aber zusätzliche Mittel zur Bekämpfung der bedrückenden Auswirkungen der Armut bereitgestellt werden, die sich unter anderem in Krankheiten, vorzeitigem Tod und mangelnder oder unzureichender Schulbildung äußert. (Gleich fällt mir wieder das Schulhaus im kenianischen Kyaume ein, dessen Einrichtung aus nichts als »Sperrmüll« bestand, und Regina, die uns vor kurzem vom Malariatod ihrer Schwester informiert hat, der eintrat, weil das örtliche Krankenhaus keine Medikamente für die Behandlung hatte.)

Aber wo sollen die finanziellen Mittel herkommen?

Wangari Maathai in Kenia und die Landlosen-Bewegung in Brasilien treten für den Erlass der riesigen Auslandsschulden ein, die mittlerweile 2 Billionen Dollar betragen. Damit haben sie sicher Recht, da viele Länder ihre Schulden nur begleichen können, indem sie die Sozialleistungen kürzen. (Der heute versprochene Schuldennachlass macht nicht einmal zehn Prozent der Gesamtsumme aus, und was bereits erlassen wurde, ist nur ein winziger Bruchteil davon.)

Hier in Frankreich erfahren wir von einer anderen Strategie, die Kluft zwischen Reich und Arm, die unseren Planeten gespalten hat, zu verringern. Da erscheint es uns angemessen, zum Abschluss unseres Aufenthalts in Paris eine Frau aufzusuchen, die genau an diesem neuen Projekt mitarbeitet.

Von der Metrostation St. Placide gehen wir in nördlicher Richtung und treten in einen schattigen Innenhof. Susan George begrüßt uns an der Tür ihrer eleganten Wohnung mit der freundlichen Zurückhaltung, an die ich mich noch gut erinnere. Groß und schlank, mit dickem, kurz geschnittenem hellem Haar, sieht sie mit ihren 66 Jahren noch genauso aus, wie ich sie von einem gemeinsamen Abendessen in San Francisco vor zwölf Jahren in Erinnerung habe.

Ich bin seit langem ein Bewunderer Susans und halte sie für eine Frau mit Rückgrat, lobenswerter Zähigkeit und einem wachen Geist. Als Joe Collins und ich uns 1975 zusammentaten, war Susan, die in Ohio geboren und aufgewachsen ist, schon lange in Paris und schrieb gerade selbst ein Buch über den Hunger auf dieser Welt mit dem Titel *Sie sterben an unserem Geld*. Seitdem hat sie über verschiedenste Themen geschrieben, darunter die Verschuldung der Dritten Welt und die internationalen Handelsbeziehungen. Susans Weg habe ich immer als Parallelweg zu meinem eigenen betrachtet. Während ich versuchte, dem Hunger auf den Grund zu gehen und seine Wurzeln im Mangel an Demokratie suchte, hat Susan den Hunger bis an seine Wurzeln in der Wirtschaft verfolgt – Wurzeln, die untrennbar sind, wie wir natürlich beide wissen.

Von französischen Antiquitäten umgeben, sitzen Anna und ich auf einem kleinen, senffarbenen Zweiersofa in Susans Wohnzimmer, und sie fängt gleich an von ihrem Lieblingsprojekt zu sprechen.

»Ihr habt doch sicher schon von der Tobin-Steuer gehört, nicht wahr?«, fragt sie, und wir nicken nachdrücklich, obgleich wir, offen gestanden, kaum etwas darüber wissen.

»Eine ganz einfache Idee – Staatsregierungen erheben winzige Steuern auf tägliche Auslandsdevisengeschäfte, die einen Gesamtumfang von 1,5 bis 2 Billionen Dollar haben.«

Ich halte jäh im Notizenmachen inne: 2 Billionen Dollar … täglich?

Die Zahl will mir nicht mehr aus dem Kopf. Man muss sich nur mal vorstellen, dass es so viel ist wie der gesamte *jährliche* Bundeshaushalt der Vereinigten Staaten und 17-mal mehr als die Summe aller Börsentransaktionen *im Jahr.*

Und man überlege nur einmal, wie schnell das alles möglich geworden ist: Als ich die *Öko-Diät* geschrieben habe, war die Technologie für sofortige globale Transaktionen noch gar nicht vorhanden. Erst durch Einführung der weltweiten elektronischen Vernetzung konnte ein solches Volumen erreicht werden.

»Die Steuer«, sagt Susan, »ist nach dem Wirtschaftsnobelpreisträger James Tobin benannt, einem Kennedy-Berater, der schon vor zwanzig Jahren auf diese Idee gekommen ist.« Susan erzählt uns, dass sie jetzt Mitbegründerin und Vizepräsidentin einer Bürgerbewegung ist, die diese Ministeuer durchsetzen will.

Sie erklärt uns das Prinzp: »Schon bei 10 Cent bis 25 Cent auf jede 100 Dollar kämen durch diese Steuer 100 bis 300 Milliarden jährlich zusammen. Dieses Geld würden dann die Ärmsten in den ärmsten Ländern dieser Welt bekommen.« Man stelle sich das einmal vor: Nur ein Bruchteil davon, nämlich 40 Milliarden Dollar, würden nach Angaben der UNO ausreichen, um allen armen Ländern weltweit grundlegende Sozialleistungen zu ermöglichen – das ist weniger als das Eigenkapital eines einzigen Mannes, Bill Gates.[58]

Susans Gruppe, das »Netzwerk zur demokratischen Kontrolle der internationalen Finanzmärkte«, auf Englisch kurz ATTAC genannt, wächst schnell. Allein in Frankreich gibt es inzwischen 26 000 Mitglieder, außerdem sind in 17 Ländern rings um die Welt in vielen Städten Ortsgruppen entstanden. Die brasilianische Stadt São Paulo hat bereits Beschlüsse gefasst, die Steuer zu billigen, und auch im französischen und europäischen Parlament, im kanadischen Unterhaus und sogar im amerikanischen Kongress sind die Weichen für eine entsprechende Gesetzgebung gestellt.

Es rührt mich richtig, dass ATTAC in so großen Kategorien denkt – eine winzige Steuer, ja, aber eine Riesenidee. Dann fasse ich mich wieder: Warum erscheint sie mir so revolutionär? Schließlich sind progressive Steuern, die grobe Ungleichheiten mildern und allen die gleichen Chancen einräumen, bis vor kurzem in unserem Kulturkreis eine Selbstverständlichkeit gewesen. Es sind die unglaublichen Veränderungen in der Weltwirtschaft, die den Boden bereiten für die Art von Steuer, deren Einführung Susan propagiert und die denen auferlegt wird, die am ehesten in der Lage sind, sie zu bezahlen. Zugleich ist diese Steuer leicht zu erheben, da die betreffenden Transaktionen alle elektronisch ablaufen.

Aber eine solche Steuer ist nicht nur eine Einnahmequelle, sondern bremst auch den spekulativen Aktienhandel. Das war Tobins ursprüngliche Idee. Den meisten von uns bleibt verborgen, dass der spekulative Handel, ob auf den Finanzmärkten oder auf den Warenmärkten, am *härtesten* die trifft, die am wenigsten mit den Instabilitäten fertig werden, die dadurch verursacht werden. Man denke nur einmal an Rosario und ihre Familie in Nicaragua: Bevor sie sich der Fair-Trade-Bewegung anschlossen, konnte die Arbeit eines ganzen Jahres im Kaffeeanbau durch eine bestimmte Wetterlage in Brasilien oder auch nur durch die Vermutungen der Spekulanten über die mögliche Wetterentwicklung dort zunichte gemacht werden.

Je mehr ich höre und je klarer ich die mit der Steuer verbundenen Möglichkeiten erkenne, umso mehr verstört es mich, dass mir daheim so wenig von dieser Strategie zu Ohren gekommen ist – das Thema wird offenbar von unseren Medien gar nicht ernst genommen. James Tobin hat einmal im Spaß gesagt, es gäbe mehr ATTAC-Mitglieder in Frankreich als Amerikaner, die seinen Namen kennen. Ich bin sicher, dass er damit Recht hat.

Wir wissen, das Susan zu einer Versammlung muss, deshalb machen wir uns allmählich bereit zum Aufbruch und erwähnen nur noch beiläufig, dass wir gerade in der Bretagne waren und dort mit einem Führungsmitglied der Confédération Paysanne von José Bové gesprochen haben.

»Ach ja? Die Confédération war ein Gründungsmitglied von ATTAC«, sagt Susan, »und ich war Entlastungszeugin bei Josés McDonald's-Prozess. Ich habe dem Richter gesagt, dass die Welthandelsorganisation Regeln aufstellt, die die französische Kultur und Landwirtschaft untergraben, und das sei moralisch und gesetzlich nicht hinzunehmen, Josés Aktion sei also gerechtfertigt gewesen. Er hätte vorher alle anderen Möglichkeiten des Protests ausgeschöpft.«

Als wir uns erheben, um uns zu verabschieden, fügt sie noch hinzu: »Wir sind nicht generell gegen die Globalisierung, wir sind nur gegen *diese Art* von Globalisierung.« Sie hat nicht grundsätzlich etwas gegen Handel, Technik und Geschäft einzuwenden. Sie hat nur Einwände gegen ein System, das seiner Struktur nach dem Handel, der Technik und dem Geschäft etwas so Unproduktives und Frivoles ermöglicht wie die derzeitige schnelle, ungebremste Entwicklung des spekulativen Devisenhandels. Sie ist gegen ein System, das einer Handvoll Internet-Zockern auf unseren Märkten gestattet, Millionen Menschen zu schaden.

Ihre Kritik gilt einem Globalisierungssystem, das Entscheidungen über die Strukturen der internationalen Wirtschaft oder das Management des Handels einer demokratischen Kontrolle entzieht. Susan und viele der Menschen, denen wir in diesem Jahr begegnen, sind Fürsprecher einer solchen Kontrolle.

Der Rindfleischkrieg

Es ist genau diese ungehemmte Art von Globalisierung, die José Bové auf die Barrikaden bringt. (Mehr über José im nächsten Kapitel, wo wir mit ihm zusammen in Wisconsin unterwegs sind.) Er ist es auch, von dem wir über eine andere große Kluft zwischen den Kontinenten hören.

Gegen Ende unseres Parisaufenthalts kaufen wir uns eine Zeitschrift und erkennen auf dem Titelblatt gleich José an seiner Pfeife. Im Heft ist ein Beitrag, in dem es heißt, dass 16 Prozent der Franzosen, wenn sie die Wahl hätten, für José als nächsten Präsidenten stimmen würden.

Was hat José eigentlich gemacht, um seine Landsleute so für sich einzunehmen?

Offenbar teilen sie Josés Abneigung gegen die Globalisierung, die in seinem Angriff auf McDonald's gipfelte, diesem Symbol eines globalen Handelssystems, das die Welthandelsorganisation verkörpert. Die WTO wurde 1995 mit dem Ziel gegründet, Regeln für den Handel zwischen den Mitgliedsstaaten aufzustellen und deren Einhaltung durchzusetzen. Im Rahmen einer Vergeltungsmaßnahme gegen das seit 1989 in Europa bestehende Importverbot für das Fleisch hormongemästeter amerikanischer Rinder, von dem nahezu das gesamte amerikanische Rindfleisch betroffen ist, belegte die WTO eine Reihe von europäischen Exportgütern mit einem Zoll. Es waren die von dieser Organisation verhängten Sanktionen, die José, einen Schafzüchter, der aus der Milch seiner Muttertiere Roquefort machte, dazu veranlassten, einen halb fertigen McDonald's-Bau zu demolieren.

Die Amerikaner hatten die Europäer seinerzeit beschuldigt, mit ihrem Verbot unfairerweise ihre einheimischen Rinderproduzenten zu schützen, und brachten den Fall vor einen WTO-Rechtsausschuss, der aus drei Personen bestand. Der Ausschuss stellte sich auf die Seite der Amerikaner mit der Begründung, es sei nicht nachgewiesen, dass das Fleisch von hormongemästeten Tieren Gesundheitsrisiken berge, das Einfuhrverbot der Europäer sei also ungerechtfertigt und gefährde die Handelspolitik.

Die WTO schätzte die Verluste, die den Vereinigten Staaten durch das Verbot entstanden, auf 117 Millionen Dollar und gestattete den USA, sich mit einem maximal diese Summe abdeckenden Zoll auf verschiedene europäische Exportgüter wie Josés Roquefort-Käse, Trüffeln, Haarschneidemaschinen usw. zu rächen.

Für Kritiker wie José ist die Rindfleisch-Entscheidung der Beweis dafür, dass die WTO Länder daran hindern kann, lokale Nahrungstraditionen zu schützen und auf demokratische Weise eigene Qualitäts- und Sicherheitsnormen aufzustellen.

Ich für mein Teil war unschlüssig. Ich hatte über den Fall gelesen und fand es zunächst einmal interessant, dass die Europäer überhaupt ein solches Verbot aussprachen. Bei uns in den USA gibt es keine öffentliche Debatte über die Hormonmästung von Rindern; Rindfleisch ist einfach das, »was auf den Tisch kommt«, wie der Slogan der Industrie lautet. Keins unserer staatlichen Forschungsinstitute hat die Unbedenklichkeit unseres Rindfleischs je öffentlich angezweifelt. Ich selbst esse aus verschiedensten Gründen, darunter auch gesundheitlichen, schon lange kein Rindfleisch mehr, aber die Nebenwirkungen von Wachstumshormonen waren dabei nicht ausschlaggebend. Folglich fragte ich mich nun, ob sich nicht doch wirtschaftliches Eigeninteresse hinter den gesundheitlichen Argumenten verbarg.

Dann kam Anna und mir der über hundert Seiten umfassende Bericht über die Wirkung von Rinderhormonen unter die Augen, den ein Gremium von zwanzig europäischen Wissenschaftlern für die WTO verfasst hat. Darin wurden erhebliche Bedenken geäußert – es war unter anderem von möglichen neurobiologischen, reproduktiven und immunologischen Störungen und von einer möglichen Krebsgefahr die Rede. Alles das, so ihr Resümee, rechtfertige die Vorsichtsmaßnahmen gegen hormonhaltiges Rindfleisch.[59]

Warum blieb die WTO trotz dieser von namhaften Wissenschaftlern geäußerten Bedenken bei ihrer Behauptung, es gäbe keine schlüssigen Beweise (was heißt überhaupt schlüssig?) und missbilligte das Verbot? Warum sollte die Beweislast nicht auch hier, wie schon lange in der Pharmaindustrie, beim Hersteller liegen?

Dann ging mir schlagartig ein Licht auf. Was wäre geschehen, wenn die WTO das europäische Verbot hätte gelten lassen? Die USA sind der größte Rindfleischexporteur der Welt. Als ich die *Öko-Diät* schrieb, wurden knapp 20 000 Tonnen Rindfleisch jährlich exportiert; heute ist es 60-mal so viel – fast 1,2 Millionen Tonnen hormonangereichertes US-Rindfleisch, das um die Welt geht.[60] Hätte die WTO die Zweifel an der Sicherheit amerikanischen Rindfleischs als berechtigt anerkannt, hätten vermutlich

Millionen von Verbrauchern ihre Ernährung umgestellt und die amerikanische Rindfleischindustrie in den Ruin gestürzt.

Während wir das alles in uns aufnehmen, kommen Anna und ich wieder zu dem Punkt, der in der Kontroverse verloren gegangen zu sein scheint: Die betreffenden Hormone werden für eine schnellere Mast der Tiere eingesetzt und das in einer Welt, in der der übermäßige Genuss des Fleisches silogefütterter Tiere zunehmende Gesundheitsprobleme beschert. Was fehlt, sind ein Forum und Möglichkeiten für eine öffentliche Debatte über den besten Gebrauch der kostbaren Nahrungsressourcen, wo wir solche Fragen stellen können wie: Wünschen wir als Bürger, dass für Nahrungsmittel die gleichen Unbedenklichkeitsbestimmungen gelten sollen wie für Arzneimittel? Und wollen wir, einmal abgesehen von den möglichen Gefahren durch die Verwendung von Wachstumshormonen in der Tiermast, überhaupt die Produktion von Fleisch aus der Intensivhaltung?

Die WTO mit ihren drei Entscheidungsträgern ist ganz offensichtlich kein Forum für eine solche Debatte. Kein Wunder, dass viele wie José in der WTO einen Verbündeten der Konzerne sehen, die ihre Interessen schützen wollen und immer mehr Einfluss gewinnen – und nicht etwa eine demokratische Körperschaft, die allgemeine öffentliche Belange vertritt.

Für José und Tausende von Kritikern der WTO steht die Demokratie auf dem Spiel, weil die WTO die Macht hat, eine neue Handelspolitik zu prägen, indem sie alle in die gleiche Schablone presst. Wo immer es bisher Streit gab, hat die WTO alle relevanten Gesetze zum Schutz der Umwelt, Gesundheit und Nahrungsunbedenklichkeit zu Handelsbarrieren erklärt.[61] Und wie viele Länder können sich den Preis überhaupt leisten, den Europa dafür bezahlen muss, um sich durchzusetzen und amerikanisches Rindfleisch zu boykottieren?

Ein Fünftel der Mitgliedsstaaten haben keine ständige Vertretung im Hauptsitz der WTO in Genf, viele einfach aus Geldmangel. Die WTO brüstet sich damit, dass Entscheidungen im Konsens getroffen werden, aber kann überhaupt von einem Konsens die Rede sein, wenn ein Teil der Beteiligten gar nicht mit am Tisch sitzt?

Darf in einer Welt, in der die Meinungen über die Nahrungssicherheit weit auseinander gehen, eine nicht gewählte globale Handelskörperschaft oder, wie im Rindfleischfall, ein Drei-Personen-Ausschuss weit reichende Entscheidungen treffen? Hier in Europa, wo die Einstellung zur Nahrungsunbedenklichkeit ganz anders ist als in den USA, fällt es mir leichter einzusehen, wie ungeeignet ein nicht gewähltes globales Handelsorgan ist, dessen Hauptberater aus der Wirtschaft kommen und das der Welt eine einheitliche Norm aufzwingen will.

Der Rinderwahn

Wie groß die Kluft zwischen der amerikanischen und der europäischen Haltung ist, wurde uns klar, als wir vom Rinderwahnsinn BSE hörten, einer schrecklichen Erkrankung, die das Gehirn befällt und tödlich verläuft. Sie wird durch die heute übliche Praxis verbreitet, zu Mehl verarbeitete Tierkadaver auch an Wiederkäuer wie Rinder, die nicht zu den Fleischfressern zählen, zu verfüttern. Tiermehl als Futterergänzung ist in Großbritannien und den USA bereits Anfang der 90er Jahre verboten worden. Aber wie die amerikanische Kontrollbehörde FDA festgestellt hat, halten sich Hunderte von Futtermittelherstellern und -händlern in den USA nicht an die gesetzlichen Regelungen zum Schutz vor BSE, denen zu Folge Futtermittel mit tierischen Inhaltsstoffen nicht an Rinder verfüttert werden dürfen.

Trotzdem stellen die amerikanischen Medien die europäischen Besorgnisse über BSE immer als Überreaktion dar. Dabei gab es in Frankreich allein im Jahr 2000 über 100 nachgewiesene Fälle von Rinderwahnsinn – dreimal so viel wie im Vorjahr, aber nur ein Bruchteil der Fälle in Großbritannien. Als die Franzosen daraufhin den Rindfleischverzehr drastisch einschränkten, bespöttelte die amerikanische Presse diese Reaktion als »Wahnsinn, der mehr auf Angst als auf Fakten beruht«.

US-Behörden und -Medien, die die europäische Einstellung missbilligen, betrachten die Welt mit anderen Augen als die Europäer.

Hannes, José und andere Bauern, die wir kennen gelernt haben, zeigen mit ihrer Weigerung, bei der Tiermast Hormone zuzulassen, dass sie eine Lebensanschauung ablehnen, die Tiere nicht als fühlende Wesen, sondern als »Produktionseinheiten« begreift und die ausschließlich auf den Ertrag als das Maß aller Dinge ausgerichtet ist, ohne an die Folgen für die natürliche Umwelt oder die Kultur und Wirtschaft anderer Völker zu denken.

Was könnte trockener und weiter vom normalen Leben entfernt sein als der Handel und die so genannte WTO! Doch all das hängt zusammen mit der Kernfrage, wie wir in unserem Leben »Sinn« definieren, zu der Frage, ob eine Gesellschaft oder Nation zu definieren vermag, was Qualität und Sicherheit für sie bedeuten.

Das letzte Brunch in Paris

An unserem letzten Sonntagvormittag in Paris eilen wir von Erics Wohnung aus um die Ecke zu einem der etwa fünfzig Märkte unter freiem Himmel, um etwas für das gemeinsame Brunch mit ihm und seiner Familie einzukaufen.

Die Rue d'Aligre ist wie an jedem Markttag für den Autoverkehr gesperrt und wimmelt nur so von Menschen und Marktständen mit Produkten aller Art. Wir erstehen frischen Thymian, zarte Tomaten, Zwiebeln, Datteln, Feigen, Melonen und dergleichen mehr. Entlang der Straße finden wir auch Bäckereien, wo wir Baguettes kaufen, die vor ein paar Stunden frisch gebacken wurden, und Käseläden, wo wir regional hergestellten Ziegenkäse erhalten.

Wir kaufen auch Joghurt, und Eric zeigt auf das Etikett: »AB« steht da, die Abkürzung für »Agriculture Biologique«, eines der französischen Öko-Labels. Nachdem die Regierung endlich eine einheitliche nationale Norm für Bioprodukte und Ende der 80er Jahre ein entsprechendes Label eingeführt hätte, sei das Interesse an Biolebensmitteln in Frankreich sprunghaft gestiegen. Und das gelte für ganz Europa, wo inzwischen die Hälfte aller Produkte aus ökologischem Anbau in normalen Supermärkten angeboten würden und nicht mehr nur in Bioläden und Reformhäusern.[62]

Als wir die alten steinernen Stufen der vier Stockwerke wieder hinaufgestiegen sind, breiten wir unsere Schätze auf einem Holztisch aus, ein buntes Bild: Käse, Brot, Melone und Salat. Es kommt noch Madame Reiffsteck, eine eindrucksvolle Erscheinung mit sympathischen Grübchen in den Wangen; sie bringt die Krönung mit: frisch gebackene Apfeltorte. Die Äpfel, erzählt sie uns, hat sie heute früh in ihrem Garten gepflückt. (Für die Genießer unter Ihnen am Ende dieses Kapitels das Rezept!)

Wie wir uns zu Tisch setzen, fällt mir unser Gespräch mit Anthony Jacobsohn, dem Amerikaner französischer Herkunft, wieder ein, mit dem wir uns auf Anraten von Alice Waters getroffen haben. Zu seinen Aufgaben gehört unter anderem, ein Verzeichnis der in Frankreich heimischen Gemüse- und Obstsorten aufzustellen und ähnliche Projekte in Ungarn und anderen europäischen Ländern anzustoßen. Anthony hatte uns erzählt, dass die produktivistische Landwirtschaft nicht nur dafür verantwortlich ist, dass immer mehr Kleinbauern von der Bildfläche verschwinden, sondern auch für die Zerstörung der Nahrungsmittelvielfalt und die Verwischung der Unterscheidungsmerkmale zwischen den einzelnen Kulturen der Welt, deren Traditionen und Überlieferungen eng mit der Nahrung verknüpft sind, die in gemeinsamer Arbeit angebaut und genussvoll gegessen wird.

Während ich in ein säuerliches Stück Torte beiße, frage ich mich, ob die Bemühungen all derer, die wir auf unserer Reise kennen gelernt haben, die Fülle und Geschmacksvielfalt der Natur wohl zu retten vermögen. Ich bin davon überzeugt, dass jeder, der Gelegenheit hätte, solches Essen zu genießen wie wir an diesem Vormittag – das übrigens nicht mehr kostet als das, was ich bei einem Einkauf in meinem Supermarkt daheim ausgebe –, die Arbeit von Anthony und anderen nicht länger als Spinnerei und Randerscheinung ansehen würde, sondern als entscheidend für ein glückliches Leben.

Ich erinnere mich, von Apfelfarmern in Washington gelesen zu haben, die betrübt waren, weil ihre Roten-Delicius-Äpfel nicht mehr so aromatisch schmecken wie früher. Ein Markthändler klagte, die Farmer würden der Nachfrage der Großhändler entgegenkommen, »immer rötere und hübschere« Äpfel züchten und »sich damit ihr eigenes Grab schaufeln«.

Ich hoffe, dass mir der Nachgeschmack der Äpfel von Madame Reiffsteck noch lange erhalten bleiben wird und dass die Sorgen der Farmer einen neuen Trend auslösen – die Rückkehr zur Sortenvielfalt nicht aus kosmetischen Gründen, sondern aus Gründen des guten Geschmacks.

Zuckersüße Worte

Seit Monaten ist mir José Bové ein Begriff, und ich freue mich, ihn mit meinen Insider-Kenntnissen über die französischen Nahrungssorgen beeindrucken zu können, nachdem ich gerade etwas über die »Woche des Geschmacks« in seinem Land gelesen habe. Diese Woche wird von Küchenchefs bestritten, die in die Schulen gehen und den Schülern beibringen, wie anderes Essen als das, was McDonald's zu bieten hat, schmeckt. Ich stelle mir bildlich vor, wie die französischen Kids sich die Lippen lecken, um noch ein Stück Roquefort zu bekommen, und höre förmlich, wie sie im Chor jubeln: *C'est magnifique!*

Ich hatte erwartet, dass José ganz angetan ist, wenn ich ihm erzähle, welchen Bekanntheitsgrad die »Woche des Geschmacks« hat und wie begeistert ich bin, dass den Kindern der Roquefort-Käse wieder schmackhaft gemacht wird. Aber José informiert mich belustigt darüber, dass die »Woche des Geschmacks« in Wirklichkeit ein Geisteskind der Zuckerindustrie ist.

Die Idee dazu kam der Industrie 1990, als Marketingumfragen ergaben, dass Süßstoff als kalorienarm und wohlschmeckend im Trend lag. Daraufhin wurde eine Aufklärungskampagne über den »guten Geschmack französischer Nahrungsmittel« gestartet, gezeichnet mit »Der Zucker«. Und so schickte »Der Zucker« hundert Küchenchefs in die Schulen, um den »Geschmack« der Kinder entsprechend auszubilden. Diese Kinder wurden als die Konsumenten von morgen betrachtet.

Was ich für eine Feier der französischen Lebensart gehalten hatte, ist also im Grunde eine Marketingstrategie der Industrie ... na ja. Aber es ist trotzdem etwas dran. Vielleicht haben »Der Zucker« und José etwas gemeinsam. Sie wissen beide, dass es leichter ist, Erinnerungen zu ver-

lieren als zu bewahren und dass die Erhaltung von Erinnerungen geradezu nach einer nationalen Kampagne schreit. Leck dir die Lippen, pro-
bier mal und erinnere dich wieder!   *Anna*

Ein Mysterium

Auf dem Flug nach Hause sinne ich noch einmal über mein
Kirschbräu-Gespräch mit Hannes nach. An dem Abend hatte Hannes mir ein Büchlein mit dem Titel *Lassen wir die Welt sich selbst ernähren* überreicht, das sich krass vom üblichen »Wie wir die Welt
ernähren können« absetzte. Auf der ersten Seite war ein 3-D-Bild
im Stil eines flimmernden pointillistischen Gemäldes, das man in
einem bestimmten Abstand ziemlich lange anstarren musste, bis
dann dreidimensional eine Kuh aus dem Punktewirrwarr hervor-
trat. Ich schlug das Buch für Anna noch einmal vorn auf und erklärte ihr den Trick. Sie guckte mich an, als sei ich vollkommen
hinter dem Mond, und sagte, dass solche Bilder seit Jahren einmal
der Renner waren. Also nichts Neues, aber sie gab zu, dass es eine
nette Art sei, die Leute zu einem Blick unter die Oberfläche anzuregen.

Hannes hatte mir von seiner europaweiten »Sustainable Mystery
Tour« mit Besuchen bei Gemeinschaftsinitiativen wie der auf der
Insel Pellworm erzählt. Ziel seiner Tour war es, nachhaltige Wirtschaftsformen mit alternativen Anbaumethoden und Energiemo-
dellen zu vernetzen. Er fragte mich, ob ich wüsste, was das Wort
»Mystery« im Namen seiner Tour zu bedeuten habe. Ich nahm an,
dass die Entwicklungsmöglichkeiten damit ansprechender und für
Leute meiner Generation mit Anspielung auf die »Magical Mystery Tour« der Beatles verpackt werden sollten.

»Weil Nachhaltigkeit ein Mysterium *ist*«, sagte er eindringlich.

»Wir kommen alle aus verschiedenen Richtungen dahin. Einige
halten Nachhaltigkeit für einen Schutzschild vor irgendetwas, für
Naturschutz. Andere haben dabei vor allem die Menschen im
Blick: ›Wenn es keine Dorfgemeinschaften mehr gibt, erübrigt sich
die Nachhaltigkeit.‹ Wieder andere berufen sich auf Geschichte

und Kultur: ›Wenn die kulturellen und historischen Wurzeln nicht respektiert werden, geht alles den Bach runter.‹ Manche Leute wie die Osteuropäer, mit denen ich zusammenarbeite, betrachten die Demokratie als Voraussetzung: ›Zuerst muss man mitbestimmen können. Wenn andere uns sagen, was wir tun sollen, kannst du schon alles vergessen.‹

Ich lasse die Leute nach Möglichkeit selbst hinter das Geheimnis kommen. Was bedeutet ihnen Lebensqualität? Sonst kommen sie keinen Schritt voran und denken bloß, jemand anders würde ihnen fertige Lösungen anbieten. Wenn die Leute von selber auf etwas stoßen, wird ihnen klar, dass sie auch selbst Lösungen finden können.«

Noch Stunden von der Landung im heimatlichen Boston entfernt, blättere ich Hannes' Büchlein bis zum Ende durch. Da ist wieder ein Vexierbild, in dem eine Kuh versteckt ist, die glücklich auf einer Blumenwiese weidet.

Hannes schreibt: »Wenn es leicht wäre, mit bloßem Auge eine neue Nahrungsdimension in der Welt zu erkennen, dann brauchten sich die Leute nicht die Mühe zu machen, unter die Oberfläche zu blicken. Viele Menschen aus den unterschiedlichsten Lebenskreisen sind willens, an einer neuen Nahrungskultur mitzuwirken, aber das ist mit bloßem Auge nicht so einfach zu erkennen.«

Ich habe meine Freude an Hannes' spielerischem Hinweis, dass wir unsere Wahrnehmungsweise verändern müssen, wenn wir die Welt mit neuen Augen sehen wollen – und dass es kein Nachteil, sondern ein Plus ist, aus den unterschiedlichsten Richtungen zu kommen.

Madame Reiffstecks Apfeltorte

Wenn möglich, die benötigten Äpfel frisch pflücken. Gravensteiner oder Boskoop wären ideal, aber Granny Smith tun's auch. Nach französischem Originalrezept wird eine Art brauner Kandis aus Zuckerrohr verwendet, den wir durch leichter erhältliche Zuckersorten ersetzt haben. Notfalls ganz normalen braunen »Demerara« oder »Rapadura« (aus dem Bioladen) nehmen. Das einfache Rezept lebt und stirbt mit dem Aroma der Äpfel. Eine amerikanische (oder holländische!) Note bekommt das Gericht, wenn zur warmen Torte kaltes Vanilleeis serviert wird. Oder man macht es wie die Franzosen und isst die Torte bei einem Sonntagsbrunch wie wir.

Teig (für 6 Personen):

1½ Tassen feines Weizenvollkornmehl
9 EL Butter (125 g plus 1 EL) Butter
½ TL Salz
¼ Tasse Wasser

Füllung:

3 bis 4 (etwa 700 g) Gravensteiner, Boskoop oder Granny Smith
2 EL Zitronensaft
¾ Tasse brauner Grümmelzucker oder Demerara
1 EL Butter in Flöckchen

– Für den Teig das Mehl in eine große Schüssel geben. Die kalte Butter rasch in gut zentimetergroße Stücke schneiden und mit den Fingerspitzen nicht zu gründlich in das Mehl reiben.
– In die Mitte eine Vertiefung drücken. Das Salz zufügen. Langsam das Wasser in die Mulde gießen und mit den Händen einarbeiten. Der Teig darf nicht zu klebrig und nicht zu weich geraten. Bei Bedarf noch etwas Mehl überstäuben oder ein paar Tropfen Wasser zufügen, bis die richtige Konsistenz erreicht ist. Den Teig zu einer Kugel zusammennehmen und etwa 1 Stunde bei Raumtemperatur ruhen lassen.

- Den Ofen auf 180 Grad vorheizen.
- Den Teig auf Backpapier legen und mit dem Handballen auseinander drücken, bis er in eine Pieform von etwa 23 cm Durchmesser passt. Mit dem Nudelholz glätten und vorsichtig vom Papier in die Form gleiten lassen. Andrücken und den Rand abrädeln. Mit dem gebrauchten Backpapier abdecken und mit getrockneten Hülsenfrüchten oder Ähnlichem füllen, deren Gewicht verhindert, dass der Boden schrumpft.
- Den Tortenboden 10 Minuten im heißen Ofen vorbacken. Nach Entfernen der Hülsenfrüchte und des Backpapiers noch einmal 10 Minuten backen und aus dem Ofen nehmen. Wollen Sie den Boden sofort belegen, die Ofentemperatur jetzt auf 190 Grad erhöhen. (Sie können den Boden aber auch ein paar Stunden im Voraus zubereiten und dann erst füllen.)
- Inzwischen die Äpfel schälen, entkernen und in feine Scheiben schneiden. Schon beim Verarbeiten mit Zitronensaft beträufeln, damit sie nicht braun werden. Den Zucker und die Butterflöckchen vorsichtig unterheben.
- Wenn der Boden fertig und die Zeit knapp ist, die Äpfel einfach gleichmäßig darauf verteilen. Nach feiner französischer Art ordnet man die Apfelscheiben jedoch kreisförmig von außen nach innen an. Das ist auch nicht sehr zeitaufwändig und sieht viel hübscher aus. Butterflöckchen auf der Füllung verteilen.
- Die Torte im heißen Ofen etwa 35 Minuten backen, bis die Äpfel goldgelb sind. Et voilà!

Hannes Lorenzens Hafercurry

Was für ein ungewöhnliches Gericht! Selbst nachdem wir es gekostet haben, wissen wir immer noch nicht, ob wir es zum Frühstück, Mittag- oder Abendessen empfehlen sollen – es ist also ebenso vielseitig wie wohlschmeckend. Curry, Nüsse und Äpfel verleihen der köstlich deftigen Hafergrütze zusätzliches Aroma. Ich stelle mir die Friesen vor, wie sie an einem kühlen Morgen rund um den Tisch sitzen, Hafercurry löffeln und über nachhaltige Energien debattieren.

Für 6 bis 8 Personen:

2½ Tassen Hafergrütze

4 Tassen Gemüsebrühe

4 Tassen Zwiebelwürfel (3 bis 4 Zwiebeln)

4 Tassen Apfelwürfel (etwa 3 mittelgroße Äpfel)

3 EL Zitronensaft (etwa 1 große Zitrone)

2 EL Butter

3 EL Currypulver

¾ Tasse ungesalzene Cashewkerne

1 TL Salz

½ TL Pfeffer

¾ Tasse blanchierte, abgezogene Mandeln

- Die Hafergrütze abspülen. Noch feucht in einen großen Schmortopf mit schwerem Boden geben und unter Rühren erhitzen, bis die Körner zu platzen beginnen. Mit 3½ Tassen Gemüsebrühe ablöschen, zum Kochen bringen und auf milder Hitze 30 Minuten quellen lassen. Dann auf der ausgeschalteten Herdplatte zugedeckt weitere 10 Minuten ziehen lassen.
- Die geschälten und entkernten Äpfel in gut 1 cm große Würfel schneiden und mit 2 Esslöffeln Zitronensaft mischen.
- In einem großen Topf die Butter zerlassen und die Zwiebelwürfel darin auf mittlerer Flamme etwa 5 Minuten glasig dünsten. Die Apfelstückchen zufügen und 5 Minuten mitdünsten. Mit Currypulver bestäuben, umrühren und nochmals kurz durchwärmen.
- Die Cashewkerne zugeben und das Ganze mit der restlichen halben Tasse Brühe erneut zum Kochen bringen, dann warm halten. Mit Salz, Pfeffer und gegebenenfalls mehr Zitronensaft abschmecken.
- Die Mandeln ohne Fett leicht rösten. Aufpassen, dass sie nicht anbrennen. Abkühlen lassen und fein hacken. Die Zwiebelmischung unter die Hafermasse rühren. Auf kleinem Feuer weitere 5 Minuten köcheln. Mit gerösteten Mandeln bestreut servieren.

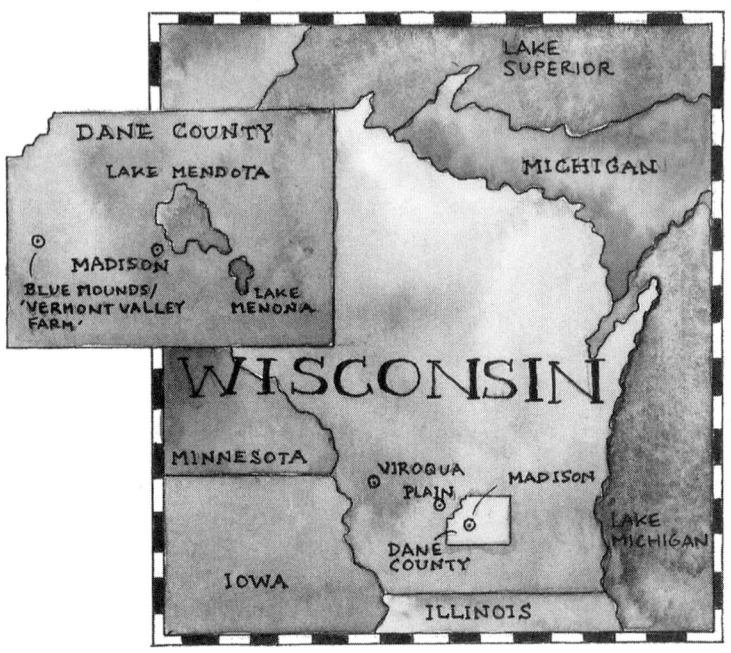

Kapitel 10

Cowboyhut ab!
Wisconsin, USA – Madison und Dane County

Wisst ihr, warum wir so erfolgreich sind?
Weil wir das, was wir tun, lieben.

JIM MILLER, _Organic Valley_

Wir machen auf dem Absatz kehrt und ducken uns unwillkürlich. Ob er uns erkannt hat? Drüben auf der anderen Straßenseite habe ich José Bové entdeckt, den französischen Bauern, der die Bewunderung seiner Landsleute erregt und internationalen Ruhm erlangt hat, weil er ein im Bau befindliches McDonald's-Restaurant demoliert hat.

In wenigen Minuten werde ich, wie vorgesehen, auf einem Festival in Madison, Wisconsin, mit ihm reden, und da kommen Anna und ich direkt vor seiner Nase aus einem McDonald's! Gerade noch hatte ich mir Notizen gemacht, was ich dem Publikum mitteilen will, das sich nicht weit von hier versammelt hat, als ich jäh aufgeschreckt wurde.

»Autsch! Aua!«, hatte Anna aufgeschrien. Eine Wespe hatte sich auf ihre Hand gestürzt und zugestochen. Wir brauchten unbedingt Eis, um den Stich zu kühlen, und da sahen wir einen McDonald's-Imbiss. Wenig später konnte Anna ihre Hand im größten Becher Eisgranulat betten, den es dort gab, und einen kurzen Augenblick lang war ich als Mutter dankbar für die gelben Bögen. Aber nur, bis wir aus der Tür traten und Monsieur Bové mit seinem Markenzeichen, dem Fahrradlenkerschnurrbart, sahen.

Hinter José türmt sich das Kapitol von Wisconsin mit seiner majestätischen Treppe und der alles überragenden Kuppel auf. In einem Umkreis von acht Häuserblocks um das Gebäude findet an diesem warmen Samstagmorgen wie jeden Samstag von April bis Anfang November der größte Bauernmarkt des Landes statt. An einem normalen Samstag drängen sich über 20 000 Kunden auf den Straßen. Mehr als 200 Bauern verkaufen hier ihre Produkte, und es ist alles da: Beeren und Bohnen, Kohl und Käse, Pickles und Popcorn; jedes Produkt muss entweder selbst angebaut oder hausgemacht sein und darf nur vom Erzeuger und Hersteller selbst feil geboten werden.

Auf dem »Food for Thought«-Festival in der Nähe herrscht eine ausgelassene, heitere Atmosphäre. Die Auslagen bieten uns einen Vorgeschmack von dem, was wir während unseres Aufenthalts hier genießen werden. Unser Blick fällt auf Tische, die vollgestapelt sind mit Käse aus regionalen Käsereien und Büchern über Landwirtschaft und Gärtnerei. Wir schlendern an Ständen vorbei, an denen Gesichter bemalt und Möhrenketten gebastelt werden. Und wir sehen Kinder, die an handgeknüpften Leinen goldfarbene Hühner spazieren führen und den Passanten aufgeregt von ihren Gärten erzählen; sie kommen, wie wir später hören, aus Arbeitervierteln.

Obgleich in Wisconsin bäuerliche Familienbetriebe noch schneller von der Bildfläche verschwinden als in anderen Bundesstaaten der USA, ist auf diesem Festival etwas von der Erneuerung zu spüren, die eingesetzt hat und von Tag zu Tag voranschreitet.

Der Mythos von der Effizienz

Im weißen Festzelt teile ich mir das Mikrofon mit José – und kann ihm zwischendurch auch erklären, was es mit unserem McDonald's-Besuch auf sich hatte.

Ich merke, dass die Wisconsiner ihn mögen. Der Kreuzzug der Confédération Paysanne, seiner Bauernvereinigung, von der uns in Frankreich René Louail erzählt hat, stimmt genau mit ihrer Vision von einer Landwirtschaft überein, die der Erde, den Bauern, den Landarbeitern und denjenigen, die die Früchte ihrer Arbeit essen, Respekt entgegenbringt.

José erzählt unserem Publikum, dass seinerzeit Tausende in den französischen Ort gepilgert sind, wo er wegen seines Angriffs auf eine McDonald's-Baustelle vor Gericht stand. Er hatte gegen dieses Symbol einer verfehlten Handelspolitik protestiert, aber auch gegen die globale Gleichmacherei, in diesem Fall die Gleichmacherei von MCDonald's – überall die gleiche Kartoffelsorte, auf immer gleiche Art fritiert, und überall der gleiche Typ Hamburger aus Fleisch von Rindern, die immer aus der gleichen industriellen Intensivhaltung stammen, immer gleich mit immer mehr gentechnisch verändertem Mais und Soja gefüttert und alle mit den gleichen Antibiotika behandelt.

Irgendwas an dieser brutalen Gleichförmigkeit stört José. Das sei »totalitär«, sagt er. Ich glaube, ich verstehe, was er meint. Es ist totalitär, weil dahinter eine totale Nivellierung steckt, betrieben von einer Handelspolitik, die alle Unterschiede zwischen den einzelnen Ländern aufhebt. Es ist totalitär, weil durch den Gebrauch von Antibiotika Resistenzen aufgebaut werden, von denen Menschen betroffen sein können, die nicht wählen konnten, ob sie den Antibiotika-Weg überhaupt gehen wollen. Ebenso kann genmanipuliertes Saatgut, das ausgebracht wird, die Felder kontaminieren und die Bauern vor vollendete Tatsachen stellen. Und genmanipulierte Nahrung kommt in die Nahrungs- und Verteilerketten, ohne dass wir dies noch kontrollieren können. Wir sind alle in Mitleidenschaft gezogen, ob wir wollen oder nicht.

Die Standardisierung beim Anbau und beim Essen, für die McDonald's nach Josés Auffassung steht, wirkt noch auf andere Weise nivellierend. Sie beraubt uns unser Eigenarten, die durch unseren jeweiligen Platz auf dieser Erde, durch die Menschen unseres Landes, durch Klima, Kultur und Geschichte bestimmt werden und durch die wir uns voneinander unterscheiden. Und die Nivellierung breitet sich immer mehr aus: Josés Heimatland ist bereits mit 800 McDonald's-Filialen gepflastert, und weltweit sind 26 000 der verräterischen gelben Bögen in 119 Ländern zu finden.

Die Nivellierung erstickt die kulturelle Vielfalt, und sie birgt darüber hinaus noch andere Gefahren. Man überlege bloß einmal: Derzeit wird in Amerika fast nur noch eine einzige Kartoffelsorte angebaut, die noch dazu umfassenden Schutz durch Fungizide erfordert, und wenn sie von einer bestimmten Krankheit befallen würde, wäre das der Ruin zahlloser Bauern. Hinzu kommt, dass beispielsweise bestimmte Salmonellenstämme Resistenzen entwickelt haben infolge all der Antibiotika, die an Tiere verfüttert werden, sodass unsere Gesundheit gefährdet ist. Wir werden wehrlos gegen alle möglichen Krankheiten, ohne überhaupt gefragt worden zu sein.

Aber die Nivellierung – die Uniformität – ist effizient, behaupten die Wirtschaftsfachleute unentwegt, und die meisten von uns glauben das auch immer noch.

Gestern bei einem Vortragsabend an der Universität, als José und ich uns für Fragen aus dem Publikum zur Verfügung stellten, erhob sich ein hoch aufgeschossener junger Mann, dem offenbar das Herz schwer war. Er erzählte uns, dass seine Familie gerade den Hof und die Milchwirtschaft aufgeben musste, und fragte, was seine Generation denn tun könnte, um Familienbetriebe am Leben zu erhalten.

»Wir waren einfach nicht effizient genug«, sagte er.

Er tat mir so Leid. Schwere Verluste zu ertragen ist schlimm genug, aber sich selbst die Schuld daran zu geben, macht es noch schlimmer. Obwohl Studien den Effizienzmythos inzwischen widerlegen, war er mit seiner Familie noch darauf hereingefallen. Auf den Mythos, dass große Hochleistungsfarmen am effizientesten sind, obgleich bei mehreren Kosten-Nutzen-Vergleichen mittelgroße Familienbetriebe am besten abschnitten.[63] Die Tatsache, dass viele kleine und mittlere Betriebe dicht machen, wird von der Agrarlobby als Beweis dafür gewertet, dass sie nicht leistungsfähig waren, und viele Bauern gehen dieser Lobby auf den Leim.

Ich kann es dem jungen Mann und anderen Bauern nicht verdenken. Auch ich hatte Probleme, mich gegen den Mythos zu wehren, dass nur das Überleben der Höfe deren Wirtschaftlichkeit beweist. Bei Debatten mit Agrarökonomen konnte ich nur schwer meine Stellung behaupten, indem ich ihnen klar machte, dass sie die versteckten Kosten der industriellen Landwirtschaft ignorieren. Zum Beispiel die Kosten, die diese mit ihrer Umweltverschmutzung und durch Wegrationalisieren von Arbeitsplätzen verursacht und die samt und sonders wir Steuerzahler begleichen, indem wir für die Subventionen aufkommen, die wiederum nur die größten landwirtschaftlichen Hochleistungsbetriebe erhalten. Ganz zu schweigen von dem Preis, den brutale Arbeitsbedingungen fordern und der oft nicht nur mit einer geringeren Lebenserwartung, sondern mit dem Leben selbst bezahlt wird.

Diejenigen, die kleine und mittlere landwirtschaftliche Betriebe nach ihrer Effizienz bewerten, legen ihren Berechnungen jedoch weiterhin nur die Kosten des benötigten Saatguts, Düngers und Chemikalieneinsatzes, Treibstoffs, Arbeitsaufwands usw. pro Hektar Fläche zugrunde. *Leben* ist aber nur schwer zu berechnen und kaum messbar. Auch wenn es sentimental klingen mag: Es geht um das Leben der bäuerlichen Familie, das der Liebe zum Land entspringt, um das Leben von Angehörigen dieser Familie, das durch Erkrankungen, die auf Agrarchemikalien zurückzuführen sind, verkürzt oder ernstlich geschädigt wird, um das Leben ländlicher Gemeinden, die nur durch gesunde Bauernhöfe blühen und gedeihen können. Es geht um das Leben des Erdbodens, um Millionen von Mikroorganismen, die in jeder Hand voll Erde leben und sterben.

Ich hätte mir von Herzen gewünscht, dem jungen Mann an jenem Abend sagen zu können: »Schluck nicht alles, was dir von der Agrarlobby aufgetischt wird. Im Geschäft zu bleiben ist noch kein Beweis für wahre Effizienz. Es heißt oft nur, dass du den größtmöglichen Ertrag aus jedem Hektar Land herausholst, ungeachtet aller Folgeschäden. Und es heißt, dass du groß genug bist, um in den Genuss der staatlichen Subventionen zu kommen – nach neuesten Zählungen erhielten in den USA 10 Prozent der landwirtschaftlichen Erzeuger 61 Prozent der Agrarsubventionen.«

Doch damit hätte ich die Frage, die ihn zutiefst bedrückte, nicht beantwortet, die Frage: »Was können wir dagegen tun?« Darauf müssen wir erst noch Antworten finden.

»Sieh mal, Mammi, da ist unsere Bäuerin!«

Ein frischer Sonntagnachmittag, und niemand blickt auf, als wir eintreten. Alle, Erwachsene wie Kinder, sind zu beschäftigt. Der Basilikumduft ist überwältigend: Überall auf langen Picknicktischen liegen Bündel davon und warten darauf, in den Dutzenden von Mixern, die im Raum verteilt sind, zerkleinert zu werden. Olivenöl in Flaschen leuchtet in der Nachmittagssonne. Wir sind hier nicht in einer Pestofabrik, sondern auf einem Bauernhof, aber der ist ganz anders als das, was Anna und ich kennen.

Nach dem Essen, zu dem es Pasta mit viel Pesto gibt, sitzen wir mit dem Rücken zur sinkenden Sonne im saftigen Gras und lassen uns von Barb und David Perkins, beide 43, erzählen, wie sie Bauern wurden und auf die Idee mit diesem Pestofest gekommen sind.

Sie gaben ihr Haus in der Stadt auf und kauften die Flächen, auf denen wir sitzen, ein langes Tal inmitten dunkelgrüner Hügel. Barb und Dave hatten von Anfang an keine industrielle Form von Landwirtschaft im Sinn und wollten auch nichts für anonyme Verbraucher auf einem hart umkämpften Markt anbauen. Deshalb begannen sie auf ihrer Vermont-Valley-Community-Farm Nutzpflanzen für einen festen Abnehmerkreis anzubauen – für »Farm-Mitglieder«, die im Voraus etwa 400 Dollar im Jahr bezahlen. Die Vermont-Valley-Kunden tragen das Risiko von Barb und Dave mit, indem sie schon zu Beginn der Saison bezahlen, und erhalten dafür vom Sommer bis zum Herbstanfang mit 20 Prozent Rabatt auf den regulären Verkaufspreis ökologisch angebaute Produkte, die ihnen noch dazu frei Haus geliefert werden.

An diesem Nachmittag haben Barb und Dave Mitglieder und deren Familien zu einer Pesto-Party eingeladen, eins der vielen Feste, die sie veranstalten, um ihre Kunden aufs Land hinauszulocken.

In der Gegend rings um Madison, Wisconsin, gibt es mehrere Dutzend Farmen dieser Art und damit die größte Dichte solcher Betriebe im ganzen Land. Die Idee zur »Community Supported Agriculture« (CSA), zu Deutsch etwa »verbrauchergestützte Landwirtschaft«, stammt aus Japan, wo Mitte der 60er Jahre die Bewegung des »Teikei« (Zusammenarbeit) entstand, für die die Nahrung das »Gesicht des Bauern« tragen sollte.[64] Während es vor 15 Jahren noch keinen einzigen Betrieb dieser Art in den Vereinigten Staaten gab, beträgt ihre Zahl heute allein in Wisconsin 50, und zusammen mit weiteren 3000 Betrieben beliefern sie in den USA inzwischen 100 000 Familien landesweit.

Zwei Drittel von Dane County, der Provinz, in der Madison liegt, sind landwirtschaftliche Flächen, und Barb und Dave wollen gesundes Ackerland daraus machen und es vor der schnell überhand nehmenden Gleichförmigkeit schützen, deren Symbol die großen Super- und Verbrauchermärkte sind, die wir auf der Fahrt hierher gesehen haben.

Wir hatten Barb am Vorabend kennen gelernt, immer noch energiegeladen am Ende der langen Verkaufstour, auf der sie 450 Kisten mit Wassermelonen, Tomaten, Gurken, Lauchstangen, Basilikum und vielem anderem mehr an ihre Mitglieder ausgeliefert hatte. Barb mit ihrem blauen Stirnband, das ihr die dunklen Haare aus dem Gesicht hält, ist eine angenehme Gesellschaft. Sie hat den Schwung und den Körperbau – und sogar die dreckigen Knie – eines Top-Fußballspielers, aber schwarze Fingernägel wie eine Bäuerin.

Sie und Dave haben immer dafür gesorgt, dass sie nicht die Einzigen waren, die sich die Hände schmutzig machten. Bis letztes Jahr wurde ein großer Teil der Arbeit auf der Farm von »Workershares« erledigt, Mitgliedern, die ihren Einkauf mit einer bestimmten Anzahl von Wochenarbeitsstunden abgolten – natürlich zusätzlich zu den vielen Stunden Arbeit, die Barb und Dave mit ihren zwei Söhnen und einer Tochter einbringen. In dieser Saison haben die beiden ein paar Arbeitskräfte eingestellt, lassen aber trotzdem noch Mitglieder an der Landwirtschaft mitwirken. Als wir fragen, wer im Allgemeinen lieber seine Einkäufe abarbeitet als bar zu bezahlen, meint Barb, das könne man so nicht sagen.

»Alle möglichen Leute«, sagt sie und zählt sie an den Fingern ab, »Geistliche, Lehrer, Studenten, eine Masseuse, ein Maler, ein Versicherungsvertreter. Quer Beet.«

Ich stelle mir darunter lauter wohlmeinende Stadtmenschen wie mich selbst vor, die keine Ahnung von den Erfordernissen der

Landwirtschaft haben, und frage: »Ist es nicht schwierig, sie anzuleiten und in die Arbeit einzuweisen, die getan werden muss?«

»Sicher«, erwidert Barb, »es wäre effizienter [da ist das Wort wieder!], Lohnarbeiter einzustellen – so wird jedenfalls behauptet. Aber wir nehmen lieber die Mühe auf uns, damit wir unseren Mitgliedern diese Möglichkeit bieten können. Wir tun das, weil sie dadurch einen Bezug zum Hof bekommen. Es ist wichtig, dass die Menschen diese Verbindung haben.«

»Schließlich wollen wir ihnen ja das Gefühl der Verbundenheit mit dem Land vermitteln«, fügt sie in der unverkennbaren Hoffnung hinzu, dass wir es endlich begreifen mögen. »Viele Leute kommen Jahr für Jahr wieder her, um bei uns mitzuarbeiten.«

»Das Gemüse«, sagt sie, »ist eigentlich Nebensache.«

Als Barb und Dave die Farm vor fünf Jahren kauften, setzten sie sich das Ziel, innerhalb von fünf Jahren maximal 500 Mitglieder zu gewinnen.

»Wenn es mehr werden, können wir die Namen der einzelnen Leute nicht behalten«, erklärt Barb. Anna und ich sehen die Befriedigung auf Barbs Gesicht, als sie uns berichtet, dass sie die anvisierte Mitgliederzahl in diesem Jahr, dem fünften, erreicht haben.

»Hin und wieder gibt es Momente, in denen ich finde, dass sich all die schwere Arbeit, all die vielen Stunden und all der Schweiß, den wir hier schon vergossen haben, gelohnt haben«, sagt Barb lächelnd. »Gestern zum Beispiel, da war ich in einem Restaurant in der Stadt und bekam mit, wie ein kleiner Junge aufgeregt seine Mutter am Arm packte und auf mich zeigte.

Er sagte: ›Sieh mal, Mammi, da ist unsere Bäuerin!‹«

Der neue bäuerliche Familienbetrieb

Als wir uns hinsetzen, geht gerade die Sonne hinter den sanft geschwungenen Hügeln der knapp 20 Hektar großen Farm unter. Vier muntere Hunde beschnuppern uns, und Barb und Dave entschuldigen sich und sagen, dass sie der Wildkontrolle auf der Farm dienen sollen und noch in der Dressur sind. Auf dieser Ökofarm sind nicht Insekten die Hauptschädlinge, sondern das Wild, wie uns Dave sagt.

Eine freiwillige Farmhelferin und ihr Freund gesellen sich zu uns; sie nehmen das Angebot wahr, Tomaten selbst zu ernten, und tragen einen vollen Eimer der roten Früchte. Die junge Frau erzählt uns, dass sie seit kurzem erwerbslos ist und die Farmarbeit ihr folglich sehr gelegen kommt. Durch ihre Mitarbeit auf dem Hof der Perkins' kann sie es sich trotzdem leisten, köstliches Biogemüse und -obst zu essen.

Während die Hunde immer wilder herumtollen, spielt Dave die Schwierigkeiten des Ökolandbaus herunter. »So sehr unterscheidet er sich gar nicht vom konventionellen Landbau«, sagt er. »Unkraut haben wir sicher mehr, aber das jäten wir von Hand oder mit Maschinen und dämmen es durch Fruchtwechsel ein. Sicher, Insekten können ein Problem sein, aber angenommen, man verliert ein Drittel seiner Kartoffelernte, dann ist das nur halb so schlimm, wenn man noch fünfzig andere Gemüsesorten angebaut hat.« Dave sagt, was Bauern immer gewusst haben: dass Vielfalt Sicherheit bietet.

Das Licht schwindet schnell an diesem linden Abend, aber Barb und Dave wollen sicher sein, dass wir das, was wir hier sehen, auch richtig einordnen können, bevor wir Abschied nehmen.

»Seit 1998 ist die Landwirtschaft unsere einzige Einkommensquelle. Das Einkommen einer Familie hundertprozentig durch die Landwirtschaft zu verdienen ist in Wisconsin heute *extrem* selten«, sagt Barb mit Betonung auf »extrem«.

Es verblüfft mich, dass die »verbrauchergestützte Landwirtschaft«, bei der Bauer und Kunde partnerschaftlich zusammenarbeiten, den meisten Amerikanern unbekannt ist. (Auch Anna hatte vor der Arbeit an diesem Buch noch nie davon gehört und war ganz betreten bei dem Gedanken, was ihr da entgangen war.) Wenn solche Partnerschaften so sorgfältig durchdacht sind wie bei den Perkins', sind sie heute wahrscheinlich in manchen Gegenden lebensfähiger als die traditionellen Familienbetriebe amerikanischer Art.

Während wir uns unterhalten, tritt ein großer, blonder Mann mit einem Kleinkind auf dem Arm zu uns, um sich von Barb und Dave zu verabschieden. Er ist erheblich länger geblieben als die anderen Helfer, weil er seiner Jüngsten die Farm zeigen wollte. Im letzten Jahr, erzählt er uns, sei sein elfjähriger Sohn zum erstenmal hier gewesen. Nachdem er erst gemault hatte, da gäbe es doch bloß »ein paar alte Hippies«, hätte er sich schließlich doch überreden lassen und hatte sich dann kaum wieder von der Farm trennen können, weil ihm das Maispflücken so großen Spaß machte.

Der Mann schwenkt sein Töchterchen im Kreis und fügt hinzu: »Die meisten alten Familienfarmen sind aufgegeben und von landwirtschaftlichen Hochleistungsbetrieben aufgekauft worden.« Er nickt Barb und Dave zu: »Die verbrauchergestützten Farmen, das sind die neuen Familienbetriebe.«

Der volle Genuss

Am nächsten Tag fahren wir von Madison aus weiter aufs Land hinaus. Das Grün ist so grün und die Farmen sind so malerisch, dass man sich förmlich dazu zwingen muss, hinter der schönen Fassade das Leid der Bewohner zu sehen. Ich hatte von dieser Gegend in Wisconsin schon oft gehört und dabei immer romantische Vorstellungen von Orten und Menschen gehabt, die nicht von der vorherrschenden Kultur überrollt worden waren.

Wir sind mit Jack Kloppenburg auf Tour, einem tatkräftigen Soziologieprofessor, der uns unter seine Fittiche genommen hat, um Verbindungen für uns zu knüpfen und uns das, was wir sehen, verständlich zu machen. Ich kann mir denken, dass Jack, ein Anführer der Bewegung für eine nachhaltige Landwirtschaft, einen schweren Stand an einer Universität hat, deren voraussichtliche Investitionen in die Biotechnologie ungefähr eine Milliarde Dollar betragen.

Auf einer schmalen Landstraße hält Jack an, damit wir eine Farm fotografieren können – so weit das Auge reicht, nur schnurgerade Reihen Mais und oben auf einem nahe gelegenen Hügel hoch aufragende Futtersilos, als stände da eine alte Burg. Während Anna die schauerliche Perfektion ins Bild bannt, sagt Jack etwas, das ich so noch nicht gehört habe. »Geschmack ist nicht nur eine Sache der Geschmacksnerven, sondern auch des Wissens. Wissen steigert den Genuss beim Essen.«

Ich muss sofort an Jacks vorabendliches Potluck-Essen denken, zu dem jeder der Gäste ein Gericht beisteuerte. Jetzt wird mir klar, dass die Speisen mir besonders gut gemundet haben, weil meine Geschmacksnerven Bescheid wussten. Sie konnten nicht nur die Aromen von frisch gepflückter gelber Wassermelone, Kürbis, Basilikum und Tomaten goutieren, sondern auch auf das Wissen zurückgreifen, dass diese Genüsse voller Sorgsamkeit und ohne Chemie von Bauern und Kleingärtnern angebaut wurden, die zum Teil mit uns auf der Terrasse saßen.

Jetzt wird mir aber auch klar, dass Wissen einem den Geschmack verderben kann – das Wissen um all die Stoffe in unserer Nahrung, die uns schaden. Das Wissen, dass es Farmen gibt wie diese, von der Jack sagt, dass sie die Erde unter unseren Füßen mit vielen Tonnen Chemikalien kontaminiert.

»Atrazin, das am häufigsten verwendete Herbizid für Mais, ist überall hier rundum in den Boden gesickert«, sagt Jack. Als wir wieder ins Auto steigen, fügt er hinzu: »In manchen Gegenden im Mittelwesten der USA kann man nicht einmal mehr das Wasser trinken.« In Europa ist der Gebrauch von Atrazin seit Jahren verboten, obwohl vermutlich Missbrauch mit Restbeständen betrieben wird.

Bauer aus Zufall

Dicht hinter José und seinem Gastgeber, die mit uns unterwegs sind, biegen wir in die Schottereinfahrt einer großen, ansprechenden Farm mit 65 Hektar Land ein, wo uns Matt und Diane Sharp in Jeans und hohen Gummistiefeln begrüßen. Zwei ihrer Kinder halten sich scheu im Hintergrund, bleiben aber doch so nah, dass sie nichts verpassen.

Mir fällt wohltuend ins Auge, wie schön die blaugraue Scheune, von der die Farbe abblättert, vor einem dahinter ansteigenden Feld aussieht, horche jedoch gleich auf, als ich höre, was Matt nach den üblichen Begrüßungsworten sagt.

»Für uns hat sich alles geändert, als Ian, unser erstes Kind, geboren wurde. Er bekam mit sechs Monaten einen Hirntumor. Die Ärzte haben uns gesagt, dass die Ursache dafür in irgendwelchen Chemikalien zu suchen sei und dass er kaum eine Überlebenschance hätte. Es war eine sehr schwere Zeit für uns, aber er hat es geschafft. Jetzt ist er 16 Jahre alt.«

Er winkt Kathleen, 13, und Gabriel, 9, heran und sagt: »Da wir noch mehr Kinder haben wollten, beschlossen wir, alles in unserer Macht Stehende zu tun, damit sie gesund und unversehrt aufwachsen können.«

»Wir wollten mehr Kontrolle über das haben, was unsere Familie isst«, erklärt Matt. »Wir stammen nicht vom Bauernhof, sondern haben erst vor vier Jahren mit der Landwirtschaft angefangen und die Rinder gekauft. Wir sind mehr oder weniger zufällig Farmer.«

»Eigentlich sind wir ausgebildete Krankenpfleger«, fährt Matt fort, und so, wie er mit seinem kurz geschnittenen Haar und der Nickelbrille aussieht, passt er gut in beide Berufssparten. »Bei unserer Tätigkeit bekamen wir mit, dass bestimmte Krankheiten zunahmen, selbst Krankheiten, die hier früher höchst selten waren.«

»Asthma, Konzentrationsschwäche, Krebs, Depressionen, Fettleibigkeit oder Erkrankungen wie Fibromyalgie, eine arthritisähnliche Störung – sie alle nehmen zu. Mehr als die Hälfte aller Amerikaner hat Übergewicht. Da kann es einem angst und bange werden«, sagt er.

Mir fällt ein, dass ich gerade in der Zeitung gelesen habe, bei Leuten ab dreißig hätte Diabetes in nicht einmal einem Jahrzehnt um 76 Prozent zugenommen. Die Wissenschaftler bringen diesen sprunghaften Anstieg mit der wachsenden Zahl von Übergewichtigen und Fettleibigen in den USA in Zusammenhang. Und jedes Jahr sterben in den USA etwa 300 000 Menschen an Krankheiten, die durch Übergewicht und Fettleibigkeit entstehen.

Für die Sharps besteht kein Zweifel daran, dass die Amerikaner kränker werden (oder sterben!) durch das, was sie essen, und die Art des Anbaus ihrer Nahrungsmittel. Matt sagt: »Unsere Hochleistungsfarmen haben die oberste Bodenschicht durch Chemikalieneinsatz und Übernutzung völlig verdorben, aber ohne gesunde Böden gibt es auch keine gesunde Nahrung.«

Matts Vorsicht spiegelt den realen Verlust von Nahrungsqualität wider, denn wie amtliche Untersuchungen ergeben haben, ist der Nährwert der am häufigsten verzehrten Gemüse im Sinken begriffen – genau der Nahrungsmittel also, die wir für besonders gesund halten![65]

»Auch die Tiere sind vom Produktivitätswahn betroffen«, sagt Matt. »Sie müssen immer schneller immer größer werden und verbringen ihr Leben fast ausschließlich in voll mechanisierten Betonställen, sodass sie immer häufiger unter Stress leiden und erkranken. Die meisten Farmer hier in der Gegend bezahlen mehr für ihre Tierarztrechnungen als ich für meine Hypothek.

Ältere Farmer können sich noch daran erinnern, dass Kühe zwölf Jahre lebten, während die Zeit bis zur Schlachtung jetzt bei durchschnittlich vier Jahren liegt. Unter den Farmern ist allgemein bekannt, dass das Fleisch für Hamburger, Hackfleischsaucen und dergleichen oft von Tieren stammt, die aus der Herde ausgesondert wurden, weil sie so krank oder ausgepowert waren, dass man sie lieber noch schnell verarbeitete, bevor sie von selbst starben.«

Amerika in kommunistischer Hand?

Bevor wir den kleinen Hügel zur Weide hinaufklettern, lässt José, die Tabakspfeife in der Hand, mit seinem starken französischen Akzent lachend die Bemerkung fallen: »Amerika ist ja das kommunistischste Land, das es je gegeben hat.«

Die Sharps wissen damit sichtlich nichts anzufangen. Und wenn ich José nicht beim Marktfestival über Totalitarismus hätte reden hören, hätte ich ihn wahrscheinlich auch nicht verstanden. Er meint, dass hier *jeder und jedes* in ein gigantisches System gepresst worden ist, in unserem Fall eine bestimmte Art von Nahrungsanbau und Viehhaltung. In diesem System haben die Menschen kaum Entscheidungsmacht, und die Entscheidungsträger sind blind für die Auswirkungen des Systems. José sieht voraus, wie wir alle *gleich* werden und damit dem Bild des grauen, uniformen Kommunismus entsprechen, das meiner Generation, die mit der »roten Gefahr« aufgewachsen ist, sehr vertraut ist.

Familie Sharp macht jedoch alles anders. Während wir an der Scheune vorbei zur Weide hochsteigen, macht Diane José klar, dass sie mit ihrer »Highland Hearth Farm« aus dem »kommunistischen« System ausgebrochen sind. Sie haben sich dafür entschieden, ihre Tiere – 1996 waren es erst vier, jetzt sind es sechzig Kühe – draußen weiden zu lassen, statt sie mit Getreide zu füttern.

Als ich die *Öko-Diät* schrieb, wurde das Verfüttern von Getreide an Nutztiere gerade als *die* Methode zur Fleischproduktion propagiert. Die Werbetexter machten uns das schön durchwachsene Fleisch so richtig schmackhaft. Und das, obwohl die Fütterung gewaltige Verschwendung ist und die Tiere grausam in Betonfabriken zusammengepfercht sind. Noch dazu, wo einem jeder Ernährungskundige sagen kann, dass durchwachsenes Fleisch erheblich mehr Fett von der Art enthält, die mit diversen Krankheiten in Zusammenhang gebracht wird.[66]

Wie ich in der *Öko-Diät* deutlich gemacht habe, ist das, was wir durch Fleischverzehr an Nährstoffen zurückerhalten, nur ein winziger Bruchteil dessen, was wir an die Tiere verfüttern. Trotzdem wird weltweit immer mehr Getreide an Vieh verfüttert – bis zu 70 Prozent in den Industrieländern.

»Wiederkäuer wie Rinder«, erklärt uns Diane, »haben mit dem Gras immer auch Sonnenenergie aufgenommen und in Milch und Eiweiß verwandelt, die für den Menschen genießbar waren. Wir finden, sie sollen das tun, was ihrer Natur entspricht. Übrigens«, fügt sie hinzu, »wird das Vieh nicht so leicht krank, wenn es frisst, was seiner Natur entspricht.«

Das Weidevieh der Sharps bekommt keine solchen Erkrankungen wie die Tiere aus der Massenhaltung in ihren geschlossenen Betongefängnissen, bei denen die Anfälligkeit für Krankheiten sprunghaft ansteigt. Es sind nicht zuletzt diese Krankheiten, die den Einsatz von Antibiotika in den Industrieställen erforderlich gemacht haben. Wir sind allerdings sehr erstaunt, als wir erfahren, dass die meisten Antibiotika als Wachstumsbeschleuniger und nicht zur Krankheitsbekämpfung eingesetzt werden; und wer hätte gedacht, dass drei Viertel aller in den USA angewendeten Antibiotika Tieren verabreicht werden![67]

Matt nimmt das Ende einer Schnur, die wie eine in Taillenhöhe gespannte Wäscheleine aussieht. Es handelt sich um einen mit Solarenergie betriebenen Elektrozaun, ein einfaches Hilfsmittel, durch das Farmer wie die Sharps ihr Vieh billig und effektiv gehütet wissen. Als Matt die Schnur um ein anderes Stück Wiese spannt, was er alle 24 Stunden macht, ist das für die Kühe das Zeichen, an uns vorbei auf das neue, saftige Stück Weideland zu trotten. Ich habe immer gedacht, einer Kuh wäre es nicht anzusehen, ob sie glücklich ist – jetzt bin ich da nicht mehr so sicher.

»Das hier ist leicht zu begreifen«, sagt Matt. »Entscheidend ist guter Boden. Wir haben unsere Böden durch Klee, Luzerne, verschiedene Gräser und organischen Dünger verbessert. Durch unsere genaue Kontrolle der Weidenutzung hat sich der Weideertrag in nur einem Jahr verdoppelt.«

»Gesunde Tiere sind auch gesunde Nahrung«, fügt er noch hinzu. »So einfach ist das.«

Was die Sharps machen, ist einerseits eine Jahrhunderte alte Methode: das Vieh von Weide zu Weide zu treiben, damit die Grasdecke erhalten bleibt; die Tiere ahmen praktisch ihr Verhalten in freier Wildnis nach. Andererseits ist die Methode aber auch brandneu. Die Sharps gehören zu einer Bewegung von Farmern – sowohl Milchbauern als auch Rinderzüchtern –, die diese uralte Methode wiederbelebt haben.

Es gab schon Mitte bis Ende der 70er Jahre und mehr noch in den 80er Jahren solche Pioniere unter den Fleisch- und Milchfarmern, aber bis zum Beginn der 90er Jahre tat sich doch relativ wenig in dieser Richtung. Seitdem ist in Wisconsin allerdings bereits mehr als ein Fünftel der Milchfarmer und eine wachsende Zahl von Fleischproduzenten zumindest weitgehend von der Getreidefütterung zur intensiven Weiderotation übergegangen. Von Zeit zu Zeit tauschen sie sich auf Versammlungen nach dem Hyazinthenprinzip (vergleiche Kapitel 5) miteinander aus.

Diane ist vorausgeeilt und hat Kaffee und Plätzchen auf die Kofferraumklappe des Autos gestellt. Während wir schmausen, gibt uns Diane Prospekte, in denen die gesundheitlichen Vorzüge des Fleisches von Weidetieren gepriesen werden.

Diane glaubt, dass ihr Rindfleisch nicht nur einen geringeren Fettgehalt hat, sondern vor allem auch eine bessere *Fettzusammensetzung*. »Es enthält einen hohen Anteil an Omega-3-Fettsäuren, das sind die Fette, die auch im Fisch sind und von denen die Ernährungswissenschaftler sagen, sie seien gut für uns«, betont sie.

Ich kann leider nicht würdigen, was die Sharps über ihr wohlschmeckendes, gesundes Fleisch sagen. Seit über dreißig Jahren habe ich keinen Bissen Fleisch mehr gegessen. Jetzt weiß ich, dass diejenigen, die auf Fleisch in ihrer Ernährung nicht verzichten wollen, wenigstens die Wahl haben, es bei Erzeugern wie den Sharps zu kaufen. Damit entscheiden sie sich gegen die Tierquälerei und Umweltverschmutzung der Massentierhaltung in den industriellen Agrarfabriken.

Als es Zeit zum Abschiednehmen ist, entschuldigt sich Matt, dass sein Sohn Ian uns nicht begrüßen konnte. Er ist seit seiner Erkrankung in der Kindheit schwerbehindert und an den Rollstuhl gefesselt; der kühle Wind heute hätte ihm zu sehr zu schaffen gemacht. Als wir uns zum Gehen wenden, sagt Matt noch: »Ian ist die beste Mahnung für uns gewesen. Er hat unser Leben verändert. Er hat uns daran erinnert, welche Prioritäten wir setzen müssen.«

Am Abend im Hotel rufe ich einen Freund in Boston an, der auf einer Farm aufgewachsen ist. Ja, sehr schön, meine Geschichte von den Sharps, aber da gäb's doch noch eine große Frage: ob die Kinder denn die Farm einmal übernehmen würden?

Ich berichte ihm von Teenager Kathleen, der Tochter der Sharps mit dem frischen, sommersprossigen Gesicht. »Letztes Jahr habe ich zum ersten Mal auf der hiesigen Landwirtschaftsmesse ausgestellt«, hatte sie Anna erzählt, »und ein Freund aus der Nachbarschaft hat mir dabei geholfen. Es hat Spaß gemacht. Es gibt nicht allzu viele Mädchen, die auf einer Farm arbeiten, aber mir gefällt es.«

Dann hatte sie auf den grünen Hügel gleich hinter dem Haus gezeigt und zu Anna gesagt: »Da werde ich später mal meine Farm bauen.«

Das Steak auf dem Teller

Beim Fahren heute setzte sich ein Lieferwagen so dicht vor mich, dass ich den Aufkleber auf seiner Stoßstange lesen konnte: »Rindfleisch – denn Amerika ist nicht mit Salat groß geworden.« Ich musste lachen und dachte: »Ist das nicht komisch?« Doch dann hörte ich im Radio eine Frau aus Texas erzählen, was wir über ihre Landsleute wissen sollten, nachdem unser Land jetzt von einem Texaner regiert wird. Das erste Wort aus ihrem Mund war »Steak«.

Ich habe mir schon als Kind, sozusagen durch Osmose, all das zu Eigen gemacht, was meine Mutter bei der Arbeit an der *Öko-Diät* gelernt hat. Wenn ich ein Steak sah, habe ich im Geiste viel mehr gesehen. Dann erschien um das Stück Fleisch herum auch all das, was hineingewandert ist, bis es auf unserem Tisch landet: die Riesenmengen Wasser, Getreide und Soja, die an das Vieh verfüttert werden. Wenn ich ein Steak sah, sah ich zugleich die Unlogik und Irrationalität eines Ernährungssystems, das unendlich viel verbraucht und verschwendet.

Wenn ich jetzt ein Steak sehe, beschwört es noch viel mehr vor meinem inneren Auge herauf:

- Die Antibiotika und Hormone, die dem Vieh in immer größerer Menge verabreicht werden.
- Die Pestizide, die beim Anbau von Futtergetreide und -soja ausgebracht werden und die jetzt in dem Stück Fleisch auf meinem Teller konzentriert sind.
- Die Arbeiter in den Schlachthöfen, deren Leben durch die schlimmen Arbeitsbedingungen verkürzt wird. Ein Professor an der Universität von Connecticut nennt die gegenwärtigen Verhältnisse in den amerikanischen Schlachthöfen die »gefährlichsten und kräftezehrendsten« seit dem Jahr 1906, als Upton Sinclair sein Buch *Der Dschungel* darüber geschrieben hat.[68]

- Die Arbeiter in der weiterverarbeitenden Industrie, die trotz des Wirtschaftsbooms der Konzerne mit Löhnen abgespeist werden, von denen sie nur knapp überleben können. Zum Beispiel hat im vergangenen Jahr der größte Schweinefleischkonzern der Welt seine Gewinne nahezu verdoppelt, während der Lohn der Arbeiter dort gleich blieb.

Neben alledem sehe ich dann die wenigen Spitzenverdiener, die die Fleisch verarbeitende Industrie beherrschen – vier Firmen kontrollieren heute vier Fünftel aller Rinderschlachthöfe in den USA.

So sehe ich rund um das kleine Steak Chemikalien, Keime, Medikamente, Rohstoffe, kranke Arbeiter, vom Land vertriebene Bauern und Geschäftemacher, die Riesengewinne einstreichen. Nichts daran verlockt mich zum Essen. Meine Gabel bleibt unberührt liegen. *Anna*

Fünf vor Zwölf

Anna und ich stehen unter einer hohen Weide, die zur 60-Hektar-Farm von John Kinsman in der Nähe der kleinen Ortschaft LaValle gehört. John ist der 74-jährige Begründer einer Gruppe namens »Family Farm Defenders«, zu Deutsch »Verteidiger der Familienhöfe«, die sich einer umweltschonenden Landwirtschaft und einem eigenständigen bäuerlichen Leben verschrieben hat.

John und ich sind uns vor Jahren schon einmal über den Weg gelaufen, aber wir hatten nie Gelegenheit, uns näher kennen zu lernen. Jetzt machen wir gemeinsam eine Rundfahrt zu Farmen in der Nähe von Madison, denn John hat José Bové zu Gast, dem er vor zwölf Jahren in Europa begegnet ist. John fand sofort Gefallen an José, weil »die Bauern in Europa eine Würde haben, die amerikanischen Farmern verloren gegangen ist. Die glauben noch an sich.«

John mit seiner gepflegten Erscheinung und seinem nie versiegenden Humor strahlt Optimismus aus, darum bin ich bei seinen nächsten Worten schockiert.

»Es ist kaum noch Zeit«, sagt er. »Dass es fünf vor Zwölf ist, macht mir Sorgen.« Damit meint er vor allem das Aussterben der kleinen und mittleren bäuerlichen Betriebe. Weniger als ein Prozent der Amerikaner sind heute noch Bauern. Bei nur 1,9 Millionen Farmen, die in den USA noch übrig geblieben sind, haben wir inzwischen mehr Menschen, die in den Haftanstalten ihre Strafe verbüßen, als Vollzeit-Farmer. Die Zahl derer, die als »Farmer« bezeichnet werden können, hat so stark abgenommen, dass das statistische US-Bundesamt diese Sparte seit 1993 nicht mehr führt.

»Drei von vier meiner nächsten Nachbarn werden in einem Jahr von der Bildfläche verschwunden sein«, sagt John kopfschüttelnd. Nach amtlichen Berichten haben Mitte der 90er Jahre fast 20 000 Familienbetriebe jährlich dicht gemacht – Verbände, die mit den Bauern zusammenarbeiten, halten diese Schätzung noch für zu niedrig. Und da das Einkommen aus der Landwirtschaft dieses Jahr um etwa ein Fünftel gesunken ist, dürfte John noch erheblich mehr Nachbarn verlieren.

Er hat überlebt, erzählt uns John, weil er sich für eine andere Art der Landwirtschaft entschieden hat als seine Nachbarn. Dabei hat er beileibe nicht immer ökologischen Landbau betrieben.

»Ich habe mit der chemischen Keule angefangen wie die anderen auch«, sagt er. »Aber nach ein paar Jahren lag ich plötzlich mit tauben Beinen in der Universitätsklinik.

Der Arzt fragte mich: ›Wann haben Sie das letzte Mal Pestizide ausgebracht?‹ Dann nahm er mich in den Krankensaal mit, und da waren nur Bauern. Meine Arme und Beine sind verkümmert. Der Arzt hat gesagt, meine Nervenhüllen wären fast völlig zerstört. Es stand jedoch nie in meinen Krankenbericht, welche Ursachen das hat.

Nachdem ich behandelt wurde, ging es mir langsam wieder besser. Das hat mich wachgerüttelt. Ich sagte mir: ›Nie wieder Chemie.‹ Heute bin ich gesünder, als ich mit 21 war. Ich esse vernünftig, und ich habe weiterhin Hoffnung.

Wer seine Würde verliert, verliert auch seine Hoffnung. Das Problem der Farmer ist, dass sie zugleich mit der Nahrung ihre Würde verloren haben. Ihre Produkte besitzen keinen Wert mehr. Der Erlös, den Milchbauern erzielen, enspricht den halben Produktionskosten. ›Sind die nicht blöd, dass sie noch Landwirtschaft betreiben?‹, müssen die Verbraucher denken.«

»Aber das muss nicht so sein«, sagt John, seine riesige rote Scheune im Rücken. Es wird deutlich, dass sich die Leidenschaft, mit der er für die Rettung von Familienbetrieben eintritt, aus seinen eigenen Erfahrungen herleitet.

»Als ich in den 50er Jahren mit der Landwirtschaft anfing, war der Boden hier so schlecht, dass nicht einmal Unkraut darauf wuchs. Die fruchtbare oberste Bodenschicht war hin. Als wir auf Ökolandbau umstellten, haben wir wieder organisches Material eingearbeitet. Wir haben Klee, Luzerne und verschiedene Gräser ausgesät. Jetzt ist die Erde auf vielen Flächen dunkel, fett und voller Regenwürmer.«

Johns Methode des Weidewechsels gleicht dem, was die Sharps machen; auch er überlässt den Tieren einen Großteil der Arbeit.

»Ich brauche keinen Dung auf den Weideflächen auszubringen, wie ich es müsste, wenn ich die Tiere im Stall halten und mit Getreide füttern würde«, sagt er. »Die Kühe verteilen den Dung ganz von selbst. Das sind die landwirtschaftlichen Methoden der Faulpelze!«

Um zu verstehen, was diese der Faulheit entgegenkommende Methode bedeutet, muss man einmal überlegen, welche Folgen die übliche Massentierhaltung hat. In einem durchschnittlichen landwirtschaftlichen Industriebetrieb werden etwa 10 000 Rinder aufgezogen, die rund 200 Tonnen Mist am Tag produzieren.[69] Das Milch- und Fleischvieh in diesem Land produziert 130-mal so viel Ausscheidungen wie der Mensch und ist damit hauptverantwortlich für die Wasserverschmutzung und das Fischsterben.

»Ich kann trotz der niedrigen Preise überleben«, sagt John mit Blick auf seine rechtzeitige Umstellung auf Bio. »Aber die meisten anderen Farmer hier nicht. Sie sind hoch verschuldet durch die Kosten von Pacht, Düngemitteln, Pestiziden und Maschinen.«

»Vor kurzem hat ein junger Mann in der Nachbarschaft seine Post reingeholt, einen Bankauszug über die Höhe seiner Schulden dabei gefunden, eine Waffe genommen und sich erschossen«, fügt er traurig hinzu. »Ein anderer Nachbar hat letzten Weihnachten

Selbstmord begangen.« Während John mir das erzählt, erinnere ich mich, dass Selbstmord eine der Hauptodesursachen bei Farmern ist – dreimal häufiger als beim Durchschnitt der Bevölkerung.[70]

Dass so viele Leben zerstört werden, erscheint mir völlig sinnlos, und so frage ich: »Warum wählen Ihre Nachbarn denn nicht Ihren Weg, wenn Sie es doch geschafft haben?«

»Weil sie Angst haben«, erwidert John mit Nachdruck. »Sie glauben nicht, dass es geht. Sie haben so viel in ihren Weg investiert. Es ist die Angst vor einer Veränderung.«

John hält eine Lösung in zwei Schritten für denkbar. Zum einen könnten die Farmer die Kosten reduzieren, indem sie ihren Chemieeinsatz drastisch reduzieren, sagt er, aber sie könnten sich auch aus ihrer misslichen Lage befreien, indem sie den Zwischenhandel ausschalten und direkt an den Verbraucher verkaufen. Auf diese Weise könnten die Bauern einen anständigen Preis erzielen, ohne dass die Verbraucher mehr bezahlen müssten.

Das klingt gut, in meinen Ohren allerdings auch ein bisschen zu schön, um wahr zu sein. Wie könnte eine Absatzgenossenschaft aus Bauern mit der gigantischen Agrarwirtschaft konkurrieren? Es ist nicht genügend Zeit, John zu fragen, doch ich werde meine Antwort in einigen Tagen bekommen, wenn ich sie am wenigsten erwarte.

Als wir wieder in den Autos sitzen und zur nächsten Farm fahren, wird Anna und mir bewusst, dass fast jeder Bauer, den wir kennen gelernt haben, von Krebs und anderen Erkrankungen erzählt hat, deren Ursache oft chemische Stoffe waren, die nach dem zweiten Weltkrieg eingeführt wurden und den Farmern risikofrei erwirtschaftete hohe Erträge verhießen. Mitte der 90er Jahre wurden in den USA etwa 600 000 Tonnen Schädlingsbekämpfungsmittel jährlich ausgebracht, das entspricht knapp 2,5 Kilogramm pro Einwohner und 20 Prozent des Weltverbrauchs.[71] Die Vereinigten Staaten sind außerdem das Hauptexportland für Agrarchemikalien und werben natürlich in der ganzen Welt für die industrielle Landwirtschaft.

Ziel war und ist angeblich, die Verluste durch Schädlingsbefall und Krankheiten zu reduzieren, aber den Kampf haben wir längst verloren. Beispielsweise ist der Prozentsatz an Mais, der Schädlingen oder Pilzerkrankungen zum Opfer fällt, heute viermal so hoch wie bei Einführung der Pflanzenschutzmittel vor fünfzig Jahren.[72]

Mehr Milch, bitte?

Am späten Nachmittag treffen wir an Bob Wills' Cedar-Grove-Käserei ein, und Bob, 46, eilt freundlicherweise gleich zum Kühlraum, um uns Saft und Eis für Annas Hand zu holen, die immer noch von dem Stich geschwollen ist. Während wir im hellen Verkaufsraum stehen, an den sich die Fabrik anschließt, zeigt uns Bob eine Karte, die mit kleinen Punkten übersät ist. »Die Punkte weisen aus, wo die alten Käsereien dieser Gegend lagen. 1922 gab es fast 3000 davon«, sagt er. »Heute sind es nur noch 142.«

Bob sieht mit seiner Nickelbrille und seinem hellen T-Shirt ganz wie ein Geschäftsmann aus, der einen Familienbetrieb übernommen hat. Aber der Jurist und promovierte Wirtschaftsfachmann ist kein typischer Käsehersteller.

»Ich habe meine Kinder gestern Abend zu Ihrem Vortrag mitgenommen«, erzählt er uns. »Sie fanden gut, wie Sie von der Angst sprachen und sagten, man müsste anders damit umgehen, um den Mut für das zu finden, an das man glaubt. Auch ich versuche angestrengt, meine Welt so zu gestalten, wie ich sie mir wünsche.«

Dazu gehört unter anderem, dass er seine 100 Jahre alte Käsefabrik auf Vordermann gebracht hat, um die kleinen Milchfarmen der Umgebung zu erhalten. Jeden Morgen holt Cedar Grove etwa 50 000 Liter Milch von 40 Milchbauern der Gegend ab und verarbeitet sie zu Käse, der regional und landesweit vertrieben wird.

Sein Bemühen, die Welt so zu gestalten, »wie er sie sich wünscht«, hat Bob mitten in eine hitzige Kontroverse katapultiert – in die Debatte über die Unbedenklichkeit von Rinderwachstumshormonen zur Steigerung der Milchleistung von Kühen.

»Ich bin 1994 in die Auseinandersetzung eingestiegen. Ich war der Erste in unserem Bundesstaat, der Milch mit dem Etikett ›hormonfrei‹ ausgezeichnet hat. Unsere Farmer haben sich uns gegenüber mit ihrer Unterschrift eidesstattlich verpflichtet, keine Wachstumshormone zu verwenden.«

Rinderwachstumshormone sind in den 80er Jahren von Monsanto entwickelt worden, um Kühe zu einer höheren Milchleistung anzuregen. Ein Veterinär der amerikanischen Nahrungsmittelkontrollbehörde FDA, der die Sache prüfen sollte, konstatierte negative Auswirkungen bei damit geimpften Tieren und verweigerte die Zulassung. Die FDA feuerte ihn, und daraufhin konnte Monsanto 1994 mit amtlicher Genehmigung synthetisch hergestellte Hormone auf den Markt bringen.[73]

»Der Konzern behauptet, es bestehe kein Unterschied zwischen der Milch von hormongeimpften und hormonfreien Kühen«, sagt Bob, »und die FDA hat dem zugestimmt. Da es sich nur um die synthetisch hergestellte Version eines natürlichen Hormons handelte, brauche, so die FDA, auch nichts Derartiges auf der Verpackung vermerkt zu werden.

Monsanto, Hersteller des Rinderwachstumshormons mit dem Markennamen ›Prosilac‹, meinte, wir dürften unsere Milch nicht als hormonfrei ausgeben, weil das den Anschein erwecken würde, als sei ihr Produkt nicht in Ordnung«, berichtet Bob weiter. »Ich habe sogar einen Drohbrief von Monsanto erhalten, aber etwas Konkretes haben sie bisher nicht unternommen.«

Wie wir später erfahren, hatte Bob mehr Glück als andere. Kurz nach Freigabe des Rinderwachstumshormons verklagte Monsanto zwei Molkereien, eine in Iowa und eine in Texas, weil sie ihre Milch als »hormonfrei« deklariert hatten. In beiden Fällen gab es einen außergerichtlichen Vergleich. Gleichzeitig schickte Monsanto 2000 Einschüchterungsbriefe an weitere Molkereien und Naturkostläden im Land.[74] Aber damit nicht genug. In Florida veranlassten Drohungen von Seiten Monsantos und rechtliche Druckmittel einen Fernsehsender dazu, eine kritische Dokumentation über Rinderwachstumshormone aus dem Programm zu nehmen.[75]

»Ich glaube, die Hormone sind schädlich«, fährt Bob fort. »Wachstumshormone verändern die Milch. Je mehr Rinderwachstumshormone injiziert werden, umso mehr IGF, ein insulinähnlicher

Wachstumsfaktor, ist nachweisbar. Außerdem enthält die Milch dann weniger feste Bestandteile, also auch weniger Eiweiß. Überdies geht die Mehrproduktion zu Lasten der Kühe, die mit ihrer Gesundheit dafür bezahlen müssen. Sie erkranken viel häufiger und müssen mit Antibiotika behandelt werden, sodass die Tierarztkosten steigen. Als den Farmern eingeredet wurde, Hormone seien die Lösung, hat ihnen niemand etwas von diesen Schattenseiten erzählt.« Dabei hat Bob noch nicht einmal erwähnt, dass der insulinähnliche Wachstumsfaktor im Verdacht steht, auch das Wachstum von *Krebstumoren* anzuregen.[76]

Ich mache mir Notizen von dem, was Bob erzählt, und mir fällt ein, dass ich verschiedene wissenschaftliche Artikel über Wachstumshormone und deren Auswirkungen auf den Menschen gelesen habe; aber selbst wenn Rinderwachstumshormone für den Menschen vollkommen unbedenklich wären, worüber die Wissenschaft noch streitet, erhebt sich doch die Frage: Warum überhaupt? Das Zeug ist einfach überflüssig. Milchbauern haben seit langem nicht etwa Probleme mit zu niedrigen Erträgen, sondern mit der Überproduktion – mit Überschüssen, die durch den Einsatz von Wachstumshormonen noch vermehrt werden und den Milchpreis zum Nachteil der Bauern auf den tiefsten Stand seit Jahrzehnten drücken. Ein gentechnisch hergestelltes Mittel zur Milchleistungssteigerung ist wahrhaftig das Letzte, was die Bauern brauchen.

José würde wahrscheinlich sagen, dass es *totalitär* ist, Wachstumshormone auf den Markt zu werfen und die Allgemeinheit zu zwingen, diese Entscheidung mitzutragen. »Selbst diejenigen, die kein Hormonrisiko eingehen wollen, werden zur Kasse gebeten«, sagt Bob. »Um hier in Cedar Grove so weiterzuproduzieren wie immer und die Kunden darüber zu informieren, dass wir hormonfreie Milch verarbeiten, müssen wir die Ausgaben für die entsprechende Auszeichnung und Etikettierung selber tragen. Das wird uns aufgebürdet.« Je mehr Bob erzählt, umso besser scheint Josés Ausdruck zu passen.

»Durch unseren Widerstand gegen Wachstumshormone sind wir schließlich auf Öko umgestiegen«, erklärt Bob. »Jetzt produzieren wir schon zu 40 Prozent ökologisch, und ich denke, der Biomarkt wird landesweit noch wachsen. Die Frage ist nur, ob auf 5 oder auf 60 Prozent wie in Belgien. Hier in der Gegend habe ich noch nicht erlebt, dass ein Biobauer dicht macht«, fügt er hinzu und erklärt das mit den niedrigeren Kosten und dem höheren Preis, den Biomilch erzielt.

Klärwerk Sumpf

Mich fasziniert alles, was Bob uns erzählt, aber am spannendsten finde ich das, was er noch in der Hinterhand hat. Er musste bisher 30 000 Dollar im Jahr für die Entsorgung seines Abwassers ausgeben und entschloss sich daraufhin, es einmal anders zu machen und die Natur zur Klärung heranzuziehen. Mit 150 000 Dollar Eigenkapital und staatlichen Fördermitteln richtete er eine so genannte »Living Machine« ein.

Man stelle sich dazu ein Treibhaus mit großen Wasser- statt Erdbeeten vor. Es sieht jedenfalls so aus und riecht auch so wie ein sehr gut funktionierendes Treibhaus. Bob erzählt uns, dass er oft die Machete braucht, weil die Pflanzen zu hoch wachsen. Das ist das Sumpfklärwerk mit ökologischem Pfiff.

Die »Living Machine« in Bob Wills Käserei in Plain, Wisconsin

»Die große Pflanze da heißt Elefantenohr«, erklärt Bob, als wir uns einen Weg durch die Riesengewächse bahnen. »Das dort ist eine Calla und da hinten eine Canna, ein Blumenrohr. Und die wollige Pflanze mit den Blüten da drüben ist eine Segge. Ingwer gibt es hier auch.«

Die Pflanzen sind nicht nur zur Zierde da, sondern sie *arbeiten*. Das Abwasser der Käserei fließt zuerst in »geschlossene aerobe Reaktoren«, dann in »offene aerobische Reaktoren« – komische Bezeichnungen für die Wasserbeete, wie ich finde. Sie dienen dazu, eine positive Umgebung für Bakterienstämme, Zooplankton, Phytoplankton, Nacktschnecken und Fische zu schaffen, die das Wasser klären.

»Wenn das Wasser – über 20 000 Liter am Tag – diese Stationen durchlaufen hat, ist es so sauber, dass wir es in den Bach hier in der Nähe einleiten können«, sagt Bob befriedigt. Froh stimmt ihn auch, dass sich seine Investition in wenigen Jahren amortisiert hat.

»Ich führe gern Schüler hier durch, damit sie sehen können, wie Technik und Natur zusammenwirken können«, fügt er hinzu. »Ich gehöre zu einem Bürgerberatungskomitee des Zentrums für integrierte Landwirtschaft an der hiesigen Universität. Ich will dazu beitragen, dass die Forschung sich wieder mit Technologien wie dieser hier befasst, die den Menschen frei macht.«

Beim Abschied berichtet uns Bob noch von einem weiteren überraschenden Nebeneffekt der Anlage. »Unsere Angestellten finden das Treibhaus toll, sie gehen gern hinein, und dadurch gehen sie achtsamer mit dem Wasser um. Wir haben jetzt erheblich weniger Abwasser als früher. Alle passen jetzt besser auf.«

Bobs »Living Machine« ist genau die Art von Technik, die es vor dreißig Jahren noch nicht gab. Niemand hätte so etwas für möglich gehalten. Jetzt stellt sie in jeder Hinsicht eine brillante Lösung dar: Sie reduziert die Kosten, regt die Angestellten dazu an, ihren Wasserverbrauch einzuschränken, und schafft sogar neue Anreize in der örtlichen Gemeinde. Anna ist neugierig, wie viele Käsereien sonst noch mit dieser neuen Technik arbeiten.

»Na ja«, sagt Bob, »ich glaube, es gibt noch eine Anlage in Australien, aber ich habe sie noch nicht gesehen.«[77]

Was ich im Fernsehen sehe

Ich habe den ganzen Tag an diesem Kapitel mitgearbeitet und mache jetzt eine Pause, um mir eine aufgezeichnete Reportage über Biokost anzuschauen. Ich schalte das Videogerät ein und höre, wie die Moderatorin die Experten fragt: »Glauben Sie, dass Biokost gesünder und unbedenklicher für Sie, Ihre Familie und die Erde ist? Millionen Menschen sind davon überzeugt. Irren die sich?«

Bionahrungsmittel, höre ich, haben keinen höheren Nährstoffgehalt und sind weniger gut für uns als konventionell angebaute. Dann wird tatsächlich behauptet, zahlreiche Erkrankungen und sogar einige Todesfälle würden mit »gefährlichen Bakterien« in Zusammenhang gebracht, die in Bionahrungsmitteln zu finden seien. Konventionelle Produkte hingegen seien weniger riskant für die Gesundheit. Biokost täte ohne jeden Zweifel weder uns noch unserer Umwelt gut.

Am Schluss der Sendung fragt die Moderatorin verstört: »Ich kaufe schon seit langem Bionahrungsmittel. Die sind doch wohl nicht gefährlich, oder?«

Ich möchte am liebsten laut schreien: »Wisst ihr eigentlich nicht, dass schon Tausende von Leuten durch Schädlingsbekämpfungsmittel krank geworden und gestorben sind? Habt ihr noch nie von Rachel Carsons *Stummem Frühling* gehört? Wisst ihr denn nicht, dass das Wasser im Mittelwesten der USA infolge des vielen Kunstdüngers und der Pestizide inzwischen ungenießbar ist?«

Ich muss an John Kinsman und die anderen Bauern denken, die wir in den verschiedensten Weltgegenden kennen gelernt haben – jeder hatte von eigenen schmerzhaften Erfahrungen mit Krankheiten durch Agrochemikalien ein Lied singen können. Ich denke an einen Freund, der über pestizidbedingte Erkrankungen unter kalifornischen Landarbeitern geforscht hat und dabei feststellte, dass jedes Jahr Hunderte von Spritzmittelvergiftungen gemeldet werden. Und ich frage mich, wie viele wohl außerdem noch totgeschwiegen werden und ohne angemessene medizinische Versorgung auskommen müssen. *Davon* habe ich noch nie etwas im Fernsehen gesehen. *Anna*

Ein lebendes Korallenriff

Ein paar Tage, bevor wir von Madison Abschied nehmen, sind wir bei der Chefköchin Odessa Piper zum Abendessen eingeladen, der Königin der örtlichen Naturküche. Die Begründerin und Ko-Küchenchefin des »L'Etoile«, eines der feudalsten Restaurants in Madison, ist seit zwanzig Jahren das Bindeglied zwischen Geschäftsleuten wie Bob, Farmern wie den Kinsmans, den Sharps und den Perkins und den Bürgern von Madison.

Wir steigen die Treppe zum eleganten Speisesaal hinauf und finden Odessa, die ihre weiße Kochmontur trägt und das rotbraune Haar aus dem Gesicht gekämmt hat, in der Küche. Wir setzen uns an die Bar, die noch leer ist, weil der Abend erst anfängt, und werden sofort von Odessas Geschichte in den Bann geschlagen.

»Ich bin in den 50ern in Portsmouth im Staat New York aufgewachsen, im Kalten Krieg eines der fünfzig Ziele für einen möglichen atomaren Angriff. In unserem Haus wurde viel darüber diskutiert, welche Nahrungsmittel man im Atombunker vorrätig halten sollte. Haltbare Fertiggerichte, das war für uns Bunkerküche, denn meine Eltern kochten sonst alles selber aus frischen Zutaten.

Später ging ich nach New Hampshire zur Universität und schloss mich der ›Holzschuhkommune‹ an – Ihr Buch war unsere Bibel«, sagt sie lächelnd. »Eine magische Zeit für einen jungen Menschen! Damals lernte ich viel über den Anbau und die Haltbarmachung gesunder Nahrungsmittel.

Zwanzig von uns Landbegeisterten machten sich schließlich nach Soldier's Grove, Wisconsin, auf. Vor dreißig Jahren wusste natürlich noch niemand, wie man mit Erfolg ökologischen Landbau betreibt.«

»So vieles hat damals seinen Anfang genommen. Nach unserer Ansicht sollten Landwirtschaft und Küche als Kunst aufgefasst werden. Ein Kunsthandwerker schafft greifbare Dinge, die im Alltagsleben zu gebrauchen und darüber hinaus eine Augenweide und Balsam für die Seele sind«, erklärt Odessa, als sie meinen fragenden Blick sieht. »Den Landbau und die Küche zu einer Kunst zu erheben ist heute unser zentrales Anliegen hier am Ort.«

Von links: Küchenchefin Odessa Piper, Frances Lappé, der französische Bauer und Umweltaktivist José Bové und John Kinsman, Begründer der Organisation »Family Farm Defenders« (Foto © Jack Kloppenburg)

Odessa begann ihre gastronomische Karriere in einem Speiselokal in Madison. Das Restaurant lief nicht, und so beschloss sie, selbst eins aufzumachen. Das war 1976, sie war erst 24 Jahre alt, und entstanden ist aus diesen Anfängen schließlich das »L'Etoile«.

»Aus der Rückschau ist mir klar, dass zwischen mir und diesem Restaurant eine Beziehung wie zwischen Mutter und Kind bestand. Aber nach einigen Jahren hatte ich riesige Schulden. Mein Partner ging, und mich brachte der Stress ins Krankenhaus. Das Restaurant musste geschlossen werden. Selbst mit dem Nutzgarten war es vorbei. Das war der Wendepunkt. Sollte ich einfach das Handtuch werfen und die ganze Sache sterben lassen? Ich wusste nicht, was ich machen sollte.

In den Anfangsjahren war das ›L'Etoile‹ für seine Croissants berühmt. Wir verkauften Tausende davon auf dem Landmarkt. Eines Tages fiel der Verkauf wegen des schlechten Wetters aus, aber Croissants halten sich nicht, und so schickte ich meinen Neffen zum Markt und trug ihm auf, die Croissants an die Bauern zu verschenken. Ein paar Wochen später kamen dieselben Bauern scharenweise hierher zu mir und brachten *mir* etwas mit – Erdbeeren, Brot, Äpfel. Da wurde mir klar, dass wir eine Küche der Freundschaft anstreben sollten, der gegenseitigen Unterstützung.«

Odessa versteht unter dieser Gegenseitigkeit, nach Möglichkeit ausschließlich Biogrundstoffe zu verarbeiten, die sie von Kleinbauern – inzwischen sind es etwa hundert – vor Ort bezieht.

«Es ist eine Küche der Fülle«, betont sie.

Wie ich im Lauf der Jahre gemerkt habe, bedeutet der Verzehr von lokal angebautem Gemüse und Obst der jeweiligen Jahreszeit sowie von vollwertigen Nahrungsmitteln für viele Leute Entsagung und Selbstverleugnung statt Genuss. Anders für Odessa.

»Wir müssen beileibe nicht fasten im Winter«, sagt sie, »auch nicht hier in Wisconsin. Wir haben zahllose Apfelsorten, die den ganzen Winter über gelagert werden können. Gegrillte Tomaten bereiten wir aus Früchten zu, die wir vollreif geerntet und auf dem Höhepunkt ihres Aromas eingefroren haben. Und wir haben Hunderte von Kilos Winterkürbisse aller Art.

Das Essen bei uns ist nicht billig, denn wir geben die echten Kosten der Nahrung weiter. Wir bezahlen unsere Bauern sofort. Wir entlohnen unser Mitarbeiter gut und bieten etwas, was jeder Arbeiter braucht – eine sinnvolle Tätigkeit. Wir schaffen ›wahren Reichtum‹, wie ich es nenne, und das zahlt sich unglaublich aus.«

Bei unserem Gespräch mit Odessa wird mir bewusst, dass ich selten jemanden kennen gelernt habe, der so durchdrungen ist von seiner Idee. Sie scheint mit jeder Faser ihres Körpers auf ihre Mission eingestellt zu sein, den Menschen wieder in den Mittelpunkt des kommunalen Lebens zu stellen und die Bürger durch Erdnähe und gute Küche wieder miteinander zu verbinden.

»Wir Bürger von Madison sind wie ein lebendes Korallenriff und bauen unseren Dom aus lauter kleinen Tagesereignissen zu etwas Schönem auf. Ich glaube, dass wir als Region eine Mission zu erfüllen haben. Und ich habe Glück, denn ich sitze hier und kann mir die Entwicklung anschauen«, sagt Odessa mit liebenswerter Offenheit und Bescheidenheit.

Wir gehen in den Speisesaal hinüber, wo wir mit zwei »L'Etoile«-Farmern zusammen zu Abend essen werden, mit Richard de Wilde und Linda Halley, die den Betrieb ihrer Farm »Harmony Valley« schon Anfang der 70er Jahre aufgenommen haben.

»Wir haben uns den Biolandbau sehr mühsam erarbeitet«, sagt Richard, der einen gepflegten Bart hat und ein weiches Leinenhemd trägt. »Die ganze Universität hat über mich gelacht. Man hat mich gewarnt: ›Versuch gar nicht erst, damit deinen Lebensunterhalt zu verdienen.‹ Jetzt halte ich an der Uni einen fünftägigen Kurs über ökologischen Landbau und gebe mein mühsam erworbenes Wissen weiter! Vor elf Jahren sind vielleicht 40 Leute erschienen. Heute kommen 1300«, sagt er mit sichtlicher Genugtuung.

Nach dem wunderbaren Hauptgang, der Anna und mir noch tagelang in genussvoller Erinnerung bleibt, werden wir mit einer Blaubeersuppe verwöhnt, garniert mit »Ari de Wildes Charentaise-Melone«, wie auf der Karte steht. Richard und Linda lachen; Ari ist ihr elfjähriger Sohn.

Durch ihre Speisenzusammenstellung und andere Feinheiten hat Odessa einen so abstrakten Begriff wie »Gegenseitigkeit« nicht nur in einen erfahrbaren Gaumengenuss umgesetzt, sondern ihn auch für alle, die hier speisen, sichtbar gemacht. An der Wand neben unserem Tisch hängt eine lachsfarbene Karte von Wisconsin, auf der Schnüre zu den jeweiligen Ortschaften gespannt sind, in denen Odessas Lieferanten, die Bauern, wohnen.

Arche Noah des Geschmacks

Am nächsten Tag begegnen wir wieder einer Frau, die von Odessas Unternehmungsgeist angesteckt wurde: Tami Lax, demnächst Küchenchefin eines neuen Biorestaurants in Madison.

»Ich war Betriebsleiterin in einer Musikalienhandelskette«, erzählt uns Tami, 37, mit modischer Hornbrille, in einem kleinen Café in der Nähe ihres fast fertigen Restaurants. »Obgleich ich auf einer Farm aufgewachsen bin und mich noch gut an den Gemüsekeller meiner Großmutter erinnern kann, wurde mein Leben immer hektischer, bis ich die Spur dessen verloren hatte, was ich eigentlich liebte. Da begann ich, meine Ernährung zu verändern. Ich erinnerte mich wieder an meine Leidenschaft für das Gärtnern und Kochen und wandte mich Rat suchend an Odessa. Sie hat mich eingestellt.

Ich wurde ihre Küchenchefin und ging für sie auf ›Futtersuche‹. Die meisten Rohstoffe der Speisen im ›L'Etoile‹ stammen von Erzeugern aus der Umgebung, und so gehörte es zu meinen Aufgaben, mich mit den Bauern zu treffen. Das gefiel mir so gut, dass ich jeden freien Tag auf Farmen mitarbeitete. Wenn einer unserer Lieferanten krank war, übernahm ich es, seine Äpfel zu ernten.

Je näher ich diese Bauern kennen lernte, umso deutlicher sah ich, wie viel Wissen uns verloren geht. Gerade hat wieder einer der besten Milchfarmer in meiner Heimatgegend dicht gemacht. Es ist verheerend, diese Leute zu verlieren. Wenn jeder einen kleinen Beitrag leisten würde, könnten wir das ändern. Ich kenne alle Bauern persönlich, bei denen ich einkaufe. Wenn man die Leute kennt, behandelt man sie nicht wie reine Lieferanten. Darum ist mein Interesse für die Slow-Food-Bewegung erwacht.«

»Slow Food« hat 1986 in Italien seinen Anfang genommen. Damals empörte sich Carlo Petrini so sehr über die Entweihung einer Piazza aus dem 14. Jahrhundert und den lokalen Kulturverlust, den sie symbolisierte, dass er sich bemüßigt fühlte, eine Bewegung zur Bewahrung der Vielfalt, der traditionsgebundenen Küche und der persönlichen Beziehung zum Essen ins Leben zu rufen. Slow Food charakterisierte sich selbst als Gegenbewegung zur »Schnelllebigkeit« und hat mittlerweile 60 000 Mitglieder in über 35 Ländern.

Als Anführerin der Slow-Food-Bewegung im amerikanischen Mittelwesten spielt Tami Arche Noah.

»Wir haben eine Arche des Geschmacks, wie wir es nennen«, erklärt uns Tami. »Wie Noah müssen wir Nahrungsgenüsse auf die Arche retten, wenn wir nicht wollen, dass sie untergehen.«

Tamis erste Kanditaten für die Arche waren drei lokale Bauernkäse, darunter ein Schafskäse, der in Höhlen auf Zedernholz gereift wird. Solche Käsesorten werden handwerklich auf Farmen hergestellt statt in einer Käserei und wurzeln in der örtlichen Kultur. Zu

Beginn des 20. Jahrhunderts gab es noch 2000 handgemachte Käsesorten in Wisconsin – diese drei sind die letzten ihrer Art.

»Mit der Slow-Food-Bewegung wollen wir einen Markt für gefährdete Nahrungsmittel schaffen«, sagt Tami. »Die Arche ist nur eine Möglichkeit. Eine zweite sind Verkostungen. Unsere erste Veranstaltung dieser Art war eine Apfelverkostung in einem Obstgarten mit hundertjährigen Apfelbäumen und 43 Sorten, die man probieren konnte.«

Ich frage mich, ob nicht die meisten Amerikaner Tamis Anstrengungen als Kuriosität betrachten – interessant, aber unerheblich. Jedenfalls war das, um ehrlich zu sein, *mein* erster Gedanke, als ich von der Slow-Food-Bewegung hörte. Dann rufe ich mir ins Gedächtnis zurück, dass 95 Prozent des Nahrungsbedarfs weltweit durch nicht einmal 30 Pflanzenarten gedeckt werden.[78] Um das Ausmaß dieser genetischen Verarmung verstehen zu können, muss man wissen, dass unsere Erde eigentlich die Heimat von Millionen Pflanzenarten ist, von denen viele noch gar nicht identifiziert sind. Jetzt wird mir ebenso klar wie Tami, dass die Arche des Geschmacks nicht unserem Genuss zugute kommt, sondern auch unserer Lebensfähigkeit.

Ehe Tami wieder in ihr Restaurant zurückeilt, um die letzten Arbeiten daran zu beaufsichtigen, erzählt sie uns noch: »Mein Vater wollte immer Bauer werden, hatte jedoch Angst, mit der Landwirtschaft uns fünf Kinder nicht ernähren zu können. Aber obgleich er in der Papierindustrie tätig war, hat er doch immer auch ein Stück Land bearbeitet.«

»Wir haben die Sommerferien immer auf dem Hof verbracht, den er geerbt hatte«, fährt Tami fort. »Meinen Brüdern und mir hat es einen Mordsspaß gemacht, etwas fürs Abendessen zusammenzusuchen. Manchmal brauchten wir dafür den ganzen Tag. Wir pflückten Äpfel oder Wildkräuter und nahmen vier Kilometer Weg auf uns, um zu einem Blaubeergelände zu gelangen. Oder wir gingen Angeln. Ich kann mich noch an die frischen Forellen erinnern. Nie hat mir Fisch so gut gemundet.«

Vom Außenseiter zum Sprachrohr

Als ich höre, dass wir unseren letzten Madison-Tag bei der Willy-Street-Coop verbringen sollen, bin ich im Zweifel. Die Willy-Street-Coop ist nach meiner Erinnerung ein winziger Laden. Ich kann mir nicht vorstellen, dass es dort genug Platz geben sollte für das vorgesehene Treffen mit einem Dutzend Vertreter anderer Nahrungsgenossenschaften der Gegend. Aber meine Sorgen erweisen sich als grundlos.

Seit ich das letzte Mal in Madison war, hat sich die Willy-Street-Coop vergrößert und bietet jetzt helle neue Räumlichkeiten und einen sonnigen Konferenzraum vom Feinsten. Diese Genossenschaft ist nur eine der mehr als 300 Food-Kooperativen, die im ganzen Land entstanden sind.

Wir wollen uns heute über die landwirtschaftliche Situation der Bauern und besonders über die Vermarktung ihrer Produkte informieren. Alle Bauern, die wir kennen gelernt haben, sind zwar sehr motiviert, aber können sie auch wirtschaftlich bestehen? Die Lebensmittelkosten in diesem Land sind zwar in den letzten dreißig Jahren von etwa 100 Milliarden auf 500 Milliarden Dollar jährlich gestiegen, aber der Anteil, den die Landwirte erhalten, ist weit dahinter zurückgeblieben und stagniert praktisch seit 1980. Heutzutage bekommt der Bauer nur 20 Prozent dessen, was wir für die Nahrung ausgeben, während es in den 50er Jahren noch über 40 Prozent waren – der Löwenanteil fließt heute in Werbung, Verpackung, Wiederverkauf und dergleichen mehr.[79]

Der Streiter für den Erhalt von bäuerlichen Familienbetrieben John Kinsman hatte uns gesagt, die einzige Lösung, die für ihn in Frage käme, sei die Ausschaltung des Zwischenhandels, aber Anna und ich hatten unsere Zweifel, wie das funktionieren sollte.

Da kommt Milchfarmer Jim Miller in die Genossenschaftsräu- me hereinspaziert, ein stämmiger, fit wirkender Mann mit ergrautem Haar, silberfarbener Brille und kantigem Kinn, der uns etwas über »Organic Valley« erzählen will, eine Gemeinschaft von Farmen, die sich zusammengeschlossen haben, um ihre Bioprodukte gemeinsam zu vermarkten und an den Verbraucher zu bringen.

Jim ist auf einer Farm geboren und aufgewachsen, ging dann in den Süden, arbeitete in Restaurants und kam 1994 zum elterlichen Hof zurück.

»Mein Vater war gerade an Krebs gestorben. Er hat all die Spritzmittel auf den Feldern immer selbst ausgebracht. Es war ein schrecklicher Tod. Wir konnten natürlich keinen Zusammenhang nachweisen, aber jeder in der Familie hat der Chemie die Schuld gegeben.

Da haben wir uns entschlossen, auf den Ökolandbau umzustellen, alle ohne Ausnahme – zehn Familien. Wir sind alle miteinander verwandt und betreiben die Landwirtschaft gemeinsam. Die Nachbarn haben gesagt: ›Ihr seid ja verrückt‹, und wir mussten auch harte Zeiten durchstehen, weil man drei Jahre chemiefrei wirtschaften muss, ehe die Erträge als kontrolliert ökologisch gelten und einen höheren Preis erbringen.

Ich weiß noch, wie wir bespöttelt wurden. Als wir auf Bio umgestellt hatten, sah unser Mais nicht so ansehnlich aus, und ein Nachbar sagte: ›He, Jim, was hast du denn da angebaut? Ananas? So lausigen Mais habe ich noch nie gesehen.‹ Jetzt fragen uns die Farmer, die uns vorher verspottet haben, um Rat, wie sie es ebenfalls umstellen können.

In diesem Sommer sind fünf Felder unserer Nachbarn vollkommen von Insekten kahlgefressen worden. Ein Nachbar hat zwei- oder dreimal gespritzt, um die Schädlinge abzutöten, aber es hat nichts genützt. Die Insekten fraßen sich bis zu unseren Feldrainen durch, ohne jedoch bei uns Schaden anzurichten. Gesunde Pflanzen in einem gesunden Boden werden nicht so leicht von Schädlingen vernichtet. Schädlinge fliegen vor allem auf ungesunde Pflanzen.«

Die Mitgliederzahl von Organic Valley ist sprunghaft von sieben auf 300 Bauern gestiegen, und die haben im vergangenen Jahr von Kalifornien bis Maine einen Umsatz von 80 Millionen Dollar mit Bioprodukten gemacht, die sie jetzt sogar nach Japan verkaufen – ein Riesenschritt, wenn man an die bescheidenen Anfänge denkt, deren Zeuge ich war.[80]

»Es wollen sich immer mehr Farmer anschließen. Der Markt

wächst wie verrückt«, sagt Jim lächelnd, und er hat Recht: In den USA hat der Absatz von Ökonahrungsmitteln in den letzten acht Jahren um 20 Prozent jährlich zugenommen.

»Die Verbraucher sind klüger geworden. Jede Woche steht irgendetwas in der Zeitung von Hormonen, Pestiziden, Antibiotikaresistenzen usw. Die großen Lebensmittelketten reagieren darauf. Sie arbeiten mittlerweile mit uns zusammen, um Bioprodukte in das Warenangebot ihrer Supermärkte aufzunehmen. Sie treffen Abnahmevereinbarungen mit Initiativen wie Organic Valley, weil die Konsumenten danach verlangen und von ihrer Entscheidungsmacht Gebrauch machen.«

Ich muss an das denken, was John Kinsman vor ein paar Tagen gesagt hat: »Mit jedem Dollar, den man ausgibt, entscheidet man sich. Entweder für die Riesenfarmen oder für die Familienbetriebe.« Und wie ich inzwischen weiß, entscheidet man sich zugleich für die großen Chemiekonzerne oder für einen gesunden Bauernstand.

Jim erzählt uns, wie befriedigend es ist, jedes Jahr mehr über verbesserte, nachhaltigere landwirtschaftliche Methoden zu lernen, statt blindlings auf die Werbesprüche der Konzerne hereinzufallen, und ich muss an all die Bauern von Indien über Frankreich bis hierher nach Wisconsin denken, die Selbstmord begangen haben. Der Kontrast zwischen diesen Tragödien, die Menschenleben gefordert haben, und Jims Erfahrungen sind erschütternd.

Als wir uns verabschieden, schaut Jim Anna und mich an. »Wisst ihr, warum wir so erfolgreich sind?«, fragt er uns mit breitem Lächeln. »Weil wir das, was wir tun, lieben.«

Das Korallenriff wächst

Jim hat nur den Anfang gemacht. Danach hören wir den ganzen Tag über mehr, und unsere Notizbücher füllen sich mit Geschichten des »Korallenriffs«, das Odessa zufolge hier heranwächst.

Wir erfahren etwas über das Biolabel, das jetzt im Mittelwesten eingeführt wird, um den Verbrauchern eine Alternative zu geben, wie John und Jim es nennen, damit sie die Veränderungen, die sie sich wünschen, durch ihre Kaufentscheidung unterstützen können.

Wir hören von Gemeinschaftsgärten, von denen es in Madison inzwischen mehrere Dutzend gibt und landesweit Zehntausende. In einem davon, den »Troy Gardens«, überlegen die Mitglieder gerade, wie sie die gut zehn Hektar Gelände ringsum vielfältig nutzen können, indem sie zum Beispiel eine gemeinschaftlich unterstützte Farm wie die der Perkins' einrichten, für günstige Wohnungen sorgen, einen Landmarkt dort aufziehen und Bildungsveranstaltungen für die Kinder aus der Nachbarschaft organisieren.

Wir hören von »Home Grown Wisconsin«, einer Genossenschaft von zwanzig Biobauern, die Restaurants in Madison und Chicago beliefern. »Eigentlich geht alles auf Alice Waters in Berkeley zurück – es hat nur eine Weile gedauert, bis es hier ankam«, sagt Rink Da-Vee, 35, ein früherer Angestellter des »Chez Panisse«, jetzt einer der Begründer von »Home Grown«, und lacht.

Einkaufen wie ein Küchenchef

An unserem letzten Vormittag in Madison wollen wir uns mit Eric Rupert treffen, Odessas Kompagnon im »L'Etoile«, und sehen, was ein »echter Koch« für Obst und Gemüse einkauft. Wir sind auf dem Landmarkt verabredet, der hier vor 26 Jahren eröffnet wurde und mittwochs und samstags brechend voll ist.

Die enge Seitenstraße, durch die wir gehen, ist auf einmal fast von einem Dreiachser versperrt, auf dem in riesigen Lettern steht: »SYSCO – Amerikas größter Händler mit landwirtschaftlichen Produkten«. Als wir daran vorbei sind, sehen wir den Markt vor uns liegen, ein farbenprächtiges Arrangement von *Nahrung*, nicht von *Produkten*.

Als Erstes macht Eric uns mit einer stämmigen Bäuerin bekannt, die ein T-Shirt trägt, auf dem eine riesige Tomate aufgedruckt ist. Vor ihr liegen grüne, rote, gestreifte und verschieden geformte Tomaten, offenbar lauter alte Sorten. Auf einem Pappschild steht:

»Genießbar, nicht stapelbar.« Als ich eine der Früchte probiere und unglaublich aromareich finde, frage ich mich, wie lange SYSCO wohl noch seine Produkte absetzen kann, wenn erst mehr Amerikaner einen solchen Hochgenuss erleben können, wie ihn eine frisch gepflückte Tomate verschafft.

Während Eric geschäftlich mit ihr redet, plaudern Anna und ich über die Ökodebatte. Obwohl sich Biokost immer größerer Beliebtheit erfreut, bekommt der Verbraucher immer noch widersprüchliche Informationen. Kritiker der Ökonahrungsmittel behaupten, sie seien weder besser noch anders als konventionell angebaute Erzeugnisse. Sicher lässt sich auch wissenschaftlich nachweisen, dass diese alten Tomatensorten mehr Vitamine und Mineralstoffe enthalten als die unreifen, geschmacklosen Dinger, die wir im nächsten Laden an der Straße kaufen können. Aber ist das überhaupt der entscheidende Punkt?

Die Leute, die wir treffen, machen uns wieder auf das aufmerksam, worum es bei Biokost letztlich geht. Einmal abgesehen von messbaren Unterschieden im Nährstoffgehalt, ist es *auf jeden Fall* gesünder, Nahrungsmittel aus Ökoanbau zu essen. Es ist gesünder für uns, aber auch für die Böden und Gewässer, für die Bauern und ihre Helfer, die chemiefreie Feldfrüchte anbauen.

Unterdessen zieht eine Schar Kindergartenkinder an uns vorbei, die Erzieher im Schlepptau. Eric erzählt uns, dass viele Schulen ihre Schüler zum Markt mitnehmen, damit sie mit frischem Obst und Gemüse Bekanntschaft machen. Da die Zahl der Landmärkte in den USA allein in den letzten sechs Jahren um zwei Drittel auf 3000 gestiegen ist, haben immer mehr von uns Gelegenheit dazu.

Aber Anna und ich wissen trotz unserer wunderbaren Erfahrungen hier, dass viele Amerikaner immer noch keine Möglichkeit haben, in ihrer Umgebung angebaute Bioprodukte zu bekommen oder dass sie sich die Ökoerzeugnisse, die ihr örtlicher Lebensmittelladen anbietet, nicht leisten können.

Wir erinnern uns jedoch ganz im Geist der Suche nach strukturellen Lösungen, dass wir nur dann auf Antworten stoßen werden, wenn wir viele verschiedene Teilchen zusammensetzen, wie uns die Madisoner zeigen.

Wäre Adriana von Belo Horizonte in Brasilien hier, sagt Anna, würde sie deutlich machen, dass sich Lösungen ergeben werden, sobald uns aufgeht, dass der Markt nicht funktioniert – weil er die Leute davon abhält, sich selbst zu ernähren. Wir als Gesellschaft sind dann gefordert, sicherzustellen, dass jeder genug verdient, um Nahrungsmittel guter Qualität einzukaufen, und dafür zu sorgen, dass jedem dieses Nahrungsangebot zur Verfügung steht. Die Bürgerrechte haben auch eine wirtschaftliche Komponente, würde sie sagen; wir alle haben das Recht zu erfahren, wie wir uns sicher und gesund ernähren können.

Antworten werden sich auch ergeben, wenn wir weiterhin kreative Initiativen entwickeln und unterstützen wie den Nutzgarten der Häftlinge und Haftentlassenen in San Francisco, die Food-Kooperativen und Bauernmärkte von Madison und die vielen anderen Bemühungen, durch die ein Band geknüpft wird zwischen landwirtschaftlichen, sozialen und naturschützerischen Zielen.

Sie werden sich ergeben, wie René Louail in Frankreich glaubt, wenn unsere Steuern, die derzeit in unverhältnismäßiger Höhe in die industrialisierten landwirtschaftlichen Großbetriebe fließen, vermehrt den kleineren Höfen zugute kommen und wenn dadurch der Wechsel zur ökologischen, nachhaltigen Landwirtschaft unterstützt wird.

Zugleich müssen diejenigen, die sich die teureren Bioprodukte leisten *können*, aber keine Verbindung zu Biohöfen oder verbrauchergestützten Betrieben haben, aufgeklärt werden. Viele Leute zahlen unbesehen den Aufpreis für teure Trendprodukte, für Designerlabels oder das neueste Handymodell. Bei ihnen ist der Preis kein Hinderungsgrund. Wir haben nur immer noch nicht gelernt, die Preise und die Folgekosten richtig zu beurteilen. Wenn wir in einem Supermarkt die Wahl zwischen lokal erzeugten ökologischen Lebensmitteln und konventionellen Produkten haben, die Tausende von Frachtkilometern hinter sich haben, müssen wir die unsichtbaren Kosten der angeblich billigeren Ware mitbedenken. Wir müssen endlich, wie uns Jean Yves in der Bretagne erklärte, die leider immer noch versteckten Gesamtkosten berücksichtigen, die die heutige chemische Agrarwirtschaft verursacht.

Ich bin allmählich zu der Einsicht gekommen, dass für viele von uns die Entscheidung, den angeblichen Mehrpreis für ökologische Produkte zu bezahlen, weniger mit finanziellen als mit emotionalen Argumenten zu tun hat. Es geht um unser Selbstbild. Wir müssen uns bewusst machen, dass uns der Einkauf von Bioprodukten bei Genossenschaften wie der Willy-Street-Coop ein *gutes Gefühl* gibt – das gute Gefühl, bäuerliche Kleinbetriebe auf dem Land zu erhalten, das gute Gefühl, besser für unsere eigene Familie zu sorgen, indem wir Chemie vermeiden, das gute Gefühl, so viel Selbstachtung zu besitzen, dass wir uns gesund ernähren. Und das Wissen um die Auswirkungen der eigenen Kaufentscheidung kann, wie Jack Anna und mir klar machte, uns ein gutes Gefühl vermitteln und den Wandel herbeiführen helfen.

Cowboyhut ab!

Am Flughafen angekommen, sind Anna und ich noch ganz erfüllt von allem, was wir über das Leben der Menschen hier gehört haben, über ihre vernetzten Bemühungen, bei denen einer auf den anderen aufbaut, über Odessas im Wachsen begriffenes »Korallenriff« – und das war noch nicht das Ende.

Als der letzte Boarding-Aufruf ertönt, füttert uns unsere nimmermüde Führerin, die Doktorandin und Kämpferin für mehr Bürgerverantwortung in Sachen Nahrung, Sharon Lezberg, immer noch mit Informationen.

»Warten Sie mal, davon habe ich Ihnen ja noch gar nichts erzählt …«, sagt sie und bedenkt uns mit weiteren Broschüren, Artikeln und Infos. Unsere ohnehin schon gut gefüllten Rucksäcke werden immer praller, und uns fällt ein, dass uns Odessa zum Abschied gesagt hat, diese Region hätte eine Mission zu erfüllen.

Als Anna und ich uns im Flugzeug über unsere Erlebnisse in Madison unterhalten, sind wir uns einig, dass unsere Erwartungen übertroffen wurden – wir haben ja auch noch den Nachgeschmack der köstlichen Tomaten vom Landmarkt auf der Zunge. Es hat uns beide bewegt, Amerikaner kennen zu lernen, die mit den gleichen aggressiven Botschaften der Konsumgesellschaft bombardiert worden sind wie wir, aber trotzdem an ihrer eigenen Vision einer vernetzten Gemeinschaft weiterweben.

Anna sagt, Jim Goodman, einer der Farmer, die wir getroffen haben, hätte ihr eine Geschichte erzählt, die für sie das Wesen dieser Gegend am besten erfasst.

»Jim hatte einen Nachbarn, der sich für einen ›echten‹ Farmer hielt«, erzählt sie. »Wenn er auf seinen an die Straße angrenzenden Feldern arbeitete, trug er stets einen Cowboyhut, selbst im bitterkalten Winter.«

Anna macht es spannend, sie rückt ein wenig näher und senkt die Stimme. »Wenn er aber auf einem Feld war, wo er von niemandem gesehen zu werden glaubte, nahm er den Cowboyhut ab und zog eine warme Wollmütze an«, flüstert sie.

»Man braucht Mut, um den Cowboyhut abzulegen«, sagt sie. »Das ist die Art von Mut, die wir alle brauchen – der Mut, uns selbst treu zu bleiben.

Denk doch mal an die Sharps zurück und wie man sie angegafft haben muss. Ich kann mir vorstellen, wie gespottet wurde: ›Krankenpfleger! Und die wollen Bauern werden?‹ Oder die Perkins', die alles auf eine Karte setzten, um ihren verbrauchergestützten Bauernhof aufzubauen, oder Odessa, die beinahe alles verloren hätte, als sie ihren Traum verwirklichen wollte. Und denk an all die Bauern, die ökologisch vertretbare, nachhaltige Landbaumethoden wieder aufgenommen haben, obwohl ihnen die Agrarlobby in Hochglanzmagazinen und aufwendigen Werbekampagnen einzureden versucht, dass das altmodisch und rückständig ist.

Hut ab!«

Zuckermaissuppe à la Harmony Valley

Eine sehr gehaltvolle und unbeschreiblich leckere Suppe von Odessa Piper aus dem »L'Etoile«, selbst wenn Tiefkühlmais verarbeitet wird. Mit frischem Mais bekommt sie allerdings eine noch wunderbarere Süße und ist geradezu göttlich. Durch ihre hellgelbe Farbe, gesprenkelt mit grünen Pünktchen, ist sie eine ebensolche Augenweide wie Gaumenfreude. Sahne und Butter können Sie nach Belieben sparsamer verwenden.

Das Rezept ist eine Hommage an die Harmony-Valley-Gründer Linda und Richard.

Für 8 Personen:

3 EL Butter

2 bis 3 große gelbe Zwiebeln, halbiert und in Scheiben geschnitten
(etwa 4 Tassen)

1 EL Salz

½ TL schwarzer Pfeffer

1 EL Kristallzucker

¼ TL Chiliflocken

6 Tassen Zuckermaiskörner (von etwa 12 Kolben oder TK)

3 Tassen Schlagsahne

3 Tassen Vollmilch

2 EL fein gehackter Schnittlauch (oder Frühlingszwiebelgrün)

- In einem Topf mit 5 bis 6 Litern Fassungsvermögen die Butter schmelzen. Darin die Zwiebeln mit Salz, Pfeffer, Zucker und Chiliflocken unter gelegentlichem Rühren dünsten, bis fast alle Flüssigkeit verdampft ist (dadurch werden die Zwiebeln süßer!), was etwa 20 Minuten dauert.
- Mais, Sahne und Milch zufügen. Nach dem Aufwallen bei milder Hitze weitere 20 Minuten köcheln.
- Auf Zimmertemperatur abkühlen lassen und portionsweise im Mixer pürieren. Durch ein mittelfeines Sieb passieren und wieder in den Suppen-

topf schütten. Abschmecken, die Würze korrigieren und noch einmal heiß werden lassen.

– Auf Teller oder Schalen verteilen und mit Schnittlauch bestreut servieren.

Rote-Bete-Schokokuchen

Das Rezept stammt von John und Robin Greenler und Susan Coffin von der Zephyr Community Farm in Madison, Wisconsin, und ist dem *Food for Thought*-Kochbuch entnommen. Ein Freund fragte sie einmal:»Warum um alles in der Welt tut ihr Rote Bete in einen Schokoladenkuchen?«, bis er seinen nichts Böses ahnenden, Gemüse verabscheuenden Sohn ein drittes Stück essen sah. Die Roten Bete bringen zusätzliche Süße und Saftigkeit in den Kuchen und eignen sich gut für ein kleines Ratespiel unter Erwachsenen: Könnt ihr alle Zutaten herausschmecken?

Ergibt einen großen Kuchen (etwa 12 Stücke):
2 Tassen Kristallzucker
2 Tassen feines Weizenvollkornmehl
½ TL Salz
2 TL Backpulver
1 TL Vanille
¼ Tasse Pflanzenöl
125 g ungesüßte Schokolade
4 große Eier
3 Tassen fein geriebene Rote Bete
nach Belieben: Vanilleeis, frische Himbeeren oder Erdbeeren und
*   Minzeblättchen als Garnitur*

– Den Backofen auf 160 Grad vorheizen. Zucker, Mehl, Salz und Backpulver in einer großen Schüssel gründlich vermischen.

– Die Schokolade in einem Simmertopf oder auf sehr milder Hitze schmelzen lassen. Sie kann auch in der Mikrowelle, mit Wachspapier abgedeckt, 1 Minute auf höchster Einstellung aufgelöst werden. Abkühlen lassen. Die Eier mit dem Öl verschlagen und gründlich unter die abgekühlte Schokolade rühren.

- Schokoladenmischung und geriebene Rote Bete nun abwechselnd in das Mehl einarbeiten.
- Die Masse in eine etwa 20 mal 30 cm große gefettete Backform füllen. Im heißen Ofen ungefähr 35 Minuten backen, bis ein in die Mitte gestochener Holzzahnstocher sauber wieder herauskommt. Leicht abkühlen lassen.
- Mit Puderzucker bestäubt warm zu Vanilleeis servieren. Oder in Stücke schneiden, auf Teller verteilen und mit frischen Himbeeren oder Erdbeeren garnieren.

Reissalat mit frischen Knackerbsen

Dieses Rezept von George Riggin und den Crystal Lake Gardens in Madison, Wisconsin, stammt ebenfalls aus dem *Food for Thought*-Kochbuch. Der Salat ist ein Hochgenuss für ein Picknick im Freien oder ein Sommerfest, zu dem alle etwas Leckeres beisteuern. Er ist schnell und einfach zuzubereiten und damit auch etwas für Leute, die sich zwar gesund ernähren wollen, aber manchmal doch so beschäftigt sind, dass es schnell gehen muss.

Für 4 Personen:

¾ *Tasse Wildreis oder 175 g Langkorn- und Wildreis gemischt*

1½ *Tassen zerkleinerter Brokkoli*

1 *rote Zwiebel, in Scheiben geschnitten (¹/₃ Tasse) oder ½ Bd. Frühlingszwiebeln, in Ringe geschnitten*

¹/₃ *Tasse Mandelblättchen*

¼ *Tasse klare italienische Salatsauce (aus der Flasche)*

1 EL Zitronensaft

½ TL Zitronenpfeffer

1½ *Tassen Zuckererbsen (die fleischige Sorte mit Körnern innen, Knackerbsen oder »Sugar Snaps« genannt)*

- Den Reis ausquellen und etwas abkühlen lassen.
- Den Brokkoli so dämpfen, dass er knackig bleibt. (Statt Brokkoli können auch rohe Paprikaschoten oder zur Hälfte Brokkoli, zur Hälfte Paprika – möglichst rote, der Farbe wegen – verwendet werden.)
- Die Mandelblättchen in der Pfanne hellgelb rösten. Aufpassen, dass sie nicht anbrennen.
- Reis, Brokkoli und Mandeln mit den übrigen Zutaten vermischen und den Salat 2 bis 24 Stunden kühl stellen.

Die
Rückkehr

Kapitel 11

Hoffnungsträger
Fünf befreiende Ideen, die uns den Weg weisen

Der Baum, der manche tief bewegt zu Freudentränen,
ist in den Augen anderer oft nur ein grünes Ding am Wegesrand.

Manch einem ist Natur nur Spott und Hässlichkeit,
und mancher hat gar keinen Blick für die Natur.

Doch für das Auge eines Fantasiebegabten
ist die Natur die Fantasie an sich.

Wie ein Mensch ist, so sieht er.

WILLIAM BLAKE, 1799[81]

Nur noch einen Monat, dann soll das Buch abgeschlossen sein. Mit diesem Gedanken halte ich am Haus meines Vaters in Vermont an. Als ich aus meinem kleinen weißen Auto steige, kommt eine Nachbarin auf mich zu. »Dein Vater sagt, du schreibst mit deiner Tochter zusammen ein neues Buch. Worüber denn diesmal?«, fragt sie.

Ich überlege nur sekundenlang, dann antworte ich: »Über die Wahrnehmung.«

»Oh«, sagt sie und blickt etwas verwirrt drein. »Ich dachte, es ginge wieder um Nahrung und Hunger.«

Ich versuche, es ihr zu erklären, so gut ich kann. »Das stimmt auch, nur handelt es diesmal von Lösungen, wie sie überall sichtbar sind. Wir sehen sie bloß nicht, weil sie nicht unseren Erwartungen entsprechen und nicht mit dem übereinstimmen, was wir gelernt haben. Wir schreiben über das Unerwartete.«

Immer wenn ich denke, wie schwierig es doch ist, die Welt anders zu sehen, werde ich in Gedanken wieder zehn Jahre zurückversetzt. Damals hörte ich mir eines Abends den Vortrag einer Harvard-Professorin an, die einem hingerissenen Publikum schilderte, welch eine Wahrnehmungsveränderung die Europäer im 19. Jahrhundert erlebten, sodass sie schließlich mit ihrer alten Vorstellung vom Gottesgnadentum der Herrscher brachen. Ich zog mein Notizbuch heraus und wartete mit Spannung auf die historischen Einzelheiten. Zu meiner großen Überraschung sagte sie nichts weiter als: »Sie glaubten einfach nicht mehr daran.«

Irgendwie eine treffende Bemerkung, aber ich weiß natürlich, dass die Leute nicht über Nacht aufhörten daran zu glauben. Und wir werden auch nicht über Nacht damit aufhören, uns von Monsanto, Microsoft oder undurchschaubaren Marktmechanismen entmachten zu lassen. Wir Menschen verfallen offenbar leicht der »Magie irrationaler Lehren«, wie Erich Fromm sagte. Dieser Hang dürfte uns nicht verwundern; Menschen haben nun einmal das starke Bedürfnis, der Welt einen Sinn abzugewinnen. Wir brauchen das, was Fromm einen »Orientierungsrahmen« nannte oder was Anna und ich als »mentales Raster« bezeichnen.[82]

Aber wenn uns unser mentales Raster blind macht und fesselt – uns zum Beispiel dazu nötigt, uns einem allmächtigen Herrscher zu beugen –, wie können wir dann zu der Überzeugung kommen, dass noch etwas Anderes möglich ist, und mit neuen Augen in die Welt schauen? Die Menschen in diesem Buch weisen auf Antworten hin.

Innere Zweifel und äußere Ansatzpunkte

Wenn wir Glück haben, uns gebührend anstrengen oder vom Leben gebeutelt werden, können wir alle jenen Augenblick erleben, der uns aus dem inneren Gleichgewicht wirft (siehe Kapitel 1). Es ist das Gefühl, dass etwas nicht mehr ganz stimmt. Dass etwas aus den Fugen geraten ist.

»Wahrnehmungsveränderung« klingt eigentlich harmlos. Aber manchmal werden wir durch einen solchen Sichtwechsel so schlagartig aus unserem mentalen Raster herausgerissen, dass es weh tut. Manchmal geraten wir dadurch in eine Krise.

John Kinsman in Wisconsin musste erst mit tauben Beinen ins Krankenhaus eingeliefert werden, ehe er die vorherrschende industrielle Hochleistungslandwirtschaft in Frage stellte. Sein Farmerkollege Jim Miller wurde durch den qualvollen Krebstod des Vaters zum Umdenken gebracht. Bei René Louail in der Bretagne war es die Übernahme seines Landes durch einen Agrarkonzern. Bei Negi Singh in Indien war der Auslöser das niederdrückende Gefühl, dass seine Arbeit keinen Sinn hatte. Bei Muhammad Yunus in Bangladesch war es der Schock, auf der Straße an Menschen vorbeigehen zu müssen, die Hungers starben, und die Erkenntnis, dass seine Vorlesungen nichts zur Beendigung dieser Tragödie beitrugen. Catherine Sneed in Kalifornien musste erst an einem lebensbedrohlichen Nierenleiden erkranken, bevor sie wach wurde und sich die Botschaft der *Früchte des Zorns* zu Herzen nahm.

Was geschieht nach solchen Augenblicken, die wir alle einmal erleben? Knirschen wir mit den Zähnen, verdrängen unser Unbehagen und machen weiter wie bisher? Und was machen wir, wenn sich unser Unbehagen immer quälender bemerkbar macht, statt zu weichen?

Wie wir zu Beginn dieses Buches betont haben, braucht unser verändertes Denken ein praktisches Betätigungsfeld. Wir müssen eine Möglichkeit finden, »aus dem falschen Bus herauszukommen«, wie Wangari es ausdrückte, um in den Bus einsteigen zu können, der in *unsere* Richtung fährt. *Wir brauchen einen Ausstiegs- und Einstiegspunkt.*

Für die Landlosen in Brasilien ist dieser Punkt verständlicherweise die Inbesitznahme von Land. Bauern, die sich zuvor kein Gehör verschaffen konnten, fragen auf einmal gemeinsam: Was für eine Art von Gemeinschaft, was für ein Brasilien wünschen wir uns eigentlich? In Wisconsin ist der Ansatzpunkt gesunde Nahrung und die Rettung von bäuerlichen Familienbetrieben, woraus sich allmählich eine neue, facettenreiche Beziehung zwischen Stadt und Land entwickelt. In Indien hat alles mit dem Saatgut angefangen, als Nächstes pochten die Bauern auf ihr angestammtes Wissen und äußerten Zweifel am Staat und an den von den Agrokonzernen propagierten landwirtschaftlichen Methoden.

Die Geschichten dieser Menschen lehren uns aber nicht etwa, darauf zu *warten*, dass endlich der Moment kommt, der uns aus dem inneren Gleichgewicht wirft. Wie wir es bei so vielen erlebt haben, denen wir begegnet sind, schaffen wir schon allein dadurch, dass wir in Aktion treten, die nötige Spannung, die uns an einen neuen Platz stellt.

Kenianische Dorffrauen begannen, im Rahmen der Green-Belt-Bewegung Bäume zu pflanzen; erst dann sahen sie alles mit neuen Augen. Plötzlich waren die Wälder rings um ihre Dörfer nicht mehr bloß Staatsforste, die sie nichts angingen, sondern *ihre* Wälder; plötzlich war die vordringende Wüste nichts Unvermeidliches mehr, sondern etwas, das sich aufhalten und zurückdrängen ließ; plötzlich erkannten sie, dass sie den Hunger bekämpfen konnten, indem sie selbst für Nahrungssicherheit sorgten. Jeder Augenblick der Unzufriedenheit und jede dieser Einsichten trieben sie weiter voran.

Aber wenn wir nun nicht aus dem inneren Gleichgewicht geraten und keinen persönlichen Ansatzpunkt finden? Zum Glück sind wir soziale Wesen, und das heißt, dass wir voneinander lernen. Wir können diese Menschen und ihre Geschichten tief in unser Bewusstsein eindringen und den Zweifel am Bestehenden in uns wach werden lassen, auch wenn wir die Erfahrungen nicht selbst gemacht haben. Wir können die Erfahrungen anderer zum Anlass nehmen, selbst Ansatzpunkte zu finden, die wir immer übersehen haben, obwohl sie direkt vor unserer Nase lagen. Anna und ich müssen gestehen, dass wir die Geschichten dieser Menschen wiedergegeben haben in der ehrlichen Hoffnung, dass sie nachwirken und den Leser zum Handeln motivieren

Raus aus den Denkfallen!

Sich zu befreien ist nicht leicht, denn die in Kapitel 1 beschriebenen Denkmuster nehmen wir wie die Atemluft in uns auf. Deren Fallen haben eine solche Macht über uns, dass wir in bestimmte Sichtweisen verfallen.

Sie machen uns weis, dass Mangel ein Dauerzustand und nur die Mehrproduktion uns retten kann. Sie machen uns weis, dass wir von Natur aus Egoisten und Halsabschneider sind und uns nur deshalb zur Krone der Schöpfung gemausert haben. Sie machen uns weis, der Erfolg unserer Spezies liege in hoch entwickelten Technologien begründet und sei Experten zu verdanken, die Probleme bis in ihre kleinsten Bestandteile zerlegen, um sie zu lösen. Vor allem jedoch machen sie uns weis, dass wir uns glücklich preisen können, am Ende der Geschichte angelangt zu sein und mit dem globalen Kapitalismus das beste System eingeführt zu haben, das es je gab.

Die Leute, die wir kennen gelernt haben, lehren etwas ganz anderes.

Erstaunlicherweise haben die verschleierten Frauen von Bangladesch, die Kinder in Kalifornien, denen der Grünkohl schmeckt, die Gitarre spielenden, klatschenden Familien in Brasilien und die Pesto-Partys feiernden Bauern in Wisconsin eins gemeinsam: Sie alle zeigen uns die Schwachpunkte in diesen eingefahrenen Denkmustern.

Indem sie uns klar machen, was daran falsch ist, und uns, was noch wichtiger ist, andere Sichtweisen anbieten, retten sie uns vor den Fallen. Und das tun sie nicht etwa durch Luftschlösser und Utopien, sondern durch ganz reale, praktische Beispiele von anderen Wirtschaftsformen und Modellen gemeinschaftlichen Lebens – von inneren und äußeren Wandlungen, zu denen jeder von uns fähig ist. Dafür sind wir dankbar, denn die tragischen Folgen der vorherrschenden mentalen Raster treten von Tag zu Tag deutlicher hervor.

Kaum sind die alten Denkfallen weg, sieht die Welt plötzlich ganz anders aus: Nach sieben Monaten Reise um die Welt ist uns sonnenklar, wie zerstörerisch unsere alten Denkmuster sind und wie schön die neuen Ordnungsprinzipien, die überall entstehen. Die Menschen, denen wir begegnet sind, haben uns mit ihrem Leben das vermittelt, was Anna und ich als die »fünf befreienden Ideen« erkannt haben – mächtige Gegenkräfte zu den Fallen der vorherrschenden Denkmuster.

Diese befreienden Ideen entspringen den verwandten Erfahrungen von Menschen in aller Welt, meistens Leuten, die sich nie persönlich kennen gelernt haben und vermutlich auch nicht kennen lernen werden. Aber alle zusammen sind sie die Bestätigung dafür, dass ein neues Denken Gestalt annimmt, ein Denken, das noch vor dreißig Jahren ebenso unwahrscheinlich erschien wie der Fall der Berliner Mauer, die Präsidentschaft Nelson Mandelas in Südafrika oder die vegetarische Ernährung als Thema einer Talkshow.

Fünf befreiende Ideen, die uns den Weg weisen

Vor dreißig Jahren noch unvorstellbar, erlauben veränderte Denkweisen jetzt jedem von uns, seinem Leben einen Sinn zu geben und die Erde und sich selbst zu heilen.

1. Das Schreckgespenst »Mangel« entlarven und die Fülle erkennen.

Wenn wir das Trugbild von Knappheit und Mangel durchschauen, können wir den Überfluss überall um uns her wahrnehmen, auch in dem, was heute verschwendet wird wie etwa Getreide als Futtermittel. Wir entdecken Formen des Anbaus, die die Umwelt erhalten und dem Menschen kreativen Spielraum geben.

Es war die Entdeckung, dass wir Menschen den Mangel, den wir so fürchten, selbst erzeugen, die mich im Alter von 26 Jahren auf die Suche meines Lebens schickte. Ich sah, dass Menschen aus lauter Angst zu der verzerrten Anschauung kamen, die einzige Möglichkeit, den Hunger zu bekämpfen, sei die Überwindung des Mangels, und dies sei nur möglich durch immer neue Maßnahmen zur Steigerung des Ertrags. Doch trotz aller gegenteiligen Beweise der letzten dreißig Jahre, die diesen Mythos zerstört haben, konzentriert man sich weiterhin engstirnig auf die Überwindung des angeblichen Mangels.

Während wir an diesem Kapitel arbeiten, lesen wir in der Zeitung einen langen Artikel über Ingo Potrykus, der an der Entwicklung einer gentechnisch veränderten Reissorte mit dem Inhaltsstoff Betakarotin beteiligt war. Der Reis soll »Goldreis« heißen, weil er drei neue Gene enthält, zwei davon aus Narzissen, die ihm seine Farbe geben. Ingo Potrykus, der selbst als Kind hungern musste, ist davon überzeugt, dass er eine Lösung für ein weiteres Mangelproblem gefunden hat. Vitamin-A-Mangel verursacht den Tod von 3500 Kindern täglich, sagt er.[83]

Er klingt wie einer der engagiertesten, fürsorglichsten Menschen, die man sich vorstellen kann. Aber etwas stimmt nicht an diesem Bild. Es gibt gar keinen Vitamin-A-Mangel in der Welt! Vitamin A ist reichlich in Möhren, Papayas, Spinat und anderen grünen Blattgemüsen sowie in den Blättern von Amaranth, Koriander, Rettichen, Karibüschen usw. enthalten, alles Nutzpflanzen, die zum Beispiel in der indischen Küche traditionsgemäß seit eh und je Verwendung finden. Woran es fehlt, sind nicht etwa Ausgaben in Höhe von hundert Millionen Dollar, um Reis mit Vitamin A anzureichern. Was fehlt, ist die Verteilung der Nahrungsmittel, die reich an diesen Inhaltsstoffen sind.

Den Leuten, die wir auf unserer Reise getroffen haben, ist diese Tatsache bewusst; sie haben sich aus der Umklammerung der Denkfalle vom Mangel frei gemacht, um mit neuem, unverstelltem Blick an Lösungen zu arbeiten. Muhammad Yunus in Bangladesch hat uns erzählt, dass er das Angebot einer internationalen Hilfsorganisation abgelehnt hat, die Grameen-Kreditnehmer mit Vitamin A versorgen wollte. »Ich hatte kein gutes Gefühl dabei«, sagte er. »Wenn ich die Leute dazu bewegen kann, mehr Gemüse zu essen, ist das sicher eine viel bessere Lösung.« Inzwischen hat Grameen die Anlage von Nutzgärten in die Liste der 16 Grundsätze aufgenommen, zu deren Einhaltung sich künftige Kreditnehmer verpflichten müssen. In Indien ruft Navdanya zum Austausch von Nutzpflanzensaatgut auf, das reich an Vitamin A ist. Und in Kenia propagieren Karangathe und das Green Belt Movement die Nutzpflanzenzucht im Jutesack, sodass auch dort grünes Blattgemüse in unmittelbarer Nähe der Haushalte wächst.

Den Überfluss erkennen

Allen Voraussagen von Knappheit zum Trotz, die vor dreißig Jahren noch im Schwange waren, erkennen viele heute den Überfluss überall, sobald sie sich einmal aus der Denkfalle vom Mangel befreit haben.

Nach offiziellen Berechnungen der UNO über die tatsächlich vorhandene Nahrung stehen jedem Menschen auf der Erde etwa 2000 Kalorien täglich zur Verfügung – das reicht angeblich nur knapp für alle aus, um zu überleben.[84] Eine bedenkliche Situation! Aber immer mehr Leuten ist inzwischen aufgegangen, welcher Überfluss sich hinter diesen Zahlen verbirgt.

Sie sind nicht zuletzt deshalb so niedrig, weil Tag für Tag 1700 Kalorien pro Kopf der Weltbevölkerung in Form von Getreide an Vieh verfüttert wird, dessen Fleisch bestenfalls 400 Kalorien pro Person liefert.[85] Da gegenwärtig fast die Hälfte des Getreideertrags der Welt an Tiere verfüttert wird, würden bereits relativ bescheidene Umstellungen auf eine gemüsereichere Ernährung das Nahrungsangebot enorm steigern. (Glücklicherweise halten Ernährungswissenschaftler eine solche Ernährungsweise ohnehin für erheblich gesünder, da sie das Krankheitsrisiko senkt und lebensverlängernd wirkt.)

Wir sehen inzwischen deutlicher, dass uns unsere von Angst geprägte Konzentration auf die Mehrproduktion blind macht für das, was bereits verfügbar wäre, wenn Verluste an anderer Stelle reduziert würden.

Schätzungsweise 1400 Kalorien pro Person gehen täglich beim Vertrieb und auf andere Art verloren, etwa durch den Verderb bei der Lagerung oder in Form von Restaurantabfällen. Das ist mehr als die Hälfte dessen, was wir an Nahrungsenergie brauchen – alles für die Katz.[86]

Die ausschließliche Konzentration auf die Produktion hält uns, wie ebenfalls mittlerweile deutlich geworden sein dürfte, von der Einsicht ab, welche Fülle an Nahrung zur Verfügung stände, wenn das vorhandene Wissen über Pflanzenschutzmaßnahmen zur Verlustvorbeugung genutzt würde. Nach Angaben eines führenden Insektenkundlers ruinieren Schädlingsplagen heute die Hälfte des

Ernteertrags weltweit. Dabei nehmen die Erkenntnisse um den natürlichen Pflanzenschutz rapide zu und könnten uns die Nahrung verfügbar machen, die derzeit noch durch Schädlingsfraß vernichtet wird.

Ein weiteres unerschlossenes Nahrungsangebot bietet die Sammlung von Wildpflanzen, die Menschen auf dem Lande oft essen. Auf dem afrikanischen Kontinent werden zum Beispiel über 500 Wildkräuter und -gemüse verzehrt, was allerdings in den offiziellen Ernährungsschätzungen gar nicht berücksichtigt ist.[87] Auch die Nahrungspflanzen, die in Kenia in Jutesäcken gezogen werden und den Dorfleuten lebenswichtige Nährstoffe liefern, dürften kaum in die UN-Statistik eingeflossen sein.

Die Brille, durch die wir nur Mangel sehen, verhindert unsere Einsicht in das Naheliegendste: dass die Niedrigpreise, die Bauern mit ihren Erzeugnissen erzielen – der Realpreis für Getreide ist seit den 50er Jahren um *zwei Drittel* gesunken –, kontraproduktiv sind. Wenn jedoch, wie der Wirtschaftsnobelpreisträger Amartya Sen zu bedenken gibt, sinkende Lebensmittelpreise die Produktion bremsen, gäbe es dann nicht Nahrung in Hülle und Fülle, sobald die Bauern anständig bezahlt und dazu angehalten würden, nachhaltig zu wirtschaften?[88]

Im Lauf der Jahre habe ich bei vielen Debatten mit denen, die davon ausgehen, dass die Menschheit in Kürze unweigerlich mit einer bedrohlichen Nahrungsmittelknappheit rechnen muss, immer wieder das Argument hören müssen: Wenn wir die Erde mit der gebührenden Sorgfalt behandeln würden, müssten einige von uns hungern. Wenn wir »ökologisch« wirtschaften würden, warnte vor kurzem der Chef des weltgrößten Agrarkonzerns Syngenta, würden wir mit einem »enormen Nahrungsmittelmangel« konfrontiert werden.[89]

Mit dem Damoklesschwert vom Mangel wird uns eingetrichtert, dass wir keine andere Wahl haben, als den zerstörerischen Weg der chemischen Landwirtschaft weiterzugehen; wenn wir also heute essen wollen, können wir uns nicht um den Schutz der Erde für zukünftige Generationen kümmern. Das ist ein fauler Kompromiss, wie Anna und ich auf unserer Reise gelernt haben.

Wovon ich vor dreißig Jahren hoffte, dass es wahr werden könnte, hat sich inzwischen als wahr erwiesen: Wir können Nahrungspflanzen anbauen und dabei trotzdem die Böden gesund erhalten, die biologische Vielfalt bewahren und die Wasservorkommen schützen – *alles zugleich*. Man denke nur an Jafris Arbeit mit den in Navdanya organisierten Bauern in Indien oder an Roland Bunchs Pionierarbeit in Mittelamerika.

»Wir erkennen erst allmählich die gewaltigen Möglichkeiten«, hatte Roland mir von seiner Heimat Honduras aus mitgeteilt. »Wir brauchen bloß den hoch produktiven, Jahrmillionen alten tropischen Regenwald nachzuahmen, um hier auf nachhaltige Weise wirtschaften zu können. Darauf hätten wir längst kommen sollen«, fügte er hinzu. Bauern in Guatemala, die mit Roland nach dessen Vorschlägen zusammenarbeiteten, als ich ihn in den 70er Jahren kennen lernte, erzielen heute elfmal höhere Erträge als damals.

Rolands Ansatz, traditionelles Wissen mit modernsten wissenschaftlichen Erkenntnissen zu vereinen, greift den so genannten »biointensiven Landbau« (»Grow Biointensive«) wieder auf, der vor dreißig Jahren in den USA seinen Anfang nahm. Dieses Konzept, das auf jahrtausendealten Prinzipien beruht, stammt von dem Gartenbauexperten Alan Chadwick und wurde von John Jeavons und seinem Ecology Center in Kalifornien weiterentwickelt. Es wird heute in über hundert Ländern angewendet.[90]

Die chemieintensive, industrialisierte Landwirtschaft der USA braucht etwa 0,3 Hektar, um einen einzigen Menschen zu ernähren, während der »biointensive Landbau« nach Angaben von Jeavons Gruppe eine gesunde, vielfältige pflanzliche Ernährung mit weniger als 0,05 bis 0,1 Hektar Fläche gewährleisten kann. Auch der Wasserverbrauch ist viel geringer, denn bei dieser Anbaumethode wird je nach Pflanzenart nur ein Drittel bis ein Achtel der Menge verbraucht, die die industrialisierte Hochleistungslandwirtschaft benötigt.

Das Geniale am »biointensiven Landbau« ist unter anderem die schonende Nutzung der Ackerflächen für einen optimalen Nährstoffertrag. »Im Vergleich zu dem, was wir vor dreißig Jahren erzielen konnten«, erzählte uns John, »kommen wir jetzt mit dem Ertrag der halben Fläche aus, um einen Menschen mit gesunder Pflanzenkost zu versorgen.«

Von der Natur lernen
Während wir unsere Reise zum Abschluss bringen, werden gerade die Ergebnisse der größten und vielleicht ersten wirklich weltweiten Studie über nachhaltige landwirtschaftliche Initiativen bekannt. Wir halten den Atem an. Was werden wir hören?

Die von einer englischen Universität finanzierte Forschungsstudie, bei der über 200 Projekte mit einer Gesamtfläche von etwa 30 Millionen Hektar in 52 Ländern untersucht wurden, kam zu einem eindeutigen Schluss: Nachhaltige landwirtschaftliche Methoden können zu »deutlichen Produktionssteigerungen« führen. Einige Wurzelgemüsebauern konnten mit dem nachhaltigen Landbau sogar Zuwächse von 150 Prozent verzeichnen. Am erstaunlichsten ist, dass die Verbesserungen überwiegend erst in den letzten zehn Jahren erreicht wurden.

Gleichzeitig veröffentlichten Forscher in den USA erstmalig einen exakten Vergleich zwischen ökologischer und industrieller Landwirtschaft mit dem Schwerpunkt Apfelanbau. Sie fanden heraus, dass die ökologisch bewirtschafteten Obstplantagen vergleichbare Erträge erzielten, dabei jedoch die Böden schonten, die Energie erheblich besser ausnutzten und die Umwelt weniger belasteten.[91]

Mit anderen Worten: Trotz knapper Finanzmittel – die Subventionen in Milliardenhöhe fließen nur in die industrialisierte Landwirtschaft – und in einem sehr kurzen untersuchten Zeitraum zeichnet sich bereits ab, welche verheißungsvollen Möglichkeiten die nachhaltige Landwirtschaft bietet.

Interessanterweise hat der Zusammenbruch der Sowjetunion zwangsläufig eines der größten »Experimente« mit nachhaltiger Landwirtschaft in Gang gebracht. Kuba war plötzlich abgeschnitten von der Versorgung mit Pestiziden (dort wurden vorher doppelt so viele Schädlingsbekämpfungsmittel ausgebracht wie in den USA) sowie mit anderen Produkten für die industrielle Landwirtschaft, darunter auch Erdöl. Die Alternative war klar: entweder ökologisch anbauen oder hungern. Jetzt werden 60 Prozent der Ackerflächen, die nicht mit Zuckerrohr bestellt sind, ökologisch bewirtschaftet. Außerdem liefern städtische Gärten, deren Zahl sich seit 1994 jährlich verdoppelt bis verdreifacht hat, mittlerweile 60 Prozent des im Lande verzehrten Gemüses.[92]

Doch obwohl die Medien zur Zeit ständig Berichte über den Kampf um die Gentechnik bringen, ganz zu schweigen vom Rinderwahnsinn und der Maul- und Klauenseuche, haben wir keinen Ton von diesen verblüffenden Forschungen und Fakten gehört – Ergebnissen, denen zu Folge die Begründungen für die »konventionelle« (industrielle) Landwirtschaft gegenüber dem nachhaltigen Landbau fragwürdig erscheinen.

Einer der stärksten Eindrücke, die Anna und ich auf unserer Reise sammeln konnten, ist der, dass wir Menschen noch unglaublich *wenig* über die Folgen des Mangel-Denkens wissen, durch das die Erde bis an ihre Grenzen ausgepowert wird. Dass wir unglaublich wenig über die Erde wissen, von der wir doch abhängig sind. Dass wir noch immer nicht gelernt haben, geduldig auf die Natur zu hören. Da wird zum Beispiel behauptet, ohne Chemie angebaute Nahrungspflanzen hätten keinen Nährwertvorteil gegenüber industriell angebauten. Aber was wissen wir wirklich darüber?

Dick Thompson, ein Farmer aus Boone, Iowa, der seit über dreißig Jahren keine chemischen Spritz- und Düngemittel mehr verwendet, hat mir erzählt, erst durch die Zusammenarbeit mit Forschern der Universität hätte er erfahren, dass seine Böden doppelt so viel organische Materie und hundertmal mehr Regenwürmer pro Hektar enthielten als die chemisch behandelten Felder seiner Nachbarn. Darüber hinaus verglich er die Wurzeln seiner ökologisch angebauten Maispflanzen mit denen der Nachbarn und stellte fest, dass seine viel besser ausgebildet waren. Wissen wir eigentlich, was diese Unterschiede bedeuten?

Dick und seine Frau Sharon erzählten mir lachend, welche Überraschung es war, als sie sahen, dass von den verglichenen Maispflanzen, die sie auf dem Hof hatten liegen lassen, die Mäuse die Biokolben abgefressen, die industriell angebauten jedoch verschmäht hatten. Daran hatten die Tiere kein bisschen genagt! Was wissen die Mäuse, was die Menschen nicht wissen.

Erst in den letzten dreißig Jahren haben Wissenschaftler eine völlig neue Lebensform entdeckt, eine dritte Ordnung von Organismen, die vielleicht die gleiche Komplexität und Vielfalt aufweist wie die Ordnung der Tiere, Pflanzen und Pilze. Die Organismen dieser Ordnung, *Archäa* (oder »Archäbakterien«) enthalten keine Kerne, ebenso wie die große Ordnung der Bakterien. Sie finden sich in einzigartigen Ökonischen wie zum Beispiel den heißen Quellen des Yellowstone-Parks, aber auch in großer Menge an den Wurzeln von Pflanzen – allerdings nur an Wurzeln in ökologisch gesunden, nicht chemieverseuchten Böden. Niemand weiß bis heute, was diese archaischen Organismen mit den Pflanzenwurzeln machen, aber Wissenschaftler vermuten, dass sie eine wichtige Rolle beim Transport von Mineral- und Nährstoffen spielen und Krankheitserreger abwehren.[93]

Wir erwähnen diese Entdeckung nur, um zu unterstreichen, wie wenig wir im Grunde wissen, weshalb Anna und ich starke Zweifel an Eingriffen chemischer oder gentechnischer Art haben, die störend auf die Natur einwirken, statt dass man mehr über sie in Erfahrung bringt und im Vertrauen auf ihre Weisheit mit ihr zusammenarbeitet. Die Tatsache, dass durch nachhaltige landwirtschaftliche Methoden in nur wenigen Jahrzehnten und unter Aufwendung nur eines Bruchteils dessen, was die chemieintensive, industrialisierte Landwirtschaft einsetzt, bedeutende Ertragssteigerungen erreicht werden konnten, muss Staunen erregen. Um uns diese Möglichkeiten zu erschließen, müssen wir uns von allen fünf Denkfallen befreien. Doch bevor wir uns die restlichen vier vornehmen, wollen wir noch eine zweite Dimension der Überwindung des Mangel-Denkens betrachten.

Wert durch Fülle

Die Menschen, denen wir begegnet sind, haben gemerkt, dass sich auch ein Wissen, das nicht von der Denkschablone des Mangels geprägt ist (»je mehr du hast, desto weniger bleibt für mich«), üppig vermehrt.

Sie haben ganz praktisch entdeckt, wie sich Wissen durch Netzwerke verbreitet, und das spiegelt sich andernorts wider. Das Internet und neue Formen des Managements geben weitere Anstöße zu einer solchen Wende. Forscher, die die Auswirkungen neuer Technologien untersuchen, stellen fest, dass der Leitgedanke der neuen, auf das Internet aufbauenden Wirtschaft sich grundsätzlich von dem alten unterscheidet, der den Mythos vom Mangel aufrecht erhält. Die alte Wirtschaft von Ausbeutung, Produktion und Entsorgung setzte auf Geheimhaltung und Ausschluss. Nur so sei Wettbewerb möglich, behauptete sie, und das glaubte jeder. Die neue Logik, konstatiert der Mitherausgeber der Zeitschrift *Wired*, Kevin Kelly, mit spürbarer Begeisterung, stelle den Gedanken, dass Wert durch Knappheit entsteht, auf den Kopf:»In einer vernetzten Wirtschaft entsteht Wert durch Fülle ...«, sagt er.[94] Als Beispiel führt er alltägliche Dinge wie Faxgeräte an, um zu veranschaulichen, dass sie umso mehr Wert für all ihre Besitzer haben, je mehr es davon gibt. Die Menschen, die wir unterwegs kennen gelernt haben, empfinden ebenso und tauschen Saatgut miteinander aus, da jeder dabei gewinnt, wenn die Vielfalt größer wird.

William Ury, Anthropologe und Autor mehrerer Bücher über Strategien zur friedlichen Konfliktlösung, vertritt die gleiche These. Er konstatiert einen breiten Kulturwandel, der gut am neuen Managementstil abzulesen sei. Wer hätte vor dreißig Jahren gedacht, dass Konzernchefs Millionen für Teambildungsseminare ausgeben würden? Das Management bewegt sich von Top-Down-Hierarchien zu Netzwerk-Strukturen. Ury sieht in dieser neuen Managementpraxis die Wiederbelebung von uralten stammesgeschichtlichen Prinzipien aus einer Zeit, als es noch keine Landwirtschaft gab. Damals hätten wir in flexiblen, sich selbst organisierenden Teams zusammengearbeitet, bemerkt er, und zu dieser Kultur würden wir nun wieder zurückkehren.[95]

»Die Menschheit besinnt sich wieder auf ihre Abhängigkeit von einer grundlegenden Ressource, einem Kuchen, der mitwächst – wie in der Jäger- und Sammlerzeit«, sagt er. Diese Ressource sei das Wissen. Wir heutigen Menschen hängen ebenso wie Jäger und Sammler vom ständigen Informationsaustausch ab. Die Beziehungen verändern sich, weil wir nicht mehr auf einen Kuchen starren, der immer gleich groß bleibt, sondern uns vielmehr auf das konzentrieren, was wir durch den Austausch von Wissen schaffen. »Wir kehren zu den horizontalen Beziehungen zurück, die Menschen während der meisten Zeit ihrer Evolution unterhielten«, schreibt Ury.

In unserem Zeitalter der Paradoxe wird dieses bei Konzernchefs zu beobachtende wachsende Interesse, »flache« Unternehmenshierarchien zu schaffen und den Managern oder gar Facharbeitern Entscheidungsmacht zu übertragen, allerdings wettgemacht durch eine rigidere Kontrolle der Arbeiter auf anderem Gebiet. Konzernchefs kämpfen gegen Gewerkschaften, kürzen außertarifliche Leistungen und machen den Lohn immer häufiger unmittelbar von der Leistung abhängig, einmal aus Angst, auf die Verliererseite zu geraten, und zum anderen durch den Drang zu persönlicher Gewinnmaximierung, den die Globalisierung noch weiter steigert.

Obwohl, wie wir auf unserer Reise gesehen haben, Wissen durch Informationsaustausch wächst, nimmt auch auf eine andere, ebenso paradoxe Weise ein starker Gegentrend zu. Innerhalb wie außerhalb der akademischen Welt immer fester mit profitorientierten Unternehmen verknüpft, werden Forscher, die ihre Erkenntnisse früher auf wissenschaftlichen Konferenzen frei miteinander austauschten, jetzt gut bewacht, um zu verhindern, dass ein Konkurrent ihr Wissen nutzt und ihnen mit einer Patentanmeldung zuvorkommt. Ein Biologie-Professor vom MIT hat mir vor kurzem gestanden, wie traurig es ihn stimmt, dass sich die Stimmung auf den Fachkonferenzen in seinem Bereich in den letzten zehn Jahren radikal verändert hat. Jeder hat Angst, etwas preiszugeben, das vielleicht patentierbar ist. In den kleinen Dörfern in Indien, die wir besucht haben, konnten wir die fatalen Auswirkungen der Saatgutpatentierung auf arme Bauern mit eigenen Augen sehen. Und jetzt bemerke ich auch hier in den USA, wie sehr die Pflanzen- und Tierpatentierung den wissenschaftlichen Erkenntnisaustausch hindert.

Wenn man heute in Jubel ausbricht über die Entstehung einer »Wissensgesellschaft«, übersieht man auch noch einen anderen Punkt. Der Markt besitzt keinen eingebauten Mechanismus, durch den die überwiegende Mehrheit der Welt, die noch ausgeschlossen ist von der Fülle, wie Ury sie preist, automatisch mit einbezogen würde. Die meisten von uns hängen keineswegs ständig am Telefon oder Handy oder surfen durchs Netz auf der Suche nach dem neuesten heißen Tipp. Nach letztem Stand haben nur drei Prozent aller nicht in den USA lebenden Menschen überhaupt Zugang zum Internet, und nur ein relativ kleiner Prozentsatz der Einwohner von Entwicklungsländern verfügt über ein Telefon.

Doch trotz der Gegentrends haben Ury und Kelly etwas aufgespürt, das auch wir beobachten konnten: eine grundlegende Wende in den menschlichen Beziehungen weg von der Hierarchie und hin zum Netzwerk in der zunehmenden Erkenntnis, dass sich Wissen und Fülle durch Austausch vervielfachen.

Bei diesen großen Veränderungen spielen jedoch nicht die technischen Errungenschaften die Hauptrolle, sondern die Menschen, von denen die meisten technisch eher rückständig sind. Diejenigen, die wir auf unserer Reise kennen gelernt haben, sind nur ein Bruchteil von den Millionen auf der Welt, die diesen Wandel vollziehen – nicht in den Chefetagen, sondern in ihren Gruppen und vernetzten Gemeinden. Man denke nur an Hannes Lorenzens Netzwerk wirtschaftlich benachteiligter Regionen in Europa (»Eco-Islands«), die stärker werden, indem sie zusammenkommen und ihr Wissen miteinander teilen. Oder an Farida Akhters Gruppe »Nayakrishi« in Bangladesch, die sich nach dem Wasserhyazinthenprinzip verbreitet und ausdehnt, indem sie Ideen austauscht, statt sie für sich zu behalten.

Navdanya in Indien ist keine streng strukturierte Organisation, sondern eher ein loses Netz von Leuten mit einer gemeinsamen Vision. Und was Odessa das »Korallenriff« der Gegend um Madison nennt, wächst nicht etwa, weil sie oder jemand anders über die nächste Geschäftsstrategie entscheidet, sondern weil genügend Menschen, die ein Gemeindeleben nach menschlichem Maß wünschen, sich gegenseitig Mut machen und kreativ werden, um es zu verwirklichen.

Diese Netzwerke wachsen auch über Ländergrenzen hinweg, wie wir merkten, als wir enttäuscht feststellten, dass wir José Bové in

Frankreich verpasst hatten, weil er gerade in Indien weilte und eine Protestdemonstration von Tausenden von Bauern dort unterstützte. Sie alle gehören zur »Via Campesina«, in der Bauern aus etwa vierzig Ländern organisiert sind, darunter auch die Bewegung der besitzlosen Landarbeiter Brasiliens, und was sie zusammenhält, ist die gemeinsame Vision einer nachhaltigen Landwirtschaft.

2. Über die Zerrbilder unserer selbst lachen und auf uns selbst hören.

Jetzt sehen wir, dass das Bild von uns selbst als Egoisten und Materialisten nur eine gemeine Karikatur von unserem wahren Wesen ist. Ohne unser Bedürfnis nach Effektivität und Verbundenheit und ohne die Fähigkeit dazu hätten wir als Spezies nie überlebt.

Ob wir den Gedanken der Fülle als Luftschloss betrachten, von welchem Denkmuster wir geprägt sind und letztlich auch, welche Möglichkeiten wir für unsere Erde sehen, all das hängt einzig und allein davon ab, wie wir uns selbst als Menschen sehen. Und wenn wir nun über das Wesen des Menschen definitiv nur sagen können, dass wir uns gern darüber streiten?

Dass bei dieser Debatte kein Ende abzusehen ist, sollte uns nicht entmutigen. Denn wenn wir uns kein eigenes Urteil bilden, werden wir unserer Kultur auch weiterhin die Karikatur unserer selbst als egoistische Materialisten abnehmen – ein ziemlich hässliches Zerrbild.

Anna und ich sind zu der Auffassung gekommen, dass der Mensch nicht auf ein Zerrbild festgelegt werden kann, wie es uns die Medien bieten, sondern voller Möglichkeiten steckt. Deshalb sind wir froh, von Paul Ehrlich, dem Autor des 1968 erschienenen Buches *Die Bevölkerungsbombe*[96] daran erinnert zu werden, dass wir Menschen nicht nur *ein* Wesen haben. Vielmehr verfügen wir, wie er in seinem neuesten Werk *Human Natures* darlegt, über ein breites Spektrum möglicher Verhaltensweisen und können vom Halsabschneider bis zum Wohltäter alles sein, je nachdem, was unsere Umgebung begünstigt und in uns verstärkt.[97]

Andererseits wächst auch unsere Überzeugung, dass der Mensch kein »unbeschriebenes Blatt« ist. Mögen wir auch völlig unterschiedlich geprägt worden sein, so haben wir doch eine Reihe weitgehend gleicher Bedürfnisse.

Das Schöne am Älterwerden ist für mich, dass ich genug gesehen, gehört und erlebt habe, um aus meinen Erfahrungen heraus Vermutungen anstellen zu können, welche Bedürfnisse das sind. Und ich habe zu meiner Freude festgestellt, dass Anna trotz ihrer ganz anderen Erfahrungen und ihres kürzeren Aufenthalts auf dieser Erde ähnliche Empfindungen hat. Für uns beide läuft es letztlich darauf hinaus, dass wir, *um glücklich zu sein, sowohl ein Gefühl unserer Nützlichkeit als auch unserer Verbundenheit mit anderen haben müssen.*

Überall hörten wir, wie dieser Wunsch geäußert wurde. Wir haben ihn auf Bengali, Hindi, Portugiesisch und Punjabi gehört, auf Französisch, Niederländisch und Kisuaheli, auf Deutsch, Englisch und Kikuyu. Wir haben ihn aus dem Munde des schroff wirkenden Grameen-Bankdirektors in Bangladesch gehört, der sich wehmütig an seine Arbeit im unmittelbaren Kontakt mit armen Dorfbewohnern erinnerte. »Es war wie die erste Liebe«, hatte er gesagt. Und wir haben ihn von Negi in Indien gehört, als er uns erklärte, warum er mit Vandana zusammenarbeitet. »Ich bin der Stimme meines Herzens gefolgt.«

So überrascht es uns nicht, wenn Gelehrte nach umfassenden anthropologischen Forschungen die gleichen Grundbedürfnisse gefunden haben. In seiner *Anatomie der menschlichen Destruktivität* stellt Erich Fromm fest, der Mensch brauche das Gefühl, etwas geleistet, etwas bewirkt zu haben. »Etwas bewirken zu können«, schreibt Fromm, »bedeutet die Gewissheit zu haben, dass man nicht ohnmächtig ist, sondern ein lebendiger, tätiger Mensch.« Und in Abänderung der berühmten Maxime von Descartes »ich denke, also bin ich«, fasst er unsere Bedürfnisse folgendermaßen zusammen: »Ich bin, weil ich etwas bewirke.«[98]

Vergleichen wir dieses Wirkungsbedürfnis einmal mit der Rolle, die uns immer häufiger im globalen Kapitalismus zugewiesen wird. Darin werden wir zum passiven Verbraucher degradiert, und zwar nicht nur auf wirtschaftlichem Gebiet, sondern zunehmend auch in der Politik. Denn selbst dort sind wir nur noch Zuschauer, denen neben Pampers, Prozac und Pepsi Kandidaten angepriesen werden. Kein Wunder, dass so viele Leute das Empfinden haben, in ihrem Leben fehle ihnen etwas zum Glücklichsein.

Ebenso stark wie dieses Wirkungsbedürfnis ist nach Annas und meiner Überzeugung das Bedürfnis, mit anderen in Berührung zu kommen. Wir sind keine abgeschotteten Egoisten, nicht die sozialen Atome und »Nutzenmaximierer«, wie heutige Wirtschaftsfachleute behaupten. Wir sind im Grunde *Sozialwesen.* Kinder fangen an zu weinen, wenn sie andere Kinder weinen hören, und sie verkümmern, wenn sie keine Zuwendung erhalten. In der Isolation werden wir verrückt. Nicht zuletzt deshalb ist die Verbannung immer eine der härtesten Strafen gewesen, die Menschen einander auferlegen können – vom elterlichen Befehl: »Geh in dein Zimmer!« bis hin zur Einzelhaft.

Gerade weil Adam Smith als Vater des egozentrischen Kapitalismus gilt, zitiere ich mit Wonne, was er über das soziale Wesen des Menschen gesagt hat: »Wie selbstsüchtig der Mensch auch gelten mag«, schrieb er 1790, »so gibt es offensichtlich doch Prinzipien in seinem Wesen, die ihn zum Wohle anderer tätig werden lassen, sodass er deren Glück als notwendig für sich erachtet, auch wenn es ihm nichts einträgt als das Vergnügen, sie glücklich zu sehen.«[99]

Wir brauchen uns aber nicht an Adam Smith zu orientieren, weder an der vom globalen Kapitalismus propagierten noch an unserer eigenen Version von ihm. Wir können auf die Stimmen der Menschen hören, von denen in diesem Buch die Rede ist. Und wir können der eigenen inneren Stimme folgen.

Vom Homo erectus bis heute
Wenn wir etwas über unsere grundlegenden Wesensmerkmale sagen wollen, müssen wir dann nicht einen Schritt zurücktreten, weit zurück in den größten und längsten Abschnitt der menschlichen Existenz?

An einem windstillen, bedeckten Tag unserer Reise standen Anna und ich im Rift Valley in Kenia, vor uns auf dem kiesigen Sandboden Dutzende von Faustkeilen. Die schwere Luft brachte mich dazu, mir jedes Luftmolekül als ein Jahr vorzustellen, das mich von meinen Faustkeil schwingenden Vorfahren, vom *Homo erectus* trennte, der diese Steine vor zwei Millionen Jahren schärfte.

Dieser ungeheuer große Zeitraum – die 99 Prozent unserer Geschichte als Spezies, wo wir in kleinen Gruppen zusammenlebten und uns mit dem Sammeln von Pflanzen und der Jagd auf Tiere am Leben erhielten – ist nach wissenschaftlicher Auffassung entscheidend für unser heutiges Wesen. Die Gene, die uns heute prägen, haben sich lange vor dem Aufkommen der Landwirtschaft entwickelt. Aber danach hat die Zeit eben nicht mehr für die natürliche Auslese bei uns gereicht. Wie *waren* wir also während des überwiegenden Teils unserer Evolution?

Charles Darwin meinte, auch unter den Frühmenschen seien Handlungen zweifellos als gut oder schlecht beurteilt worden, und zwar einzig nach ihrem offenkundigen Einfluss auf das Wohlergehen des jeweiligen Stammes und nicht etwa der Spezies oder der einzelnen Stammesmitglieder. William Ury schließt sich nach Prüfung neuester anthropologischer Erkenntnisse der Auffassung des Anthropologen Claude Lévi-Strauss an, der behauptet hat, für die Menschen hätte es wahrscheinlich nur *eine* nachhaltig erfolgreiche Lebensweise gegeben – die des Jägers und Sammlers. Ury kommt zu dem Schluss: »Der Schlüssel zum Erfolg lag in der hoch entwickelten Fähigkeit unserer Vorfahren zur Kooperation. Statt bei unserer Spezies vom ›Primaten mit Killerinstinkt‹ zu sprechen, wäre die Bezeichnung ›Primat mit Gemeinsinn‹ sicher zutreffender.«[100]

Für Anna und mich ist es schwer vorstellbar, wie unsere Art ohne die beiden grundlegenden Bedürfnisse hätte überleben können: das Wirkungsbedürfnis – aktiv zu sein und etwas zu vollbringen, wie Fromm betont – und das Gemeinschaftsbedürfnis, das sich im Kooperieren ausdrückt, wie Ury sagt. Wenn wir Recht haben, müsste es uns eigentlich im Innersten widerstreben, zu passiven Verbrauchern reduziert zu werden und uns einer Welt zu fügen, die wir eigentlich gar nicht wollen.

Das führt zu weit reichenden Folgerungen. Man denke bloß einmal an das riesige, ungenutzte Reservoir der menschlichen Führungsqualitäten, das sich dahinter verbirgt. Entspringen Führungsqualitäten nicht letztendlich einer Kombination dieser beiden Dimensionen – also der »kooperativen Aktion«?

Sofort fällt uns wieder Antonio Capitani ein, der uns erklärte, was es bedeutet, gewählter Führer von Familiengruppen und für eine vollkommen neue Gemeinschaftsform im Lager der ehemals Landlosen in Brasilien verantwortlich zu sein

Oder Anthony Travis vom Garten der Gefangenen und Haftentlassenen in San Francisco, der sichtlich stolz von seinen Aufgaben als Leiter der Trupps sprach, die überall in der Stadt Bäume pflanzen und pflegen.

Und wir denken an Swapna, eine frühere Studentin von Muhammad Yunus, die jetzt eine Spitzenposition in der Grameen-Bank innehat. Von dem Wunsch beseelt, etwas zu leisten und ihrer Verbundenheit mit den Frauen Ausdruck zu geben, denen sie helfen will, hat Swapna sich über alle Hindernisse, mit denen Frauen in Bangladesch konfrontiert sind, hinweggesetzt.

»Zu Anfang wurde ich nicht nur von den Männern kritisiert«, erzählte sie uns, »sondern auch die Frauen wollten mich nicht als Bankerin akzeptieren. Ich hielt mich nicht an die Normen unserer Kultur. Deshalb hatte ich immer eine Aktenmappe mit der traditionellen *Purdah* zum Verschleiern bei mir. Sobald meine Rolle bezweifelt wurde, zog ich mich um und bewies den Dorffrauen, dass ich eine der ihren war.«

Yunus würde dem hinzufügen, dass wir alle Bonsai-Bäumchen sind, die in ihren Möglichkeiten nur durch die Größe des Topfes, in dem sie wachsen, beschnitten sind.

3. Die richtigen Mittel anwenden und den Bürgersinn wecken.

Endlich können wir Technologien, ja sogar den Markt, als Mittel zum Zweck einsetzen, statt uns davon tyrannisieren zu lassen. Wissenschaftliches Know-how einschließlich der neuen Gentechnik kann uns weiterbringen, aber nur, wenn wir als Bürger festlegen, welche Werte bei deren Anwendung nicht verletzt werden dürfen.

Die Fähigkeit zur kooperativen Aktion, auf die jeder von uns zurückgreifen kann, wenn er sich aus den Denkfallen befreit hat, bringt uns zu einer weiteren grundlegenden Wahrnehmungsveränderung, die sich in den letzten dreißig Jahren vollzogen hat. Sie bewirkt, dass das menschliche Dasein im gleichen Licht gesehen wird, wie die heutige Wissenschaft die natürliche Welt sieht: Leben ist nicht länger hierarchisch aufgebaut und teilbar, sondern ein unteilbares Netzwerk, in dem jeder Knotenpunkt von entscheidender Bedeutung ist.

In dieser neuen Sichtweise ist plötzlich jeder Mensch ein Mitwirkender. Der normale, unspezialisierte Bürger wird wieder zu einem wertvollen Mitglied der Gesellschaft. Das geschieht an so vielen Orten und auf so mannigfaltige Weise, dass kaum auffällt, wie radikal dieser Wandel ist. Überall fragt man sich, ob es sinnvoll ist, richtungweisende Entscheidungen für die Kommunen und die Gesellschaft nur von wenigen Menschen mit spezialisierten Kenntnissen oder amtlichen Befugnissen treffen zu lassen. (Die um sich greifende Entmystifizierung von Experten und Beamten ist auch eine Reaktion auf den Schock und die Empörung über die großen politischen Skandale und technologischen Katastrophen der letzten dreißig Jahre – man denke nur an Watergate und Tschernobyl.)

Lösungen für unsere größten Probleme werden besser von denjenigen gefunden, die hautnah mit dem Problem konfrontiert sind und ihre Erfahrungen, ihre Wertvorstellungen und ihren gesunden Menschenverstand einbringen, wobei sie Experten oder staatliche Autoritäten nicht als überlegen, sondern als Partner betrachten und einbinden.

Jede Geschichte in diesem Buch spiegelt diese Revolution in Wahrnehmung und Praxis wider: die Geschichte der brasilianischen Landlosenbewegung, deren Mitglieder sich mit Regierungsbeamten zusammensetzen, um die Landverteilung im Einzelnen auszuarbeiten, ebenso wie die des französischen Staatsrats, der einen Bürgerausschuss über regierungspolitische Fragen der Gentechnik entscheiden lässt; die Geschichte der indischen Bauern, die eine eigene Saatenbank betreiben, ebenso wie die der kenianischen Landfrauen, die selbst Baumschulen einrichten, was bis dahin nur Forstfachleuten zugestanden wurde.

Manche sehen darin vor allem ein Stärkerwerden der »Bürgerlichen Gesellschaft« in Form einer explosionsartigen Zunahme von nichtstaatlichen Bürgerorganisationen in aller Welt. Aber der Wandel geht weit über die zunehmende Mitwirkung von Bürgerinitiativen im öffentlichen Leben hinaus.

Für mein Buch *The Quickening of America* bin ich in meinem Heimatland herumgereist und habe festgestellt, dass das Engagement von Laien heute überall hoch geschätzt wird. Dieses Engagement stellt neue Beziehungen in allen Bereichen des Lebens her. In den Schulen werden die Kinder dazu angehalten, ihre Konflikte selbst beizulegen. In den Fabriken bilden sich immer häufiger kooperative Arbeitsteams. In den Kommunalregierungen entscheiden Bürgerausschüsse über wichtige Finanzierungsfragen. In Arztpraxen und Krankenhäusern werden Patienten an den therapeutischen Entscheidungen beteiligt.

Überall habe ich bemerkt, dass ein neues Partnerschaftsmodell an die Stelle des alten Modells tritt, nach dem der Experte oder Vorgesetzte seinen Lösungsvorschlag einem passiven Studenten, Angestellten oder Arbeiter aufzwingt.

Nur wenn wir auf diesem Weg weitergehen, können wir all unser »Werkzeug« – von der Technik bis hin zu den Strategien der Wirtschaft – unter den wachsamen Augen der Bürger am richtigen Platz einsetzen und Spezialkenntnisse nach Bedarf in Anspruch nehmen.

Alles an seinem Platz

Menschen sind meisterhafte Erfinder. Wir können alles herstellen und gebrauchen, von der Schaufel bis zum Raumschiff, von der Schere bis zum Supertanker. Deshalb ist es nur verständlich, dass wir auch radikal neue Möglichkeiten, wie sie etwa die Gentechnik bietet, als rettende Lösung aufgreifen. Ebenso wenig wundert es, dass wir manchmal vergessen, unseren Erfindungen und Werkzeugen den ihnen gebührenden Platz zuzuweisen, sondern uns von ihnen vereinnahmen lassen.

Nehmen wir einmal den Markt. Er *könnte* ein brauchbares Werkzeug sein. Stattdessen ist er als starre Ideologie zum Tyrannen geworden.

Was der Finanzfachmann George Soros »Marktfundamentalismus« nennt, hat sich buchstäblich bis in den letzten Winkel der Erde ausgebreitet. 1987 war ich in China, als gerade die großen staatlichen Landwirtschaftsbetriebe aufgelöst wurden. Als wir zum Frühstück gingen, schallte uns aus Lautsprechern an hohen Masten, über die noch wenige Jahre vorher die markigen Sprüche des Vorsitzenden Mao verbreitet worden waren, entgegen: »Die Marktwirtschaft ist ein ruhmreicher Weg. Er wird uns allen Reichtum bringen!«

Globalisierung – Marktöffnung, Reduzierung der Rolle des Staates – heißt das Zauberwort, und Thomas L. Friedman, Auslandskorrespondent der *New York Times*, hat deren Macht in seinem Buch *Globalisierung verstehen* anschaulich beschrieben. So wie der Löwe jeden Morgen losspurten muss, um Beute zu machen, und die Gazelle vor dem Löwen davonrennen muss, schreibt er, ist es auch mit der Globalisierung: Wir müssten alle rennen, aber leider sei nicht jeder in der Lage, schnell zu rennen.

Was heißt das? Laufschuhe raus und trainieren, denn nicht wir beherrschen den Markt, sondern der Markt beherrscht uns, und einige von uns – Friedman nennt sie »Schildkröten« – bleiben zwangsläufig auf der Strecke.[101]

Kein Wunder, dass der Markt kaum als nützliches Instrument betrachtet werden kann, wenn uns gesagt wird, wir seien ihm auf Gedeih und Verderb ausgeliefert. Aber die Leute, denen wir auf unserer Reise begegnet sind, lassen sich nicht länger einschüchtern. Sie haben Möglichkeiten entdeckt, wie der Markt für sie funktionieren kann, statt sie zu beherrschen oder auszugrenzen, Möglichkeiten, die nicht unser Schamgefühl verletzen und noch mehr Hunger, Slums, Kriminalität, Kinderausbeutung, Prostitution, Sklaverei und Naturzerstörung heraufbeschwören.

Die Stadtväter von Belo Horizonte haben sicher nicht den Markt negiert mit ihrer Entscheidung, dass gesunde Nahrung ein Bürgerrecht ist. Sie haben vor allem neue und einfallsreiche Möglichkeiten für einen ehrlichen Markt gefunden, um allen Bürgern gesunde Nahrung bieten zu können.

Die Farmerkooperative »Organic Valley« in Wisconsin opponiert ebenfalls nicht gegen den Markt. Vielmehr benutzt sie den Markt und verkauft ihre Milchprodukte inzwischen sogar ins Ausland. Aber sie ist an die Stelle der anonymen, global agierenden Konzerne getreten und hat dafür gesorgt, dass die Farmer selbst wieder die Kontrolle übernehmen, sodass die Gewinne vor Ort bleiben und der Kommune zugute kommen.

Auch die Fair-Trade-Bewegung richtet sich nicht gegen den Markt, sondern hilft Produzenten und Verbrauchern, ihn zu nutzen. Sie erinnert uns daran, dass wir uns mit *jedem Dollar für die Welt entscheiden, die wir uns wünschen.* Jetzt können wir den Markt mit Hilfe der grünen und Fair-Trade-Labels nach unseren Wertvorstellungen steuern. Wir können, wie Paul Rice sagt, durch unsere Kaufentscheidungen die Umwelt schützen und den Erzeugern ein anständiges Einkommen gewährleisten.

All diese Entwicklungen rufen uns ins Gedächtnis zurück, was wir leicht vergessen: dass es im Wirtschaftsleben nicht um unsere Beziehung zu Dingen wie Landbesitz, Häuser oder Handys geht. Vielmehr geht es um unsere Beziehungen untereinander und darum, welche Normen und Erwartungen wir hochhalten und schätzen.

Was wir heute sehen – ein menschenfernes, vom »Markt« beherrschtes Wirtschaftsleben –, ist in einem kurzen Augenblick der geschichtlichen Zeit entstanden. Während des größten Teils der Menschheitsgeschichte war das Wirtschaftsleben eingebettet in ein Netz von Beziehungen innerhalb von Familie und Gemeinschaft, Kultur und Natur. Wir haben auf unserer Reise eine »Rückeinbettung« erlebt, in deren Verlauf die Menschen eine neue Sprache und ein neues Verständnis entwickeln, das die Behauptung ad absurdum führt, wir hätten nur eine Wahl: entweder dem Staat alle Macht zu übertragen oder uns und unsere Zukunft einem von Konzernen kontrollierten Weltmarkt auszuliefern. Nein, wir als Bürger sind gefragt! Wir tragen selbst die Verantwortung. Wir können aktiv wählen, welche Welt wir uns wünschen.

Und das geschieht mit Riesenschritten. Man denke nur einmal: Noch vor dreißig Jahren wäre jeder, der diese Entwicklungen vorausgesagt hätte, als blauäugiger Träumer betrachtet worden.

4. Die Verbundenheit der Probleme erkennen und strukturelle Lösungen suchen.

Durch bahnbrechende neue Erkenntnisse in Wissenschaft und Technik können wir heute die wechselseitige Verbundenheit vieler Probleme und ihrer Lösungen erkennen. Wir verfügen über die Mittel, von der Genialität der Natur Gebrauch zu machen und uralte Weisheit bestmöglichst für uns zu nutzen. Außerdem können wir jetzt viel deutlicher erkennen, welche Kraft wir haben, durch unsere persönlichen Entscheidungen auf die Lösung der Weltprobleme einzuwirken.

Wir haben nicht nur gelernt, unseren Arbeitsmitteln und Instrumenten ihren richtigen Platz zuzuweisen, sondern sind auch Zeuge bahnbrechender wissenschaftlicher Erkenntnisse über die innere Struktur der natürlichen Welt geworden. Durch diesen neuen Wissensstand und durch nie dagewesene technische Möglichkeiten können wir jetzt den Schaden erkennen und messen, den wir angerichtet haben, indem wir lange nur Einzellösungen favorisierten. Wir können endlich die innere Verbundenheit der Probleme erkennen und lernen, in Systemen zu denken.

Anders ausgedrückt: Wir haben jetzt das Instrument, um über die Instrumente hinauszugehen.

Ich kenne den Begriff »Systemdenken« schon seit Jahren, aber er kam mir immer sehr abstrakt vor und war mir als wissenschaftlichem Laien unverständlich. Jetzt bemerken Anna und ich es überall, ob bei Bob Will und der »Living Machine« zur Abwasserklärung seiner Käserei in Wisconsin oder bei Jean Yves Griot in der Bretagne, der seine Landwirtschaft umstellte, nachdem er begriffen hatte, dass sein Stickstoffdünger Fluss und Trinkwasser gefährdete.

Zum ersten Mal in unserer Evolution haben wir die Fähigkeit, gezielt ganzheitliche Systeme zu schaffen und bewusst mit und in ihnen zu leben. Vielleicht war das vor dreißig Jahren noch nicht möglich. Wir hatten lange Zeit den intuitiven, kulturell überlieferten Zugang unserer Vorfahren zu natürlichen Systemen – zur inneren Verbundenheit allen Lebens – verloren, der im Laufe von Äonen durch praktische Beobachtung und Erfahrung erworben worden war. Und die moderne Chemie, Mathematik, Biologie und Physik waren damals noch nicht so weit fortgeschritten, dass wir die Wissenschaft mit der Natur hätten vereinen können, um *mit* der Natur zu arbeiten, wie es unsere Vorfahren taten, statt sie auseinander zu reißen und zu zerstören.

Inzwischen hat sich jedoch etwas geändert. Überall sind die Zeichen dafür zu sehen.

Vor kurzem war in den Nachrichten zu hören, dass peruanische Bauern seit Jahrhunderten ihre Aussaattermine nach dem Sternbild der Plejaden festlegen. Aber erst jetzt, seit Satellitendaten über Bewölkung und Wasserverdunstung zur Verfügung stehen, konnten Forscher bestätigen, dass diese jahrhundertealte Methode mit den wissenschaftlichen Erkenntnissen übereinstimmt. Sie entdeckten, dass die »bäuerlichen Sterngucker« tatsächlich genaue langfristige Wettervoraussagen machen können. Endlich hat uns unsere Technik ermöglicht, es den alten Peruanern gleichzutun!

Satellitendaten sind nur ein Beispiel dafür, wie die unglaublichen wissenschaftlichen Durchbrüche der vergangenen dreißig Jahre dazu beigetragen haben, dass wir uns nicht mehr von der Technik beherrschen lassen, sondern uns auf unseren Erfindungsgeist besinnen, um die Systeme in unserer Umwelt erkennen und uns in sie eingliedern zu können.

Strukturelle Lösungen mit Blick auf ganze Systeme
Viele von den Leuten, denen wir auf unserer Reise begegnet sind, haben Verbindungen sehen gelernt, die vom eindimensionalen Denken in linearen Kausalzusammenhängen zur Wahrnehmung eines vielgliedrigen Netzes von Ursachen und Folgen übergegangen sind. Die Parallelen waren auffallend – ob es die Bürger von Madison waren, die erkannten, welche vielfältigen Beziehungen zwischen ihrer Entscheidung in Sachen Ernährung und der Le-

bensqualität innerhalb der Region bestehen, oder die Landbewohner in Brasilien, die jetzt erstmals eigenen Grund und Boden besitzen und die vielen miteinander verwobenen Dimensionen ihres Mitwirkens an einer besseren Zukunft für sich und ihre Familien realisieren.

Diese realen Beispiele für das Denken in ganzen Systemen spiegeln sich auch in der Welt der Wissenschaft wider. Wir hatten auf unserer Reise Gelegenheit, mit dem Physiker und Autor Fritjof Capra zu sprechen, einem langjährigen Freund aus unserer Zeit in Kalifornien, dessen Lebenswerk sich auf diese Hinwendung zum Systemdenken konzentriert. Als Gründer des »Center for Ecoliteracy«, eines Zentrums für ökologische Bildung, dessen Arbeit wir in Kapitel 2 gewürdigt haben, bemüht Capra sich, diese abstrakten Ideen mit Leben zu erfüllen. Gegen Ende unserer Reise sitzen wir mit ihm im Mocha-Lisa-Café in der Nähe der Universität von Berkeley, wo er uns mit seinem weichen österreichischen Akzent geduldig erklärt:»Ja, wir leben in einer Angst erregenden Zeit und erleben die Schrecken einer Umweltzerstörung mit, der wir durch unsere Überzeugung Vorschub geleistet haben, die Natur könne in Einzelteile zerlegt und manipuliert werden. Aber es ist auch eine unglaublich spannende Zeit, weil uns Wissenschaften wie die Quantenphysik drastisch vor Augen führen, dass es gar keine Einzelteile gibt!

Erst in den letzten dreißig Jahren hat die Wissenschaft Mittel entwickelt, mit deren Hilfe wir verstehen können, dass lebende Systeme selbstorganisierte Netzwerke sind, deren Teile nur in Wechselbeziehung miteinander funktionieren. Sogar eine neue mathematische Sprache ist im Entstehen begriffen – die »Mathematik der Komplexität« – und vermittelt uns ein nichtmechanistisches Verständnis vom Leben. Es ist eine Mathematik visueller Muster.«

Das Paradoxe daran ist, dass es hoch entwickelter Technik – superschneller Computer, die komplexe, nichtlineare Gleichungen lösen können – bedurfte, damit man die Ordnungsmuster im scheinbaren Chaos der Natur erkennen konnte.

Wissenschaftler haben mittlerweile gelernt, über die Einzelteile hinauszugehen, ganze Systeme zu betrachten und dabei auch die Grenzen zwischen ihren Fachbereichen zu überschreiten. Ein Stanford-Student, den ich vor kurzem kennen gelernt habe, studierte im Hauptfach »Biosphärik«, eine Mischung aus Physik, Anthropologie, Wirtschaft, Biologie und Chemie – ich kannte in seinem Alter nicht einmal das Wort!

Während Fritjof uns die fortschreitende menschliche Fähigkeit erklärt, Muster zu erkennen, muss ich an die Begeisterung seiner Kollegin Zenobia Barlow denken. Sie merkte bei der Suche nach strukturellen Lösungen, dass die Entscheidung, die Lebensmittel für die Schülerspeisung bei Farmern vor Ort zu kaufen, mannigfaltige positive Auswirkungen hatte.

Unsere Reise hat uns auch vor Augen geführt, was geschieht, wenn wir – oder die Experten – *nicht* nach strukturellen Lösungen suchen. Dann konzentrieren wir uns nur darauf, mehr Nahrung zu produzieren, und ersticken im Überfluss, während weiterhin Kinder verhungern. Wir konzentrieren uns darauf, in Lateinamerika mehr Kaffee zu produzieren, holzen die Bäume mit ihrem schützenden Blätterdach ab und vermindern dadurch die Zahl der Zugvögel. Ebenso ist auch das Aussterben einheimischer Fischarten in Bangladesch oder die Schädlingsresistenz im indischen Punjab ein Symptom des »Lösens durch Zerlegen«, das die Struktur unbeachtet lässt.

Unverändert hohe Geburtenraten sind eins der drastischsten Beispiele der Welt für das Versagen dieses Lösungsversuchs. Um die bedrohliche Überbevölkerung wirklich in den Griff zu bekommen, muss man nach den miteinander verflochtenen Wurzeln des Bevölkerungswachstums graben, wie es die in diesem Buch vorgestellten Leute tun. Das setzt den Blick für neue Beziehungen voraus: Geschichtlich betrachtet sind die Bevölkerungszahlen immer dann gesunken, wenn besonders für Frauen die Möglichkeit bestand, sich zu bilden, berufstätig zu sein und die Familie zu ernähren. Kaum erlebten zum Beispiel Grameen-Kreditnehmerinnen einen gewissen wirtschaftlichen Aufschwung, schrumpften die Familien. In Kenia erklärten uns die jüngeren der Frauen, die durch die Green-Belt-Bewegung ihre eigene Kraft entdeckten, wie gut sie es fänden, dass sie sich jetzt für kleinere Familien entscheiden könnten.

Fritjof machte Anna und mich darauf aufmerksam, dass neue Konzepte und Techniken, die in den letzten dreißig Jahren entwickelt wurden, die Wissenschaftler in die Lage versetzt haben, ihre Betrachtungsweise zu verändern und Beziehungen statt Gegenstände, Qualität statt Quantität und Muster statt Materie zu sehen.[102] Dieser Wandel in der Wissenschaft spiegelt sich auch im Leben all derer wider, denen wir auf unserer Reise begegnet sind. Anna und ich stellten verblüfft fest, dass sogar Fritjofs Wortwahl an die von Hannes Lorenzen, Jean Yves, den in der brasilianischen MST organisierten Bauern, ja eigentlich allen, die wir kennen gelernt haben, erinnert.

5. Sich von allen »Ismen« befreien und im Weitergehen den Weg bahnen.

Inzwischen ist deutlich geworden, dass der globale Kapitalismus – eine Wirtschaftsform, die sich weit vom Leben der Bürger und Gemeinden getrennt hat – weder unvermeidlich oder unveränderlich noch das Bestmögliche ist. Millionen lassen mittlerweile alle »Ismen« Ismen sein und wenden sich von Ideologien mit einem festen Endpunkt ab. Stattdessen verankern sie den Markt wieder in Werten wie Ehrfurcht vor der Natur, der Kultur und dem Menschen.

Anna und ich sind zu der Auffassung gekommen, dass von allen fünf Denkfallen die fünfte wohl die lähmendste ist, nämlich der Gedanke, das, was wir heute haben, sei ein nicht mehr zu übertreffendes Endergebnis menschlichen Experimentierens.

Wir haben alles andere probiert, heißt es, und es war ein Flop. »Kommunismus, Sozialismus und Faschismus, die einst angetreten waren, dem Kapitalismus den Stachel zu nehmen, ... sind gescheitert«, konstatiert der Kolumnist der *New York Times* Thomas Friedman und kommt zu dem Schluss, dass wir nichts tun können, um »die Brutalität des Kapitalismus zu mildern«, wenn wir einen ständig steigenden Lebensstandard beibehalten wollen.[103]

Stimmt nicht, sagen die Leute, die wir dieses Jahr getroffen haben. Der globale Kapitalismus ist nicht das Ende der Fahnenstange. Er entwickelt sich in zwei gegensätzliche Richtungen weiter – und zwar sehr schnell und zur gleichen Zeit.

Einmal wird das Wirtschaftsleben immer mehr dem Zugriff der Demokratie entzogen. Je schneller die Konzerne miteinander fusionieren, umso größer wird die Macht von Privatunternehmen über unser Wohlergehen – über Arbeit, Umwelt und Gesundheit – im Vergleich zur Macht unserer gewählten Regierungen.

Da uns die »Magie des Marktes«, wie Ronald Reagan es gern nannte, so lieblich in die Augen sticht, sind wir blind dafür, dass der konzernkontrollierte Kapitalismus den Markt letztlich *unterhöhlt*. Er zerstört die Bedingungen dafür, dass er uns nützt. Damit der Markt richtig funktioniert, dürfen die Händler nicht so groß sein, dass sie die Preise beeinflussen können, sollte die Kaufkraft so breit verteilt sein, dass unsere Kaufentscheidungen die Wünsche möglichst vieler Menschen widerspiegeln und nicht bloß die einer kleinen Minderheit, sollten die Teilnehmer gründlich über Waren und Preise informiert werden und die Verkäufer die vollen Produktionskosten tragen und auf die Preise schlagen.

In der heutigen Welt, in der ein paar Konzerne jeden Industriezweig dominieren, ist *keine* dieser Bedingungen erfüllt. Deshalb behaupten wir, dass der globale Kapitalismus der Konzerne den Markt kaputtmacht.

Zum Beispiel vereinen nur zehn multinationale Konzerne mehr als die Hälfte des gesamten Lebensmittel- und Getränkehandels in den USA auf sich. Das bedeutet, dass unser Schicksal, was die Ernährung anbelangt, in der Hand einiger weniger Leute liegt – genau genommen 117 Männer und 21 Frauen, die im Vorstand dieser Unternehmen sitzen.[104]

Durch ihre Größe besitzen diese Konzerne die Macht, den Markt stark zu beeinflussen und die »Freiheit« der Marktwirtschaft noch mehr zu beschneiden. Sie verleiht ihnen beispielsweise eine Vormachtstellung in der Werbung, sodass sie weiterhin den Absatz fett- und zuckerreicher Fertignahrung steigern können, obwohl der übermäßige Verzehr nährstoffarmer Kost ein nationales Gesundheitsproblem ist. In *allen* Industriezweigen, nicht nur in der Lebensmittelindustrie, gehören Coca-Cola und McDonald's zu den zehn Konzernen mit dem höchsten Werbeetat weltweit.

Bei so viel Macht in so wenigen Händen ist es kein Wunder, dass die gesetzlichen Bestimmungen oft übergangen werden. 1996 zum Beispiel wurden leitende Angestellte von Archer Daniels Midland – »Supermarket to the world«, wie sich die Firma vollmundig nennt – der Preisabsprache und Marktmanipulation beschuldigt, durch die den Verbrauchern beim Kauf Millionen Dollar Mehrausgaben entstanden seien. Das Unternehmen musste 100 Millionen Dollar Bußgeld bezahlen, und die Kläger nannten den Fall einen der größten Verstöße gegen das Kartellgesetz in der amerikanischen Geschichte.[105]

Dass der freie Markt eine Fiktion ist, steht für den betroffenen Konzern fest. »Auf dieser Welt wird nichts, aber auch gar nichts auf dem so genannten freien Markt vertrieben«, sagte der Vorstandsvorsitzende von ADM, Dwayne Andreas, 1995. »Absolut nichts. Nur in den Reden der Politiker gibt es den freien Markt.«[106]

Die Wiedereinbettung in den Schoß der Demokratie
In unserer Zeit mit all ihren Paradoxen sind aber auch starke Gegenkräfte am Werk. Diese Kräfte schleusen ohne private Profitinteressen Waren in ein System ein, das eigentlich durch solche Machenschaften ruiniert werden müsste, wie es immer heißt. Sie zeigen, wie aus dem Markt statt eines Tyrannen ein nützliches Werkzeug gemacht werden kann. Sie beweisen, dass das Wirtschaftsleben wieder in den Schoß der Demokratie zurückgeführt werden kann. Sie entwickeln den Kapitalismus, wie wir ihn kennen, weiter, wovon mannigfaltige Beispiele zeugen.

Ein solches Beispiel ist der neue Investmentfonds der Grameen-Bank in Bangladesch, der nicht allein Investoren Geld einbringt, sondern auch über die sozialen Zielsetzungen der Unternehmen wacht, in die investiert wird und zu denen sowohl ein Dutzend der von Grameen selbst ins Leben gerufenen Firmen als auch Zehntausende von Betrieben gehören, die durch Grameen-Kredite gefördert wurden.

Die Vereinigung von Kreditnehmer und Besitzer in einer Person wird hierzulande als »links« gefürchtet, dabei rangieren inzwischen Firmen aus mindestens sechs wichtigen amerikanischen Industriebranchen, deren Inhaber die Betriebsangehörigen sind, unter den fünf Spitzenunternehmen des Landes. Und in den letzten dreißig Jahren ist die Zahl von Mitarbeitern, die aufgrund von breit angelegten Beteiligungsprogrammen Aktien ihres Unternehmens erworben haben, von knapp einer Million auf fast zwanzig Millionen gestiegen, wobei arbeitereigene Betriebe im Allgemeinen in der Produktivität weit vorn liegen.[107] Die Arbeiterbeteiligung am Unternehmen schließt die Lücke zwischen Kapital und Proletariat – wieder zum Entsetzen derer, die keinen Zentimeter von der festen Vorstellung abrücken wollen, die sie vom Kapitalismus haben.

Vor zwanzig Jahren noch galt die Verteilung von Ackerflächen an Landlose als extrem antikapitalistisch oder gar »sozialistisch«. Seitdem hat die Bewegung der besitzlosen Landarbeiter in Brasilien gezeigt, dass durch die erfolgreiche Landreform – ähnlich wie durch die Beteiligung der Arbeiter am Firmeneigentum – eine integrative Wirtschaftsform geschaffen werden kann, in der die Ressourcen einer viel breiteren Kontrolle unterworfen sind. Und dem Hunger ein Ende bereitet wird. In Brasilien ist die Säuglingssterblichkeit bei Familien, die Land zugewiesen bekommen haben, nur halb so hoch wie im Landesdurchschnitt. Selbst internationale Institutionen wie die Weltbank erkennen mittlerweile die Bedeutung der Landreform an, obwohl sie leider immer noch, wie in Brasilien, Programme durchsetzen, die eine gegenteilige Wirkung haben.

Vor sechs Jahren hörte ich zum erstenmal von »Natural Step«, einem Versuch zur Einbindung von Umweltverträglichkeit und Konsensfindung in Unternehmensentscheidungen. Heute halten sich über siebzig große Konzerne an die Natural-Step-Prinzipien. Ihr Paradebeispiel, die weltgrößte Bodenbelagsfirma Interface, hat sich mit Hilfe dieser Prinzipien neu definiert: Während das Unternehmen früher Fußbodenbeläge herstellte, die nach ihrer Entsorgung etwa 20 000 Jahre brauchen, um sich auf den Müllhalden aufzulösen, werden die Beläge heute vermietet und, wenn sie abgetragen sind, zurückgenommen und recycelt. Ein Werk von Interface wird inzwischen sogar mit Sonnenenergie betrieben.[108]

Ein Bekannter, der an der Wall Street Investoren berät, die ihr Geld den eigenen Wertvorstellungen entsprechend anlegen möchten, erzählte mir, vor zehn Jahren hätte er das Wort »sozialverträgliche Investition« nicht einmal aussprechen dürfen, ohne ausgelacht zu werden. Heute fließen etwa 13 Prozent aller investierten Dollars in Anlagen, die bestimmte Wertkriterien des Kunden erfüllen, ein Anstieg von 62 Milliarden Dollar im Jahr 1985 auf 2,16 Billionen Dollar im Jahr 1999 mit Gewinnen, die durchaus mit denen nichtselektierter Anlagen vergleichbar sind.[109] Die von Tobin vorgeschlagene Steuer auf Währungsspekulationen, von der wir durch Susan George in Paris erfahren haben, ist ein weiteres Beispiel für kreatives Denken mit dem Ziel, den Reichtum des Konzernkapitalismus in sozialverträgliche Bahnen zu lenken. Wer hätte je gedacht, dass dieser Ansatz, auch wenn er noch nicht realisiert wurde, in nur wenigen Jahren so viel Anklang bei diversen Gesetzgebern in aller Welt finden würde!

Nach dem vorherrschenden Denkmuster ist die »Globalisierung« das Beste, was uns passieren konnte, und die meisten von uns sind es zufrieden, obwohl sie dazu führt, dass die marktbeherrschenden Konzerne freie Hand bekommen, demokratische Kontrollen ausgehebelt werden und letztlich der Markt selbst unterhöhlt wird.

Wir bieten in diesem Buch Alternativen an, ein Denken ganz anderer Art. Es setzt sich aus den Einsichten der Menschen zusammen, die wir in verschiedenen Teilen der Welt kennen gelernt haben. Jede Kultur hat ihre Denkmuster, die festlegen, was geschätzt wird und was nicht, was von Wert ist und was abzulehnen ist. Die Frage ist nicht, ob wir uns an diese Muster halten, sondern ob sie lebenserhaltend sind.

Als die Anthropologin Ruth Benedict ihr Lebenswerk betrachtete und sich die große Frage stellte, warum sich einige Gesellschaften leistungsstark und friedlich entwickeln, während andere von Konflikten geplagt werden, machte sie eine Entdeckung, die wir für sehr lehrreich halten. Nachdem sie die verschiedenen Variablen gegeneinander abgewogen hatte, stellte Benedict abschließend fest, dass sich diese Gesellschaften durchweg nur in einem wesentlichen Punkt unterschieden: In den konfliktgestörten Kulturen kam der Einzelne zu Ansehen, wenn er Besitz anhäufte oder sich auf andere Weise Vorteile für sich selbst verschaffte; in den besser funktionierenden Kulturen hingegen stieg oder sank das Ansehen des Einzelnen je nach seiner Leistung für die Gemeinschaft als Ganzes.[110]

Auf unserer Weltreise mussten wir oft an diese Ergebnisse Benedicts denken. Nach dem vorherrschenden Raster – das durch die globale Macht der Medien gestützt wird – zollen wir in zunehmendem Maße dem Egoismus die größte Achtung und Belohnung, ebenso wie in den konfliktgestörten, aggressiven Gesellschaften, die Benedict untersuchte. Aber von Brasilien bis Bangladesch haben wir neue Kulturen entstehen sehen, in denen sich Bürger und Gesellschaft wieder vereinen und sich der Status des Einzelnen nach dem Beitrag richtet, den er für das Ganze leistet.

Diese neu entstehenden Denkmuster befreien uns aus den kontraproduktiven Denkfallen. Indem wir von der Natur lernen und unsere gegenseitige Abhängigkeit erkennen, macht dieses neue Denken uns zugleich erdverbunden und verleiht uns Flügel. Es lehrt uns, unseren eigenen Intuitionen zu folgen, auf unsere Motive zu bauen und – wie Negi – der Stimme unseres Herzens zu lauschen.

Mit Blindheit geschlagen

Als ich das Buch von Thomas L. Friedman *Globalisierung verstehen* zum erstenmal gelesen habe, hielt ich es noch für ein Privileg, die Welt mit den Augen eines Journalisten zu sehen, der zweimal den Pulitzer-Preis gewonnen und sich als Globalisierungsexperte einen Namen gemacht hatte. In manchen Punkten war ich zwar anderer Meinung als er, aber ich hatte damals im Gegensatz zu ihm noch nicht die Welt bereist.

Vor kurzem habe ich mir das Buch wieder vorgeholt und Friedmans kühnes Fazit noch einmal gelesen: dass es keinen massiven öffentlichen Widerstand gegen die Globalisierung gäbe, und wenn überhaupt eine Opposition bestände, wäre sie so kümmerlich und unorganisiert, dass sie sich nur in kriminellen Handlungen äußere. Und welche Beweise führt er in erster Linie dafür an? Brasilien und »Sem Teto«.[111]

»Sem Teto« – das bedeutet »ohne Dach« – ist eine Bewegung von dreieinhalb Millionen Bauern, deren Mitglieder angeblich in Lagern längs der Straßen hausen, Banken ausrauben und Lastwagen stehlen. Sie hätten, so Friedman, »keine Fahnen und kein Manifest«. »Sem Teto« und all jene, die sich als Opfer der Globalisierung sähen, hätten nur ihre unbefriedigten Bedürfnisse und ungestillten Hoffnungen. Darum würden sie sich einfach nehmen, was sie brauchen, ohne sich um Theorien oder Ideologien zu kümmern.

Laut Friedman wird es auch in naher Zukunft keine ideologische Alternative zur Globalisierung geben. Kann es gar nicht. Denn Friedman hat schon in einem früheren Kapitel seines Buches konstatiert, dass die Menschheit in zwei Lager gespalten ist: diejenigen, die ins gelobte Disneyland wollen, und die wenigen anderen, die so wütend sind, dass sie gar nicht schnell genug auf die Barrikaden gehen können. Bei dieser Denkschablone kann Friedman die Millionen nicht sehen, die weder das eine noch das andere wünschen, sondern glauben, dass wir etwas Besseres als das schaffen können.

Er konnte folglich gar nicht sehen, was wir in Brasilien gesehen haben: die Landlosenbewegung mit ihrer klaren Alternative zur Globalisierung – mit Millionen von Mitgliedern, die Brachland in kleine bäuerliche Betriebe und Kooperativen umwandeln. Er konnte auch die Kinder nicht sehen, mit denen ich gespielt habe und die lernten, an sich selbst zu glauben und sich unabhängig von der Konsumkultur des Lebens zu freuen. Und er konnte Leute wie Izabel nicht treffen, die uns die Gleichstellung von Mann und Frau in ihrer Bewegung erklärte, oder João Pedro, der uns klar machte, dass im Mittelpunkt ihrer Denkweise die Ehrfurcht vor allen Menschen steht.

Eins muss man Friedman immerhin lassen: Wie jeder gute Journalist weiß er, dass er eine »Superstory« hat, die seiner ureigenen Sicht der Dinge entspricht. Seine »Superstory« war, dass es keinen massiven öffentlichen Protest gegen die Globalisierung gibt, und genau dies fand er dann auch bestätigt.

Friedman hat uns gesagt, dass er noch nie etwas von der Landlosenbewegung in Brasilien gehört hätte, als er sein Buch schrieb. Dass ein angesehener Journalist eine der größten sozialen Bewegungen Lateinamerikas einfach übersehen kann und außerdem noch schlecht recherchiert und falsche Fakten anführt (»Sem Teto« ist in Wirklichkeit eine städtische Obdachlosenbewegung), zeigt die Eigendynamik einer »Superstory«. Leider macht sie ihn – und mit ihm zwangsläufig seine Millionen Leser – blind für die vielleicht vielversprechendsten Entwicklungen nicht nur in Brasilien, sondern überall auf unserem kleinen Planeten.   *Anna*

Über den Horizont hinausblicken

In einer Reisepause lief ich auf einem Gang des MIT, meiner Heimatuniversität, einer Kollegin über den Weg, die unser Kapitel über die Landlosenbewegung in Brasilien gelesen hatte. »Wissen Sie, viele halten die MST für eine leninistische Bewegung, die straff von oben nach unten durchorganisiert ist«, bemerkte sie.

Bei einem Vortrag an der Universität von Wisconsin hatte ich kaum das letzte Wort gesagt, als auch schon eine Frau im Publikum aufstand und mir vorwarf, ich hätte wohl nicht gründlich genug recherchiert. »Wissen Sie denn nicht, dass die Grameen-Bank trotz all des Geredes von Krediten an Frauen in Wahrheit eine sexistische Organisation ist?«, empörte sie sich.

Erst als ich merkte, dass ich beide Male gelassen blieb, wurde mir bewusst, wie gut ich eine Lektion all derer, die wir auf unserer Reise kennen gelernt haben, absorbiert hatte, nämlich die fünfte befreiende Idee: von »Ismen« aller Art ebenso Abstand zu nehmen wie von vorgegebenen Denkschablonen, kurz von allem Fertigen, Vorgekauten, Bestehenden. Diesem Geist getreu brauchte ich die MST oder Grameen gar nicht zu verteidigen, indem ich behauptete, sie seien nachahmenswerte Vorbilder oder Modelle, die blindlings übernommen werden könnten. Sie sind keineswegs perfekt.

Sowohl Grameen und die MST als auch andere Gruppen, deren Geschichten wir hier wiedergegeben haben, sind nur beispielhaft für die Millionen Menschen weltweit, die neue Wege beschreiten und experimentierfreudig, kämpferisch und trotz aller Rückschläge erfolgreich an einer Welt stricken, die mit unseren innersten Wertvorstellungen übereinstimmt.

Inzwischen ist klar, was geschieht, wenn ein Konstrukt zu einer festen, allgemeingültigen Wahrheit erklärt wird. Nehmen wir nur den Marktmechanismus und seine vielen Tugenden, zu denen unter anderem die Förderung von Kreativität gehört. Der Kapitalismus als starre Formel allerdings stampft alle anderen Werte in Grund und Boden und hat das Ende unseres Planeten eingeleitet. Auch einige Werte des Kommunismus haben ihr Gutes: Ich habe einmal gelesen, dass ein riesiger Prozentsatz amerikanischer High-School-Schüler der Meinung war, der Grundsatz »Von jedem nach seinen Fähigkeiten, für jeden nach seinen Bedürfnissen« sei ein Bestandteil der amerikanischen Verfassung. Dabei handelt es sich um ein kommunistisches Leitprinzip, dessen Verkehrung in ein Polizeistaatsdogma unsägliches Leid über Millionen gebracht hat.

Die Leute, deren Bekanntschaft wir gemacht haben, sind Hoffnungsträger. Sie bahnen einen Weg, an dessen Ende sie noch lange nicht angekommen sind. Sie geben ihrer Kreativität Ausdruck, statt Modelle aufzustellen. Diese menschliche Fähigkeit zur Kreativität ist es, deren Lob Anna und ich singen wollen: dass wir Menschen in unserer Entwicklung von Natur aus niemals zum Stillstand kommen.

Wangari hatte Recht damals in Nairobi: Unsere Aufgabe besteht darin, weiterzugehen, statt zu glauben, wir seien angekommen, und hinter dem Grat der Berge den nächsten Grat zu erklimmen.

Beherztheit

Den Mut, laufen zu lernen und zum nächsten Grat hinaufzuklettern, können wir in Gesellschaft derer finden, die uns durch ihr Leben daran erinnern, dass die vorherrschende Kultur mit ihrem

Materialismus, ihrer Brutalität, Isolation, Zerstörung und Polarisierung eine einzige große Verirrung ist – aber geschichtlich betrachtet nichts weiter als der Bruchteil eines Augenblicks. Wir können uns Leuten anschließen, bei denen jene lebensbejahenden Eigenschaften des Menschen zum Ausdruck kommen, die seit ewigen Zeiten überdauert haben.

Unsere Formbarkeit ist in sich selbst schon eine Quelle der Hoffnung. Denn ich glaube, dass wir uns auf irgendeine geheimnisvolle Weise »ineinander verwandeln«. Das geschieht, ohne dass wir es merken. (Warum sollten wir sonst darüber wachen, mit wem unsere Kinder Freundschaft schließen, und wie sonst ließe sich die Schnelligkeit erklären, mit der wir Verhaltensweisen unserer Partner annehmen?) Diese Seite unserer inneren Sozialstruktur – durch Nachahmung zu lernen, wie es viele andere Tiere auch machen – eröffnet klare Möglichkeiten der Veränderung: Wenn wir uns Menschen mit Eigenschaften anschließen, die wir selbst gerne entwickeln würden, machen wir die Erfahrung, dass wir uns allmählich verändern.

Beim Lesen der Seiten, die ich im vorigen Winter geschrieben habe, als ich mit der Arbeit an diesem Buch begann – mein Blick eingeschränkt durch die beigefarbene Backsteinmauer vor meinem MIT-Fenster –, bin ich verblüfft, wie sehr sich mein Horizont aus heutiger Sicht erweitert hat. Bevor ich auf diese Reise ging, konnte ich die Fakten vortragen und mit einer gewissen Autorität über sich abzeichnende positive Entwicklungen sprechen, obwohl mir der Glaube an die Realität weltweiter Durchbrüche fehlte. Meine Überzeugungen waren noch nicht vom Kopf ins Herz übergegangen – ich war noch nicht ganz und gar davon durchdrungen.

Jetzt haben die Möglichkeiten eine greifbare Gestalt angenommen durch das, was ich gesehen, gehört, gefühlt und mit den Hunderten von Menschen erlebt habe, denen wir begegnet sind. Dieses Empfinden wird mir mein Leben lang erhalten bleiben.

Anna und ich haben den Grat erstiegen und selbst darüber hinaus geschaut. Sicher, wir haben nur zarte Anfänge gesehen, aber sie sind überall zu erkennen, sie sind eine Realität und kein reines Wunschdenken mehr. Ein Strom ist entstanden, man braucht nur noch hineinzuspringen. Und das Beste daran ist, dass jeder auf unserer fragilen Erde das tun kann.

Warum zögern wir dann noch, warum springen wir nicht alle hinein?

Das liegt zum Teil daran, dass wir motiviert sein müssen, um ein Risiko einzugehen, und dies setzt wiederum voraus, zu erkennen, *wie schlimm* die Dinge stehen.

Ich weiß jetzt, dass ich immer hin und her gerissen war: Einerseits hatte ich das Empfinden, die Leute durch schockierende Informationen aus ihrer Resignation herausreißen zu müssen, indem ich sie mit dem Schrecken des sinnlosen Hungers konfrontierte, und andererseits fühlte ich mich genötigt, den Schock abzumildern und lieber auf positive Entwicklungen hinzuweisen. Irgendwie habe ich wohl ein bisschen Verstecken gespielt, aus Angst, die Leute würden verzweifeln, wenn sie wüssten, wie schlimm es *wirklich* ist.

Inzwischen weiß ich, dass das falsch war.

Beim Mitgliedertreffen der Landlosenbewegung in Paraná haben wir miterlebt, wie Männer und Frauen ihren Triumph, Ackerland wieder ihr Eigen nennen zu können, mit Gesang feierten, dass die Wände bebten, um einen Moment später mit Tränen in den Augen einen alten Mann anzusehen, der Verbände trug, weil er auf einer friedlichen Demonstration zusammengeschlagen worden war. In Wisconsin haben wir die Sharps kennen gelernt, die sich die furchtbare Erkrankung ihres ältesten Sohnes so zu Herzen nahmen, dass sie alles unternahmen, um für ihre Kinder und ihre Kunden nur noch unbedenkliche, gesunde Erzeugnisse zu produzieren. In Afrika haben wir Karangathe kennen gelernt, der in den Stammeskriegen alles verloren hatte und sich dann auf seine wahre Passion besann, kenianische Dorfbewohner wieder mit der Weisheit ihrer eigenen Kultur in Berührung zu bringen.

Anna und ich haben in diesem Jahr eine Menge über das menschliche Herz gelernt. Wir haben gelernt, dass es mehr ertragen kann, als wir für möglich gehalten hätten. Wir haben gelernt, dass es wachsen kann.

Es kann stark genug werden, um nicht an der Tragödie zu zerbrechen, dass Kinder verhungern, während anderswo Nahrungsüberschüsse verderben; dass ungezählte Arten aussterben und die Erde Millionen von Jahren braucht, um sich davon zu erholen; dass diejenigen, die im Landbau arbeiten, um unsere Ernährung zu gewährleisten, vergiftet werden; und dass arme Familien dem Terror ausgesetzt sind, von wütenden Großgrundbesitzern niedergeschossen zu werden.

Sich angesichts dieser Schrecken ein Herz zu fassen, erfordert eine bestimmte Art von Mut, aber letztlich würde sich jeder von uns gern mutig und heldenhaft verhalten. Mut dieser Art hat allerdings nichts mit Härte zu tun. Er kommt vielmehr aus einem Herzen, das trotz schrecklicher Erfahrungen nicht hart geworden ist, das auch durch zu viele schlimme Nachrichten nicht abgestumpft ist, das unendliches Leid miterlebt hat, aber nicht gebrochen ist.

Ein solcher Mut kann sich nicht entwickeln, wenn wir uns einen Schutzpanzer zulegen oder verzweifelt nach einem Rettungsanker suchen. Er entsteht nur, wenn man sein Herz öffnet und immer wieder öffnet. Er wächst, wenn wir *alles* ohne Ausnahme ins Herz schließen, all das Furchtbare, die Angst, die Trauer, den Verlust, die Sehnsucht – aber auch das wunderbare Aufbruchsgefühl dieses Zeitalters.

Vom Löwen lernen

In der Nacht nach unserem Gespräch mit Reverend Timothy Njoya lagen Anna und ich im gemütlichen Gästehaus des Green Belt Movement in Nairobi auf unseren Etagenbetten und unterhielten uns noch lange, nachdem der Generator zu brummen aufgehört hatte und das Licht ausgegangen war.

Njoya hatte wie Wangari Verurteilungen und brutale Überfälle hinnehmen müssen, weil er gewagt hatte, die kenianische Regierung zu kritisieren und für Demokratie einzutreten.

Tief bewegt von der Geschichte, wie er fast ermordet worden wäre, die er lachend und mit unverwüstlichem Humor vortrug, fragte ich ihn: »Dr. Njoya, ist denn nicht Angst die natürliche Regung bei Bedrohung? Die instinktive Reaktion? Selbst Leute, die noch nicht mit Gewalt konfrontiert waren, empfinden Angst – wie haben Sie Ihre Angst überwunden?« Mein Herz klopfte dabei.

Njoya, tief in die Kissen seines Sessels gedrückt, das gütige Gesicht vom steifen weißen Priesterkragen eingerahmt, blieb einen Augenblick still. Dann sagte er: »Angst ist eine endogene Energie – sie kommt von innen, nicht von außen. Die endogenen Kräfte, die Angst erzeugen, sind die gleichen wie die, die Mut erzeugen. Endogene Kräfte sind neutral. Man kann sie also in Angst, Paranoia oder auch Begeisterung umsetzen, ja nach Wahl.«

Dann sprang er von seinem Sitz auf, erstaunlich agil für sein Alter und alles, was er durchgemacht hatte. »Stellen Sie sich einen Löwen vor«, sagte er und duckte sich. »Wenn ein Löwe ein anderes Tier sieht, bekommt er zunächst Angst. Aber statt blindlings zum Angriff oder zur Verteidigung überzugehen, weicht er erst einmal zurück.« Njoya bewegte sich ebenfalls ein Stück rückwärts, stützte sich mit dem linken Bein ab und duckte sich noch tiefer. »Der Löwe hält einen Moment inne und bündelt seine Energien. Dann setzt er zum Sprung an.

Wir können es ihm gleichtun. Wir können uns die aufsteigende Angst zunutze machen, unsere Kraft sammeln und daraus Mut schöpfen.«

Er schien mit seinem Körper, mit seinem ganzen Leben auszudrücken: Ja, das ist möglich.

In jener Nacht, als wir auf unseren Betten lagen und uns unterhielten, bekam Angst eine andere Bedeutung für uns. Natürlich wird nicht jeder wegen seiner abweichenden Überzeugungen mit Angriffen auf Leib und Leben, Gefängnis oder Tod bedroht. Aber auf das eigene Herz zu lauschen oder dem eigenen Empfinden zu folgen heißt immer auch, sich mit der eigenen Angst auseinander zu setzen: mit der Angst vor dem Unbekannten, mit der Angst, anders zu sein, mit der Angst vor dem Versagen. Wir müssen uns weiterentwickeln, um uns den lebensbedrohlichen Herausforderungen dieses Zeitalters stellen zu können, und dabei werden wir es immer wieder mit der Angst zu tun haben.

Ich weiß jetzt, dass wir die Angst nicht zu verleugnen brauchen in der inständigen Hoffnung, sie möge doch endlich, endlich weichen. Vielmehr können wir sie uns zunutze machen und wie der sprungbereite Löwe wählen, wohin wir sie lenken und was wir daraus machen wollen – ebenso wie Reverend Njoya und all die anderen, denen wir auf unserer Reise begegnet sind.

Während wir uns verändern und uns in das Unbekannte hineinwagen, helfen wir neue Denkmuster zu gestalten. Und indem wir aus unseren neuen Einsichten heraus handeln, werden wir immer mehr Leuten die Augen öffnen, sodass sie etwas an sich entdecken, was sie bisher verleugnet hatten, und Möglichkeiten wahrnehmen, für die sie vorher blind waren.

Deshalb wünschen wir Ihnen und uns nicht Furchtlosigkeit. Das halten Anna und ich für unrealistisch. Wir wünschen uns allen ein weites Herz, das unsere Angst in den Mut verwandelt, uns aus den tödlichen Denkfallen zu befreien, in denen unsere Kultur gefangen ist. Damit Sie und wir nicht die Chance verpassen, uns von ganzem Herzen zu engagieren – *ganz wir selbst* zu sein – in dieser außergewöhnlichen Zeit des Leidens, des Verlusts und … der ungeahnten Möglichkeiten.

Die fünf befreienden Ideen

… die Fülle erkennen
… auf uns selbst hören
… den Bürgersinn wecken
… strukturelle Lösungen suchen
… im Weitergehen den Weg bahnen

> Aber wir haben eben erst begonnen,
> die Erde zu lieben.
> Wir haben eben erst begonnen,
> uns ein Bild von der Fülle des Lebens zu machen.
> Wie könnten wir der Hoffnung überdrüssig
> werden? – So vieles ist in Knospe.
>
> DENISE LEVERTOV: *Candles in Babylon*

Als wir eben meinten, das Buch sei endgültig fertig – uns wurde allerdings schnell klar, dass ein Buch nie fertig ist, bis es einem ein Verleger aus den Händen reißt –, da erhielten wir einen Brief von Wangari Maathais Tochter. Wangari saß wieder im Gefängnis. Die Inhaftierung war eine Warnung an die Green-Belt-Bewegung, die eine Protestaktion gegen den Ausverkauf der öffentlichen Forste geplant hatte.

Das wird nicht die letzte ernüchternde Nachricht aus dem Ausland sein. Wir haben inzwischen auch erfahren, dass bei dem fortgesetzten Gerangel um die Landverteilung in Brasilien noch mehr Mitglieder der Landlosenbewegung bedroht, verletzt und ermordet wurden. Und dass noch mehr Bauern in Indien Selbstmord begangen haben.

Auch aus unserem eigenen Land hören wir nichts Gutes. Es sind noch mehr Klagen gegen Farmer angestrengt worden, die Saatgut erhalten und miteinander austauschen (was illegal ist, wenn das Saatgut patentiert und damit nicht mehr »Eigentum« der Bauern, sondern der betreffenden Konzerne ist). Zeitungen berichten weiterhin von Erkrankungen und Todesfällen durch vergiftete Nahrung und von den Gesundheitsschäden, zum Teil mit tödlichem Verlauf, die Arbeiter in den Hochleistungsfarmen und in der Fleischverarbeitung davontragen.

Gleichzeitig erreichen uns jedoch auch tröstliche Nachrichten: Wangaris Gefängnisaufenthalt dauerte nur ein paar Stunden (vielleicht haben die Faxe, Anrufe und E-Mails aus der ganzen Welt etwas genützt!). Im brasilianischen Porto Alegre hat die MST zusammen mit Tausenden von prodemokratischen Organisationen aus aller Welt die größte Versammlung veranstaltet, die je stattgefunden hat, um das Wiedererwachen der bürgerlichen Gesellschaft zu feiern und voranzutreiben. Und im Schlepptau der Maul- und Klauenseuche ist neuer Schwung in die Europäische Kommission gekommen, eine neue Landwirtschaftspolitik in Angriff zu nehmen und vom umweltschädigenden Produktivismus zu einem nachhaltigen Landbau und umweltverträglichen bäuerlichen Betrieben überzugehen.

Die Neuigkeiten sind also zum Teil erschütternd und zum Teil ermutigend. Aber solange die Stimmen der Hoffnungsträger, von denen in diesem Buch die Rede ist, noch in uns nachklingen, können wir uns leichter daran erinnern, woher die Hoffnung kommt. Sie entsteht nicht dadurch, dass man sich einredet, das Gute würde schließlich über das Böse siegen. Hoffnung kommt aus dem eigenen tiefsten Innern, wo Fakten nicht zählen. Sie ist nichts Berechenbares, sondern eine innere Haltung. Wir schöpfen Hoffnung, weil wir leben. Wir schöpfen Hoffnung, weil unsere Erde uns braucht.

Unsere Hoffnung kann uns anspornen, uns zum Handeln und zur Stellungnahme zu bewegen. Eine Entscheidung zu treffen. »Ich für mein Teil habe mich entschieden«, dieser Green-Belt-Slogan klingt uns noch in den Ohren. Wofür werden wir uns entscheiden? Wofür *können* wir uns entscheiden?

Es ist natürlich nicht gerade einfach, in einer Welt, die uns weismachen will, wir hätten Millionen von Entscheidungsmöglichkeiten, daran zu denken, dass wir als Verbraucher immer mehr in diesen Möglichkeiten eingeengt werden. Durch die immer häufigeren Fusionen von Aktiengesellschaften werden die Entscheidungen noch mehr beschnitten. Wollen Sie Coca-Cola, Pepsi oder etwas

Drittes? Alles im Besitz von Coca-Cola. Oder eine Marlboro? Ein Nudelgericht von Kraft? Ein Miller-Bier? In diesem Fall verdient Philip Morris an Ihnen. Und da sich gentechnisch veränderte Nahrungsmittel immer schneller ausbreiten, werden wir auch auf diesem Sektor bald keine Wahl mehr haben. Gerber, eine Firma, die mit dem sprichwörtlichen glücklichen Baby für ihre Säuglingsnahrung wirbt, hat uns mitgeteilt, sie würde gern Babybrei ohne genmanipulierten Mais herstellen, aber das ginge nicht – es wäre schon zu viel gentechnisch veränderter Mais in der Nahrungskette!

Gemeinsam können wir neu definieren, wo wir noch eine echte Wahl haben, nämlich bei den Dingen, denen wir täglich Aufmerksamkeit und Energie widmen. Um im Angesicht der ausufernden Macht globaler Konzerne unsere Entscheidungsmöglichkeiten zu bündeln, können wir uns mit den Bewegungen solidarisieren, die in diesem Buch vorgestellt wurden, und mit Gleichgesinnten in aller Welt. Wir können unsere Stimme für diese Organisationen erheben, damit sie geschützt werden; mit vereinten Kräften können wir ihren Widersachern deutlich machen, dass ihnen die ganze Welt auf die Finger schaut. Denn viele der Organisationen und ihre Führer sind zwar international bekannt, aber dieser Bekanntheitsgrad bedeutet, wie wir inzwischen wissen, keineswegs, dass sie im eigenen Lande sicher wären – zumindest was Wangari und die MST betrifft.

Wir können die Vorteile des fairen Handels wahrnehmen und, wie uns Paul Rice rät, durch unsere Kaufentscheidungen Einfluss auf den Markt nehmen. Und wir können die Ladenbesitzer und Supermarktleiter in unserer Umgebung ebenfalls dazu auffordern. Wir Verbraucher können darüber hinaus bewusst regional angebaute oder hergestellte Produkte kaufen. Wir können auf zertifizierte Labels für Umwelt- und Sozialverträglichkeit achten. Wir können uns beim Kauf für Firmen entscheiden, die wir kennen und schätzen.

Wer von uns die finanziellen Möglichkeiten hat, kann etwas zur Unterstützung der vorgestellten Gruppen tun. Das internationale Aufsehen, das die Organisationen erregen, bedeutet nicht zwangsläufig, dass sie über die nötigen Mittel verfügen, um ihre Arbeit fortzusetzen, geschweige denn auf breiterer Front aktiv zu werden – das haben wir auf unserer Reise immer wieder erlebt.

Um die Hingabe und Arbeit der in diesem Buch genannten Gruppen und gleichgesinnter Gemeinschaften in aller Welt zu würdigen und zu unterstützen, haben wir den »Small Planet Fund« im Rahmen der »Funding Exchange« eingerichtet. Indem Sie etwas für den Fonds spenden, werden Sie zum Katalysator der Veränderung – Sie helfen den betreffenden Gruppen, und diese können damit für noch mehr Menschen ein Ansporn sein, Mut zu fassen und selbst Hoffnungsträger zu werden. Sie können natürlich jede der vorgestellten Organisationen auch direkt kontaktieren, um in Erfahrung zu bringen, welche Form der Unterstützung sinnvoll und erwünscht ist.

Mehr über den Fonds und die Spendenmöglichkeiten erfahren Sie im Anhang oder online unter www.small-planet.org

Anhang

Die fünf Denkfallen und die fünf befreienden Ideen

Fünf Denkfallen, die uns den Weg versperren	Fünf befreiende Ideen, die uns den Weg weisen
Aus Kapitel 1: *Denkmuster*	*Aus Kapitel 11:* *Hoffnungsträger*
Das einschränkende Denkmuster, das uns lähmt und das für den Hunger, die Armut und die Umweltzerstörung überall mitverantwortlich ist.	Die neuen Denkweisen, vor dreißig Jahren noch unvorstellbar, erlauben uns jetzt, unserem Leben einen Sinn zu geben und die Erde und uns selbst zu heilen.

1. Mangel ist der Feind, Produktion die Rettung.
Für eine Weltbevölkerung, die sich möglicherweise in den nächsten fünfzig Jahren verdoppelt, gibt es weder genug Nahrung noch Arbeit oder Land, es gibt im Grunde nichts in ausreichendem Maße. Wir müssen immer mehr produzieren, um zu überleben.

1. Das Schreckgespenst »Mangel« entlarven und die Fülle erkennen.
Wenn wir das Trugbild von Knappheit und Mangel durchschauen, können wir den Überfluss überall um uns her wahrnehmen, auch in dem, was heute verschwendet wird, wie etwa Getreide als Futtermittel. Wir entdecken Formen des Anbaus, die die Umwelt erhalten und den Menschen produktiven Spielraum geben.

2. Dank sei den Selbsterhaltungsgenen.

Um als Spezies zu überleben, mussten wir egoistisch sein und immer konkurrieren. Wer könnte dem »Überleben des Stärksten« etwas entgegensetzen? Diese Charakterzüge sind zwar nicht unbedingt schön, aber sie sind die Triebkräfte des Unternehmungsgeistes und der Kreativität, die uns so weit gebracht haben.

3. Lasst den Markt und die Experten entscheiden.

Da wir Menschen so egoistisch sind, ist es gut, dass wir uns an das unpersönliche Gesetz des Marktes halten können. Was der Markt nicht entscheiden kann, überlassen wir am besten den Experten – den Leuten, die wissen, was sie tun –, denn nur durch deren technisches Geschick sind wir dem Mangel immer einen Schritt voraus.

2. Über die Zerrbilder unserer selbst lachen und auf uns selbst hören.

Jetzt sehen wir, dass das Bild von uns selbst als Egoisten und Materialisten nur eine gemeine Karikatur von unserem wahren Wesen ist. Ohne unser Bedürfnis nach Effektivität und Verbundenheit und ohne die Fähigkeit dazu hätten wir als Spezies nie überlebt.

3. Die richtigen Mittel anwenden und den Bürgersinn wecken.

Endlich können wir Technologien, ja sogar den Markt, als Mittel zum Zweck einsetzen, statt uns davon tyrannisieren zu lassen. Wissenschaftliches Know-how einschließlich der neuen Gentechnik kann uns weiterbringen, aber nur, wenn wir als Bürger festlegen, welche Werte bei deren Anwendung nicht verletzt werden dürfen.

4. Lösen durch Zerlegen.
Nur wenn wir die gigantischen globalen Probleme zerlegen und sie uns eins nach dem anderen vornehmen, haben wir eine Chance im Kampf ums globale Überleben.

4. Die Verbundenheit der Probleme erkennen und strukturelle Lösungen suchen.
Durch neue Erkenntnisse in Wissenschaft und Technik können wir heute die wechselseitige Verbundenheit vieler Probleme und ihrer Lösungen erkennen. Wir verfügen über die Mittel, von der Genialität der Natur Gebrauch zu machen, uralte Weisheit bestmöglichst für uns zu nutzen und durch unsere persönlichen Entscheidungen auf die Lösung der Weltprobleme einzuwirken.

5. Willkommen am Ende der Geschichte.
Faschismus, Kommunismus und Sozialismus sind gescheitert. Die menschliche Entwicklung feiert ihre endgültige Krönung mit dem besten System, das je geschaffen wurde – dem globalen Kapitalismus, in dem jeder von der Kreativität und dem Reichtum profitiert, die dabei entstehen.

5. Sich von allen »Ismen« befreien und im Weitergehen den Weg bahnen.
Der globale Kapitalismus – eine Wirtschaftsform, die sich weit vom Leben der Bürger und Gemeinden getrennt hat – ist weder unvermeidlich oder unveränderlich noch das Bestmögliche. Millionen lassen mittlerweile alle »Ismen« Ismen sein und wenden sich von Ideologien mit einem festen Endpunkt ab. Stattdessen verankern sie den Markt wieder in Werten wie Ehrfurcht vor der Natur, der Kultur und dem Menschen.

Anmerkungen

Englische Quellen wurden nach den hier genannten englischen bzw. amerikanischen Originalausgaben zitiert und übersetzt. Weitere bibliografische Angaben zu benutzter oder weiterführender Literatur finden Sie im Literaturverzeichnis, wo auch die deutschen Ausgaben übersetzter Bücher aufgeführt sind.

Einleitung: Der Hoffnung entgegen

1 Gary Gardner und Brian Halweil: »Overfed and Underfed. The Global Epidemic of Malnutrition«, *WorldWatch Paper 150*, WorldWatch Institute, März 2000.

2 Informationen von »United for a Fair Economy« finden Sie online unter www.ufenet.org.

Kapitel 1: Denkmuster

3 Siehe Frances Moore Lappé: *Diet for a Small Planet*, 20th Anniversary Edition, Ballantine Books, New York 1982.

4 Siehe Vaclav Smil: *Feeding the World*, MIT Press, Cambridge, USA 2000, das auf statistischen Erhebungen der FAO beruht.

5 Ebenda.

6 David Pimentel u. a. (Hrsg.): *Ecological Integrity. Integrating Environment, Conservation and Health*, Island Press, Washington, D.C. 2001.

7 Ebenda.

8 David Pimentel und Celia Harvey: »Ecological Effects of Erosion« in L. R. Walker (Hrsg.): *Ecosystems of Disturbed Ground*, Elsevier, Amsterdam 1999, S. 125.

9 Paul Hawken; Amory und Hunter Lovins: *Natural Capitalism*, Little, Brown and Co., Boston, Mass. 1999, S. 14 (dt.: Öko-Kapitalismus).

10 1999er Daten vom Weltkinderhilfswerk (UNICEF).

11 Erich Fromm: *The Anatomy of Human Destructiveness*, Holt, Rinehard and Winston, New York 1973, S. 260 (dt.: *Anatomie der menschlichen Destruktivität*).

12 Brian Halweil: »The United States Leads World Meat Stampede«, *WorldWatch Issues Paper*, 2. Juli 1998.

13 Alexis de Toqueville: *Democracy in America*, Alfred A. Knopf, New York 1960, S. 1 u. 246.

14 David Pimentel u. a.: »Public Health Risks Associated with Pesticides and Natural Toxins in Foods«, *Radcliffe's IPM World Textbook*, University of Minnesota, St. Paul, Minnesota, letzte aktualisierte Auflage vom Sept. 2000. Einzusehen online unter http://ipmworld.umn.edu.

15 Thomas L. Friedman: *The Lexus and the Olive Tree*, Farrar, Straus, Giroux, New York 1999, S. 86 (dt.: *Globalisierung verstehen*).

Kapitel 2: Die Revolution der Sinne

16 Siehe Ann Cooper und Lisa M. Holmes: *Bitter Harvest*, Routledge, New York 2000, Kapitel 4.

17 Brian Halweil: a. a. O.

18 Gardner Gary u. a.: »Escaping Hunger, Escaping Excess«, *WorldWatch*, Juli/Aug. 2000, S. 26, 29 u. 33.

19 Gary Gardner und Brian Halweil: a. a. O., S. 35.

20 Angaben von der »American Diabetes Association«.

21 David S. Ludwig u. a.: »High Glycemic Index Foods, Overeating and Obesity«, *Pediatrics*, Vol. 103, Nr. 3, März 1999.

Kapitel 3: Der Kampf für mehr Menschlichkeit

22 Offizielle Schätzungen der für die Landreform zuständigen staatlichen Stelle INCRA, die auf Daten des brasilianischen statistischen Amtes von 1995 beruhen.

23 Thomas E. Skidmore: Brazil: *Five Centuries of Change*, Oxford University Press, New York 1999, S. 155ff.

24 MST: »Summary of Current Projects«, www.mstbrazil.org, eingesehen am 11. Oktober 2000.

25 Freedom House: *Freedom in the World 1999–2000. Country Reports: Brazil*. Weitere Informationen erhalten Sie online unter www.freedomhouse.org/survey/2000/reports/country/brazil.html.

26 Zitiert von Alma Guillermoprieto in: *The Heart that Bleeds. Latin America Now*, Vintage, New York 1995, S. 293.

27 Bill McKibben: *Hope, Human and Wild*, Little & Brown, New York 1995 (dt.: *Das Ende der Natur*).

Kapitel 4: Schöner Horizont

28 Cecilia Rocha: »An Integrated Program for Urban Food Security. The

Case of Belo Horizonte, Brazil«, unveröffentlichte Schrift der Wirt-
schaftsfakultät der polytechnischen Ryerson-Universität, Toronto, Kanada, 9. April 2000.

Kapitel 5: Das Hyazinthenprinzip

29 Siehe Garrett Hardin: »Lifeboat Ethics. The Case Against Helping the
   Poor«, *Psychology Today*, September 1974.
30 Siehe www.microcreditsummit.org.
31 Chuck Collins und Felice Yeskel: *Economic Apartheid in America. A Pri-
   mer on Economic Inequality and Security*, New Press, New York 2000.

Kapitel 6: Auf der Suche nach Annapurna

32 Vandana Shiva: *Stolen Harvest*, South End Press, Cambridge, Mass.
   2000, S. 11f.
33 *Human Development Report 2000* (Entwicklungsprogramm der Vereinten Nationen), New York 2000, S. 84.
34 Der Fall »Neemöl«: Das europäische Patent Nr. 0436257 wurde am
   10. Mai 2000 wieder aufgehoben. Weitere Informationen finden Sie
   online unter www.european-patent-office.org.
35 J. Janick (Hrsg.): *Perspectives on New Crops and New Uses*, ASHS Press,
   Alexandria, Virg. 1999, S. 124ff. Weitere Informationen sind online
   unter www.rafi.org zu finden.
36 Vandana Shiva: *Biopiracy. The Plunder of Nature and Knowledge*, South
   End Press, Boston, Mass. 1997.
37 »Excessive Fear of Genetics Hurts Indian Farmers«, *The Statesman*,
   11. Januar 1999.
38 Mark Dowie: *American Foundations. An Investigative History*, MIT Press,
   Cambridge, Mass. 2000, S. 114.
39 Lester Brown und das WorldWatch Institute: *State of the World 2000*,
   Norton, New York 2000.

Kapitel 7: Zu Fuß nach Nairobi

40 Bane Onimode, zitiert in Michael Barratt Brown: *Africa's Choices After
   Thirty Years of the World Bank*, Westview Press, Boulder, Col. 1996,
   S. 139.
41 Frances Moore Lappé u. a.: *Food First. Beyond the Myth of Scarcity*,
   Houghton-Mifflin, Boston 1977.
42 Siehe *World Development Report 2000–2001* der Weltbank.

43 Freedom House: *Freedom in the World 1999–2000. Country Reports: Kenya*. Weitere Informationen unter www.freedomhouse.org/survey/2000/reports/country/kenya.html

44 Frances Moore Lappé u. a.: *World Hunger. Twelve Myths*, Grove Press, New York, 2. Aufl. 1998. Siehe insbesondere Kapitel 1.

Kapitel 8: Den schlafenden Riesen wecken

45 Für weitere Informationen wenden Sie sich bitte an FLO International, Kaiser-Friedrich-Straße 13, 53113 Bonn, oder informieren Sie sich online unter www.fairtrade.net.

46 Siehe Max Havelaar Foundation, www.maxhavelaar.nl.

47 »Hired Farmworkers: Health and Well-Being at Risk«, US-Rechnungshof, Washington, D.C. 1992.

48 »Five Cents for Fairness. The Case for Change in the Strawberry Fields«, *United Farmworkers White Paper*, The Strawberry Workers Campaign, November 1996.

49 Edward Alden: »America Wakes up to the Smell of Fair Trade Coffee«, *Financial Times*, 4. Oktober 2000.

Kapitel 9: Voilà Paris!

50 *Aid as Obstacle*, siehe Literaturverzeichnis.

51 Vaclav Smil: *Enriching the Earth*, MIT Press, Cambridge, Mass. 2001, S. 186.

52 David C. Korten: *The Post-Corporate World. Life After Capitalism*, Kumarian Press, San Francisco 1999, S. 165.

53 John Robbins: *The Food Revolution*, Conari Press, Berkeley, Cal. 2001.

54 Jennifer Ferrar: »Revolving Doors: Monsanto and the Regulators«, *The Ecologist*, September/Oktober 1998.

55 Kristi Coale: »Mutant Food«, *Salon.com*, 12. Januar 2000.

56 *United Nations Development Report 1999* (Entwicklungsprogramm der Vereinten Nationen).

57 Sarah Anderson u. a.: *Field Guide to the Global Economy*, New Press, New York 2000, S. 67.

58 Rede von John Langmore vom US-Wirtschaftsministerium vor den Vereinten Nationen 1997.

59 Den vollständigen Bericht können Sie online unter http://europa.eu.int/comm/food/fs/sc/scv/out21en.pdf einsehen (Januar 2001).

60 Exportzahlen laut Ronald A. Gustafson vom Wirtschaftsforschungsdienst des US-Landwirtschaftsministeriums.

61 Lori Wallach und Michelle Sforza: *The WTO. Five Years of Reasons to
Resist Corporate Globalization*, Seven Stories Press, New York 1999, S. 22.
Siehe auch www.tradewatch.org.

62 Mehr Informationen über Nahrungsmittel aus kontrolliert ökologischem Anbau in ganz Europa erhalten Sie online unter www.organic-
europe.net.

Kapitel 10: Cowboyhut ab!

63 Siehe z. B. Willis L. Peterson: »Are Large Farms More Efficient?«, Staff
Paper Series, Universität von Minnesota, St. Paul, Minn., Januar 1997.

64 Elizabeth Henderson und Robyn Van En: *Sharing the Harvest. A Guide to
Community-Supported Agriculture*, Chelsea Green, April 2000, S. xvi. Dieses Buch liefert Bauern, die an dieser Art der Betriebführung interessiert sind, und Kunden, die Bauern auf diese Weise unterstützen wollen, unschätzbare Informationen.

65 Ann Cooper u. a.: a. a. O., insbesondere Kapitel 5.

66 Siehe Eric Schlosser: *Fast Food Nation. The Dark Truth Behind the All-
American Meal*, Houghton Mifflin, Boston, Mass. 2001.

67 Union of Concerned Scientists: »70 Percent of all Antibiotics Given to
Healthy Livestock«, 8. Januar 2001. Mehr über die »Union of Concerned Scientists« online unter www.ucsusa.org.

68 Professor Ronald Cotterill, zitiert von William Greider in »The Last
Farm Crisis«, *The Nation*, 20. November 2000, S. 11–18.

69 Howard Lyman: *Mad Cowboy*, Scribner, New York 1998, S. 129.

70 Steve Gorelick: »Facing the Farm Crisis«, *The Ecologist*, 24. Oktober
2000.

71 Ted Schettler u. a.: *Generations at Risk. Reproductive Health and the Environment*, MIT Press, Cambridge, Mass. 1999, S. 107.

72 Siehe auch David Pimentel u. a. (Hrsg.): *The Pesticide Question. Environment, Economics and Ethics*, Chapman Hall 1993, S. 223–278.

73 E. Koohan Paik: »Homogenized Planet«, *WorldWatch*, Vol. 14, Nr. 2,
März/April 2001, S. 25.

74 Ronnie Cummins: *Genetically Engineered Food. A Self-Defense Guide for
Consumers*, Marlowe & Co., New York 2000.

75 Siehe www.foxrBGHsuit.com.

76 Siehe Sheldon Rampton und John Stauber: *Trust Us, We're Experts! How*

Industry Manipulates Science and Gambles With Your Future, Putnam,
New York 2001; siehe auch www.purefood.org und www.organiccon-
sumers.org.

77 Es gibt 14 »Living Machines« in den USA und weitere 22 weltweit.
Mehr Informationen darüber erhalten Sie von Erik P. Alm, Marketing-
leiter der Firma Living Machines, unter erik@goodwater.com.

78 Miguel Altieri: »Multifunctional Dimensions of Ecologically-Based
Agriculture in Latin America«, *International Journal of Sustainable Development and World Ecology*, Nr. 7/2000, S. 62.

79 Informationen vom Wirtschaftsforschungsdienst des US-Landwirtschaftsministeriums, zitiert von »Farm Aid«, www.farmaid.org.

80 Mehr über »Organic Valley« erfahren Sie online unter www.organicval-
ley.com.

Kapitel 11: Hoffnungsträger

81 Aus einem in Versen abgefassten Brief, den William Blake am 23. August 1799 an den Geistlichen Dr. Trusler schrieb.

82 Erich Fromm: *The Anatomy of Human Destructiveness*, a. a. O.

83 Jon Christensen: »Golden Rice in a Grenade-Proof Greenhouse«, *The
New York Times*, 21. November 2000, D1, S. 5.

84 Vaclac Smil: a. a. O., S. 236f.

85 Ebenda, S. 237.

86 Ebenda.

87 Ebenda, S. 195.

88 Amartya Sen: *Development as Freedom*, Knopf, New York 1999, S. 207ff.

89 Michael Pragnell, CEO Syngenta, Interview mit Clancy Gebler Davies
für die britische Zeitung *The Independent*, 11. April 2001.

90 Siehe www.growbiointensive.org.

91 John P. Reganold u. a.: »Sustainability of Three Apple Production Systems« , *Nature 410*, 19. April 2001, S. 926–930.

92 Minor Sinclair: »From Big to Small, Toxic to Green. New Strategies to
Grow Food in Cuba«, *Latin America DRCLAS News*, Harvard-Univer-
sität, Frühjahr/Sommer 2001.

93 Richard Manning: *Food's Frontier. The Next Green Revolution*, North
Point Press, New York 2000, S. 16f.

94 Kevin Kelly: *New Rules for the New Economy. 10 Radical Strategies for a
Connected World*, Viking, New York 1998 (dt.: *Der zweite Akt der Schöpfung*).

95 William Ury: *Getting to Peace*, Viking, New York 1999, S. 102–107.

96 Paul Ehrlich: *The Population Bomb*, Ballantine Books, New York 1968 (dt.: *Die Bevölkerungsbombe*).

97 Paul Ehrlich: *Human Natures. Genes, Cultures and the Human Prospect*, Island Press, Washington, D.C., 1999.

98 Erich Fromm: a. a. O., S. 264.

99 Adam Smith: *The Theory of Moral Sentiments*, zuerst erschienen 1790, Teil I, Kap. 1, S. 9 (dt. *Theorie der ethischen Gefühle*).

100 William Ury: a. a. O., S. 40.

101 Thomas L. Friedman: *The Lexus and the Olive Tree*, a. a. O., S. 270–273.

102 Fritjof Capra: *The Web of Life. A New Scientific Understanding of Living Systems*, Anchor/Doubleday, New York 1996 (dt.: *Lebensnetz*).

103 Thomas L. Friedman: a. a. O., S. 273.

104 Thomas A. Lyson und Annalisa Lewis Raymer: »Stalking the Wily Multinational. Power and Control in the U.S. Food System«, *Agriculture and Human Values*, 17, S. 199–209.

105 James Lieber: *Rats in the Grain. Dirty Tricks and Trials of Archer Daniels Midland*, Four Walls Eight Windows, New York 2000.

106 Zitiert von Dan Carney in »Dwayne's World«, *Mother Jones*, Januar 1995.

107 Laut Cory Rosen vom »Center for Employee Ownership«; weitere Informationen finden Sie online unter www.nceo.org.

108 Information von der »Alliance for Sustainability«, online unter www.mtn.org/iasa.

109 Siehe Cliff Feigenbaum u. a.: *Investing with Your Values: Making Money and Making a Difference*, Bloomberg Press, Princeton 1999, auch online unter www.naturalinvesting.com.

110 Abraham H. Maslow: *The Farther Reaches of Human Nature*, The Viking Press, New York 1971, S. 199–212.

111 Thomas Friedman: a. a. O., S. 273.

Literaturverzeichnis

Ableman, Michael, und Wisehart, Cynthia: *On Good Land. The Autobiography of an Urban Farm*, Chronicle Books, San Francisco 1998

Anderson, Sarah; Cavanagh, John; Lee, Thea, und das Institute for Politic Studies: *Field Guide to the Global Economy*, New Press, W. W. Norton, New York 2000

Atkisson, Alan: *Believing Cassandra. An Opitimist Looks at a Pessimist's World*, Chelsea Green, White River Junction, Vermont 1999

Axelrod, Robert M.: *Die Evolution der Kooperation*, R. Oldenbourg, München, 4. Aufl. 1997

Bagdikian, Ben H.: *The Media Monopoly*, Beacon Press, Boston 1997

Bales, Kevin: *Disposable People. New Slavery in the Global Economy*, University of California Press, Berkeley 1999

Barber, Benjamin R.: *Coca Cola und Heiliger Krieg. Wie Kapitalismus und Fundamentalismus Demokratie und Freiheit abschaffen*, Scherz, München 1998

Barnet, Richard J., und Cavanagh, John: *Global Dreams. Imperial Corporations and the New World Order*, Simon & Schuster, New York 1994

Benyus, Janine M.: *Biomimicry. Innovation Inspired by Nature*, Morrow, New York 1997

Bornstein, David: *The Price of a Dream. The Story of the Grameen Bank and the Idea that is Helping the Poor to Change their Lives*, Simon & Schuster, New York 1996

Boucher, Douglas H.: *The Paradox of Plenty. Hunger in a Bountiful World*, Food First Books, Oakland, Kalifornien 1999

Briggs, John, und Peat, F. David: *Die Entdeckung des Chaos. Eine Reise durch die Chaos-Theorie*, dtv, München 1993

Brown, Lester Russell, und Wolf, Edward C.: *Erosion. Der Tod der Böden oder Die schleichende Gefahr für die Weltwirtschaft*, BSH-Verlag, Wardenburg 1985

—: *Zur Rettung des Planeten Erde*, Fischer, Frankfurt a. M. 1992

—, und das Worldwatch Institute: *State of the World, 2000. A WorldWatch Institute Report on Progress Toward a Sustainable Society*, Norton, New York 2000

Brown, Michael Barratt: *Africa's Choices After Thirty Years of the World Bank*, Westview Press, Boulder, Colorado 1996

Bruyn, Severyn: *A Civil Economy Transforming the Market in the Twenty-First Century. Evolving Values for a Capitalist World*, University of Michigan Press, Ann Arbor 2000

Callicott, J. Baird: *Beyond the Land Ethic. More Essays in Environmental Philosophy*, State University of New York Press, Albany 1999

Capra, Fritjof: *Lebensnetz. Ein neues Verständnis der lebendigen Welt*, Scherz, München 1996

—: *Das Tao der Physik. Die Konvergenz von westlicher Wissenschaft und östlicher Weisheit*, O. W. Barth, München 1984

Cooper, Ann, und Holmes, Lisa M.: *Bitter Harvest. A Chef's Perspective on the Hidden Dangers in the Foods We Eat and What You Can Do About It*, Routledge, New York 2000

Counts, Alex: *Give Us Credit*, Times Books, New York 1996

Csikszentmihalyi, Mihalyi: *Dem Sinn des Lebens eine Zukunft geben. Eine Psychologie für das 3. Jahrtausend*, Klett-Cotta, Stuttgart 1995

Daly, Herman E.: *Wirtschaft jenseits von Wachstum*, A. Pustet, Salzburg 1999

Diamond, Jared M.: *Arm und reich. Die Schicksale menschlicher Gesellschaften*, Fischer, Frankfurt a. M. 1998

Domini, Ami: *Socially Responsible Investing: Making a Difference and Making Money*, Dearborn Trade, Chicago 2001

Ehrlich, Paul: *Die Bevölkerungsbombe*, Hanser, München 1971

Ehrlich, Paul R.: *Human Natures: Genes, Cultures, and the Human Prospect*, Island Press, Washington, D.C. 2000

Feigenbaum, Cliff; Brill, Hall u. Jack: *Investing with Your Values: Making Money and Making a Difference*, Bloomberg Press, Princeton 1999

Fisher, Roger; Ury, William, und Patton, Bruce: *Das Harvard-Konzept. Sachgerecht verhandeln – erfolgreich verhandeln*, Campus, Frankfurt a. M., 15. Aufl. 1996

Fox, Michael W.: *Beyond Evolution. The Genetically Altered Future of Plants, Animals, the Earth – Humans*, Lyons Press, New York 1999

Freire, Paulo: *Pädagogik der Unterdrückten. Bildung als Praxis der Freiheit*, Rowohlt, Reinbek 1973

Friedman, Milton u. Rose D.: *Die Tyrannei des Status quo*, Langen-Müller, München 1985

Friedman, Thomas L.: *Globalisierung verstehen. Wie die Globalisierung unser Leben verändert*, Ullstein, Berlin 1999

Fromm, Erich: *Anatomie der menschlichen Destruktivität*, DVA, Stuttgart
1974

George, Susan: *Sie sterben an unserem Geld. Die Verschuldung der Dritten Welt*,
Rowohlt, Reinbek 1988

—: *The Lugano Report on Preserving Capitalism in the Twenty-First Century*,
Pluto Press, Sterling, Virginia 1999

—, und Sabelli, Fabrizio: *Kredit und Dogma. Ideologie und Macht der Weltbank*,
Konkret Literatur, Hamburg 1995

Gladwell, Malcolm: *Der Tipping Point. Wie man Strukturen durch wenige Eingriffe ändert*, Berlin Verlag, Berlin 2000

Gussow, Joan Dye: *Chicken Little, Tomato Sauce, and Agriculture. Who Will
Produce Tomorrow's Food?*, Bootstrap Press, New York 1991

Hawken, Paul: *Kollaps oder Kreislaufwirtschaft. Wachstum nach dem Vorbild
der Natur*, W. J. Siedler, Berlin 1996

—, Lovins; Amory B. u. L. Hunter: *Öko-Kapitalismus*, Riemann, München
2000

Hock, Dee, und VISA International: *Birth of the Chaordic Age*, Berrett-Koeh-
ler, San Francisco 1999

Jacobs, Jane: *The Nature of Economics*, Modern Library, New York 2000

Jensen, Derrick: *A Language Older Than Words*, Context Books, New York
2000

—: *Listening to the Land. Conversations About Nature, Culture and Eros*, Sierra
Club Books, San Francisco 1995

Katzen, Molly: *Das große Buch der vegetarischen Küche*, Goldmann, München
1990

Kelly, Kevin: *Der zweite Akt der Schöpfung. Natur und Technik im neuen Jahrtausend*, Fischer, Frankfurt a. M. 1999

Kneen, Brewster: *Farmageddon Food and the Culture of Biotechnology*, New Society Publishers, Gabriola Island, BC, Kanada 1999

Korten, David C.: *The Post-corporate World. Life After Capitalism* Berrett-
Koehler, San Francisco 1999

Kuttner, Robert: *Everything for Sale. The Virtues and Limits of Markets*, Alfred
A. Knopf, New York 1997

Lappé, Frances Moore: *Die Öko-Diät. Wie man mit wenig Fleisch gut ißt und
die Natur schont*, Fischer, Frankfurt a. M. 1978

—: *Rediscovering America's Values*, Ballantine Books, New York 1989

—: *Zehn Legenden um den Hunger in der Welt – »Food-first«-Comic*. Erklärung
von Bern, Zürich 1982

—, Collins, Joseph, und Fowler, Cary: *Vom Mythos des Hungers*, Fischer, Frankfurt a. M. 1978

—, Collins, Joseph, und Kinley, David: *Aid as Obstacle. Twenty Questions about our Foreign Aid and the Hungry*, Institute for Food and Development Policy, San Francisco 1980

—, Collins, Joseph, und Rosset, Peter: *World Hunger: Twelve Myths*, Grove Press, New York, 2. Aufl. 1998

—, und Du Bois, Paul Martin: *The Quickening of America. Rebuilding Our Nation, Remaking Our Lives*, Jossey-Bass Publishers, San Francisco 1994

—, und Shurman, Rachel: *Taking Population Seriously*, Earthscan, London 1989

Lappé, Marc: *Breakout: The Evolving Threat of Antibiotic Resistant Disease*, Sierra Club Books, San Francisco 1995

—, und Bailey, Britt: *Machtkampf Biotechnologie. Wem gehören unsere Lebensmittel?* Gerling Akad. Verl., München 2000

Lerner, Steve: *Eco-Pioneers. Practical Visionaries Solving Today's Environmental Problems*, MIT Press, Cambridge, Massachusetts 1997

Lieber, James B.: *Rats in the grain. The dirty tricks and trials of Archer Daniels Midland*, Four Walls Eight Windows, New York 2000

Lyman, Howard, und Merzer, Glen: *Mad Cowboy. Plain Truth From the Cattle Rancher Who Won't Eat Meat*, Scribner, New York 1998

Mander, Jerry, und Goldsmith, Edward: *The Case Against the Global Economy and for a Turn Toward the Local*, Sierra Club Books, San Francisco 1996

McKibben, Bill: *Das Ende der Natur. Die globale Umweltkrise bedroht unser Überleben*, Piper, Zürich 1992

—: *Hope, Human and Wild. True Stories of Living Lightly on the Earth*, Little, Brown & Co, Boston 1995

Mittal, Anuradha, und Rosset, Peter: *America Needs Human Rights*, Food First Books, Oakland, Kalifornien, 1999

Norberg-Hodge, Helena: *Leben in Ladakh*, Herder, Freiburg, 4. Aufl. 1998

Polanyi, Karl: *The Great Transformation. Politische und ökonomische Ursprünge von Gesellschaften und Wirtschaftssystemen*, Suhrkamp, Frankfurt a. M. 1978

Rampton, Sheldon, und Stauber, John: *Trust Us, We're Experts! How Industry Manipulates Science and Gambles With Your Future*, Putnam, New York 2001

Richard, David, und Byers, Dorie: *Taste Life! The Organic Choice*, Vital Health Publishing, Bloomingdale 1998

Ridley, Matt: *Die Biologie der Tugend. Warum es sich lohnt, gut zu sein*, Ullstein, Berlin 1999

Rifkin, Jeremy: *Das Imperium der Rinder*, Campus, Frankfurt a. M. 1994

—: *Das Ende der Arbeit und ihre Zukunft*, Campus, Frankfurt a. M., 4. Aufl. 1996

Robbins, John: *Ernährung für ein neues Jahrtausend*, Nietsch, Freiburg i. Br. 1995

Robbins, Ocean, und Solomon, Sol: *Choices for Our Future. A Generation Rising for Life on Earth*, Book Pub, Summertown, Tennessee, 1994

Rodrik, Dani: *Grenzen der Globalisierung. Ökonomische Integration und soziale Desintegration*, Campus, Frankfurt a. M. 2000

Schumacher, E. F.: *Es geht auch anders. Jenseits des Wachstums, Technik und Wirtschaft nach Menschenmaß*, Desch, München 1974

Schwartz, Barry: *The Battle for Human Nature. Science, Morality, and Modern Life*, Norton, New York 1986

Sen, Amartya Kumar: *Development As Freedom*, Knopf, New York 1999

Shiva, Vandana: *Biodiversität. Plädoyer für eine nachhaltige Entwicklung*, Haupt Verlag, Bern 2001

—: Biopiracy. *The Plunder of Nature and Knowledge*, South End Press, Boston 1997

—: *Das Geschlecht des Lebens. Frauen, Ökologie und 3. Welt.* Rotbuch, Berlin 1989

—: *Monocultures of the Mind. Perspectives on Biodiversity and Biotechnology*, Third World Network, Atlantic Highlands, New Jersey, 1993

—: *Stolen Harvest. The Hijacking of the Global Food Supply*, South End Press, Cambridge, Mass., 2000

—: *The Violence of the Green Revolution. Third World Agriculture, Ecology, and Politics*, Zed Books, Atlantic Highlands, New Jersey 1991

—, und andere: *Das patentierte Leben. Manipulation, Markt und Macht*, Rotpunkt, Zürich 1998

—, und Mies, Maria: *Oekofeminismus. Beiträge zur Praxis und Theorie*, Rotpunkt, Zürich 1995

Skidmore, Thomas E.: *Brazil. Five Centuries of Change*, Oxford University Press, New York 1999

Smil, Vaclav: *Enriching the Earth: Fritz Haber, Carl Bosch and the Transformation of World Food Production*, MIT Press, Cambridge, Massachusetts 2001

—: *Feeding the World. A Challenge for the Twenty-First Century*, MIT Press, Cambridge, Massachusetts 2000

Smith, Adam: *Theorie der ethischen Gefühle*, F. Meiner, Hamburg 1994 (ursprünglich erschienen 1759)

Smith, J. W.: *The World's Wasted Wealth. Save our Wealth, Save our Environment*, Institute for Economic Democracy, Cambria, Kalifornien, 1994

Ury, William L.: *Schwierige Verhandlungen. Wie Sie sich mit unangenehmen Kontrahenten vorteilhaft einigen*, W. Heyne, München 1995

Wallach, Lori, und Sforza, Michelle: *The WTO. Five Years of Reasons to Resist Corporate Globalization*, Seven Stories Press, New York 2000

Wilson, Edward Osborne: *Der Wert der Vielfalt. Die Bedrohung des Artenreichtums und das Überleben des Menschen*, Piper, München 1997

—: *Des Lebens ganze Fülle. Eine Liebeserklärung an die Natur*, Claassen, München, o. J.

—: *Die Einheit des Wissens*, W. J. Siedler, Berlin 1998

Wilson, James Q.: *Das moralische Empfinden. Warum die Natur des Menschen besser ist als ihr Ruf*, E. Kabel, München 1994

Yunus, Muhammad: *Grameen Bank, As I See It*, The Bank, Dhaka, Bangladesch, 1994

—: *Jorimon and Other Faces of Poverty*, University Press, Dhaka, Bangladesch, 1987

—, und Jolis, Alan: *Grameen – Eine Bank für die Armen der Welt*, Lübbe, Bergisch Gladbach 1999

Zander, Stone u. Benjamin: *The Art of Possibility*, Harvard Business School Press, Cambridge, Massachusetts 2000

Ansatzpunkte

> Mit jeder Entscheidung, die wir treffen,
> feiern wir die Welt, die wir wollen.

Wir hoffen, dass die Einsichten und Energien der Menschen, die Sie mit uns zusammen auf dieser Reise kennen gelernt haben, uns allen zu einem eigenen Einstieg verhelfen – zu dem Weg , der vor jedem von uns liegt und den wir plötzlich mit neuen Augen sehen.

Wenn wir erst einmal ein tieferes Verständnis für strukturelle Lösungen gewonnen und die innere Verbundenheit unserer Probleme erkannt haben, gibt es zahllose Einstiegsmöglichkeiten. Im Folgenden ein paar Beispiele. Wir wünschen Ihnen Löwenmut, wie ihn Reverend Njoya bewiesen hat, während Sie selbst »zum Sprung ansetzen«.

Auf unserer Website – www.dietforasmallplanet – können Sie Fotos von den Menschen betrachten, die wir auf unserer Reise besucht haben, und weitere Hinweise und Informationen finden.

Der Wandel vom passiven Verbraucher zum aktiven Mitentscheider

Im eigenen Leben ...

- vertrauen wir auf unsere innere Stimme oder, wie Negi sagt, »auf die Stimme unseres Herzens«, um neue Möglichkeiten zu erkennen;
- entscheiden wir uns für pflanzliche und vollwertige Nahrungsmittel, mit denen wir die Erde schonen, den Tieren Mitgefühl entgegenbringen und gleichzeitig der eigenen Gesundheit dienen;
- wählen wir zugunsten einer gesunden Erde, zum Wohl der Landarbeiter und zu unserem eigenen Besten Bionahrungsmittel und fair gehandelte Produkte;

- kaufen wir in örtlichen Bioläden und Öko-Genossenschaften oder auf Biomärkten ein, um die lokale Wirtschaft wiederzubeleben;
- üben wir Druck auf den Einkauf unserer Lebensmittelgeschäfte und Supermärkte aus, indem wir vor Ort angebaute Bionahrungsmittel und fair gehandelte Produkte verlangen und so der Erde und denen, die sie bearbeiten, Respekt entgegenbringen;
- werden wir nach Möglichkeit Mitglied bei einem verbrauchergestützten Bauernhof, um eine neue Art der Landwirtschaft zu fördern, die all diese Werte hochhält;
- sagen wir zu Hause, am Arbeitsplatz oder in der Schule offen unsere Meinung und geben damit anderen Gelegenheit, selbst Mut zu fassen und auf die Stimme ihres Herzens zu hören, Gemeinsinn zu entwickeln und Hoffnungsträger zu werden.

Der Wandel vom unbeteiligten Zuschauer zum engagierten Bürger

In der eigenen Gemeinde und im eigenen Land ...
- unterstützen wir die Bemühungen um fairen Handel örtlicher Kooperativen, Supermärkte, Cafés, Restaurants und anderer Unternehmen, die mit uns eine Welt schaffen, in der wir leben mögen;
- üben wir Druck auf die Politiker aus, durch eine Umverteilung der Steuern und Subventionen vor allem nachhaltig wirtschaftende bäuerliche Familienbetriebe zu unterstützen zum Wohl der Erde und der Menschen;
- treten wir für vollwertige Mahlzeiten in Kindergärten, Schulen und Kantinen ein, damit unsere Kinder gesund und kräftig aufwachsen;
- befürworten wir eine gerechtere Besteuerung einschließlich solcher Initiativen wie die Tobin-Steuer sowie eine Politik, die sich für die Armen, Unterbezahlten und Unterprivilegierten einsetzt, um sicherzustellen, dass alle ein Einkommen haben, von dem sie in Würde leben können;

- investieren wir in Unternehmen, deren Wertvorstellungen sich mit den unseren decken, und fördern Entwicklungen, durch die der Kapitalismus von der ausschließlichen Profitorientierung zu umfassenderen Zielen übergeht, die dem Gemeinwohl dienen;
- unterstützen wir Bewegungen, Volksvertreter und Parteien, die sich aus den fünf Denkfallen befreit haben, und bemühen uns um einen Durchbruch der fünf befreienden Denkweisen.

Der Wandel vom passiven Beobachter des Weltgeschehens zum aktiven Mitwirkenden am Weltgeschehen

Auf diesem kleinen Planeten Erde ...
- wollen wir unseren Horizont erweitern und neue Kulturen kennen lernen – indem wir uns zum Beispiel auf Auslandsreisen mit eigenen Augen davon überzeugen, welche Auswirkungen unser Handeln auf andere hat und welche Gruppen und Netzwerke mithelfen, die Ernährung in einer immer enger miteinander verflochtenen Welt zu sichern;
- unterstützen wir alle Bemühungen um eine unmittelbare Beziehung zwischen Erzeugern und Verbrauchern durch Ausschaltung des Zwischenhandels, zum Beispiel durch Eine-Welt-Läden, Fair Trade und andere Organisationen des fairen Handels;
- drängen wir auf einen Schuldenerlass für die armen Länder und internationale Regelungen für den Handel, die Entwicklungshilfe sowie Gen- und Saatgutpatentierungen hinwirken, damit die Gesundheit von Arbeitern und Verbrauchern, die regionale Kultur und die Umwelt erhalten bleiben und wir eine Welt schaffen, die immer mehr unseren Interessen und Werten entspricht.

Gruppen, die uns auf unserem Weg weiterhelfen können:

Im Folgenden eine Liste der Gruppen, die in diesem Buch erwähnt wurden. Eingehendere und ständig aktualisierte Informationen entnehmen Sie bitte unserer Website www.dietforasmallplanet.com.

Kapitel 2: Die Revolution der Sinne
- Chez Panisse Foundation
  1517 Shattuck Avenue, Berkeley, CA 94709, USA
  ☎ +1 (510) 843-3811
  cpfound@Imi.net
  www.chezpanisse.com/cpfoundation.html
- The Center for Ecoliteracy
  2522 San Pablo Avenue, Berkeley, CA 94702, USA
  ☎ +1 (510) 845-4595, 🖹 +1 (510) 845-0485
  eMail: info@ecoliteracy.org
  Website: www.ecoliteracy.org
- The Edible Schoolyard
  Martin Luther King Middle School
  1781 Rose Street, Berkeley, CA 94703
  ☎ +1 (510) 558-1335, 🖹 +1 (510) 558-1334
  info@edibleschoolyard.org
  www.edibleschoolyard.org
- Food Systems Project
  a project of the Center for Ecoliteracy
  2530 San Pablo Avenue, Suite C, Berkeley, CA 94702, USA
  ☎ +1 (510) 548-8838, 🖹 +1 (510) 548-8849
  www.foodsystems.org
- A Garden in Every School
  California Department of Education
  560 J Street, Suite 270, Sacramento, CA 95814, USA
  ☎ +1 (916) 323-2473
- The Garden Project
  Pier 28, San Francisco, CA 94105, USA
  ☎ +1 (415) 243-8558, 🖹 +1 (415) 243-8221

Kapitel 3: Der Kampf für mehr Menschlichkeit
- Global Exchange
  2017 Mission Street, #303, San Francisco, CA 94110, USA
  ☎ +1 (415) 255-7296, 🖹 +1 (415) 255-7498
  info@globalexchange.org
  www.globalexchange.org
- MST/Landless Workers Movement
  Secretaria Nacional MST
  Rua Alameda Barão de Limeira, n° 1232
  Bairro Campos Elíseos, São Paulo, Brasilien
  semterra@mst.org.br, www.mstbrazil.org

Kapitel 5: Das Hyazinthenprinzip
- Grameen Bank
  Nurjahan Begum, Training & International Program
  Mirpur Two, Dhaka 1216, Bangladesch
  ☎ + 880 (11) 425, 🖹 + 880 (13) 559
  www.grameen.com
- Grameen Foundation USA
  1709 NY Ave, NW Suite 101, Washington, DC 20006, USA
  ☎ +1 (202) 628-3560, 🖹 +1 (202) 628-3880
  info@grameenfoundation.com, www.gfusa.org
- Policy Research for Development Alternatives (UBINIG)
  Farida Akhter
  5/3 Barabo Mahanpur, Ring Road, Shaymoli
  Dhaka 1207, Bangladesch
  ubinig@citechco.net
- Naripokkho
  House 91/N, Road 7A, Shanmandi,
  Dhaka 1209, Bangladesch
  ☎ + 880 (281) 9917, 🖹 + 880 (281) 6148
  convenor@naripkho.pradeshta.net
- Results USA
  440 1st St. NW Suite 450, Washington, DC 20001, USA
  ☎ +1 (202) 783-7100, 🖹 +1 (202) 783-2818
  results@resultsusa.org, www.resultsusa.org

Kapitel 6: Auf der Suche nach Annapurna
- Research Foundation for Technology,
Science and Ecology Navdanya
Vandana Shiva
A-60 Haus Khas, New Delhi, 110016, Indien
▤ + 91 (11) 685-6795
www.vshiva.net
- Rural Advancement Foundation International
110 Osborne Street, Suite 202, Winnipeg, Manitoba R3L 1Y5
Kanada
☎ +1 (204) 453-5259, ▤ +1 (204) 925-8034
rafi@rafi.org, www.rafi.org

Kapitel 7: Zu Fuß nach Nairobi
- Green Belt Movement
P.O. Box 67545, Nairobi, Kenia
☎ + 254 (2) 571-523, ▤ + 254 (2) 504-264
gbm@iconnect.co.ke, www.geocities.com/gbm0001/
- Jubilee 2000
Jubilee 2000 Nairobi Chapter
P.O. Box 66477, Nairobi, Kenia
☎ + 254 (2) 473-32/440-668, ▤ + 254 (2) 440-669
jubilee@kivulini.africaonline.com
Siehe auch www.jubilee2000uk.org

Kapitel 8: Den schlafenden Riesen wecken
- Equal Exchange
251 Revere Street, Canton, MA 02021, USA
☎ +1 (781) 830-0303-227
info@equalexchange.com, www.equalexchange.com
- FLO International
(Fairtrade-Label-Organisationen)
Kaiser-Friedrich-Str. 13, 53113 Bonn, BRD
coordination@fairtrade.net, www.fairtrade.net
- The Food Alliance
1829 NE Alberta, # 5 Portland, OR 97211, USA

☎ +1 (503) 493-1066, 🖹 +1 (503) 493-1069
info@thefoodalliance.org, www.thefoodalliance.org
- ForesTrade
  41 Spring Tree Road, Brattleboro, VT 05301, USA
  ☎ +1 (802) 257-9157
  info@forestrade.com, www.forestrade.com
- gepa Fair Handelshaus
  Bruch 4, 42279 Wuppertal
  ☎ +49 (202) 2 66 83-0, 🖹 +49 (202) 2 66 83-10
  www.gepa3.de
- Gesellschaft für Ressourcenschutz (GfRS)
  Öko-Kontrollstelle
  Prinzenstr. 4, 37073 Göttingen
  ☎ +49 (551) 5 86 57, 🖹 +49 (551) 5 87 47
  www.gfrs.de
- Global Exchange
  Deborah James, FairTrade
  2017 Mission St. #303, San Francisco, CA 94110, USA
  deborah@globalexchange.org, www.globalexchange.org
- Max Havelaar Foundation
  Hans Bolscher, P.O. Box 1252, 3500 BG Utrecht, Niederlande
  ☎ +31 (30) 233-7070
  maxhavelaar@maxhavelaar.nl, www.maxhavelaar. nl
- TransFair
  Remigiusstr. 21, 50937 Köln
  info@transfair.org, www.transfair.org

Kapitel 9: Voilà Paris!
- ATTAC France
  9bis, rue de Valence, 75005 Paris, Frankreich
  ☎ +33 (1) 43 36 26 26, 🖹 +33 (1) 43 36 30 54
  attacfr@attac.org, www.attac.org
- ATTAC Deutschland
  Artilleriestr. 6, 27283 Verden
  ☎ +49 (4231) 957 591
  www.attac-netzwerk.de

- Confédération Paysanne
  81 avenue de la République, 93170 Bagnolet, Frankreich
  ☎ +33 (1) 43 62 04 04, 🖹 +33 (1) 43 62 80 03
  contact@confederationpaysanne.fr
  www.confederationpaysanne.fr
- Coordination Paysanne Européenne
  www.cpefarmers.org
- Europäisches Zentrum für ökologische
  Landwirtschaft und Tourismus/Polen
  Jadwiga Lopata
  34-146 Stryszow 156, Polen
  ☎ 🖹 +48 (33) 879-7114
  jadwiga@eceat-pl.most.org.pl, www.eceat-poland.w.pl
- Forum-Synergies
  Hannes Lorenzen
  BEL 3013, Rue Belliard 97-113, 1047 Brüssel, Belgien
  ☎ +32 (2) 284-3362, 🖹 +32 (2) 284-9154
  info@forum-synergies.org, www.forum-synergies.org
- Greenpeace Deutschland
  Große Elbstr. 39, 22767 Hamburg
  ☎ +49 (40) 306 18-0, 🖹 +49 (40) 306 18-100
  mail@greenpeace.de, www.greenpeace.de
- Greenpeace France
  Bruno Rebelle
  22 rue des Rasselins, 75020 Paris, Frankreich
  ☎ +33 (1) 44 64 02 02, 🖹 +33 (1) 44 64 02 00
  www.greenpeace.fr
- Greenpeace Österreich
  Siehe www.greenpeace.at
- Greenpeace Schweiz
  Siehe www. greenpeace.ch
- IFOAM-Hauptsitz
  (International Forum on Organic Agriculture Movements)
  c/o Ökozentrum Imsbach, 66636 Tholey-Theley, BRD
  ☎ +49 (6853) 91 98 90, 🖹 +49 (6853) 91 98 99
  headoffice@ifoam.org, www.ifoam.org

- Réseau Agriculture Durable
  Jean Yves Griot
  14, boulevard Volclair, BP 56131, 35056 Rennes, Cedex 2
  Frankreich
  ☎ +33 (2) 99 50 77 29, 🖹 +33 (2) 99 50 94 61
  griot@club-internet.fr
- Via Campesina
  Rafael Alegria
  Apartado Postal 3628, Tegucigalpa, MDC, Honduras
  ☎ +504 (239) 46 79, 🖹 +504 (235) 99 15
  viacam@gbm.hn, www.viacampesina.org

Kapitel 10: Cowboyhut ab!
- Family Farm Defenders
  John Kinsman
  P.O. Box 1772, Madison, WI 53701, USA
  ffd@ureach.com
- *Informationen über CSAs:*
  The Alternative Farming Systems Information Center
  afsic@nal.usda.gov, www.nal.usda.gov/afsic/csa/
- Institute for Agriculture and Trade Policy
  2105 First Avenue South, Minneapolis
  MN 55404-2505, USA
  iatp@iatp.org, www.iatp.org
- Madison Area Community Supported
  Agriculture Coalition (MACSAC)
  Doug Wubben
  c/o Wisconsin Rural Development Center
  4915 Monona Drive, Suite 304, Monona, WI 53716, USA
  ☎ +1 (608) 226-0300, 🖹 +1 (608) 226-0301
  macsac@wrdc.org
- Pioniere der Vollwertküche (USA)
  Chefs Collaborative
  441 Stuart Street, #712, Boston, MA 02116, USA
  ☎ +1 (617) 236-5200
  cc2000@chefnet.com, www.chefnet.com/cc2000

Small Planet Fund
und The Funding Exchange

Der *Small Planet Fund* (www.smallplanetfund.org) wurde von uns zur Unterstützung der Organisationen und Bewegungen in aller Welt gegründet, die sich unermüdlich dafür einsetzen, unsere fragile, immer kleiner werdende Erde für alle lebendig und gesund zu erhalten. In der Anfangsphase sollen aus dem Fund ganz besonders die in *Hoffnungsträger* vorgestellten Initiativen und Organisationen unterstützt werden. Wir hoffen jedoch, dass der Fund wächst, sodass auch weitere, ähnliche Projekte gefördert werden können.

The Funding Exchange (www.fex.org) ist ein gemeinnütziger Verein, der das Spendenaufkommen verschiedener Stiftungen, Hilfsfonds und zweckgebundener Spenden sammelt und verwaltet. Er stellt die Verbindung zwischen Aktivisten und Spendern her, mit dem Ziel, durch Spendeneinnahmen die genannten Projekte zu fördern und eine dauerhafte institutionelle und finanzielle Basis für progressive soziale Veränderungen zu schaffen.

Bitte helfen Sie durch Ihre Spende und werden Sie mit uns zu Hoffnungsträgern für den »kleinen Planeten«. Alle weiteren Informationen vom:

Small Planet Fund
c/o The Funding Exchange
666 Broadway, Suite 500
New York, NY 10012, USA
☎ +1 (212) 529 5300
🖷 +1 (212) 982-9272
www.smallplanetfund.org
oder www.fex.org

Dank

Von Frances ... Unendlich dankbar bin ich meinen lieben Freunden nah und fern, die mir die Kraft zu dieser Reise gegeben haben: Hathaway Barry, Sue Bumagin, Derrick Jensen, Bruce Kaiper, Susan Kanaan, Paul Korn, Paul Lacey, Judy und Howard Luttrell, Nancy Moorehead, Jeff Perkins, Linda Pritzker, Anna Whyatt und Mary Walsh. Und meinen Lieben in Vermont, deren Glaube an dieses Buch mir bei jedem Schritt weitergeholfen hat: Anne Black, Carol und Monroe Whitaker, Sylvie Blanchet, Andrea Diehl und Mary Ann Carlson. Dank euch habe ich im letzten Jahr nicht nur viel lernen können, wie das Buch zeigt, sondern auch ein neues Verständnis von der Bedeutung der Liebe gewonnen.

Zu Dank verpflichtet bin ich ferner der Abteilung für urbane Forschung und Städteplanung des Massachusetts Institute of Technology, besonders den Professoren Ceasar McDowell, Bish Sanyal und Larry Suskind, die mir genau die richtige Umgebung für meine Arbeit geboten haben.

Von Anna ... Ein Dankeschön an meine Freunde, die mich ermuntert und aufgepasst haben, dass ich nicht zu ernst wurde – besonders an Lisa Jobson, Christina Kappaz und Adam Lubinsky, die mir von Anfang an kluges Feedback gaben, und an Chris Allieri, Andrea Calise, Jeana Frost, Kate Hallward, Noah Leff, Jake Sherman, Cassandra Stubbs und Shawna Wakefield, auf deren Sofas ich immer nächtigen durfte. Alles Liebe auch meinen Brüdern und Schwestern, außerdem Jackie, die uns allen Freude machte, und meinem Vater, dessen Mut, Poesie und scharfer Verstand mich beflügelt haben. *Et bien sur* Hut ab vor Eric, der dafür gesorgt hat, dass die Stereoanlage im richtigen Moment kaputt ging.

Von uns beiden ... Zuerst innigen Dank an Anthony Lappé, ohne den dieses Buch gar nicht zustande gekommen wäre, geschweige denn seine jetzige Gestalt angenommen hätte. Du warst während der ganzen Reise bei uns.

Herzlich danken wir auch all unseren Dolmetschern und Übersetzern. Mit atemberaubender Geschwindigkeit haben wir in sieben Monaten vier Kontinente bereist. Ohne die großzügige Unterstützung und Zeit, die uns überall gewidmet wurde, hätten wir das nie geschafft. Die vielen Menschen, von denen in diesem Buch die Rede ist, haben uns in ihre Häuser und in ihr Leben eingelassen. Dafür sind wir zutiefst dankbar. Es gibt noch eine Menge Leute, die nicht namentlich in unserem Buch erwähnt sind, denen wir jedoch ebenso herzlichen Dank schulden – den wir hiermit allen aussprechen.

Ein besonderes Dankeschön an Marilyn Borchardt, Peter Rosset und Anuradha Mittal, die mit vereinter Kraft die wichtige Arbeit am Institut für Ernährungs- und Entwicklungspolitik, besser bekannt unter dem Namen »Food First«, leisten.

In Kalifornien möchten wir Alice Waters und ihren hilfsbereiten Mitarbeitern vom »Chez Panisse«, Cathrine Sneed, Ron Roth und Anthony Travis vom Straftäter-Gartenprojekt, Ene Osterraas-Constable, Esther Cook, David Hawkins, Mildred Howard und Neil Smith von der Martin-Luther-King-Schule und dem Schulgartenprojekt, Zenobia Barlow, Janet Brown und Fritjof Capra vom »Center for Ecoliteracy« sowie Tom Bates und Jered Lawsen vom »Food Systems Project« herzlich danken, nicht zu vergessen Ann Evans, die gemeinsam mit Delaine Eastin dabei ist, die Schulgartenidee in ganz Kalifornien in die Tat umzusetzen. Dank ihrer Bemühungen ist die Bay Area von San Francisco inzwischen führend in der kooperativen Vernetzung von Bürgergruppen und Gemeinden durch den Anbau und die Verteilung von Nahrung.

In Brasilien gebührt besonderer Dank Vilmar und Dirceu Boufleuer, Geraldo Fontes, João Pedro Stédile sowie den Mitgliedern, freiwilligen Helfern und Angestellten der Bewegung besitzloser Landarbeiter (MST) in Curitiba, São Paulo und auf dem Land in Paraná, die alle große Risiken eingehen, um Gemeinschaften zu schaffen, in denen jeder seinen Wert hat. Ein Dankeschön auch an Leonardo Laurio sowie an Gianpaolo Baiocchi, Judith Tendler,

Wendy Wolford und andere für ihre nützlichen Hinweise. Unser Dank gilt ferner Adriana Aranha und ihren Mitarbeitern in der Stadtverwaltung von Belo Horizonte.

In Bangladesch danken wir von Herzen Nurjahan Begum, Fazley Rabbi, Jannat-e-Quinine, Professor Muhammad Yunus und allen Grameen-Mitarbeitern, die wir kennen lernen durften und die uns ihre Geschichten erzählt haben. Ein Dankeschön außerdem an Shireen und Nasreen Huq in Dhaka, auch für ihr Engagement bei der Pro-Frauen-Organisation »Naripokkho«.

In Indien möchten wir Vinod Kumar Bhatt, Claire Datta, Afsar Jafri, Darban Singh Negi, Dr. Vandana Shiva, Mira Shiva und den wunderbaren Mitarbeitern am Forschungsinstitut für Wissenschaft, Technik und Ökologie danken.

In Kenia gilt unser tief empfundener Dank Wangari Maathai, Muta Maathai und Donald Mumbo, mit deren Hilfe wir in kürzester Zeit sehr viel über das »Green Belt Movement« erfahren konnten. Herzlichen Dank auch unseren Gastgebern und allen Green-Belt-Mitgliedern, die wir in Kyaume kennen gelernt haben; ihre Hingabe, ihre visionäre Weitsicht und ihr Tanzen werden uns unser Leben lang unvergesslich bleiben.

Einen herzlichen Dank auch an alle, die sich im fairen Handel engagieren, wie Jonathan Rosenthal und Rosario Castellon von »Equal Exchange«, Thomas Fricke und Sylvie Blanchet von »ForesTrade«, Deborah James von »Global Exchange«, Hans Bolscher von der Max-Havelaar-Stiftung in den Niederlanden, Paul Rice von »TransFair« in den USA, Debra Livingstone von der »Rural Coalition«, Scott Exo von der »Food Alliance« und Erik Nicholson von den »Northwest-Treeplanters and Farmworkers United«. Und natürlich danken wir den Millionen Bauern und Verbrauchern, die sich am fairen Handel beteiligen und dafür sorgen, dass Nahrungsanbau und -vertrieb gebührend gewürdigt werden.

In Europa gilt unser Dank Hannes Lorenzen von der Europäischen Kommission, Kees Elgerhuizen, José Bové, René Louail und der »Confédération Paysanne«, Jean Yves Griot und dem »Réseau Agricole Durable«, Anthony Jacobsohn, Bruno Rebelle von Greenpeace und Eric Reiffsteck. Anna möchte besonders Jadwiga Lopata für ihre Gastfreundschaft und ihr Engagement bei der Erhaltung kleiner, ökologisch wirtschaftender Familienbetriebe in Polen sowie all den Bauern danken, die sie auf ihre Höfe eingeladen haben.

In Wisconsin schulden wir besonderen Dank Jack Kloppenburg und Sharon Lezberg von der Universität von Wisconsin, den führenden Köpfen hinter den Recherchen. Von ganzem Herzen danken wir außerdem den Farmern und den vielen anderen, die uns von sich erzählt haben und uns an ihrer Arbeit haben teilnehmen lassen – sowohl den im Buch genannten als auch den nicht namentlich erwähnten.

Viele Fachleute haben uns wichtige Informationen geliefert. Besonders geduldig haben uns Dr. Vaclav Smil von der Universität von Manitoba in Kanada und Dr. David Pimentel von der Cornell-Universität, USA, bei unseren Recherchen weitergeholfen, wofür wir sehr dankbar sind.

In unseren Dank schließen wir auch Diana Beliard, Joe Collins, Paul Hawken, Gene Kahn, Cory Marshak und Billy Wimsatt ein sowie unsere unermüdliche Agentin Tracy Fisher und ihre Assistentin Shana Kelly von der William-Morris-Agentur.

Dankbar sind wir auch all den freundlichen Helfern bei verschiedenen Fragen wie Michelle Graham, Tom Scanlon und Heather Upton sowie Kristna Evans, Karoline Gruelke und Pam Rosen, die uns bei unseren Recherchen geholfen haben. Besonderen Dank schulden wir Alexis Page, ohne den, ehrlich gesagt, dieses Buch nie das Licht der Welt erblickt hätte.

Zuletzt noch herzlichen Dank für die Oase, wo wir unser Buch vollenden konnten, und an alle anderen, die dort ebenfalls Zuflucht gefunden hatten (besonders an Andrew Boyd, der uns immer wieder zum Lachen brachte), und an Peter Barnes, der das Mesa Refuge mit Leben erfüllt.

*Geldsysteme fallen nicht vom Himmel. Sie werden von
Menschen gemacht. In einem großen historischen Rundumschlag
offenbart Bernard A. Lietaer, wie psychische Verhaltensmuster,
mythologische Vorstellungen und kulturelle Konzepte die
emotionale Grundlage von Geldsystemen bilden.
Sein überraschendes Fazit: Es liegt an uns, das Geldsystem zu
entwerfen, das unser langfristiges Überleben sichert und es uns
ermöglicht, Werte für die Zukunft zu schaffen.*

Bernard A. Lietaer, Mysterium Geld
Emotionale Bedeutung und Wirkungsweise eines Tabus
368 Seiten, DM 42,- / öS 307,- / sFr 39,- ISBN 3-570-50009-8

Riemann
One Earth Spirit

DAS ZUKUNFTS-PROGRAMM

Naomi Klein
No Logo!
ISBN 3-570-50018-7

Heidemarie Schwermer
Das Sterntalerexperiment
ISBN 3-570-50016-0

Paul Hawken/Amory & Hunter Lovins
Öko-Kapitalismus
ISBN 3-570-50010-1

Bernard A. Lietaer
Das Geld der Zukunft
ISBN 3-570-50008-X

Riemann
One Earth Spirit

DAS ZUKUNFTS-PROGRAMM

Ruediger Dahlke
Woran krankt die Welt
ISBN 3-570-50022-5

Thom Hartmann
Unser ausgebrannter Planet
ISBN 3-570-50011-X

David McTaggart
Rainbow Warrior
ISBN 3-570-50004-7

Julia Butterfly Hill
Die Botschaft der Baumfrau
ISBN 3-570-50015-2

Riemann
One Earth Spirit